通识教育系列丛书

经管与财税基础

王立新　成荣芬　谢　敏　王言炉　编著

電子工業出版社
Publishing House of Electronics Industry
北京 · BEIJING

图书在版编目（CIP）数据

经管与财税基础/王立新等编著. —北京：电子工业出版社，2015.10

ISBN 978-7-121-27438-1

Ⅰ.①经… Ⅱ.①王… Ⅲ.①经济管理－文集 ②财税－文集 Ⅳ.①F2-53 ②F810-53

中国版本图书馆CIP数据核字（2015）第249413号

责任编辑：贺志洪

特约编辑：张晓雪　薛　阳

印　　刷：三河市鑫金马印装有限公司

装　　订：三河市鑫金马印装有限公司

出版发行：电子工业出版社

北京市海淀区万寿路173信箱　邮编100036

开　　本：720×1000　1/16　印张：23.25　字数：596千字

版　　次：2015年10月第1版

印　　次：2015年10月第1次印刷

印　　数：3000册

定　　价：45.00元

总序

贺星岳

经过不懈努力和精心准备，浙江工贸职业技术学院的第一批通识教育系列教材终于出版了。我们认为，这是一件值得高兴的事情。

“通识教育”不是一个新词，而是一个舶来品。早在1829年，美国博德学院的帕卡德教授就提出了“通识教育”的说法。1945年，哈佛大学发表《民主社会中的通识教育》，通称《哈佛通识教育红皮书》，通识教育改革在美国大学渐成风潮，并在20世纪80年代之后影响到我国内地。复旦大学、中山大学、浙江大学等内地知名高校结合中国实际和本校特色，在通识教育改革的道路上都进行了不尽相同的有益探索。

对于高校来说，通识教育的目的是使大学生拥有宽阔的视野，了解并掌握与个人发展和社会需求密切相关的知识。虽然这些知识与其专业和将来从事的职业看上去没有直接的联系，但却在其综合素质甚至人格、态度、价值观等方面的全面发展中起着至关重要的作用。高职教育以技术型、应用型人才的培养为使命，兼有高等教育和职业教育的双重属性。其培养的人才应兼具基于国民素质准则下与专科学生层次相匹配的公民素质以及基于职业准则下与高等技能人才相匹配的职业素质。我们认为，高职院校并不是许多功利性人士所认为的“职业技能培训中心”，通识教育应在高职教育中占有重要的一席之地。

在高等教育体系中，将通识教育与专业技能教育相结合，进行研究实践，我国绝大多数高职院校的相关改革才刚起步。近年来，浙江工贸职业技术学院占有先机，进行了许多卓有成效的探索。首先，我们成立了高职通识教育研究院，以学院资深教授领衔，引进人才，内部挖潜，统筹规划本校的通识教育研究与教学实践。其次，我们进行了多层次的通识教育改革研究。学院多次召开通识教育改革的相关研讨会，鼓励教师进行通识教育实验课程研究，将获得立项的通识教育实验课程开发项目纳入校级课题。同时，我院在省、市一级的通识教育研究中也屡有建树。此外，在研究的基础上，学院还积极进行丰富的融通通识教育与职业技能教育的教学实践。我们在通识教育课程体系之下建设了“人与人文”“科学与生活”以及“专业与素养”的三大系列课程，力争全面提升高职学生的人文素养、自然科学常识和职业素养。

可以说，这批通识教育系列教材就是浙江工贸职业技术学院一系列相关研究和教学实践的阶段性成果。对于教材，我们的主要设想有两方面。一方面，这些通识教材都必须经过全新的规划和设计，要适应于全面提升高职学生素养的需要。它们既不是原有专业课的“简化版”，也不应是对读者学识起点要求很低的《十万个为什么》之类的常识推介，更绝对不允许出现东拼西凑的水平低下之作。另一方面，为了增加学生的兴趣，高职通识教育教材还应在通俗性、趣味性上下功夫，不是一味地说教，而是“润物细无声”，在和谐的氛围中实现通识教育改革的初衷。正如我院通识教育研究院院长邱开金教授说的：“高等教育与高技能人才的定性，高职通识教育的定位绝不是唯一传授知识，也不是简单的说教一种方法，它所关注和告诫的是哲理，触发的是觉悟，留下的是切身受用的”。当然，对于具有一定文化基础的读者来说，选择我们的通识教育教材在茶余饭后阅读，进而提升自己某一方面或几方面的素养，应该也是一个不错的选择。

通识教育改革在内地的高职院校起步不久。我们对于通识课程教改的信心坚定，也深知探索过程中的曲折。对于这批教材，虽已殚精竭虑，但难免存在不周全之处，其中存在的疏失甚至错误，恳请专家学者、普通读者批评指正，以便再版时改进。

前言

通识教育在国外研究已有多年，它的主要功能在于提升学生的社会性素质。虽然现在已有专门用于提升经管类专业素质的能力训练课程，但是从系统要求看，全面地通过知识传授来提升这一专业素质的单一课程模式未见有国内外的研究成果出现。我们认为，通过经管类专业通识课程讲授，对提升经管类学生专业素质存在可行性。编写本教程主要理由如下：

1. 开设经管类专业的通识课程并以一本教材涵盖之，本身是一个很有创意的想法。它符合经管类专业学生知识素质体系化的需求，也符合其他专业学生常识装备社会化的需求。以一课程串接一个大体系的知识素质养成模式，既能在一定程度上解决现时代知识体系细化后只见树木不见森林的普遍问题，也能在一定程度上满足现时代经管知识素质的社会普及要求。

2. 作为一门课程，其灵魂需要由教材来体现。我们力求，本教材体系内容能照顾经管学科体系的内容，照顾教学时间体量，照顾课程运作的节奏，大致能适合经管类通识体系性需求。

3. 这是一项涉及众多知识内容的原创性研究，国内外尚未见有相应的教材，非有一个强大团队不能完成任务。本课题组主要成员大多都出版过自己专业领域的教材，他们的知识体系及写作能力无可置疑，团队运作比之单个作者撰写更能体现这一课程的要求。

4. 根据初步研究，我们认为，作为研究成果的教材将禀承活泼、精当的原则，把课程制作为微单元，以微课形式设计，强调知识的普及性、通用性，重视能力的提升又照顾学科系统的重点。我们认为，对这一形式的选择将使我们的研究成果能在较长时间内保持它的前沿性、可读性，跨越学校的界限传播到更大的范围。微单元设计便于与现代工具结合起来，它符合现代教育中对学生课堂中“注意力持续时间”研究成果提出的要求。

通识教育成为当今中国高等教育的一个热点，它也需要在具体的专业中体现，《经管与财税基础》作为经管专业的通识教材试图揭示这一专业的一般素质培育之需求与养成模式。现在，《经管与财税基础》终于与大家见面了，这已经是我们在浙江工贸职业技术学院的课堂中试用了一年的教材。经调查，使用效果尚好（小范围实验的效果发表在今年六月份《商情》杂志上）。

作为通识教材，我们主张由多个作者一起撰写，这样便利于集中多位作者的知识与领悟。我们还主张一个教材中有各个作者自己的理解特点、写作风格及知识表达形式，它不要求作者的表述是最权威的，但要求是开放的，以便推动人们的想象力。所以，本教材采纳经管、财税学科中一般性的说法，较为浅显的观点，这样的选择结果是，它便于人们贯通“专业知识”，使通识达成。

通识毕竟不是科普，它要求课程保持知识的前沿性与通俗性之结合，要求知识应该具有贯通效果，要求对学生专业素质得到整体性的提升，要求学生在专业习惯的养成上明确且有效。我们对上述内容上都做了努力，它们在教材中都有体现。

作为本门课程我们以 64 课时来设计，分二大块，即（上）与（下），各 32 课时。全书由王立新统稿，由四位老师共同写成。其中，上篇的经济学通论由王言炉写成，谢敏负责编写管理学常识，成荣芬负责编写市场营销素质养成部分，下篇由王立新撰写。

编 者

2015 年夏

目　录

上篇

上　篇

引言："学而不思则罔，思而不学则殆。"

——孔子

第一部分 经济学通论

一、经济学研究什么

稀缺性是经济学研究的前提，资源的稀缺性是指相对于人类无限的需求而言，人的需求具有无限增长和扩大的趋势，为了满足这种需求就需要更多的物品和劳务（即资源），而在一定时间与空间范围内，资源总是有限的，这就造成了资源的相对稀缺性。

因此，人们必须考虑如何使用有限的资源来满足其无限的、多样化的需要。这就是所谓的“经济问题”。经济学理论则围绕这一问题提出观点和论证。经济学就是研究如何合理配置和充分利用稀缺的经济资源来满足人们的多种需求的科学。

微观经济学与宏观经济学是经济学的基础。微观经济学是研究社会中单个经济单位的经济行为，以及相应的经济变量的单项数值如何决定的经济学说，亦称价格理论。宏观经济学是以国民经济总过程的活动为研究对象，主要研究就业总水平、国民总收入等经济总量，也称收入理论。

课堂讨论

如何解决资源的相对稀缺性？

二、什么是诺贝尔经济学奖

诺贝尔经济学奖（The Prize in Economic Sciences），是由瑞典银行在1968年，为纪念诺贝尔而增设的并非诺贝尔遗嘱中提到的五大奖励领域之一，全称为“纪念阿尔弗雷德·诺贝尔瑞典银行经济学奖（The Bank of Sweden Prize in Economic Sciences in Memory of Alfred Nobel）”，通常称为诺贝尔经济学奖

（Nobel Economics Prize），也称瑞典银行经济学奖。其评选标准与其他奖项是相同的，获奖者由瑞典皇家科学院评选。

历届诺贝尔经济学奖得主一览（非美国的，在人名后有注明）

2013 年诺贝尔经济学奖得主：尤金·法玛、拉尔斯·彼得·汉森和罗伯特·希勒，获奖原因是：对资产价格的实证分析。

2012 年诺贝尔经济学奖得主：埃尔文·罗斯和罗伊德·沙普利。获奖原因是：创建“稳定分配”的理论，并进行“市场设计”的实践。

2011 年诺贝尔经济学奖得主：托马斯·萨金特和克里斯托弗·西姆斯，获奖原因是：在宏观经济学中对成因及其影响的实证研究。

2010 年诺贝尔经济学奖得主：彼得·戴蒙德、戴尔·莫滕森和克里斯托弗·皮萨里德斯（塞浦路斯），获奖原因是：在“市场搜寻理论”中具有卓越贡献。

2009 年诺贝尔经济学奖得主：奥利弗·威廉森。威廉森是“新制度经济学”的著名学者。他的研究表明，市场和诸如公司等层级组织代表着不同的治理结构，在解决利益冲突方面采取不同的方法。

2009 年诺贝尔经济学奖得主：艾利诺·奥斯特罗姆。奥斯特罗姆是有史以来第一位获得诺贝尔经济学奖的女性。她因为“在经济管理方面的分析，特别是对公共资源管理上的分析”获奖。

2008 年诺贝尔经济学奖得主：保罗·克鲁格曼。美国普林斯顿大学经济学家保罗·克鲁格曼在分析国际贸易模式和经济活动的地域等方面做出了巨大的贡献。

2007 年诺贝尔经济学奖得主：赫维奇、马斯金、迈尔森。这三位美国经济学家因为他们为机制设计理论奠定基础而共同分享 2007 年诺贝尔经济学奖。

2006 年诺贝尔经济学奖得主：埃德蒙·费尔普斯。美国经济学家埃德蒙·费尔普斯在加深人们对于通货膨胀和失业预期关系的理解方面做出了巨大贡献。

2005 年诺贝尔经济学奖得主：罗伯特·奥曼（以色列）和托马斯·谢林。他们通过博弈理论分析增加了世人对合作与冲突的理解。他们的理论被广泛应用在解释社会中不同性质的冲突、贸易纠纷、价格之争以及寻求长期合作的模式等科学领域。

2004 年诺贝尔经济学奖得主：芬恩·基德兰德（挪威）和爱德华·普雷斯科特。这两位经济学家的研究成果主要集中在两个方面，即有关宏观经济政策的“时间一致性难题”和商业周期的影响因素。

2003 年诺贝尔经济学奖得主：罗伯特·恩格尔和克莱夫·格兰杰（英国）。他们分别用“随着时间变化的易变性”和“共同趋势”两种新方法分析经济时间数列，从而给经济学研究和经济发展带来巨大影响。

2002 年诺贝尔经济学奖得主：丹尼尔·卡尼曼和弗农·史密斯。卡尼曼把心理学分析法与经济学研究结合在一起，为创立新的经济学研究领域奠定了基础。史密斯则开创了一系列实验法，为通过实验进行可靠的经济学研究确定了标准。

2001 年诺贝尔经济学奖得主：阿克尔洛夫、斯彭斯、斯蒂格利茨。乔治·阿克尔洛夫、迈克尔·斯彭斯和约瑟夫·斯蒂格利茨由于在“对充满不对称信息市场进行分析”领域所做出的重要贡献。

2000 年诺贝尔经济学奖得主：麦克法登和赫克曼。美国经济学家詹姆斯·赫克曼和丹尼尔·麦克法登在微观计量经济学领域所做出了杰出的贡献。

1999 年诺贝尔经济学奖得主：罗伯特·蒙代尔（加拿大）。美国哥伦比亚大学教授罗伯特·蒙代尔对不同汇率制度下的货币与财政政策以及最优货币区域做出了影响深远的分析。

1998 年诺贝尔经济学奖得主：阿马蒂亚·森（印度）。阿马蒂亚·森对福利经济学几个重大问题做出了贡献，包括社会选择理论、对福利和贫穷标准的定义、对匮乏的研究等做出精辟论述。

1997 年诺贝尔经济学奖得主：迈伦·斯科尔斯和罗伯特·默顿。前者给出了著名的布莱克·斯科尔斯期权定价公式，该法则已成为金融机构涉及金融新产品的思想方法；后者对布莱克·斯科尔斯公式所依赖的假设条件做了进一步减弱，在许多方面对其做了推广。

1996 年诺贝尔经济学奖得主：詹姆斯·米尔利斯（英国）和威廉·维克瑞。前者在信息经济学理论领域做出了重大贡献，尤其是不对称信息条件下的经济激励理论的论述；后者在信息经济学、激励理论、博弈论等方面都做出了重大贡献。

1995 年诺贝尔经济学奖得主：罗伯特·卢卡斯。他倡导发展了理性预期与宏观经济学研究的运用理论，深化了人们对经济政策的理解，并对经济周期理论提出了独到的见解。

1994年诺贝尔经济学奖得主：约翰·海萨尼、约翰·纳什和莱因哈德·泽尔腾（德国）。他们在非合作博弈的均衡分析理论方面做出了开创性的贡献，对博弈论和经济学产生了重大影响。

1993年诺贝尔经济学奖得主：罗伯特·福格尔和道格拉斯·诺斯。前者用经济史的新理论及数理工具重新诠释了过去的经济发展过程；后者建立了包括产权理论、国家理论和意识形态理论在内的“制度变迁理论”。

1992年诺贝尔经济学奖得主：加里·贝克。他将微观经济理论扩展到对人类相互行为的分析，包括市场行为，获得诺贝尔奖。

1991年诺贝尔经济学奖得主：罗纳德·科斯（英国）。他揭示并澄清了经济制度结构和函数中交易费用和产权的重要性，获得诺贝尔奖。

1990年诺贝尔经济学奖得主：威廉·夏普、默顿·米勒和哈里·马科维茨。他们均为美国人，由于他们在金融经济学方面做出了开创性工作，获得诺贝尔经济奖。

1989年诺贝尔经济学奖得主：特里夫·哈维默（挪威）。他建立了现代经济计量学的基础性指导原则。

1988年诺贝尔经济学奖得主：莫里斯·阿莱斯（法国）。他在市场理论及资源有效利用方面做出了开创性贡献，对一般均衡理论重新做了系统阐述。

1987年诺贝尔经济学奖得主：罗伯特·索洛。他对增长理论做出贡献，提出长期的经济增长主要依靠技术进步，而不是依靠资本和劳动力的投入。

1986年诺贝尔经济学奖得主：詹姆斯·布坎南。他将政治决策的分析同经济理论结合起来，使经济分析扩大和应用到社会、政治法规的选择。

1985年诺贝尔经济学奖得主：弗兰科·莫迪利安尼（意大利）。他第一个提出储蓄的生命周期假设，这一假设在研究家庭和企业储蓄中得到了广泛应用。

1984年诺贝尔经济学奖得主：理查德·约翰·斯通（英国）。他是国民经济统计之父，在国民账户体系的发展中做出了奠基性贡献，极大地改进了经济实践分析的基础。

1983年诺贝尔经济学奖得主：罗拉尔·德布鲁（法国）。他概括了帕累拖最优理论，创立了相关商品的经济与社会均衡的存在定理。

1982年诺贝尔经济学奖得主：乔治·斯蒂格勒。他在工业结构、市场的作用和公共经济法规的作用与影响方面，做出了创造性重大贡献。

1981年诺贝尔经济学奖得主：詹姆士·托宾。他阐述和发展了凯恩斯的系列理论及财政与货币政策的宏观模型。在金融市场及相关的支出决定、就业、产品和价格等方面的分析做出了重要贡献。

1980年诺贝尔经济学奖得主：克莱因。他以经济学说为基础，根据现实经济中实有数据所作的经验性估计，建立起经济体制的数学模型。

1979年诺贝尔经济学奖得主：威廉·阿瑟·刘易斯（圣卢西亚）和西奥多·舒尔茨。他们在经济发展方面做出了开创性研究，深入研究了发展中国家在发展经济中应特别考虑的问题。

1978年诺贝尔经济学奖得主：赫伯特·亚·西蒙。他对于经济组织内的决策程序进行了研究，这一有关决策程序的基本理论被公认为关于公司企业实际决策的创见解。

1977年诺贝尔经济学奖得主：詹姆斯·米德（英国）与戈特哈德·俄林（瑞典）。他们共同对国际贸易理论和国际资本流动作了开创性研究。

1976年诺贝尔经济学奖得主：米尔顿·弗里德曼。弗里德曼创立了货币主义理论，提出了永久性收入假说。

1975年诺贝尔经济学奖得主：列奥尼德·康托罗维奇（苏联）和佳林·库普曼斯。康托罗为奇创立享誉全球的线形规划要点，对资源最优分配理论做出贡献。美国人库普曼斯将数理统计学成功运用于经济计量学，对资源最优分配理论做出贡献。

1974年诺贝尔经济学奖得主：弗·冯·哈耶克（英国）和纲纳·缪达尔（瑞典）。他们深入研究了货币理论和经济波动，并深入分析了经济、社会和制度现象的互相依赖。

1973年诺贝尔经济学奖得主：华西里·列昂惕夫。他发展了投入产出方法，该方法在许多重要的经济问题中得到运用。

1972年诺贝尔经济学奖得主：肯尼斯·约瑟夫·阿罗和约翰·希克斯（英国）。他们深入研究了经济均衡理论和福利理论。

1971年诺贝尔经济学奖得主：西蒙·库兹列茨。他在研究人口发展趋势及人口结构对经济增长和收入分配关系方面做出了巨大贡献。

1970年诺贝尔经济学奖得主：保罗·安·萨默尔森。他发展了数理和动态经济理论，将经济科学提高到新的水平。他的研究涉及经济学的全部领域。

1969年诺贝尔经济学奖得主：简·丁伯根（荷兰）和拉格纳·弗里希（挪威）。简·丁伯根是经济计量学模式建造者之父。拉格纳·弗里希是经济计量学的奠基人，他发展了动态模型来分析经济进程。

课堂讨论

诺贝尔经济学奖获得者中为什么没有中国人？

三、选择有成本吗

稀缺性决定了我们必须做出选择，例如：一个学生可以把他一天的时间用于学习经济学或学习英语，也可以把时间在这两个学科之间进行分配。在这一天里，他用于学习经济学的每一个小时，都意味着他要放弃本来可以用于学习英语的一小时。或者是要放弃本来可用于睡眠、骑车、上网或打工赚钱的一小时。

当人们组成社会时，他们也面临着各种不同的权衡取舍。当一个社会的支出更多地用在保卫其边境免受外国入侵的国防（大炮）上时，其用于提高国内生活水平的消费品（粮食）就少了。

在经济学中，我们用机会成本来衡量选择的代价。机会成本是指面临多方案择一的决策时，被舍弃的方案中的最好方案。

课堂讨论

如何理解砍伐一棵树的机会成本？

四、什么是边际成本

边际成本是指每增加一单位产量所引起的成本增量。边际收益是指每增加一单位销量所引起的收益增量。现实中，人们通常会通过比较边际利益与边际成本来做出决策。假设一架200个座位的飞机飞一次的成本是10万美元，每个座位的成本是500美元，有人会说：票价绝不应低于500美元。但是当飞机即将起飞时仍有 10 个空座，在登机口等退票的乘客愿意支付 300 美元买一张票，应该卖给他吗？当然应该。如果飞机有空座，多增加一位乘客的成本微乎其微。虽然一位乘客飞行的平均成本是 500 美元，但是边际成本仅仅是这位额外的乘客将消费的一顿快餐和飞机将多消耗的一点燃料而已。而边际收益是 300 美元。

课堂讨论

表 1-1 是某企业生产某产品的产量与利润的对比数据，你觉得企业应该生产多少产量？为什么？在该产量水平上，边际收益与边际成本有什么关系？

表 1-1　某企业生产某产品的产量与利润的对比数据

	产　量							
	0	1	2	3	4	5	6	7
总成本	8	9	10	11	13	19	27	37
总收益	0	8	16	24	32	40	48	56

五、制度对资源配置有何影响

建立特定的经济制度是实现资源配置目标的基本手段。一般来讲，不同的经济制度配置资源的手段与方式是不同的，资源配置的效率也各不相同。

按照资源配置方式的不同，可以将历史曾经出现过以及现存的经济制度划分为三个基本类型：市场经济制度、指令经济制度和混合经济制度。

市场经济是一种主要由个人和私人企业决定生产和消费的经济制度，解决了生产什么、如何生产和为谁生产的问题。企业采用成本最低的生产技术（如何生产），生产那些利润最高的商品（生产什么）。消费则取决于个人如何决策去花费他们的收入（为谁生产）。价格在这里反映了资源的稀缺程度。

指令经济是由政府做出有关生产和分配的所有重大决策。政府占有绝大部分生产资料（土地和资本），并借助法律和行政手段，命令生产单位执行其生产计划。价格在这里则不再反映资源的稀缺程度。

混合经济是市场机制和政府调控相结合的一种经济制度。在混合经济中，通过市场机制的自发作用解决生产什么、如何生产和为谁生产等问题，在市场机制出现失灵时，则由政府出面干预来促进资源的使用效率、增进社会平等和维持经济稳定增长。

课堂讨论

如何看待下面的案例？

一个经济由A，B和C这三个工人组成。每个工人每天工作10小时，并可以提供两种服务：割草和洗汽车。在一小时内，A可以割一块草地或洗一辆汽车，B可以割一块草地或洗两辆汽车，而C可以割两块草地或洗一辆汽车。洗车和割草的报酬都是20元/小时。计算在以下情况，各能提供多少每种服务？

（1）三个工人都分别把一半的时间用于两种活动。

（2）A分别把一半时间用于两种活动，而B只洗汽车，C只割草。

六、经济学家是如何思考的

经济生活是由一系列活动所组成的复杂的集合，经济学家采用科学的方法来理解这些复杂的活动。他们借助经济计量学，从堆积如山的经验数据中抽象出简单明了的事物之间的联系机制。

一般而言，经济学家是通过如下几步来分析经济现象的。

第一步：建立联系。

一位经济学家若生活在价格正在迅速上升的国家，他会因受到这种观察的刺激而提出一种观点：当政府发行了过多货币时，高通货膨胀率就会发生。为了检验这种观点，他可以收集并分析许多不同国家的价格数据和货币量数据。如果二者之间缺少相关性，他就会开始怀疑自己观点的正确性。如果数据的检验结果表明二者密切相关，他就更加相信自己的观点。

在经济学研究中，进行实验往往是很困难的，有时是不可能的。例如研究通货膨胀的经济学家绝不会被允许仅仅为了获得有用的数据而操控一国的货币供给。为了寻找在实验室实验的替代品，经济学家十分关注历史所提供的数据。

第二步：做出假设。

如果你问一位物理学家，一块大理石从 10 层楼的楼顶落下来需要多长时间，他可能会通过假设这块大理石在真空中落下来所需时间来回答这个问题。当然，这个假设是不现实的。事实上，楼房周围是空气，空气对下落的大理石产生摩擦并使其下落速度变慢。但物理学家将指出，空气对大理石的摩擦力如此之小，以至于其影响可以忽略不计。因此假设大理石在真空中下落能使问题简化，而对答案又没有实质性影响。经济学家出于同样的原因也做假设。假设可以使复杂的世界简单化，而且使解释现象变得更为容易。

科学思考的艺术就是决定做出什么假设。例如，假设我们从楼顶扔下来的是气球而不是大理石。我们的物理学家就会意识到，没有摩擦的假设在这种情况下是欠准确的：摩擦对气球的影响力要比对大理石大得多。类似地，经济学家用不同的假设来回答不同的问题。

第三步：建立经济模型。

生物教师用塑料人体模型来讲授基础解剖学。这些模型使教师可以用一种简单的方式向学生说明：人体的这些重要器官是如何组合在一起的。经济学家也借助模型来分析世界。这些模型通常是由图形和方程式组成的，这些模型忽略了许多细节，以便人们了解真正重要的东西。图 1-1 是一个直观经济模型，叫循环流量图。

在这个模型中，企业用劳动、土地和资本（建筑物和机器）这些投入品来生产物品和劳务。这些投入品被称为生产要素。家庭拥有生产要素并消费企业生产的所有物品与劳务。家庭和企业在两类市场上相互交易。

现在我们通过跟踪在经济中流通的 1 美元钞票来看看循环流向。设想开始时，你通过劳动获得 1 美元钞票。你拿这 1 美元到当地的星巴克咖啡店去买了一杯咖啡，当这 1 美元进入星巴克的钱柜时，它就成为企业的收益。但是，这 1 美元并不会在星巴克停留很久，因为企业会用它在生产要素市场上购买投入品。例如向房东支付租金或为工人支付工资。无论在哪一种情况下，这 1 美元又成了某个家庭的收入，回到了某个人的钱包中。此时，经济循环流量图中的故事又一次开始了。

第四步：验证和修改经济模型。

建立经济模型后，经济学家会将其运用在经济现实中，验证其解释和预测模型对象的水平，并不断做出修正。

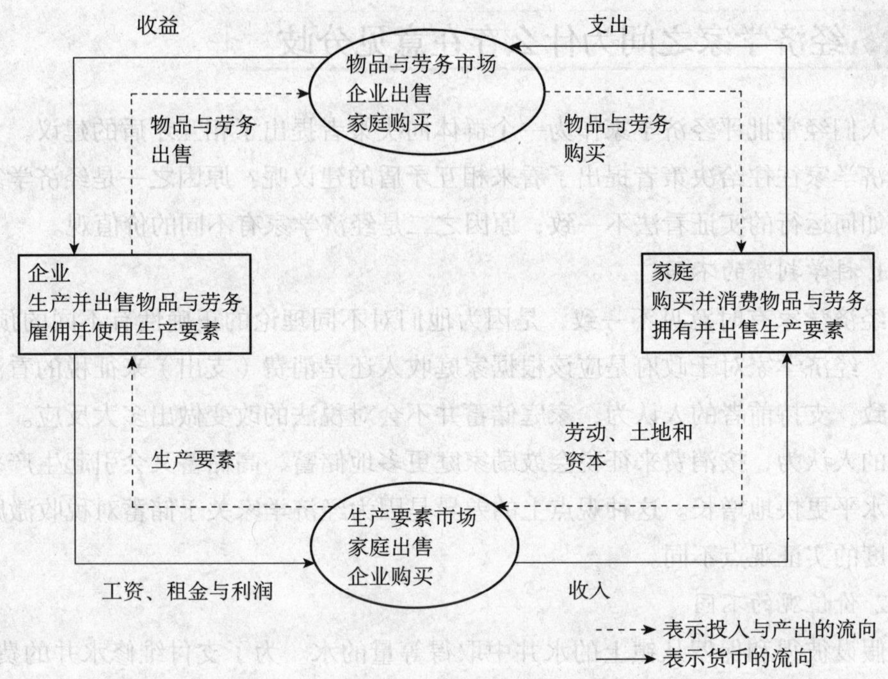

图1-1 循环流量图

课堂讨论

从图 1-2 中可以看出房地产投资与 GDP 增速之间存在什么联系？

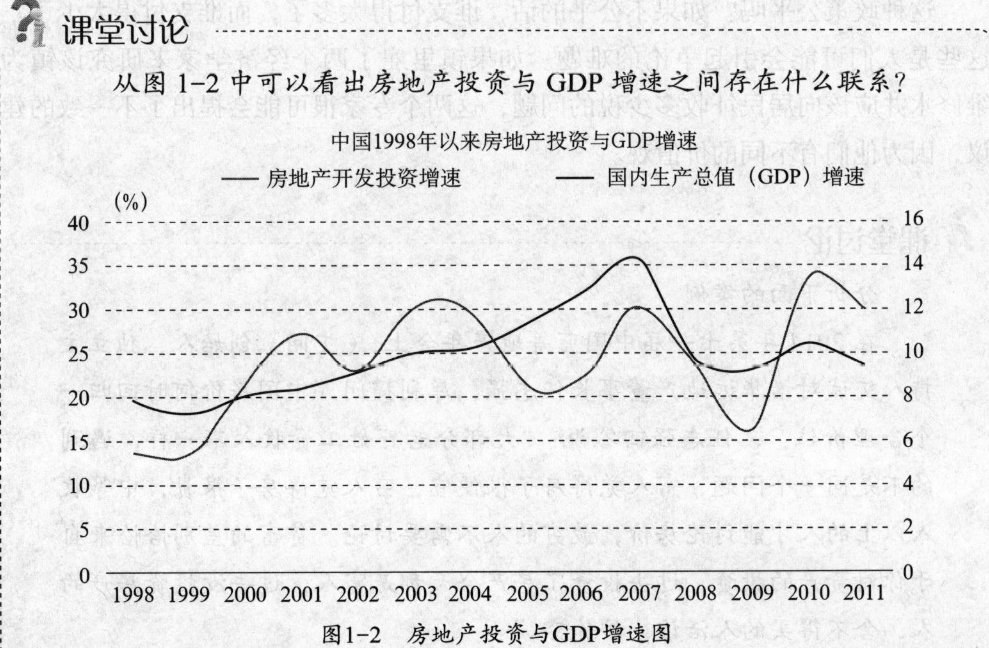

图1-2 房地产投资与GDP增速图

七、经济学家之间为什么存在意见分歧

人们经常批评经济学家作为一个群体向决策者提出了相互矛盾的建议。为什么经济学家往往给决策者提出了看来相互矛盾的建议呢？原因之一是经济学家对经济如何运行的实证看法不一致；原因之二是经济学家有不同的价值观。

1. 科学判断的不同

经济学家有时意见不一致，是因为他们对不同理论的正确性有不同的预感。例如，经济学家对于政府是应该根据家庭收入还是消费（支出）来征税的看法就不一致。支持前者的人认为，家庭储蓄并不会对税法的改变做出多大反应。支持后者的人认为，按消费来征税会鼓励家庭更多地储蓄，高储蓄又会引起生产率和生活水平更快地增长。这种观点上的差异是因为经济学家关于储蓄对税收激励反应程度的实证观点不同。

2. 价值观的不同

假设彼得和保罗从镇上的水井中取得等量的水。为了支付维修水井的费用，镇里向其居民征税：彼得收入为 5 万美元，征税 5 000 美元，即他收入的 10%。保罗收入为 1 万美元，征税 2 000 美元，即他收入的 20%。

这种政策公平吗？如果不公平的话，谁支付得太多了，而谁支付得太少了？这些是人们可能会引起争论的难题。如果镇里雇了两个经济学家来研究该镇为维修水井应该向居民征收多少税的问题，这两个专家很可能会提出了不一致的建议，因为他们有不同的价值观。

课堂讨论

分析下面的案例

在 2014 年第十一届中国蓝筹地产年会上，《艾问》创始人、独立主持人艾诚对话华远地产董事长任志强，犀利提问“中国房价何时回归一个合理价位？”任志强回答说：“大部分老百姓工资收入不一样，遇到的不是同一个问题，富人觉得房子很便宜，穷人觉得房子很贵，中等收入以上的人才能讨论房价，最穷的人不需要讨论。贫富的差别恰恰来自于你对资产的投资，过去投资了房产今天都是富人，过去没投资房产的人，舍不得买的人活该，该你穷。”

八、什么是供求定理

一种商品的需求是指消费者在一定时期内在各种可能的价格水平愿意而且能够购买的该商品的数量。

一种商品的供给是指生产者在一定时期内在各种可能的价格下愿意而且能够提供出售的该种商品的数量。

表 1–2 表示的是某市场的苹果价格与其需求量和供给量的关系。

表 1–2　某市场的苹果价格与其需求量和供给量的关系

苹果的价格（元 / 千克）	苹果的需求量（千克）	苹果的供给量（千克）
2	12	2
4	10	4
6	8	6
7	7	7
8	6	8
10	4	10
12	2	12

由此可以看出，随着苹果价格的变化，人们对苹果的需求量和价格呈反向的变动关系。经济学由此归纳出需求法则。即价格上涨时，需求量减少，价格下跌时，需求量增加。

同样可以看出，随着苹果价格的变化，人们对苹果的供给量和价格呈同向的变动关系。经济学由此归纳出供给法则。即价格上涨时，供给量增加，价格下跌时，供给量减少。

实际上，一种商品的需求数量和供给数量是由许多因素共同决定的，但为了简化分析，经济学家先假定其他影响因素保持不变，主要考虑该商品的价格变动对需求数量和供给数量的影响。

课堂讨论

这与需求法则矛盾吗？

学校门口的小店平时卖的伞是10元一把，有一天突然天降大雨，小店的老板坐地起价，把伞的价格涨到20元，然而那天买伞的人比平时还要多。

九、什么是价格管制

政府根据不同的经济形势会采取不同的经济政策，在此介绍有关政府的价格政策的两种做法：最高限价和最低限价。最高限价也称为限制价格。它是政府所规定的某种产品的最高价格，最高价格总是低于市场的均衡价格的。最低限价也称为支持价格。它是政府所规定的某种产品的最低价格，最低价格总是高于市场的均衡价格的。

在经济学家看来，价格并不是某些偶然过程的结果，而是无数企业和消费者决策的结果。价格有平衡供求、协调经济活动的关键作用。当决策者通过立法或行政方式确定商品价格时，他们就模糊了通常情况下指引社会资源配置的信号。

课堂讨论

下面的政策能够达到目的吗？

你是一个房子的房东，你把这房出租，在市场的自由运作之下，你能收到的房租是1 000元/月。现在突然之间政府说为了让穷人也能租得起房子，于是强行规定你的房子只准租800元/月。你说你会怎么办？

十、什么是价格弹性

需求的价格弹性衡量的是：当一种物品的价格发生变动时，该物品需求量相应变动的大小。在计算上是用需求量变动的百分比除以价格变动的百分比，如果比例大于1，我们就称之为该商品有弹性；如果比例小于1，我们就称之为该商品缺乏弹性。

需求的价格弹性分析经常运用在一些营销实例中，假设某商品的价格为 10 元，需求量是 100，厂商的销售收入是 10 元 ×100=1 000 元。当商品的价格上升 1%，该商品的需求量下降了 2%，即需求量下降为 98，厂商的销售收入为 10.1 元 ×98=989.8 元。该商品的弹性 E_d = 2% ÷ 1%=2。这里我们可以看出，由弹性的商品涨价后，厂商的销售收入反而下降了。

供给的价格弹性衡量的是：当一种物品的价格发生变动时，该物品供给量相应变动的大小。在计算上是用供给量变动的百分比除以价格变动的百分比。

一种商品的需求价格弹性和供给价格弹性的大小都是各种影响因素综合作用的结果。所以，在分析其中一种的时候，要根据具体情况进行全面的综合分析。

课堂讨论

粮食丰收了，农民的总收入上升了吗?

假设粮食需求价格弹性是 E_d=0.5，某市场去年每千克粮食的价格是 6 元，销售量为 800 吨。现当地粮食大丰收，价格下降了 10%，销售量是多少？粮食销售的总收入与去年相比是增加了还是减少了？

十一、什么是边际效用

效用是指消费者在消费商品时所感受到的满足程度。总效用是指消费某项商品所带来的总满足程度，边际效用则是指对该项商品每增加一次的消费量所多增加出来的效用。消费者总是根据一种商品的边际效用来确定自己愿意支付的最高价格。

表 1–3 表示的是某消费者对吃苹果的主观评价和支付意愿。

从表中可以看出，随着消费者吃苹果的数量不断增加，每个苹果给消费者带来的满足程度（边际效用）不断减少，消费者愿意支付给每一个苹果的价格也在不断减少。

如果消费者吃第三个苹果的时候，销售员给出的苹果价格是 2 元，而消费者愿意支付的价格是 3 元，那么，消费者少花的 1 元钱我们就称之为消费者剩余。

表 1-3 某消费者对吃苹果的主观评价和支付意愿

商品数量 （1）	总效用 （2）	边际效用 （3）	价格 （4）
0	0		
1	10	10	5
2	18	8	4
3	24	6	3
4	28	4	2
5	30	2	1
6	30	0	0
7	28	−2	

课堂讨论

分析万达影城票价策略

1. 每日 12 点前为特价观影时段，观影享受普通 2D 影片半价、3D/IMAX 正价七折；

2. 凡持有效学生证，享受普通 2D 影片半价、3D/IMAX 正价七折；

3. 凡持有军官证、老人证、残疾证享受普通 2D 影片半价、3D/IMAX 正价七折。

十二、什么是市场类型

市场是通过物品买卖双方相互作用来决定物品交易价格和交易数量的一种组织形式或制度安排。根据不同的市场结构的特征，市场可划分为完全竞争市场、垄断竞争市场、寡头市场和垄断市场四种类型。具体划分和特征如表 1-4 所示。

决定市场类型划分的主要因素有以下四个：第一，市场上厂商的数目；第二，厂商所生产的产品的差别程度；第三，单个厂商对市场价格的控制程度；第四，厂商进入或退出一个行业的难易程度。其中，第一个因素和第二个因素是最基本的决定因素。

表 1–4 市场类型的划分和特征

市场类型	厂商数目	产品差别程度	对价格控制的程度	进出一个行业的难易程度	接近哪种商品市场
完全竞争	很多	完全无差别	没有	很容易	一些农业品
垄断竞争	很多	有差别	有一些	比较容易	一些轻工产品、零售业
寡头	几个	有差别或无差别	相当程度	比较困难	钢、汽车、石油
垄断	唯一	唯一的产品，且无相近的替代品	很大程度，但经常受到管制	很困难，几乎不可能	公用事业，如水、电

为什么要区分不同的市场结构呢？我们知道，商品的均衡价格和均衡数量取决于市场的供求状况。消费者追求效用最大化的行为决定了市场的需求状况，厂商追求利润最大化的行为决定了市场的供给状况。厂商的利润取决于收益和成本。其中，厂商成本主要取决于厂商的生产技术方面的因素，而厂商的收益则取决于市场对其产品的需求状况。在不同类型的市场条件下，厂商所面临的对其产品的需求状况是不相同的，所以，在分析厂商的利润最大化的决策时，必须要区分不同的市场类型。

课堂讨论

如果一个市场上的某种产品只有一个生产者，就意味着他可以随心所欲地调价吗？判断一个市场的结构到底是竞争还是垄断，关键原因是什么？

十三、什么是博弈论

博弈论是一门研究在特定条件制约下多个个体或团队之间如何实施对应策略的学科。它主要分为合作博弈和非合作博弈。二者的区别在于：相互发生作用的当事人之间有没有一个具有约束力的协议，如果有，就是合作博弈，如果没有，就是非合作博弈。

假设有两个小偷 A 和 B 联合犯事被警察抓住。警方将两人分别置于不同的两个房间内进行审讯，对每一个犯罪嫌疑人，警方给出的政策是：如果两个犯罪嫌疑人都坦白了罪行，由于证据确凿，两人都被判刑 8 年；如果只有一个犯罪嫌疑人坦白，另一个人没有坦白而是抵赖，则坦白者有功被减刑 0 年，抵赖者被判刑 10 年。如果两人都抵赖，则警方将因证据不足只能判两人各判入狱 1 年。表 1-5 给出了这个博弈的支付矩阵。

表 1-5　博弈的支付矩阵

囚徒困境		
A\B	坦白	抵赖
坦白	8，8	0，10
抵赖	10，0	1，1

对 A 来说，尽管他不知道 B 作何选择，但他知道无论 B 选择什么，他选择"坦白"总是最优的。显然，根据对称性，B 也会选择"坦白"，结果是两人都被判刑 8 年。尽管二人选择（抵赖、抵赖）是最好的策略。

课堂讨论

为什么多是大企业而不是中小企业愿意花钱去开发新产品？

十四、什么是外部性

当一个人从事一种影响旁观者福利，而对这种影响既不付报酬又得不到报酬的活动时，就产生外部性。如果对旁观者的影响是不利的，就称为负外部性；如果这种影响是有利的，就称为正外部性。

由于买者与卖者在决定其需求量或供给量时忽略了他们行为的外部效应，因此在存在外部性时，市场均衡并不是有效的。或者说，市场均衡并没有实现整个社会总利益的最大化。例如，把污水排放到周边就是一种负外部性。利己的造纸企业不会考虑他们在生产过程中引起的全部污染成本，而纸张的消费者也不会考虑他们的购买决策所引起的全部污染成本。因此，除非政府进行阻止或限制，否则企业就会大量排放污染物。

一般而言，政府决策者要奖励个人或企业的好的外部性行为，惩罚个人或企业的不好的外部性行为。可以采取的对策思路是将这种外部性内部化，具体措施则包括给予补贴、增加或者减免征税税费、确定产权并允许交换。

课堂讨论

有两种方法保护汽车不被偷窃：装防盗杠或装报警器。以上哪一种类型的保护会给其他车主带来负外部性？哪一种带来正外部性？这种分析有什么政策含义？

十五、什么是公共产品

公共产品是指可以供社会成员共同享用的产品，严格意义上的公共产品具有非竞争性和非排他性。所谓非竞争性，是指某人对公共产品的消费并不会影响别人同时消费该产品及其从中获得效用。所谓非排他性，是指某人在消费一种公共产品时，不能排除其他人消费这一产品（不论他们是否付费），或者排除的成本很高。

例如，一个小镇上的火灾警报器就是一种公共产品。一旦警报器响起来，要阻止任何一个人听到它都是不可能的（所以它不具有排他性）。而且当一个人得到警报的利益时，并不减少其他任何一个人的利益（所以它不具有消费中的竞争性）。现在的问题是：这种产品靠市场能否提供？或者说，私人都愿意提供这样的产品吗？产品的四种类型如图 1-3 所示。

	竞争性	非竞争性
排他性	私人产品 ■衣服 ■私人汽车 ■拥挤的收费公路	（自然垄断）俱乐部产品 ■有线电视 ■消防 ■不拥挤的收费公路
非排他性	公共资源 ■环境 ■海洋中的鱼 ■拥挤的不收费公路	纯公共产品 ■国防 ■知识 ■不拥挤的不收费公路

图1-3　产品的四种类型

课堂讨论

为什么我们身边的空气环境和水环境的质量越来越糟糕？如何应对？

十六、什么是市场失灵

市场失灵就是指市场机制不能正确发挥作用，从而使资源配置不能达到最优状态。狭义的市场失灵是指完全竞争市场的假定条件得不到满足而导致市场机制不能有效地配置资源。广义的市场失灵还包括市场机制在配置资源过程中导致的经济波动和收入分配不公平等现象。经济学教材中的市场失灵一般是指狭义的市场失灵。

市场失灵的种类主要表现包括以下几个方面。

（1）信息不对称：交易的一方所拥有的信息多于另一方且提供了不完整的信息，妨碍交易进行或在交易时损及另一方的利益。如在二手车市场和古董市场。

（2）市场存在着垄断或不完全竞争：源自产业特征及政府的管制与特许，产生市场上一家独大的情形，使市场机制无法发挥作用。如电力公司和自来水公司。

（3）市场行为的外部性：一些人的某种行为对当事人以外的其他人产生正面或负面的影响，而当事人因得不到完整的好处或不必负担成本，因而造成市场机制失灵。如工厂排放污水和环境污染。

（4）公共产品的存在：当大家可以共享商品或劳务时，使用成本无法以市场机制解决。如道路、灯塔和国防等。

课堂讨论

分析下面的案例，并进一步分析：为什么现实中，绝大部分公共设施是政府负责修建而不是私人？

有两户相居为邻的农家甲和乙，十分需要有一条路从居住地通往公路。修一条路的成本为4，每个农家从修好的好路上获得的好处为3。如果两户居民共同出资联合修路，并平均分摊修路成本，则每户居民获得净的好处为 3–2=1；当只有一户人家单独出资修路时，修路的居民获得的支付为 3–4=–1（亏损），如图 1–4 所示。

修路博弈		
甲 \ 乙	修路	不修
修路	1，1	–1，3
不修	3，–1	0，0

图1–4 修路博弈

十七、什么是政府失灵

政府失灵也称政府失效，是指政府为弥补市场失灵而对经济、社会生活进行干预的过程中，由于政府行为自身的局限性和其他客观因素的制约而产生的新的缺陷，进而无法使社会资源配置效率达到最佳的情景。

萨缪尔森将其定义为："当政府政策或集体行动所采取的手段不能改善经济效率或道德上可接受的收入分配时，政府失效便产生了。"查尔斯·沃尔夫则认为由政府组织的内在缺陷及政府供给与需要的特点所决定的政府活动的高成本、低效率和分配不公平，就是政府失效。

政府失效主要表现在以下几个方面：

（1）政府决策失效。它包含三个方面：① 政府决策没有达到预期的社会公共目标；② 政府决策虽然达到了预期的社会公共目标，但成本（包括机会成本）大于收益；③ 政府决策虽然达到了预期的社会公共目标，而且收益也大于成本，但带来了严重的负面效应。

（2）政府机构和公共预算的扩张。布坎南指出，由于政府官员也是个人利益最大化者，他们总是希望不断扩大机构规模，增加权力层次，以相应地提高其机构的级别和个人待遇，结果导致资源配置效率低下，社会福利减少。

（3）公共物品供给的低效率。由于缺乏竞争和追求利润的动机，资源在公共机构很容易产生低效率。

（4）政府的寻租活动。公共选择理论认为，一切由于行政权力干预市场经济活动造成不平等竞争环境而产生的收入都称为“租金”，而对这部分利益的寻求与窃取行为则称为寻租活动。由于政府部门的活动需要人员去落实，如果缺乏对政府人员的外部监督和制约，则政府人员往往会利用手上的行政权力寻找“租金”。

课堂讨论

分析下面的新闻

近期，中央巡视组陆续向上半年被巡视地区、单位党委（党组）反馈巡视意见，这些意见也通过中央纪委监察部网站向社会公开。其中，在党风廉政建设和反腐败工作方面，不少巡视组将问题共同指向了农村基层“苍蝇式”腐败。比如，中央第二巡视组就在反馈意见中提到，“乡村干部腐败问题凸显，‘小官巨腐’问题严重，征地拆迁问题较多”。

十八、什么是生产要素

在经济学中，生产要素是指所有用于生产商品或提供服务的资源，它包括劳动、土地、资本和企业家才能四种。

生产要素也和普通产品一样要通过买卖关系才能实现其自身的价值，但是，两者在买卖结束后所起的作用是不一样的。对于产品来说，买主得到了产品以后就进入了该产品的最后消费环节，通过消费该产品实现其一定程度的满足。而购买生产要素的买主不是把生产要素用来消费的，而是要进一步投入生产过程中，并且生产要素在进入生产过程之前仅仅是可能的生产能力，只有在它们进入生产过程并按照一定比例结合起来，创造了产品和服务之后，才变为现实的生产能力，也就是说只有在这时生产要素才能体现出其价值来，此时生产要素的所有者才能获得相应的收入。因此，企业对生产要素的需求是从消费者对消费品的需求引致或派生的。或者说，对生产要素的需求是一种“引致需求”。

生产要素所有者的收入就是生产要素的价格。劳动者的收入是工资，即劳动的价格；资本所有者的收入是利息，即资本的价格；土地所有者的收入是地租，即土地的价格；企业家的收入是利润，即企业家才能的价格。因此，也可以说，生产要素价格的决定问题就是要素所有者的收入分配问题。

要素价格的确定来源于该要素的边际成本和边际收益之间的比较。

课堂讨论

分析下面的新闻

2014 年春节过后，在北京经济技术开发区的“春风行动”专场，本地招聘市场有不少大学专科生，甚至有本科生出现。

类似的情况，在成都、武汉、上海等大城市农民工市场频频出现，但是大学生比例更大。比如武汉2008年“春风行动”中劳务市场大学生比例不到10%，农民工占到80%，但2014年武汉的劳动力市场中，大学生比例起码占到了40%，农民工比例只有20%左右。

十九、如何衡量收入分配

在经济学中，主要有两个工具来衡量收入分配，一个是洛伦茨曲线；另一个是基尼系数。

洛伦茨曲线是用来衡量社会收入或财产分配平均程度的曲线，由统计学家洛伦茨提出。基本思路是：首先将一国总人口按收入由低到高排队，然后考虑一定累计人口比例所获得的收入累计比例。以人口累计比例为横轴，收入累计比例为纵轴，将各累计百分比的对应关系描绘出来，就得到洛伦兹曲线。如图1–5所示的*ODL*线。

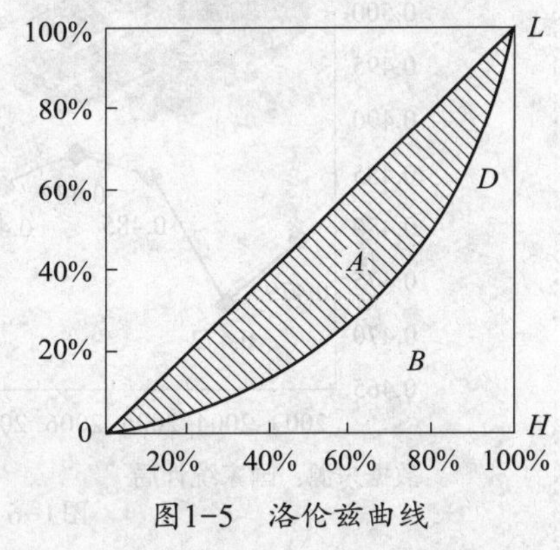

图1–5 洛伦兹曲线

图中，洛伦兹曲线*ODL*的弯曲程度反映了收入分配的不平等程度。弯曲程度越大，收入分配越不平等。如果所有收入集中于一人手中，收入分配达到完全不平等，*ODL*变成折线*OHL*；如果人口累计比总是等于收入累计比，则收入分配完全平等，*ODL*变成直线*OL*。

基尼系数是根据洛伦茨曲线计算出来的反映收入分配的平均程度的指标，由意大利统计学家基尼根据洛伦茨曲线提出的。洛伦茨曲线*ODL*与绝对平等线曲线*OL*之间的面积为*A*，洛伦茨曲线*ODL*与绝对不平等线曲线*OHL*之间的面积为*B*，则基尼系数的计算公式为：

$$基尼系数 = A \div (A+B)$$

当 A 等于零时，基尼系数为零，表明收入分配处于绝对平均状态；当 B 等于零时，基尼系数为 1，表明收入分配处于绝对不平均状态。基尼系数在 0 与 1 之间，其数值越小，表明收入分配越平均。

运用洛伦斯曲线与基尼系数可以对各国和各地区从空间上收入分配的平均程度进行对比，也可以对各种政策的收入效应时间上进行比较。根据国际标准，基尼系数小于 0.2 时，被认为收入非常平均，在 0.2 ～ 0.3 之间时为较平均，在 0.3 ～ 0.4 之间时为较合理，0.4 ～ 0.5 时为差距过大，大于 0.5 时为差距悬殊。0.4 则一般被国际公认为收入差距的警戒线。

课堂讨论

分析图 1-6 所示案例

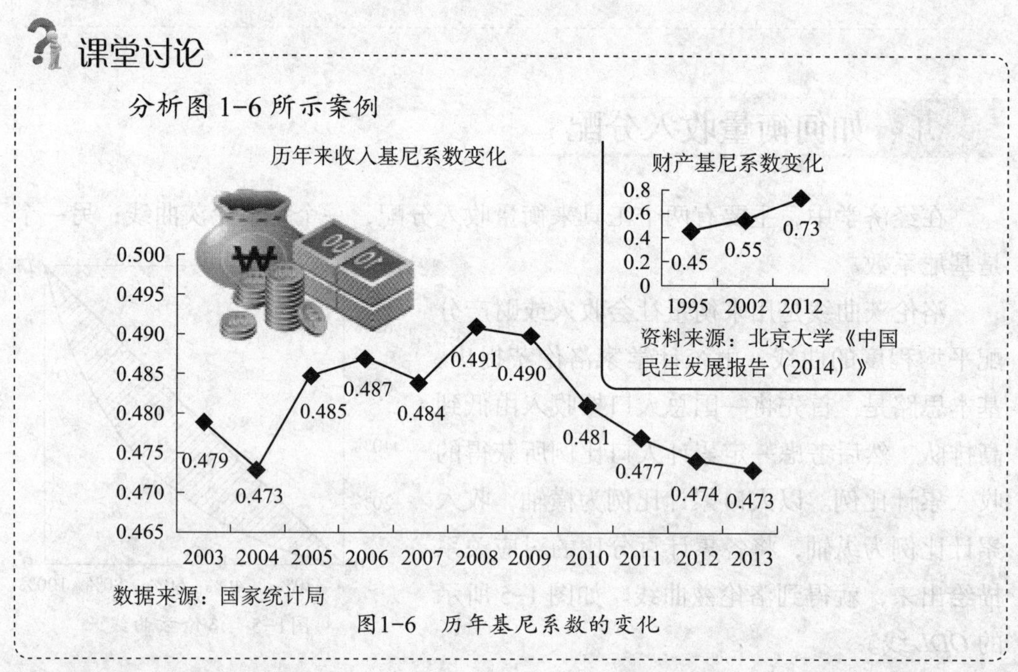

图1-6　历年基尼系数的变化

二十、什么是 GDP

GDP 的全称是 Gross Domestic Product，即国内生产总值，它是指经济社会（即一国或一地区）在一定时期内运用生产要素所生产的全部最终产品（物品和劳务）的市场价值。这一定义含有如下几方面意思。

（1）GDP 是一个市场价值的概念。GDP 要把许多种不同物品加总为一个经济活动价值的衡量指标。为了这样做，它使用市场价格。就是用这些最终产品的单位价格乘以产量获得的。假如某国一年生产10万件上衣，每件上衣售价50元，则该国一年生产上衣的市场价值为500万元。

（2）GDP测度的是最终产品的价值，中间产品价值不计入GDP，否则会造成重复计算。例如，把棉布出售，售价是15元；把棉花加工成纱后，售价是20元；把纱加工成布后，售价是30元，把布加工成服装后，售价是45元，衡量这一时期生产的市场价值总额是45元，而不是15+20+30+45=110元。

（3）GDP是一定时期内（往往为一年）所生产而不是所售卖掉的最终产品价值。若某企业年生产100万元产品，只卖掉80万元，所剩20万元产品可看做是企业自己买下来的存货投资，同样应计入GDP。相反，虽然生产100万元产品，然而却卖掉了120万元产品，则计入GDP的仍是100万元，只是库存减少了20万元而已。

（4）GDP既包括有形的物品（食物、衣服、汽车），又包括无形的劳务（理发、美容、看病）。当你购买了你最喜爱的歌星的CD时，你购买的是一种物品，购买价格是GDP的一部分。当你花钱去听同一个歌星的音乐会时，你购买的是劳务，票价也是GDP的一部分。

（5）GDP是一国范围内生产的最终产品的市场价值。当一个中国公民暂时在美国工作时，他的产出是美国GDP的一部分。当一个美国公民在中国拥有一个工厂时，这个工厂的产出不是美国GDP的一部分（它是中国GDP的一部分）。因此，如果商品或劳务是在一国国内生产的，无论生产者的国籍如何，都包括在该国的GDP之中。

（6）GDP一般仅指市场活动导致的价值。家务劳动、自给自足生产等非市场活动不计入GDP中。

与GDP对应的另一个指标是GNP，全称Gross National Product，即国民生产总值，它是指一个国家（或地区）所有国民在一定时期内所生产的最终产品（包括劳务）的市场价值的总和。GDP计算采用的是“国土原则”，即只要是在本国或本地区范围内生产或创造的价值，无论是外国人或是本国人创造的价值，均计入本国或本地区的GDP。而GNP计算采用的是“国民原则”，即只要是本国或本地区居民，无论你在本国或本地区内，还是在外国或外地区所生产或创造的价值，均计入本国或本地区的GNP。例如，一个在日本工作的美国公民的收入要计入美国的GNP中，但不计入美国的GDP中，而计入日本的GDP。反之亦然。

因此，若某国一定时期内的 GNP 超过 GDP，说明该时期内该国公民从外国获得的收入超过了外国公民从该国获得的收入，而 GDP 超过 GNP 时，说明情况刚好相反。

课堂讨论

在表 1–6 中，GDP 应该算作多少？

表 1–6 一个生产过程表

生产者	开始于	结束于	附加价值
伐木工人	一棵橡树	50 美元（砍伐，卖给锯木厂厂主）	50 美元
锯木厂厂主	50 美元的橡木木材	75 美元（制成板材，卖给木工）	25 美元
木工	75 美元的橡木板	250 美元（做成橡木书柜，卖给零售商）	175 美元
零售商	250 美元的橡木书柜	200 美元（把书柜卖给你）	–50 美元

二十一、GDP 如何核算

核算 GDP 可用生产法、支出法和收入法。常用的是后两种方法，下面分别予以说明。

1. 用支出法核算 GDP

用支出法核算 GDP，就是通过核算在一定时期内整个社会购买最终产品的总支出即最终产品的总卖价来计量 GDP。谁是最终产品的购买者呢，只要看谁是产品和劳务的最后使用者。在现实生活中，产品和劳务的最后使用，除了居民消费，还有企业投资、政府购买及出口。因此，用支出法核算 GDP，就是核算经济社会（指一个国家或一个地区）在一定时期内消费、投资、政府购买以及出口这几方面支出的总和。

消费（指居民个人消费）支出（用字母 *C* 表示）包括购买耐用消费品（如

小汽车、电现机、洗衣机等)、非耐用消费品(如食物、衣服等)和劳务(如民疗、旅游、理发等)的支出。建造住宅的支出则不包括在内。

投资指增加或更换资本资产(包括厂房、住宅、机械设备及存货)的支出(用字母 I 表示)。投资包括固定资产投资和存货投资两大类。固定资产投资指新厂房、新设备、新商业用房以及新住宅的增加。存货投资是企业掌握的存货价值的增加(或减少)。如果年初全国企业存货为1 000亿美元而年末为1 200亿美元,则存货投资为200亿美元。存货投资可能是正值,也可能是负值,因为年末存货价值可能大于也可能小于年初存货。

政府对物品和劳务的购买(G)是指各级政府购买物品和劳务的支出,如政府花钱设立法院、提供国防、建筑道路、开办学校等方面的支出。政府购买只是政府支出的一部分,另一部分如转移支付、公债利息等政府支出都不计入GDP。

净出口指进出口的差额。用 X 表示出口,用 M 表示进口,则($X-M$)就是净出口。进口应从本国总购买中减去,因为进口表示收入流到国外,不是用于购买本国产品的支出;出口则应加进本国总购买量之中,因为出口表示收入从外国流入,是用于购买本国产品的支出。因此,只有净出口才应计入总支出,它可能是正值,也可能是负值。

把上述四个项目加总,用支出法计算 GDP 的公式可写成:

$$GDP=C+I+G+(X-M)$$

2. 用收入法核算国内生产总值

收入法即用要素收入或企业生产成本核算国内生产总值,包括以下项目:①工资、利息和租金等;②非公司企业主如医生、律师、农民和小店铺主的收入;③公司税前利润,包括公司所得税、社会保险税、股东红利及公司未分配利润等;④企业转移支付及企业间接税,这些虽然不是生产要素创造的收入,但要通过产品价格转嫁给购买者,故也应视为成本;⑤资本折旧,它虽不是要素收入,但包括在应回收的投资成本中,故也应计入GDP。

课堂讨论

如何计算政府提供服务的市场价格?

二十二、物价如何影响 GDP

由于 GDP 是用货币来计算的，因此，一国 GDP 的变动由两个因素造成：一是所生产的物品和劳务的数量的变动；二是物品和劳务的价格的变动。当然，二者也常常会同时变动。为弄清国内生产总值变动究竟是由产量还是由价格变动引起的，需要区分名义国内生产总值和实际国内生产总值。

名义 GDP（或货币 GDP）是用生产物品和劳务的当年价格计算的全部最终产品的市场价值。实际 GDP 是用从前某一年作为基础价格计算出来的全部最终产品的市场价值。假设某国最终产品以香蕉和上衣代表。两种物品在 2006 年（现期）和 1996 年（基期）的价格和产量分别如表 1–7 所示，则以 1996 年价格计算的 2006 年的实际国内生产总值为 260 万美元。

表 1–7 名义 GDP 和实际 GDP

	1996 年名义 GDP	2006 年名义 GDP	2006 年实际 GDP
香蕉	15 万箱 ×1 美元 =15 万美元	20 万箱 ×1.5 美元 =30 万美元	20 万箱 ×1 美元 =20 万美元
上衣	5 万箱 ×40 美元 =200 万美元	6 万箱 ×50 美元 =300 万美元	6 万箱 ×40 美元 =240 万美元
合计	215 万美元	330 万美元	260 万美元

2006 年名义国内生产总值和实际国内生产总值的差别，可以反映出这一时期和基期相比价格变动的程度。在上例中，330÷260=126.9%，说明从 1996 年到 2006 年该国价格水平上升了 26.9%。在这里，126.9% 称为 GDP 折算指数。可见，GDP 折算指数是名义的 GDP 和实际的 GDP 的比率。如果知道了 GDP 折算指数，就可以将名义 GDP 折算为实际 GDP，其公式为：

实际 GDP= 名义 GDP=÷GDP 折算指数

例如，在上例中，从 1996 年到 2006 年，GDP 名义上（即从货币价值看）从 215 万美元增加到 330 万美元，实际只增加到 260 万美元，即如果扣除物价变动因素，GDP 只增长 20.9%［（260–215）÷215 =20.9%］，而名义上却增长了 53.5%［330–215）÷215=53.5%］。

课堂讨论

分析下面结论

针对政府工作报告中明确提出经济增长的合理区间，有上限和下限，国家发改委主任徐绍史 5 日说，经济增长的上限是物价总水平不能突破 3.5% 左右，下限是经济增长不能滑出 7.5% 左右，城镇新增就业不能少于 1 000 万。

二十三、消费如何影响 GDP

要研究消费影响 GDP，可以研究支出法计算 GDP 的公式：GDP=C+I+G+（X–M）。

当我们吃饭、穿衣或看电影时，我们就正在消费经济的部分产出。在美国，所有形式的消费总计占到 GDP 的 2/3。由于消费如此之大，所以，宏观经济学家花费了大量精力研究家庭如何决定消费多少。

家庭从它们的劳动和资本所有权中得到收入，家庭得到的收入等于经济的产出 Y（即 GDP）。政府向家庭征收税额为 T。我们把支付了所有税收之后的收入（Y–T）定义为可支配收入。家庭把它们的可支配收入分别用于消费和储蓄。

我们假设，消费水平直接取决于可支配收入水平。可支配收入越高，消费也越多。因此有 C=C（Y–T），这个等式说明。消费是可支配收入的函数。消费和可支配收入之间的关系称为消费函数。

在 GDP=C+I+G+（X–M）中，如果假设政府购买 G 和净出口（X–M）均为 0，且投资 I 为一个常数，则有 Y=C+I，消费函数 C=α+βY，α 为自发消费，β 为边际消费倾向，也称 MPC，它是当可支配收入增加 1 美元时消费的变化量。MPC 在 0～1 之间。对应的概念为边际储蓄倾向即 MPS，它是当可支配收入增加 1 美元时储蓄的变化量。MPS 也在 0～1 之间，且 MPS+MPC=1。例如，如果每增加 1 元的可支配收入，家庭就把其中的 0.7 元用于产品与服务的消费，把剩余的 0.3 元储蓄起来，那么，MPC=0.7，MPS=0.3。

回到上面的等式，Y=C+I=α+β（Y–T）+I，Y=（α+I–βT）/（1–β），给出 α、β、I 和 T，就可以求出均衡收入 Y。

课堂讨论

假设 α、I 和 T 已知，比较 $\beta=0.8$ 和 $\beta=0.9$ 两种情况下的收入 Y 的变化？

二十四、投资如何影响 GDP

要研究投资影响 GDP，也可以研究支出法计算 GDP 的公式：$GDP=C+I+G+(X-M)$。影响投资 I 的主要是投资需求。而影响投资需求的主要因素有以下几个方面。

1. 利率

利率衡量的是资金成本。为了使一个投资项目盈利，投资的收益必须大于其成本。如果利率上升，盈利的投资项目减少，投资品需求量也随之减少。

例如，假设一个企业正在考虑是否投资 100 万元建立一个工厂，它能每年获利 10 万元，即收益率为 10%。企业要比较这个收益与借贷 100 万元的成本。如果利率低于 10%，企业就将在金融市场上借贷，并进行这项投资；如果利率高于 10%，企业就不会在金融市场上借贷来建这座工厂。

即使企业不必借贷 100 万元而是用自己的资金时，也要同样做出投资决策。企业总是可以把这笔钱存入银行或借出，并赚取利息。所以，只有当利率低于工厂 10% 的收益率时，建工厂才比存款更有利可图。

一个想购买一所新住房的人也面临着类似的决策问题。利率越高，贷款的成本就越大。如果利率为 8%，100 000 元贷款的成本是每年 8 000 元；如果利率是 10%，每年成本是 10 000 元。随着利率上升，拥有一所住房的成本增加，对新住房的需求也就减少了。

当研究利率在经济中的作用时，还需要区分名义利率与实际利率。名义利率是一般所报道的利率，是投资者为借贷资金支付的利率。实际利率是校正通货膨胀影响后的名义利率。如果名义利率是 8%，而通货膨胀率是 3%，那么，实际利率就是 5%。实际利率衡量了借贷的实际成本，从而决定投资量。

2. 技术创新

例如，假设某人发明了一种新技术，例如铁路或者电脑。在企业和家庭可以利用这种创新之前，必须购买投资品。在生产出铁路机车并铺上铁轨之前，铁路的发明是没有价值的。在电脑被制造出来之前，有关电脑的思想也没有生产性。因此，技术创新引起投资需求的增加。

3. 政府法规

政府可以通过税费的变化对投资进行鼓励或抑制。例如，假设政府增加个人所得税，并用额外的收入为那些投资于新资本的人提供减税。这种税法的改变使更多的投资项目盈利，而且，与技术创新一样，也增加了投资品的需求。

课堂讨论

实际利率上升，投资量会如何变化？

二十五、政府购买如何影响 GDP

在支出法计算 GDP 的公式即 $GDP=C+I+G+(X-M)$ 中，政府购买是产品与服务需求的第三部分。政府不仅购买枪炮、导弹以及政府雇员的劳务，还修建道路、建设学校和其他公共工程，所有这些购买仅是政府支出的一种类型。另一种类型是政府对家庭的转移支付，例如对穷人的福利及对老年人的社会保障支付。与政府购买不同，进行转移支付并不是为了交换。因此，转移支付不包括在变量 G 中。

转移支付间接影响了人们对产品与服务的需求。正如税收减少人们可支配收入一样，转移支付增加了人们可支配收入。现在我们可以把 T 的定义修改为等于税收减转移支付。如果政府购买等于税收减转移支付，那么，$G=T$，政府有平衡的预算；如果 G 大于 T，政府有预算赤字；如果 G 小于 T，政府有预算盈余。

在 $GDP=C+I+G+(X-M)$ 中，设进出口 $(X-M)=0$，则 $Y=C+I+G$，$Y-C-G=I$。进一步可以写成 $Y-C(Y-T)-G=I(r)$。方程左边是满足了消费者和政府需求后剩下来的收入（产量），称为国民储蓄或简称储蓄。方程右边是投资。左边表示国民储蓄取决于收入 Y 和财政政策变量 G 和 T。对于固定的 Y、G 和 T 值，储蓄 S 也是固定的。右边表示投资取决于利率。

如果利率太低，投资者想要的投资量大于家庭想要的储蓄量，利率上升。相反，如果利率太高，家庭想储蓄的量大于企业想投资的量，利率下降。所以，利率要一直调整到企业想要投资的量等于家庭想要储蓄的量时为止。

当政府改变其支出或税收水平时，它影响经济中产品与服务产出的需求，并改变国民储蓄、投资和均衡利率。

首先考虑政府购买量增加 ΔG 的影响。直接的影响是增加产品与服务的需求 ΔG。但是，由于总产出是由生产要素来固定的，所以，政府购买的增加必定由其他需求的减少来抵消。由于可支配收入（$Y–T$）是不变的，所以，消费 C 也是不变的。政府购买的增加必定由投资的等量减少来抵消。为了使投资减少，利率必须上升。因此，政府购买的增加引起利率上升和投资减少。可以说政府购买挤出了投资。

现在考虑税收减少 ΔT 的情况。税收减少的直接影响是增加了可支配收入，从而增加了消费。可支配收入增加 ΔT，而消费的增加量等于 ΔT 乘以边际消费倾向（MPC）。MPC 越高，税收减少对消费的影响就越大。由于经济的产出是由生产函数固定的，而政府购买水平是由政府固定的，所以消费的增加必定要由投资的减少来抵消。为了减少投资，利率必然上升。因此，税收减少和政府购买增加一样，都挤出了投资，并提高了利率。

课堂讨论

在 $Y=C+I+G+(X–M)$ 中，若 $(X–M)=0$，边际消费倾向为 0.8，政府购买支出增加 200 亿美元，则国民收入 Y 可增加多少？

二十六、进出口如何影响 GDP

在 GDP=$C+I+G+(X–M)$ 中，当国民收入水平提高时，一般可假定（$X–M$）会减少，而国民收入水平下降时，（$X–M$）会增加。这是因为，在（$X–M$）中，出口 X 是由外国的购买力和购买需求决定的，本国难以左右，因而一般假定是一个外生变量。反之，进口 M 却会随本国收入提高而增加，因为本国收入提高后，人们对进口消费品和投资品（如机器设备、仪器等）的需求会增加。

影响（$X–M$）的除了本国收入，还有汇率。当本国货币与外国货币交换比率发生变化时，进口和出口都会受到影响。

课堂讨论

中国台湾地区出口排名下滑的警讯

据世界贸易组织（World Trade Organization，WTO）于4月14日公布2013年年度贸易统计报告，在货品贸易方面，中国台湾地区的出口世界排名由2012年的第18名下滑到20名，进口排名第18名与2012年相同；在服务贸易方面，台湾地区的出口世界排名由2012年的第25名下滑到2013年的26名，进口由2012年的28名下滑至2013年的30名。

众所周知，中国台湾地区是以外贸为导向的经济体，对外贸易金额占台湾地区GDP的比重相当高，以2013年为例，进出口总额占GDP的比重为139.74%，其中出口占GDP的比重为74.46%，进口占GDP的比重为65.28%。因此，维系对外贸易畅旺是台湾地区经济持续成长的重要方式之一（另一方式为扩大内需）。台湾当局必须高度重视台湾地区货品贸易与服务贸易出口排名双双下滑的警讯，审慎为台湾地区经济未来擘划可行的发展道路。

二十七、政治环境如何影响GDP

由于政府机构的员工都是个人，他们执著于扩大自己的权力和财富。即使是民主政府，其官员也未必按照他们自己所倡导的公众利益行事。政府政策往往反映那些拥有最有利位置的人们的利益，这些人在政治进程中用低成本为自己榨取利益。在任官员紧盯着下一次选举，他们更喜欢那些能够在选举前或任期内容易显现成果的政策，但不会透露这些政策的成本。

假设政府从商业银行借贷来增加开支，这样就会提高对商品的总需求。我们无法确定其对于GDP的影响在更多的产出和更高的价格之间是如何分布的，但是我们有理由相信：对生产和就业的任何影响都将在对价格产生影响之前表现出来。所以先到的是“好事”：实际GDP上升和失业率下降。后来的是“坏事”：通货膨胀率更高。如果政客正在盘算即将来临的选举，那么追求短期内的“好事”的诱惑力就很强。至于“坏事”，就稍后让其他人去担心吧。

紧缩政策对生产和就业的影响也要快于对价格水平变化速率的影响。但是，在这种情况下，“坏事”比“好事”先到。通过减少政府赤字、降低货币供给增长率来降低通货膨胀率的举措会让生产商的销售预期落空，导致未出售的商品积压，致使减产裁员。反通货膨胀的效果会有所延迟，直至资源需求降低，物价下降。简而言之，通过实施紧缩的财政和货币政策减缓通货膨胀增速的举措，很可能在达到其减弱通货膨胀的目的之前带来经济衰退。

这种分析意味着在任官员会迅速批准扩张的财政和货币政策，因为扩张的财政和货币政策一般对选民都有吸引力，成为在位者最佳的竞选宣传材料。即使这些政策对总需求毫无作用。银根松动至少带来暂时性的利率下降，这在选民看起来总能让他们满意。

相反，紧缩政策造成痛苦。更高的税收和削减的开支会引起选民的不满，而信贷供给的紧缩带来的利率上升也同样会激起选民的反感。那些正在盘算即将来临的选举的人会留心倾听随之而来的抱怨。主管政府政策的人则会非常希望收回“苦药”，用扩张政策这剂温和的“补药”取而代之。

所有这一切暗示民主政治进程更倾向于赞成这样的公共政策，即在短期内集中为组织良好、信息完备的利益集团带来利益，而其代价是长期的潜在成本，这些成本来自缺乏组织、信息匾乏的广大选民。

课堂讨论

分析下面的案例

银河证券首席经济学家左小蕾10月29日来宁做客太湖论坛，以《当前中国经济》为题作主题演讲。对于近期引发各界热议的“地方债”话题，左小蕾在接受记者采访时说，地方债的发行容易诱发地方政府的GDP冲动，陷入盲目发债的误区，“所以，一定要有硬约束。一方面，中央政府要管好地方自行发债的用途，确保用于民生、社保、公共服务等项目。另一方面，地方债的发行要与发债的地方政府官员任期保持一致，当届发、当届还，杜绝滚动发债，从源头上消除隐患。”

二十八、什么是经济增长

经济增长是指一个国家或地区生产的物质产品和服务的持续增加，这种不断增加的能力是建立在先进技术及其相应的制度和思想意识的基础上的。通常用人均国内生产总值（GDP）来衡量。对一国经济增长速度的度量，通常用经济增长率来表示。例如 2014 年中国的经济增长率等于（2014 年的 GDP-2013 年的 GDP）/2013 年的 GDP。

由于 GDP 中包含了产品或服务的价格因素，所以在计算 GDP 时，就可以分为用现价计算的 GDP 和用不变价格计算的 GDP。用现价计算的 GDP，可以反映一个国家或地区的经济发展规模，用不变价计算的 GDP 可以用来计算经济增长的速度。

现实中，为什么一些国家富裕，而另一些国家贫穷？什么是影响经济增长的因素？解答这些问题有两种分析方法：一种是增长核算，它是把决定产量增长的不同因素的贡献数量化；另一种是增长理论，它是把增长过程中的要素互动关系模型化。

以增长核算为例，方程可以分解为：

产出增长 $\Delta Y/Y$= 劳动份额（$1-\alpha$）* 劳动增长 $\Delta L/L$+ 资本份额 α* 资本增长 $\Delta K/K$+ 技术进步 $\Delta A/A$

该公式表明：产出的增长可以由三种力量（或因素）来解释，即劳动量变动、资本量变动和技术进步。表 1-8 所示的是美国经济增长的核算。

表 1-8 美国经济增长的核算

年份	产出的增长 ΔYY	增长的源泉		
		= 资本 $\alpha\Delta K/K$	+ 劳动 $(1-\alpha)\ \Delta L/L$	+ 全要素生产率 $\Delta A/A$
1948—2002	3.6	1.2	1.2	1.2
1948—1972	4.0	1.2	1.0	1.8
1972—1995	3.2	1.3	1.4	0.5
1995—2002	3.7	1.7	0.9	1.1

资料来源：U.S. Department of Labor。数据为非农业部门、转引自 [美] X · 格里高利 · 曼昆：《宏观经济学》（第六版），231 页，北京，中国人民大学出版社，2009。

二十九、什么是经济周期

经济周期是指国民总产出、总收入和总就业的波动。这种波动以经济中的许多成分普遍而同期地扩张或收缩为特征。经济周期大致经历繁荣、衰退、萧条和复苏四个阶段。图 1-7 对经济周期作了一般描述。

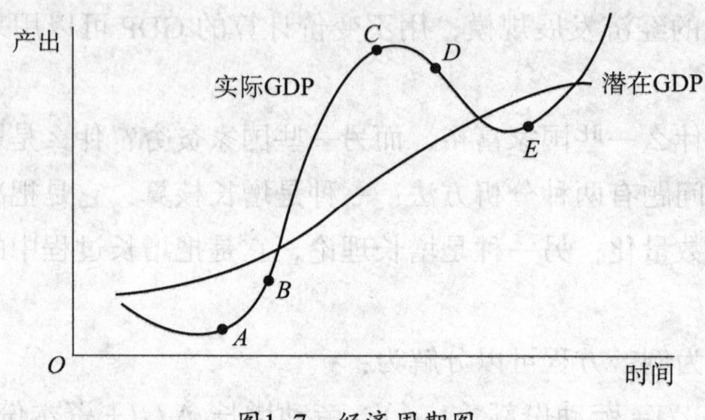

图1-7　经济周期图

A 点对应着经济萧条，它是经济周期的底部。*B* 点表明经济进入了复苏阶段。随着复苏进程的发展，产出到达趋势路径的上方，即图中的 *C* 点，称此时的经济处于繁荣阶段。然后经济进入衰退期，此时产出增长速度慢于产出增长趋势，甚至产出可能为负增长。*E* 点代表经济萧条，然后经济又开始复苏，另一个周期重新开始。

对经济周期的解释可以分为外因论和内因论。外因论认为，经济周期源于经济体系之外的因素，包括太阳黑子理论、创新理论和政治性周期理论等；内因论认为，经济周期源于经济体系之内的因素，包括纯货币理论、投资过度理论、消费不足理论和心理理论等。

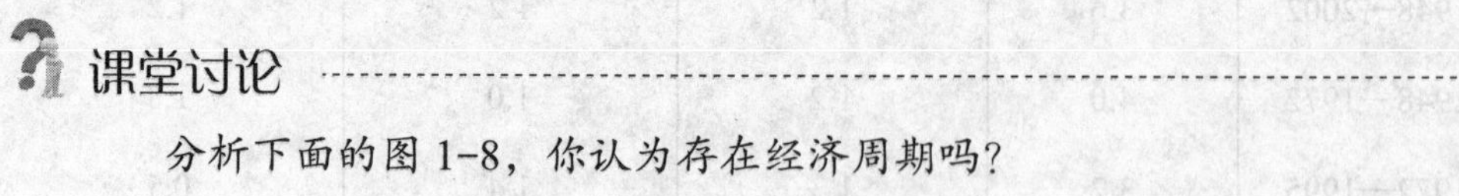

课堂讨论

分析下面的图 1-8，你认为存在经济周期吗？

图1-8 美国1919年以来的商业活动

资料来源：Federal Reserve Board，detrended by authors.

三十、失业有哪些种类

失业率是指劳动力中没有工作而又在寻找工作的人所占的比例，失业率波动反映了经济波动。宏观经济学通常将失业分为三种类型，即摩擦性失业、结构性失业以及周期性失业。

摩擦性失业是指在生产过程中由于难以避免的摩擦而造成的短期、局部性失业。例如，学生刚从学校毕业时，就需要寻找工作。女性在生育孩子以后，又要求重归劳动力队伍。但马上寻找到合适的工作并不总是顺利地发生，结果，有人便得不到工作。摩擦性失业被认为在任何时候都存在，但对任何个人或家庭来说，它是过渡性的。因此，摩擦性失业不被认为是严重的经济问题。

结构性失业是指劳动力的供给和需求不匹配所造成的失业，其特点是既有失业，又有职位空缺。例如，在 20 世纪 80 年代中期，由于老年人口增加，美国对护士的需求急剧上升，但同期护士数量的增长却相对缓慢，于是导致这一时期护士严重短缺。等到护士的薪金上升、供给调整完成之后，这一结构性短缺才能得到缓解。结构性失业在性质上是长期性的。

周期性失业是指经济周期中的衰退或萧条时，因需求下降而造成的失业，这种失业是由整个经济的支出和产出下降造成的。当经济中的总需求的减少降低了总产出时，会引起整个经济体系的较普遍的失业。

由于一些失业的普遍性和不可避免性，宏观经济学认为，经济社会在任何时期总存在一定比率的失业人口。为此，定义自然失业率为经济社会在正常情况下的失业率，它是劳动市场处于供求稳定状态时的失业率，这里的稳定状态被认为是：既不会造成通货膨胀也不会导致通货紧缩的状态。

与自然失业率相联系的一个概念是自然就业率。其含义是与自然失业率相对应的就业率，即充分就业量除以劳动力总量所得到的比率。按照这一界定，一个经济的自然失业率与自然就业率之和为 100%。

课堂讨论

哪一种类型的失业是最容易引起政府重视的，为什么？有人把工资存在下降的刚性、最低工资法、性别、年龄等作为影响就业的因素，你同意这种观点吗？

三十一、失业与 GDP 有什么关系

经验表明，商业周期中，失业通常会伴随着产出的变动而变动。阿瑟·奥肯首先发现了产出变动与失业变动之间在数量上存在着显著的相关关系，这就是著名的奥肯法则。

奥肯法则指出，相对于潜在 GDP，实际 GDP 每下降 2 个百分点，失业率就大约会上升 1 个百分点。这意味着，如果初期 GDP 是潜在 GDP 的 100%，

然后下降到潜在 GDP 的 98%，失业率就会上升 1 个百分点，即由初期的 6% 上升到 7%。

我们选择 20 世纪 90 年代这样一个历史时期来解释奥肯法则。在 1991 年经济衰退期间，失业率上升到 6. 9%，而实际 GDP 估计低于潜在产出 2. 5 个百分点。在接下来的 9 年时间中，实际产出增长比潜在产出增长高 5. 8 个百分点，因此在 1999 年，实际 GDP 估计高于潜在产出 3.3 个百分点。根据奥肯法则，失业率应该下降 2.9 个百分点（5.8/2），即下降到 4.0%（6.9–2.9）。事实上，1999 年的失业率为 4.2%——一个非常准确的预测。这个例子说明，奥肯法则可以用来说明失业率变化与实际产出增长之间的关系如图 1–9 所示。

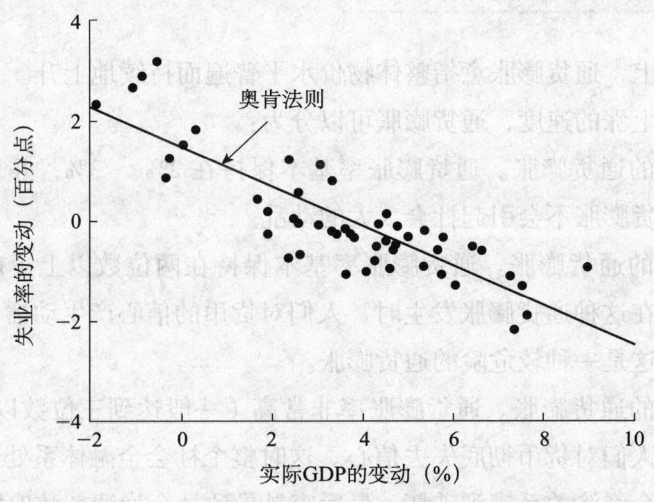

图1–9 1955—1999年美国的失业率与GDP关系

奥肯法则的一个重要结论是：实际 GDP 必须保持与潜在 GDP 同样快的增长，以防止失业率的上升。也即，GDP 必须不断增长才能保证失业率停留在原地。如果你想让失业率下降，实际 GDP 的增长必须快于潜在 GDP 的增长。

课堂讨论

分析下面的报道

在 2014 年世界和中国经济论坛上，IMF 驻华首席代表席睿德（Alfred Schipke）接受《第一财经日报》记者独家专访时表示：政府的一大目标就是要保就业。在中国，农民工的情况可以直接对经济的变化做出灵敏反应。若一个城市存在工作机会，部分农民群体必定会涌入该城市，而经济放缓必然使迁移率降低。在经济学中存在一个奥肯法则，该法则揭示了经济增长率与失业率之间的交替关系。可以用该法则来估计到底需要多少 GDP 增长才能防止市场震荡。但这在中国更具挑战，因为中国传统的失业率统计并未将农民工囊括在内。

三十二、什么是通货膨胀

在经济学上，通货膨胀意指整体物价水平普遍而持续地上升。

按照物价上涨的速度，通货膨胀可以分为：

（1）温和的通货膨胀。通货膨胀率基本保持在 2% ～ 3%，并且始终比较稳定。温和的通货膨胀不会引起社会太大的动乱。

（2）奔腾的通货膨胀。通货膨胀率基本保持在两位数以上（10% ～ 100%）且还在加剧，在这种通货膨胀发生时，人们对货币的信心产生动摇，经济社会产生动荡，所以这是一种较危险的通货膨胀。

（3）恶性的通货膨胀。通货膨胀率非常高（一般达到三位数以上），而且完全失去控制，人们对货币彻底失去信心。这时整个社会金融体系处于一片混乱之中，正常的社会经济关系遭到破坏，最后容易导致社会崩溃，政府垮台。

此外，还有一种比较隐蔽的通货膨胀。这种通货膨胀是指社会经济中存在着通货膨胀的压力或潜在的价格上升危机，但由于政府实施了严格的价格管制政策，使通货膨胀并未真正发生。但是，一旦政府解除或放松价格管制措施，经济社会就会发生通货膨胀。

对通货膨胀测量指标包括消费者物价指数（CPI）、生产者物价指数（PPI）和 GDP 平减指数（GDP deflator）等。

对通货膨胀的解释有：需求拉动的通货膨胀（认为通货膨胀的原因在于总需求过度增长，总供给不足，即“太多的货币追逐较少的货物”）、供给推动的通货膨胀（认为引起通货膨胀的原因在于成本的增加。而成本的增加又是工会利用其垄断地位要求提高工资或者厂商利用其垄断地位提高价格的结果）和结构性通货膨胀（认为引起通货膨胀的原因在于劳动生产率增长较低的部门要和劳动生产率增长较高的部门的货币工资增长率一致）等。

通货膨胀会导致社会财富或者社会收入的再分配。一般而言，通货膨胀将有利于债务人而不利于债权人、有利于雇主而不利于工人、有利于政府而不利于公众。

课堂讨论

分析下面的模型

20世纪最伟大的经济学家之一弗里德曼说，通货膨胀的实质是货币的发行增长超过产品的增长。说一个模型，简单来说，就是货币量不变，产品少了，那么产品会涨价，产品多了，产品会跌价。假设产品多了，货币量多的程度超过产品，那么产品会相对货币升值，也就是涨价。

这个模型这么说，假如有100个人，每人有100块钱流通，产品只有100斤大米，那么应该来说，每斤大米应该是100元，这是一般情况，现在若是每人的钱变成200块，大米还是100斤，那么大米就应该涨到200块一斤。假设每人的钱变成200块，但是大米变成150斤，那么大米增加的幅度小于人手里货币增加幅度，大米还是要涨价的。

三十三、失业与通货膨胀有什么关系

1958年，在英国任教的新西兰籍经济学家菲利普斯在研究了1861—1957年英国的失业率和货币工资增长率的统计资料后，提出了一条用以表示失业率和货币工资增长率之间替换关系的曲线，在以横轴表示失业率纵轴表示货币工资增长率的坐标系中，画出一条向右下方倾斜的曲线。这就是最初的菲利普斯曲线。该曲线表明：当失业率较低时，货币工资增长率较高；反之，当失业率较高时，货币工资增长率较低，甚至为负数。

以萨缪尔森为代表的新古典综合派随后便把菲利普斯曲线改造为失业和通货膨胀之间的关系，并把它作为新古典综合理论的一个组成部分，用以解释通货膨胀。

新古典综合派对最初的菲利普斯曲线加以改造的出发点在于如下所示的货币工资增长率、劳动生产率和通货膨胀率之间的关系：

通货膨胀率 = 货币工资增长率 – 劳动生产增长率

根据这一关系，若劳动生产的增长率为零，则通货膨胀率就与货币工资增长率一致。因此，经改造后的菲利普斯曲线就表示了失业率与通货膨胀率之间的替换关系，即失业率高，则通货膨胀率低；失业率低则通货膨胀率高。

在图 1-10 中，横轴代表失业率，纵轴代表通货膨胀率，向右下方倾斜的曲线即为菲利普斯曲线。菲利普斯曲线所揭示的失业与通货膨胀的替换关系，与美国 20 世纪 60 年代通货膨胀和失业的数据吻合得很好，如图 1-10 所示。

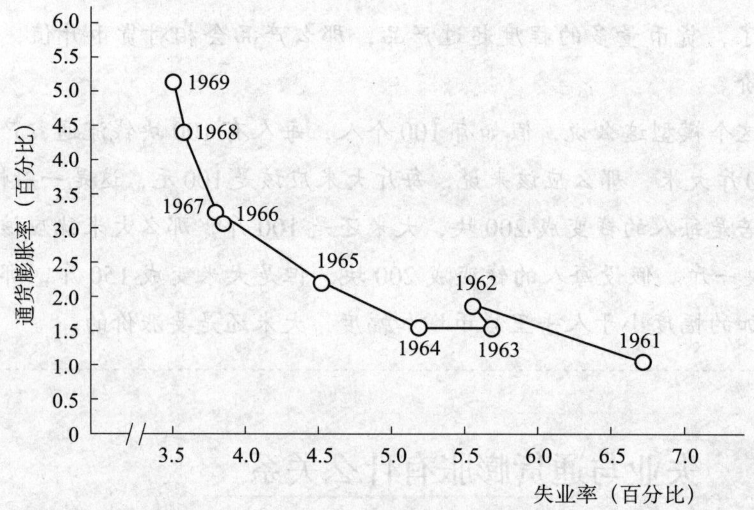

图1-10 1961—1969年美国的通货膨胀与失业

资料来源：[美] 多恩布什等：《宏观经济学》(第七版)，98 页，北京，中国人民大学出版社，2000。

菲利普斯曲线被修正后，迅速成为西方宏观经济政策分析的基石。它表明：政策制定者可以选择不同的失业率和通货膨胀率的组合。例如，只要他们能够容忍高通货膨胀，他们就可以拥有低的失业率，或者他们可以通过高失业来维持低通货膨胀率。

课堂讨论

如何分析下面的图 1-11？

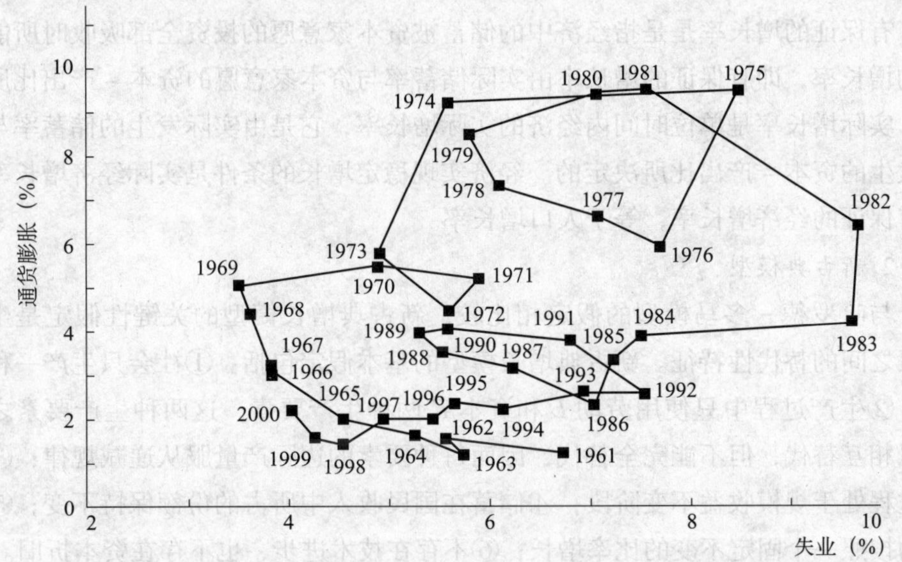

图1-11　美国自1961年以来的通货膨胀与失业

资料来源：[美]曼昆：《宏观经济学》(第五版)，343 页，北京，中国人民大学出版社，2005。

三十四、经济要增长多快才合适

1. 哈罗德－多马模式

凯恩斯提出了通过增加投资来扩大总需求的理论。20 世纪 40 年代末期，哈罗德和多马分别根据凯恩斯的思想提出了经济增长模型，考察一个国家在长时期内的国民收入和就业的稳定均衡增长所需条件的理论。

哈罗德－多马经济增长模型包括以下一些假定：①全社会所生产的产品只有一种，可为消费品，也可为资本品；②只有劳动和资本这两种生产要素；③产品的规模收益不变；④不存在技术进步。从资本的供求（储蓄和投资）出发。

如果令 Y= 国民收入，K= 资本，I= 净投资，S= 储蓄，经济增长率 $G=\Delta Y/Y$，储蓄率 $s=S/Y$。由于储蓄等于投资即 $S=I$，$s=S/Y=I/Y$，资本－产出比 $C=\Delta K/\Delta Y=I/\Delta Y$，则 $G=\Delta Y/Y=s/C$。

哈罗德－多马模式的中心内容是要说明：经济稳定增长所需要的条件和产生经济波动的原因，以及如何调节经济实现长期的均衡增长。为此，哈罗德提出了有保证的增长率、实际增长率和自然增长率三个概念。

有保证的增长率是是指经济中的储蓄被资本家意愿的投资全部吸收时所能实现的增长率，即有保证的增长率由实际储蓄率与资本家意愿的资本－产出比所决定；实际增长率是单位时间内经济的实际增长率，它是由实际发生的储蓄率与实际发生的资本－产出比所决定的。经济实现稳定增长的条件是实际经济增长率等于有保证的经济增长率，等于人口增长率。

2. 新古典模型

与哈罗德－多马模型的假定相比较，新古典增长模型的关键性假定是生产要素之间的替代性特征。新古典增长模型的基本假定包括：①社会只生产一种产品；②生产过程中只使用劳动 L 和资本 K 两种生产要素，这两种生产要素之间可以相互替代，但不能完全替代，因而每种要素的边际产量服从递减规律；③生产过程处于规模收益不变阶段；④储蓄在国民收入中所占的份额保持不变；⑤劳动力按照一个固定不变的比率增长；⑥不存在技术进步，也不存在资本折旧。

新古典增长模型的基本公式可以表示为：$s*f(k)=n*k+k$。其中，n 表示人口增长率，s 是储蓄率，$f(k)$ 是产出量，k 为人均资本的增加量，k 表示人均资本的增加量。一部分是按原有的人均资本水平装备新增加的人口，即资本的广化，另一部分则是增加每个人的人均资本占有量，即资本的深化。

新古典增长模型中所包含的经济稳定增长条件是：$k=0$ 或者 $s*f(k)=n*k$。即当人均储蓄量恰好等于新增人口所需增加的资本量时，经济处于稳定增长状态。

新古典增长模型蕴含的促进人均收入提高的政策含义在于：不发达经济可以通过促进技术进步、提高储蓄率和降低人口增长率来提高人均收入量。

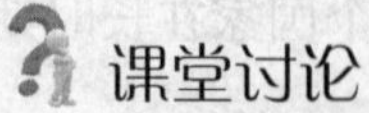

新古典增长模型与哈罗德－多马模型比较，有什么区别？

三十五、国家之间互相贸易有什么好处

国家之间互相贸易的好处在于：使人们可以生产自己最擅长生产的东西，并消费世界上其他国家生产的各种各样的物品与劳务。实际上，贸易可以使每一个

人的状况变好，使每个国家专门生产自己具有比较优势的物品与劳务，从而提高所有国家的生活水平。

假设有两个国家：英国与法国，使用一种要素（劳动力）投入，生产两种商品——小麦和棉布。生产 50 吨小麦，英国与法国各需的劳动力分别为 150 人和 100 人；生产 20 匹棉布，英国与法国各需的劳动力分别为 50 人和 100 人。

分工前，两国的产量均是 50 吨小麦和 20 匹棉布。由于在同样产量的小麦生产上法国所需人手少，在同样产量棉布的生产上英国所需人手少，两国可以展开分工再交换。法国专门生产小麦，英国专门生产棉布。我们可以看到，分工后的产量与分工前的产量相比较，多了 40 匹棉布。假设按照一顿小麦换一匹棉布，双方各拿出 50 个单位的产品与对方互换，总的产量均比分工前有所提高如表 1–9 所示。

表 1–9　分工与贸易的好处

国家		小麦产量（吨）	所需劳动（人）	棉布产量（匹）	所需劳动（人）
分工前	英国	50	150	20	50
	法国	50	100	20	100
	合计	100	250	40	150
分工后	英国			80	200
	法国	100	200		
	合计	100	200	80	200
国际交换	英国	50		30	
	法国	50		50	

这个道理对一个国家国内的企业之间、个人之间也是适用的。

课堂讨论

如何分析表 1–10？

表 1–10　分工与贸易的好处

国家		小麦产量（吨）	所需劳动（人）	棉布产量（匹）	所需劳动（人）
分工前	英国	50	240	20	120
	法国	50	100	20	100
	合计	100	340	40	220

三十六、什么是开放经济

开放经济是与封闭经济相对立的概念。在开放经济中，要素、商品与服务可以较自由地跨国界流动，从而实现最优资源配置和最高经济效率。开放经济与外向型经济的不同在于：外向型经济以出口导向为主，开放经济则以降低关税壁垒和提高资本自由流动程度为主。在开放经济中，关键是要发挥自身的比较优势。在经济全球化的趋势下，发展开放经济已成为各国的主流选择。

在图 1-12 中，生产一台现代汽车需要有很多国家的参与。这种分工合作和贸易当然对各自都有好处，而推动他们能够合作的基础是他们在生产中的某一个环节上具有自己的优势。

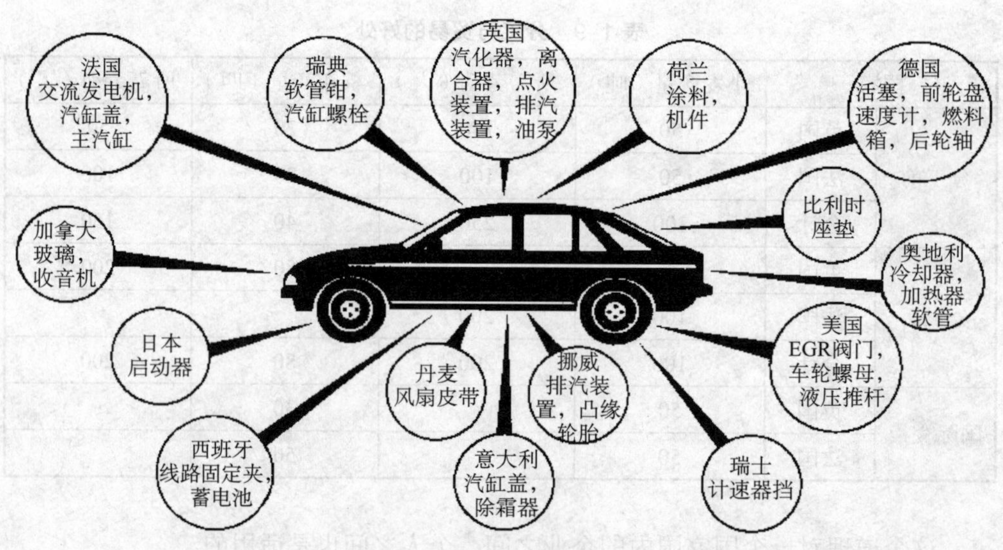

图1-12　生产一台现代汽车

衡量一个国家开放程度的标准，是进口占国内生产总值（GDP）或国民生产总值（GNP）的比例，即：经济开放程度 = 进口 /GDP*100 或进口 /GNP*100。此外还可以用外资流入与国内投资总额的比例等指标来衡量一国的经济开放程度。

决定一国开放程度高低的因素很多。一般来说，自然资源匮乏的国家、发达的国家和经济结构层次高的国家，经济开放程度较高；反之，则经济开放程度较低。此外，历史传统、制度因素和政府的经济政策等因素也都会影响一国的经济开放程度。

课堂讨论

分析下面案例

欧洲联盟（European Union，EU），简称欧盟，总部设在比利时首都布鲁塞尔，是由欧洲共同体发展而来的。1991 年 12 月，欧洲共同体马斯特里赫特首脑会议通过《欧洲联盟条约》，1993 年 11 月 1 日，该条约正式生效，欧盟正式诞生。

2014 年 7 月 15 日，中国、巴西、俄罗斯、印度和南非 5 个金砖国家（BRICS）在福塔莱萨签署协议，成立金砖国家开发银行（简称金砖银行），敲定总部设在中国上海，并建立金砖国家应急储备安排。中国国家主席习近平、巴西总统罗塞夫、俄罗斯总统普京、印度总理莫迪和南非总统祖马见证协议签署。

三十七、什么是国际收支平衡表

国际收支平衡表（Balance of Payment Presentation）是一国根据交易内容和范围设置项目和账户，并按照复式记账法（有借必有贷，借贷必相等）对一定时期内的国际经济交易进行系统的记录，对各笔交易进行分类、汇总而编制出的分析性报表。

国际收支平衡表由三大部分构成，即由经常项目、资本项目和平衡项目构成。

经常项目是一国国际收支平衡表中最基本、最重要的项目，它又包括三个重要的收支项目，即贸易收支、劳务收支和单方转移收支。

资本项目反映金融资产在一国与他国之间的移动，它包括资本输出和资本输入。

平衡项目是为使国际收支平衡表的借方总额与贷方总额相等，编表人员设立的项目，包括官方储备资产、错误与遗漏。

“保持国际收支平衡”是宏观调控目标之一。按照国际货币基金组织的定义，国际收支均衡是指国内经济处于均衡状态下的自主性国际收支平衡，即国内经济处于充分就业和物价稳定下的自主性国际收支平衡。

从国际收支平衡表上看，当经常项目与资本项目的借方与贷方相等，也就是在国际经济活动中一国的总支出与总收入相等时，就称为国际收支平衡。

当经常项目与资本项目的借方与贷方不相等时，就是国际收支不平衡。如果是贷方大于借方，即总收入大于总支出，则为国际收支顺差，或者说国际收支有盈余。如果是借方大于贷方，即总支出大于总收入，则为国际收支逆差，或者说国际收支有赤字。

当国际收支有盈余时，便会有黄金或外汇流入；反之，国际收支有赤字时，便会有黄金或外汇流出。

具体国际收支平衡表的资料可以在国家外汇管理局网站 http：//www.safe.gov.cn/ 查询。

课堂讨论

分析图 1-13 所示案例

图1-13　1990—2012中国国际收支及其与GDP之比

三十八、什么是汇率

汇率是一国货币兑换另一国货币的比率，是以一种货币表示另一种货币的价格。从短期来看，一国的汇率由对该国货币兑换外币的需求和供给所决定。在长期中，影响汇率的主要因素主要有：相对价格水平、关税和限额、对本国商品相对于外国商品的偏好以及生产率。

外汇买卖一般均集中在商业银行等金融机构。它们买卖外汇的目的是为了追求利润，方法是贱买贵卖，赚取买卖差价，其买进外汇时所依据的汇率为买入汇率，也称买入价；卖出外汇时所依据的汇率叫卖出汇率，也称卖出价。

在直接标价法下，买入汇率是银行买入一单位外汇所付出的本币数，卖出汇率是银行卖出一单位外汇所收取的本币数。中间汇率是买入汇率与卖出汇率的中间价，即中间汇率 =（买入汇率 + 卖出汇率）/2，它适用于银行之间买卖外汇，意味着银行之间买卖外汇不赚取利润。

当今国际上应用得较广泛的汇率制度是固定汇率制和浮动汇率制。固定汇率制是指一国货币与美元或其他货币保持固定汇率的制度。浮动汇率制是指汇率完全由市场的供求决定，政府不加任何干预的汇率制度。浮动汇率制又主要分为自由浮动和管理浮动两种形式。自由浮动是指汇率纯粹由外汇市场的供给与需求决定，政府不干预；管理浮动是指政府采取各种措施对汇率的浮动进行干预，以使外汇汇率向有利于本国的方向浮动。

当一国实行浮动汇率制的时候，对外贸易确实为货币传导机制铺垫了另一条道路。货币政策通过汇率既影响国内投资又影响净出口。

课堂讨论

分析下面的案例

故事发生在美国和墨西哥边界，一个游客在墨西哥一边的小镇上，用 0.1 比索买了一杯啤酒，他付了 1 比索，找回 0.9 比索。当他到美国一边的小镇上，发现美元和比索的汇率是 1 美元：0.9 比索。他把剩下的 0.9 比索换了 1 美元，用 0.1 美元买了一杯啤酒，找回 0.9 美元。回到墨西哥的小镇上，他发现比索和美元的汇率是 1 比索：0.9 美元。于是，他把 0.9 美元换为 1 比索，又买啤酒喝，这样在两个小镇上喝来喝去，总还是有 1 美元或 1 比索。换言之，他喝到了免费啤酒。不过，酒店还是得到钱的。那么，谁付了钱呢？

三十九、开放经济中国民收入如何均衡

在一个开放的经济中，一国的支出可能会不同于其产出。为计算一国总产

出，我们不仅需要考虑国内需求，而且也需要考虑国外需求。因此，总产出必须包括国内支出（$C+I+G$）加上销售到国外的数量，再减去国内从国外的购买量。从而，总产出数量或 GDP，等于消费、国内投资、政府购买和净出口之和。国内总产出 =GDP =$C+I+G+$（$X-M$）

在开放经济中，当总需求发生变动，即对国内产品的总需求发生变动时，会对内在均衡和外在均衡产生影响。现以国内总需求即国内支出增加为例来分析其影响。

如果国内经济处于充分就业状况，对外贸易和国际收支均处于均衡状态。在浮动汇率制下，国内支出增加对内部均衡的影响是造成通货膨胀和充分就业；对外部均衡的影响是造成对外贸易赤字、资本流入和汇率不稳定。在固定汇率制下，国内支出增加对内外均衡也会产生大致相同的影响，但不会影响汇率。

如果国内经济原来处于失业状况，而对外贸易和国际收支却处于均衡状态。这时，国内支出的增加对内部均衡的影响是就业增加。对外部均衡的影响是造成对外贸易赤字和资本流入。如果这时实行的是浮动汇率制，则还会造成汇率的不稳定。

出口变动对内外均衡的影响大致与国内支出的作用相反。

开放经济中内在均衡与外在均衡的种种复杂情况，要求政府的决策者们进行政策选择并实行最优的政策配合。例如，针对国内通货膨胀与国际收支盈余的情况，可采用紧缩性财政政策以制止通货膨胀，同时用扩张性货币政策去增加货币供给量，降低利息率，使资本流出，克服国际收支盈余。此外还可使用本国货币升值的政策来配合国内经济政策。

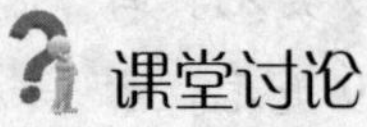

美国为什么要这样做？

在过去 20 年间，美国通过在世界金融市场上大量借款来为巨额贸易赤字筹资而赚钱。美国为什么要这样做？

第二部分 管理学常识

一、什么是管理

（一）什么是管理

《现代汉语词典》在“管理”条下介绍了三种含义：①负责某项工作使顺利进行；②保管和料理；③照管并约束。管理学的创始人泰罗认为：“管理就是确切地了解你希望工人干什么，然后设法使他们用最好、最节约的方法完成它。”法国管理学家约尔认为：“管理，就是实行计划、组织、指挥、协调和控制。”著名的现代管理学家彼得·德鲁克认为：“管理是一种以绩效责任为基础的专业职能。”诺贝尔经济学奖获得者赫伯特·西蒙提出“管理就是决策”。系统论者认为：管理是根据一个系统所固有的客观规律，施加影响于这个系统，从而使其呈现一种新状态的过程。三维管理理论认为，应该把管理看成是管理意志的贯彻与表现的过程。

一般认为，概念应该反映客观事物的一般的、本质的特征，定义是对概念的内涵或语词的意义所做的简要而准确的描述。管理的定义是组成管理学理论的基本内容，明晰管理的定义也是理解管理问题和研究管理学最起码的要求。于是，综合多方观点，我们可以将管理定义如下：管理是社会组织的管理者按照综合的管理意志，通过计划、组织、协调和控制等职能来分配各种可利用资源，以达到个人无法实现的目标的活动或过程。

在现实社会中，管理通常被解释为主持或负责某项工作。如果从程序角度看，则可以认为，管理就是通过计划、组织、控制、指挥等职能完成既定目标。有人把管理看成为决策，决策程序就是全部的管理过程，组织则是由作为决策者的个人所组成的系统。也有人把管理看成为领导，强调管理者个人的影响力和感召力对管理工作的重要意义。也有把管理看成是做人的工作，它的主要内容是以研究人的心理、生理、社会环境影响为中心，激励职工的行为动机，调动人的积极性。

（二）管理的作用是什么

管理就是使工作标准化，使管理过程自动化，管理的作用只有一个，那就是防止失误的发生。以客户管理为例，经常会遇到这样一种情况，你向某公司的客服打了一个电话，讲述你在产品使用过程中遇到了一个麻烦，他很可能含糊其词，告诉你随后处理，但是你等了很久，未见回音，因为他已忘了。管理科学家会针对这种过程，设计“问题追踪表单”，要求客户服务人员，对打进来的任何电话都要进行记录，逐项解决并纳入考核，对未解决完毕的问题，需汇报上报。这张“问题追踪表单”的建立就创造了令客户满意的服务效果，进一步，可以据此来设计管理软件。

工业中也会频繁遇到这种情况：如果对不按工作标准的顺序操作，零部件没有夹紧，数控机床在进刀时就会报错，刀具会自动退回，等待确定没有失误后方可进刀。管理者们的工作，就是不断找出这些可能出现失误的问题，据此设计管理流程和作业标准。

没有高素质的管理人员，科学管理根本无法进行，企业无法规模化无法快速成长，企业不强盛的原因通常是管理者的角色定位不清，他们认为自己应该高高在上地领导着别人。其实，这是不知道自己的责任所在。管理者的责任就是对管理过程进行设计，防止失误发生，工作的标准化不应该由员工自己去设计完成，而应该由管理者亲自承担，员工只负责按照标准动作执行工作。

要想找出失误环节，有效的方法往往只能是“反复实验”。以泰罗切削实验为例：泰罗为了找出能在最快时间内完成工作的方法，车床的转速多快才算合适？进刀量多深才算最佳？整整花了26年时间，陆续配备了10台实验机器，记录3万～5万次实验，把80万磅重量的钢铁切成了碎屑，共耗费了15万～20万美元的经费。根据实验数据，由数学家巴思搞出一个专用的快速计算尺，使用这个计算尺，任何车工，不论他是否懂得科学，都能在半分钟内确定出切削金属的最佳方法。切削实验本身得出一个最核心的论证——把工作设计交给工人，是极其不负责任的做法。按理说，每个车工都应该用最佳方法操作，但是泰罗的实验证明，为了找出最佳方法整整花费了26年的时间，还配合了大量专家的研究，这是车工自己根本不可能办到的。任何人，如果单凭经验，只能达到“会做”，但不能达到“最佳”。所以，对于管理的计划、安排，以及操作动作设计，是不能由员工自行进行的，这是企业管理层的工作，必须由懂得管理和科学技术的专家进行。

二、什么是人性假设

(一)基本含义

人性假设(assumption about human nature)是指管理者在管理过程中对人的本质属性的基本看法。人性假设作为管理思想、管理观念的认识基础,它直接决定着管理者的领导方式。领导方式是指管理者实施领导行为所采取的各具特色的基本方式与风格。随着管理实践的发展,人们对管理中人性的认识也不断深化,先后经历了"经济人"假设、"社会人"假设、"自我实现人"假设和"复杂人"假设等阶段。有效的管理者应在系统分析的基础上,因人、因事、因时、因地制宜,灵活采取更为适宜的领导方式,这就是人们通常所说的领导方式的权变观。

在人类的管理活动中,管理的要素有人、物、财、信息等。由于人的特殊性,对人的管理是最为重要和关键的。特别是社会发展到今天,人自身的素质得到了空前提高,人们对自身的价值和自身存在的意义比以往任何时候都要更加关注,人的成长和发展对于社会物质财富和精神财富的增长所起的作用与日俱增。因此,"人"这个要素在管理中越来越受到重视。对组织中的"人"采取一定的管理措施和方法,离不开对人的认识,这就需要形成对人性的基本假设。

1."工具人"假设

这是西方最早的人性假设理论。产生于古代中世纪奴隶社会的管理实践之中。在奴隶社会,奴隶主把奴隶看成是会说话的工具和他们的私人财产。在以大机器生产为特征的资本主义初级阶段。资本家则把雇佣工人看成是活的机器或是机器的一个组成部分。总之,这些劳动者就像工具一样,任由管理者使唤。自身价值根本就不可能得到体现,他们是在暴力、强迫之下劳动着的。

2."经济人"假设

随着资本主义经济的萌生和发展,到了18世纪,英国的经济学家亚当·斯密等提出了这个假设。他们认为人是"有理性的、追求自身利益最大化的人",在管理中强调用物质上和经济上的利益去刺激工人努力工作。"经济人"思想是社会发展到一定历史阶段的产物,是资本主义生产关系的反映,它的提出标志着社会的巨大进步。

3."社会人"假设

到了20世纪30年代,美国哈佛大学的乔治·埃尔顿·梅奥(George Elton

Mayo）等人进行了著名的霍桑实验，实验的意外结果使他们观察到了人性的另一个重要侧面——人不仅仅是关心自己个人的物质利益，还会追求人与人之间的友情、安全感和集体归属感。实验的结论是：组织中人与人之间的关系是决定员工的工作努力程度的主要因素。因此，管理者应当建立和谐的人际关系来促进工作效率和效益的提高。"社会人"假设的提出是管理学的重要转折点，开创了"行为科学"学派。

4."自我实现人"假设

这是美国心理学家马斯洛提出的观点。他认为人的需要是多层次的，人们有着最大限度地利用和开发自己的才能的需要，希望能够有机会获得自身发展与成熟，"自我实现"是工作的最大动力。组织给予挑战性的任务才能激发出员工强烈的工作热情。

5."复杂人"假设

20世纪60年代，美国学者艾德佳·沙因（Edgar H. Schein）在综合"经济人"假设、"社会人"假设和"自我实现人"假设这三种西方人性假设的基础上，提出了"复杂人"的观点。他认为人的需要和潜在愿望是多种多样的，而且这些需要的模式随着年龄、在社会中所扮演的角色、所处的境遇和人际关系的变化而不断地发生着变化。应当说，沙因的观点弥补了前几种人性假设的缺失，是比较全面的。

6."决策人"假设

巴纳德率先在管理理论中提出了被称之为"决策人"的人性假设，尔后由西蒙加以完善并集大成。"决策人"假设包括如下要点：其一，每个人都是自主决策的行为主体，而决策本身并非是"不可分解的基本单位"，而应"视为由前提推出结论的过程"。决策前提包括价值要素和事实要素。其二，决策前提的引入既与决策者本身的素质有关，也与决策者所处的环境有关。其三，组织并不代替个人作决策，但是组织可以通过提供相关的事实前提和价值前提以影响个人决策。

7."文化人"假设

20世纪80年代，美国加州大学的日裔美籍学者威廉·大内在他的《z理论——美国怎样迎接日本的挑战》一书中，从社会和组织文化的角度来考察、分析日美两国企业的不同和利弊，强调要重视人的问题，对员工要信任、亲密以及一致的组织目标和共同的价值观念，才能使企业获得成功。大内的书中虽未直接提出“文化人”这一名词，但其文化、价值观决定人的行为的观点，就蕴涵了这个名词的实质性内容。

此外，还有“理性人”假设、“情感人”假设等，这些人性假设理论，在西方管理学史上都具有重要的地位。

（二）中国古代“人性善”假设和“人性恶”假设

中国古代的人性假设是从伦理学、社会学的角度来探讨人的本性问题。春秋战国时期，孔子认为“人之初，性本善”，但由于后天所处的不良环境的影响以及人的可塑性，才使得善良的面目改变了。因此，要恢复人的善良本性、造福社会，就必须进行道德教化。在具体方法上，他提出了构建“仁、义、礼、智、信”道德规范体系，用于规范人的行为。而后来的荀子则认为“人性本恶”，人性中的善是环境影响的结果，是表面的伪装。因此，需要国家加强对人的管理，防止社会混乱。基于这两种截然相反的人性假设观，导致了孔子和荀子分别提出了不同的管理国家的方法。

（三）当代人性假设新进展

1.“利己利他”本性假设

这一人性假设是一般意义上的对人的本性的认识。这种观点认为一个人身上同时具有利己和利他两种倾向，只不过由于文化、教育、情景和管理方式等因素的影响和制约，人们的表现会有所差异。利己性是人们为自己谋取利益的一种行为动机和本能，它是个体生存和发展的基本条件，是人类群体发展的前提之一。利他性是人们为他人和人类群体谋取利益的一种行为动机和本能，它是人类整体得以共同进步的另一个前提。

利他性使得人类社会和人与人之间的关系朝着越来越美好的方向发展。对于管理者来说，人的利己性和利他性都是激励被管理者的驱动力，通过得当的方法，总是可以把被管理者的行为引导到有利于实现管理的目标上来。片面夸大两者中的一面都会严重影响管理的效果。

2.“创新人”假设

早在20世纪30年代，亚历克斯·奥斯本（Alex Faickney Osborn）就把“创新”正式引入管理学理论之中，中国学者吴昊（华南师范大学哲学所）较为完整地论证这一假设。他认为组织发展有六个阶段论，其中最高阶段是组织的创新阶段。这一阶段中组织上下都把提高创新能力作为中心任务，为此，组织建立了一套有利于创新的制度，包括组织结构、激励体制、决策体制、评估体系等。与组织的创新阶段相适应，组织需要“创新人”，“创新人”也离不开组织。一方面，每个人都有创新的潜力，创新是人的本质需要。组织中的成员需要不断学习和吸收新鲜的知识和信息，才能产生新思想，不断提高自己的创新能力，使自身获得更高层次的发展。另一方面，创新是人生意义的最佳显现。创新为人突破种种条件限制，实现人生价值提供了一条最佳途径。因此，组织能够提供组织成员创新所需要的条件，可以改变他们对外在激励因素的依赖性，从满足创新欲的内在需要中形成工作的主动性、获得持久的工作动力。

3.“目标人”假设

随着管理实践的发展，有关专家从心理学和管理学两个方面有机地重新思考有关人性的问题。21 世纪初，天津商学院企管系的孙蕾在她发表的文章《“目标人”的人性假设与成就激励》之中，总结了“目标人”假设的理论要点和运用策略。“目标人”假设的论点主要有以下几点：人们在工作和生活中都有一定的目标，在完成目标之中实现工作和生活的意义，并且进一步形成更高级的目标；这些目标分别与生活、社会关系和发展有关，形成一个具有三个层次的有机目标体系，这三个层次的目标在不同的情景下分别成为行为的动力模式；个体的心理目标主要形成于后天的教育和社会交往之中，受到实践的成功与否和他人态度的影响；个人所追求的目标体现着个人的价值观，激励着个人的行为。基于目标人的假设，作者提出通过培养员工的成就感、教育员工认同组织目标、采用具有亲和力的领导方式以及建立组织文化等策略来激励员工。

4.“理性生态人”假设

由于过去的几十年当中，人们总是以经济的发展为重点，认为人的生存必须要依赖一定的产品，形成了不断追求经济增长、鼓励消费、发展科技的生存模式。但是，经历了多少年之后，我们现在所面临的自然环境遭到前所未有的破坏，环境污染、资源短缺等现象已经影响到人类的生存与发展。如果不加以控制和改善，按我们目前的模式进行经济扩张的话其后果将会是毁灭性的。

在这样的背景之下，中外诸多专家和学者提出了“理性生态人”假设，并且已经在实践中得到了运用。这一假设反映了人们对人与自然、人与社会、人自身的生理和心理的和谐统一发展的追求，反映了人们对可持续发展观念的认可。理性的生态人有以下几点特征：有着人与自然和谐相处的自然观；把生态安全置于首位考虑经济发展问题，注重经济、社会和生态多个层面效益；追求与竞争者、外部环境共赢的竞争方式。与“经济人”假设、“社会人”假设、“复杂人”假设相对应形成的管理学理论是科学管理理论、行为科学管理理论、现代管理理论。而“生态人”假设的人性假设的提出，以及在管理科学中的广泛应用，必然会推动管理学理论向更高的层次发展。

以上陈述了至目前为止的中外各种人性假设理论的主要内容，但是人性假设理论不会就此结束发展。随着社会的不断发展和进步，人们的生存状况、思想观念会有新的变化，为了反映和适应这种新的变化，必将产生新的人性假设理论，推动着管理理论进一步向前发展。

（四）人性假设理论对管理有什么意义

管理的本质在于通过对人性的正确认识而采取适宜的组织行为以提高组织绩效。个体的人是构成组织的核心要素，人是影响管理绩效的决定性因素。而正式组织中的人的行为依存于人的选择、动机、价值观、态度、效用评价、行为准则、理想之中。因而，要了解组织中人的行为，就必须对管理活动中的“人”进行深入细致的研究。人性假设正是管理者关于被管理者需要的观念。所以，人性假设就成为研究管理绩效的人性论基础，不同人性假设对提高管理绩效具有不同意义。

在组织当中，员工工作积极性的高低，直接影响着管理绩效，而要提高人的工作积极性，就离不开激励。在管理工作中，可将“激励”定义为调动人们工作积极性的过程。以此角度探讨人性，所回答的问题是：人的活动目的是什么，为达到目的而采用的手段又是什么？目的的合理性和手段的合理性共同激励着员工的工作积极性。

围绕此问题出现过两种流传甚广的人性观点：“经济人”假设和“社会人”假设。在不同假设前提下，管理者会采取不同的方法与手段来激励员工的工作热情。

“经济人”思想是英国古典经济学宝贵遗产的重要部分。泰罗创立的科学管理就是以“经济人”假设为立论前提的。在“经济人”假设中，雇员和雇主的活动目的都被设定得极为单纯和明确，即经济上充分利己。与此相应，达到目的的手段则被设定为在工资和利润上斤斤计较。这集中体现在“计件工资率”问题上，工人往往用磨洋工、限制产量的方法使计件工资率不降低，以便在不提高劳动强度的条件下获得最高工资，而雇主则会采取各种手段使计件工资率下降，以便在不增加工资份额的条件下获得最多利润。

应当说，对人性的这种假设并非毫无根据。然而，霍桑试验的否证性结果表明“经济人”假设有着重大缺陷。由此，梅约提出了被称之为“社会人”假设的管理思想。其要点为：人并不只是为经济利己而行动，维护自己在组织中的地位以得到情感上的满足同样是重要的活动目的；选择行为方式的手段也不只是经济理性和效率逻辑，为改善人际关系而进行感情投入往往被使用。因而得出的逻辑结论是：经济理性并不代表活动的全部合理性，调节人际关系的情感沟通必不可少；经济关系也不是人与人之间的全部关系，与经济关系相关的其他社会关系同样影响人的行为。

继“经济人”、“社会人”假设之后，马斯洛以“需要层次理论”为基点的“自我实现人”假设，沙因从“权变”角度阐发的“复杂人”假设，在管理学界也有一定影响，但它们只是对“经济人”和“社会人”假设理论上的一种延伸，并未开创出独立的管理学派。

可以看出，上述人性假设，着眼于阐明人的活动目的是什么以及为达到目的而使用的手段是什么，即主要阐明人们的工作动机，可以统称为“动机人”假设。它提示管理者应重视人在工作中的各种利己之心的动机和需要，从而依据这一内容而采取相应的激励措施来调动员工的工作积极性。

“决策人”假设把人的行为放在特定的组织背景下，并充分考虑人的工作能动性来进行分析。它不对人的活动目的及相应手段作永恒不变的先验设定，而把目的和手段看成可在一定范围内加以调节的变量。它的着眼点不是单个人的工作积极性，而是群体合理决策中的行为协调，强调了激发工作能动性的重要意义和可能途径。一方面，它提示组织要充分关注组织的生存环境并努力寻找使适应环境的组织决策与组织中个人决策相协调的管理模式，以激发员工的工作能动性；另一方面，它提示组织要充分关注自身所拥有的信息条件，在采集、存储、加工、使用信息方面为劳动者提供适当信息以促使其发挥工作能动性。这种人性假定较之只关注劳动积极性的“经济人”和“社会人”而言，它强调了创造条件（特别是信息条件）以激发工作能动性，其丰满性和现实性有目共睹。

“经济人”、“社会人”、“决策人”假设之间存在着明显的差别，然而在“人”与知识的关系上却有着基本一致的看法。它们都把人设定为知识的被动接受者和简单使用者。这里的“人”，既不主动追求知识，更不主动创造知识，他们接受“培训”获取知识仅仅是为了高工资、高诱因或更满意的目标。而组织向他们传递的知识也仅仅是能把工作过程组织得更有效的知识。即组织不过是信息加工厂，而人不过是信息存取站，知识与组织及其成员都是外在的、工具性的关系。对人与知识关系的这种设定虽然对提高管理绩效有其合理性，但却与从 20 世纪末叶以来知识在经济活动和组织发展中日益突出的作用相去甚远。

首先，在组织当中，知识对组织绩效的贡献率已超过传统意义上的资本和劳动而居于首要地位。正是知识生产决定管理绩效和组织生存前景，因而每个组织都可看成一个独特的知识体系，其管理绩效取决于这种知识体系对用户的价值。简言之，组织不仅要利用知识更要创造知识，组织不只是信息加工厂更是知识生产地。

其次，推动社会经济发展的知识，是整合了公有知识、专用知识和体现专有知识的人力资本，因而主动投资以获取知识和技能成为提高管理绩效的关键。这样，组织活动中的人就不只是被动接受知识，更会主动去索取知识乃至创造知识。这些公有的和专有的知识决定了人工作中的实际地位和期望收益。正因为如此，在当今社会中社会投资和个人投资的重点已向知识倾斜。

最后，当代经济是以网络化为基础的经济，这使得现代组织本身成为具有良好的数字神经系统的网络组织，知识优势成为组织最重要的优势。这种优势出现在整合公有知识、专用知识、专有知识的创造中。那种能支撑特有复杂劳动过程的专有知识才和能够创造专有知识的能力成为提高绩效的根源。社会和经济发展的这种知识化变革催生了以知识创新为特点的“知识人”假设，其理论要点如下：

其一，人既是认知活动的主体，也是功利活动的主体。在知识经济中，认知活动所获得的知识直接成为功利活动的资本，因而先行知识的获取以及在此基础上的知识创造将成为人的首选需要。其二，人是带着各类先行知识进行组织活动的。这些先行知识具有明显的个体差异性。其三，彼此差异的先行知识既制约着人的目的设置和手段选择，更制约着人的知识创新能力。

“知识人”与已往的人性假设有着重要区别：其一，它不对人的动机和手段提出一成不变的先验预设，而把动机、目的、手段都看成了可调节的变量。即使同一个人，在不同境况下其具体目的和采用手段也不会相同。引致这种变化的重要因素就是他的人力资本存量，正是这种专有性的人力资本决定了其在工作过程中所具有的创造性；其二，在人与知识的关系问题上，它不把人简单看成知识的受体和简单使用者，而重视人在创造知识中的作用。外在的先行知识固然是生产新知识的必要条件，但它代替不了新知识的创造。人的知识活动目的最终在新知识生产中得到体现。这样，每个人所进行的劳动并不限于重复性劳动，还应当进行创造性劳动。重复性劳动和创造性劳动的恰当结合，才是决定管理绩效最为核心的要素。

“知识人”假设的提出，将我们提高管理绩效的可能途径转向以激发人的知识创造为核心，这既是适应经济和社会发展的需要，同时也是社会生产日益知识化所带来的必然要求。以此角度设计具体的激励措施，通过激活员工的创造热情和创造能力，将会从根本上引导管理绩效的提高。

总之，只有全面、系统地理解和把握人性，既重视个人心理动机对于工作热情和工作积极性的重要影响，又能适时、适地提供恰当信息以满足工作能动性和主动性的发挥，更要投资人力资本，提升员工的知识创造能力，从而激活工作创造性。只有从“动机人”、“决策人”和“知识人”三者结合的角度，将工作积极性、能动性和创造性紧密结合起来，才能最大限度地提高管理绩效。

三、什么是团队

（一）团队的概念和角色

团队，在英文中叫做 team，是由一群有着共同目标、有着分工而又相互协同的人群形成的战斗团体。团队不同于群体。群体，在英文中叫做 group，可能只是一群乌合之众，并不具备高度的战斗能力。形象地说：羊群是群体，狼群是团队。

一个完整的团队应该配备怎样的角色，学者们各有各的观点。但是，队长、评论员、执行人、外联负责人、协调人、出主意者、督察等角色，都是人们经常见到的团队中的活跃分子。

团队的各个角色、任务及特点大致可从表 2-1 中窥见一斑，值得一提的是，团队中存在着上述各个角色，但通常不是一个人担当一个角色。在大多数的团队中，最常见的情况是，它们的核心人员一个人担当两个角色甚至更多，而有些角色却由好几个人共同担当。

表 2-1　团队内的各个角色及其特点

队员角色、主要任务	特点
队长： 发现新成员并提高团队合作精神	对队中每个成员的才能和个性有着敏锐的判断力 善于克服弱点 一流的联系人 善于鼓舞士气，激发工作热情
评论员： 使团队保持长久高效率工作的监护人和分析家	要求最好的答案 分析方案、找出团队弱点的专家 坚持错误必须要改正，而且铁面无私 提出建设性意见，指出改正错误的可行性方法
执行人： 保证团队行动的推进和圆满完成	思维条理清楚 预见可能发生的拖延情况，并及时做出预防 具有“可以完成”这种心理，且愿意努力完成 能够重整旗鼓，克服失败
外联负责人： 负责团队的所有对外联系事务	具有外交才能，善于判断他人的需求 具有可靠、权威的气质 对团队工作有一个整体了解 处理机密事务时小心谨慎
协调人： 将所有队员的工作融合到整个计划中	清楚困难任务之间的联系 了解事情的轻重缓急 能够在极短时间内掌握事情的大概 擅长保持队员之间的联系 能熟练处理可能发生的麻烦
出主意者： 维持和鼓励团队的创新能力	热情、有活力，对新主意有强烈的兴趣 欢迎并尊重他人的新主意 将问题看做成功革新的机会，而非灾难 永不放弃任何有希望的意见
督察： 保证团队工作高质量地完成	严格要求团队遵循严格的标准 对他人的表现明察秋毫 发现问题绝不拖延，立即提出 是非分明

（二）团队形成的三个条件

在旧的观念中，组织以职务为中心，以职务功能划分部门，各部门相互独立，缺乏横向联系。而新观念则主张将部门和部门之间的断层联系起来，反对部门内部的职务中心论，强调成员的合作性。

作为团队，必须满足下面三个条件：其一，自主性。成员能自主运作，不用逢事就向管理者请示。成员向管理者寻求帮助的次数越多，组织的自主性越差。其二，思考性。管理者下达意见、给出主张，是管理者在动脑筋，而被管理者就没有思考性。员工普遍具有独立的思考性，是团队形成的必要条件。管理者过多地独自决策，容易抹杀公司员工的思考性。其三，合作性。俗话说："众人拾柴火焰高。"成员要善于和周围的人合作。

（三）形成团队意识

为了团队目标的达成，成功的团队首先应当形成五种思想意识，即目标意识、集体意识、服务意识、竞争意识和危机意识。

目标意识：强调目标到人，团队中每个人必须有明确的目标；强调个人目标与团队目标相结合，除完成项目任务外，每个人必须有明确的自身发展目标，并将自己的发展目标和团队大目标有效地结合起来；强调各成员的责任心，按要求完成目标需要每个团队成员的高度责任心作保障。

集体意识：形成集体成功观，将个人的成功融入集体的成功之中。只有团队成功，才谈得上个人的成功，相反，团队的失败会使所有人所付出的努力付诸东流。形成有效的沟通文化，使团队中所有成员可以及时而有效地沟通，相互理解。当团队中出现意见分歧时，分歧双方的基本态度应该是说服对方而非强制对方。裁决两种不同意见的唯一标准，是看哪一种意见更有利于推动团队活动的正常进行。

服务意识：服务有面向客户的服务和面向团队内部的服务。团队成员都要追求客户满意这一目标，而非追求技术高难、业界一流等指标，团队成员面向客户的态度可以决定团队目标的成败；团队成员还需具有面向团队内部的服务，只有服务意识的完备，才有精诚团结的可能。

竞争意识：引入竞争机制，形成人人都努力向前的团队氛围，使贡献大、责任大的成员得到丰厚的报酬，形成良好的导向。

危机意识：看到人与人之间的差距，意识到环境的压力，感受到行业、市场的危机。居安思危，让团队和个人始终保持着这种危机感受。团队成员要清醒地认识到，竞争对手正在虎视眈眈地盯着我们，等着我们犯错误。只有在这种状态下，团队才能维系其团结，长久地立于不败之地。

四、什么是领导

在管理过程中，即便是计划、组织、人员配备等工作都做得相当好，但也不能说就足以实现组织的目标，还需要领导把各项管理职能联系在一起发挥作用。

（一）领导的含义与实质

关于领导的含义有多种看法。有人认为，领导是一门促使下级高度的热心和信心来完成他们任务的艺术；也有人认为，领导就是人们对施加影响并把他们的努力引向某个特定目标的过程；还有一些人认为，领导就是影响他人的能力。领导者具有权力和影响力。领导人可能有一定的职权，也可能没有什么职权。

以上关于领导的不同表达，贯穿着一些共同的思想，包含着以下内容：领导者必须要有被领导者；领导者必须拥有影响、激发和挖掘追随着的能力或力量；领导的目的就是通过影响下属，带领他们实现组织所确定的目标。

（二）领导者的影响力分析

领导者影响个人或群体的基础是权力，即指挥并促使下级服从的权力。影响是表示任何由于期待别人的反应而产生的某人或某一群体的行为上的变化。领导者的影响力（权力）主要来自两个方面：一是来自于职位权力，这种权力是由于领导者在组织中所处的位置（由上级和组织）赋予的正常权力，有时也称之为正式权力，这样的权力随岗位的变动而变动。人们往往因组织压力和习惯服从于这种权力。二是来自于个人的权力。个人权力的来源本质是人们服从的意愿，这种权力称之为非正式权力，它与领导者的职位无关。例如，领导者能够体贴关心他人，令下属感到可亲、可信、可敬，不仅能完成组织目标，而且善于创造一个激励的工作环境，以满足群众的需要；领导者具有高尚的品德，丰富验经，卓越的工作能力，良好的人际关系，等等。这种权力不会随着职位的消失而消失，而且这种权力对人的影响是发自内心的、长远的。

领导者的影响力主要表现为以下几个内容：

（1）强制权。强制权是和惩罚权相联系的迫使他人服从的力量，它让下级感到恐惧，即下级感到领导者有能力惩罚他，如拥有雇用、开除下级、对下级进行批评、惩罚等权力，这种权力对那些认识到不服从命令就会受到惩罚的下属是最有效的。

（2）奖赏权。即下级感到领导者有能力奖赏他，使他觉得愉快或满足某些需求，鼓励下属的积极性，即能够决定下级的工资、奖金、提升或任用等。

（3）合法权。组织中的领导要让下级认识到领导者有合法的权力影响他，他必须接受领导者的影响，使组织中的其他成员能追随他完成组织目标。

（4）模范权。即下级对上级个人魅力的认可，下级相信领导者具有他所需要的智慧和品质，具有共同的愿望和利益，从而对他钦佩和赞誉，愿意模仿与跟从。

（5）专长权。领导者具有某种专门的知识、技能和专长，他能帮助下级排除障碍，达到组织目标和个人目标，从而导致下级的服从。

五、什么是激励

（一）激励的含义及功能

1. 激励的含义与实质

所谓激励，是指人类的一种心理状态，它具有加强和激发动机，推动并引导行为指向目标的作用。通常认为，一切内心要争取的条件、欲望、需要、动力等，都构成对人的激励。

激励作为一种内在的心理活动过程和状态，不具有我们可以观察的外部状态。但是，由于激励对人的行为具有驱动和导向作用，因此，可以通过人的行为表现及效果来对激励的程度加以推断和测定。

2. 激励在管理中的功能

（1）有助于激发和调动员工的工作积极性。

（2）有助于将员工的个人目标导向实现组织目标的轨道。

（3）有助于增强组织的凝聚力，促进组织内部各组成部分的协调统一。

（二）激励的心理机制

心理学的研究表明，人的行为具有目的性，而目的源于一定的动机，动机又产生于需要。由需要引发动机，动机支配行为并指向预定目标，是人类行为的一般模式，也是激励得以发挥作用的心理机制。

1. 需要

需要指人类或有机体缺乏某种东西时的状态，管理中的需要特指人对某事物的渴求和欲望。它是一切行为的最初原动力。

2. 动机

动机是指推动人们从事某种活动并指引这些活动去满足一定需要的心理准备状态。动机在激励行为的过程中，具有以下功能：

（1）始动功能。指动机唤起和驱动人们采取某种行动。

（2）导向和选择功能。指动机总是指向一定目标，具有选择行动方向和行为方式的作用。

（3）维持与强化功能。长久稳定的动机可以维持某种行为，并使之持续进行。

（三）激励的原则

为了取得良好的激励效果，激励必须遵循以下几个原则。

1. 物质利益原则

人具有自然属性，是自然界的产物，他需要自然资源的养育。人又是社会性动物，他具有社会属性，需要物质资源供给以满足社会活动需求。

2. 公平原则

公平原则要求组织在实施激励时，应做到组织内部公平，让组织成员感到有公平感觉。

3. 差异化原则

激励中的公平性并非要求对所有的激励对象一视同仁，而是针对具体的人和事，按贡献大小，重要性强弱和其他因素的综合标准，共同决定实施何种激励方案，体现出因人、因事而异的多样性和灵活性。

4. 经济性原则

经济性原则是指实施有效的激励，要将激励的成本和有可能取得激励收效结合起来，要有利于成本节约、组织效能和活动效率的提高。

（四）激励的基本形式

管理实践中常用的激励形式有以下几种。

1. 理想及目标激励

理想激励是通过教育和影响等方式，使员工树立远大理想，并为实现理想而自觉努力和不断奋斗。

大多数人都有成功的需要，希望不断获得成功，成功的标志之一便是实现预定的目标。为激励对象确定一个合适的目标，并为其实现目标提供全面的支持，往往能达到很好的激励效果。目标激励除了目标具有很好的激励作用外，组织目标也会激励员工的斗志和工作热情。

2. 组织制度和榜样激励

组织激励是指运用组织责任和权利对员工进行激励。行为科学研究表明，大多数人都愿意承担责任，希望有自我控制的权利。因此，在实际工作中，可以创造条件开展民主管理，尽可能吸收员工参与决策。

组织的多项规章制度，一般都与一定的物质利益相联系，对员工的消极行为具有约束作用。另外，规章制度对员工提供了行为规范和社会评价标准，与员工的自我肯定、社会舆论的认可相联系，具有综合的激励作用。

俗话说，“榜样的力量是无穷的”，大数人不甘落后，但又不知从何做起，或者在困难面前举步不前。通过树立先进典型和领导者的宣传垂范，可以使广大员工找到一个好的参照并进行自我鞭策，增添克服困难的决心和信心。

3. 物质利益和荣誉激励

在管理中遵循物质利益的原则，并不是只注重对员工物质需要的满足，有效的激励，应该是物质激励和精神激励相结合的“协同激励”，但物质利益是最基本的激励。荣誉激励是给优秀员工以表扬、光荣称号、象征荣誉的奖品、奖章等，这是对员工贡献的公开承认，可以满足人的自尊需要，从而达到激励目的。

4. 培训、信息和改善环境

培训的激励作用是多方面的，它可以满足员工求知的需求，进而可能胜任更具有挑战性的工作、承担更多的职责，又可以在一定程度上满足其社会需求和自尊的需要。

这里的信息指的是绩效信息，它也是激励的一种方式。在组织活动过程中，及时告知员工已取得的个人组织绩效，可以使员工明确自己已获得的成就和尚存在的差距，这既是对员工的信赖，又可以激发其拚搏精神，为实现个人和组织目标而付出更大的努力。

改善环境便于当事人更好地利用自身的优秀，满足自身的利益，达成自己的目的，开拓新的天地。

六、什么是管理决策

美国著名管理学家西蒙（Herbert Simon）认为，管理就是决策。西蒙等人认为，组织就是作为决策者的个人所组成的系统，组织的全部管理活动都是集团活动，其中心过程就是决策。制订计划的过程是决策；在两个以上的备择计划中选择一个，也是决策。组织的设计、部门化方式的选择、决策权限的分配等，是组织工作中的决策问题。实际成绩与计划的比较、控制手段的选择等，是控制中的决策问题。可见，决策贯穿于管理的各个方面和全部过程。所以，管理就是决策。

西蒙的观点切中了管理的要害。因为，决策是理性地做事的第一步，即先要决定做什么，然后才是怎么做的问题。管理者要把注意力投入到需要思考的新问题上，于是，对于一个合格的、优秀的管理者来说，他首先应该是优秀的决策者。

根据西蒙的观点，管理决策过程包括四个阶段：第一阶段：情报活动。搜集决策的各种信息。第二阶段：设计活动。制定决策的各种方案。第三阶段：选择活动。根据决策的要求，选择合适的决策方案。第四阶段：评审活动。评价选定方案的效果，为下一个阶段的决策提供信息。

管理者要面对方方面面的抉择，不同的抉择有不同的结果，但结果往往是无法预知的，所以管理过程就是一个不断选择不断下决定的过程。做好决策需要做到以下几步。

1. 对问题进行分类

对问题进行分类，通常把问题分为四类：

第一类是真正的普遍性问题，管理者在工作中遇到的问题多数可以归入此类。这些问题常常通过诸多的表面事件表现出来，但如果只是去处理这些表面事件，不去追究问题的根源，不仅问题得不到根治，而且还将耗费大量的时间和金钱。要解决普遍性问题，管理者首先要制定规则，然后可根据实际情况来调整规则，从而达到解决问题的目的。比如员工的婚姻、女性员工的婚假、产假的时间与手续怎么办等，这些都要制定规则来解决。

第二类问题，对当事者来说可能是独一无二的，但是已经在很多企业中发生过，也具有普遍性。比如并购，这就要借助别人的经验来解决。

第三类是真正独一无二的问题，这类问题必须个别处理。比如，单位里混进了一个恐怖主义分子的传道者，这就要借助管理者个人的经验与应变能力来解决。

最后一类问题隐藏着新的普遍情况，这类问题需要建立新的规则来解决，而不能把它们当成没有普遍性的意外事件。比如，员工每人都有了智能手机且都加入了微信群，这就要建立新的规则来应对这一事件，防止影响工作，而又能利用这一工具与人们的喜好传播正能量。

2. 对问题进行定义

这一步要搞清楚究竟发生了什么情况，哪些因素与此问题相关。为了正确而全面地定义问题，唯一的办法就是对照观察到的所有情况，不断对已有的定义进行检验，一旦发现该定义未能涵盖全部情况，就立即将它摒弃或修正。

3. 明确问题的限定条件

要明确列出决策所要实现的目标，目标之间不能相互矛盾。另外，需要注意决策过程中它的前提条件是否发生了改变，如果前提条件改变了就要及时调整决策，如果不调整，其决策必然导致失败。因此，决策者必须一直牢记决策所要实现的限定条件。一旦现实情况发生大的变化，就应该马上寻找新的办法。

4. 在制定决策时将实施行动考虑在内

实施是决策的落地，不实施，决策不过是美好的愿望而已。在决策实施思考的步骤中，管理者要确保任务和责任已经明确地落实到具体的人，另外，还要确保任务执行者能够胜任工作。如有必要，还必须调整对执行者的考核方法、任务完成的衡量标准以及激励机制。判断哪些是“正确”决策，而不是先考虑决策可否被接受。一开始就考虑“什么样的决策才会被接受”对决策者可能会有害处。因为在考虑这一问题的过程中，决策者往往会丢掉重点，无法做出有效的决策。正确的做法是，先判断出正确的决策，然后再采取折中的办法，让大家接受决策。

5. 对照实际执行情况检验决策的正确性和有效性

决策者需要报告和数据等系统化的反馈信息。但是，信息总是抽象的，并不能准确反映具体现实。因此，人们的反馈信息应以亲眼所见的实际情况为核心，人们若不经常脚踏实地去调查，就容易落入教条主义的桎梏中。

七、什么是管理职能

“职能”最简单的解释就是人、事物、机构所应有的作用。管理职能连在一起，可以理解为人或者机构发挥梳理与引导的作用。法约尔将管理活动分为计划、组织、指挥、协调和控制五大管理职能，并对每一个职能都进行了相应的分析和讨论。

1. 计划

法约尔认为管理意味着展望未来，预见是管理的一个基本要素，预见的目的就是制订行动计划。管理人员在制订计划时，要对企业的经营状况有个整体的了解，要有积极参与的观念，并且对企业的经营状况进行预测，企业的各个部门的负责人都要对自己的部门总结和预测，对自己部门的计划负责，根据实践的推移和情况的变化适当地改变以前的计划。高层的管理人员主要负责制订计划，而底层的管理人员主要负责执行计划。

2. 组织

组织是为企业的经营提供所必要的原料、设备、资本和人员。它分为物质组织和社会组织两大部分，管理中的组织主要指社会组织。在通常情况下，社会组织都应该完成下列任务：注意行动计划是否经过深思熟虑地准备并坚决执行了；是否与企业的目标、资源与需要适合；是否形成了强大的领导；是否能做出清楚、明确、准确的决策；是否明确地规定了职责；是否注意物品秩序与社会秩序等。

3. 指挥

通过指挥的协调，能使本单位的所有人做出最好的贡献，实现本企业的利益。法约尔认为，担任组织中指挥工作的领导人应具备以下几点要求：对自己的职工要有深入的了解；淘汰没有工作能力的人；能够很好地协调企业与员工之间的关系；应做出好的榜样；对组织进行定期检查；善于利用会议和报告；不应因关心小事情而忽视了重大的事情；在职工中保持团结、积极、创新和效忠的精神。

4. 协调

协调就是指企业的一切工作者要和谐地配合，以便于企业经营的顺利进行，并且有利于企业取得成功。法约尔认为协调能使各职能机构与资源之间保持一定的比例，收入与支出保持平衡，材料与消耗成一定的比例。总之，协调就是让事情和行动都有合适的比例。

在企业内，如果协调不好，就容易造成很多问题。它使部门内部或各不同部门之间形成一堵墙，互不通气。这样，企业的发展就容易陷入困境，各个部位步调不一致，企业的计划就难以执行。只有部门之间步调都一致，各个工作才能有条不紊、有保障地进行。

法约尔认为例会制度可以解决部门之间的不协调问题，这种例会的目的是根据企业工作进展情况讲明发展方向，明确各部门之间应有的协作，利用领导们出席会议的机会来解决共同关心的各种问题。

5. 控制

控制就是要证实企业的各项工作是否已经和计划相符，其目的在于指出工作中的缺点和错误，以便纠正并避免重犯。对人可以控制、对活动也可以控制，只有控制了才能更好地保证企业任务顺利完成，避免出现偏差。当某些控制工作显得太多、太复杂、涉及面太大，不易由部门的一般人员来承担时，就应该让一些专业人员来做，即设立专门的检查员、监督员或专门的监督机构。从管理者的角度看，应确保企业有计划，并且执行，而且要反复地确认修正控制，保证企业社会组织的完整。由于控制适合于任何不同的工作，所以控制的方法也有很多种，有事中控制、事前控制、事后控制等。

企业中控制人员应该具有持久的专业精神，敏锐的观察力，能够观察到工作中的错误，及时地加以修正；要有决断力，当有偏差时，应该决定该怎么做。做好这项工作也是很不容易的，控制也是一门艺术。管理的五大职能并不是企业管理者个人的责任，它同企业经营的其他五大活动一样，是一种分配于领导人与整个组织成员之间的工作。

八、组织管理意志有什么特点

1. 管理意志的含义

管理是社会组织的管理者按照综合的管理意志，通过计划、组织、协调和控制等职能来分配各种可利用资源，以达到个人无法实现的目标的活动或过程。管理是管理意志的贯彻过程。那么，意志是什么呢？《辞海》把它表达为：自觉地确定目的，并根据目的来支配、调节自己的行动，克服困难，实现预定目的的心理过程。意志对行动的调节作用包括发动和抑制两个方面，前者指促使人从事带有目的性的必要行动，后者则指制止与预定目的相矛盾的愿望和行动。意志过程使人的内部意识向外部动作转化，体现出人的心理活动的主观能动性，是人类所特有的。

组织的管理意志是各利益实体管理意志的均衡体，是由劳方、资方、管理方及组织外部管理力量管理意志均衡的结果，是由组织中强势团体牵头，经过各方利益均衡和磨合之后形成的，并在此基础上构建组织目标，支配、调节组织的行动和资源，努力实现目标。

2. 管理意志和管理者的意志的区别

管理意志和管理者的意志有一定的区别。管理者的意志指的是管理者的个人意志，而管理意志通常是通过管理者来表达和贯彻的综合意志。组织管理意志的特点是由多方面的影响因素决定的。首先，能够对组织起影响作用的各有关利益实体都可能影响管理意志的性质、发展和表现特点；其次，组织本身的性质和所从事的主要工作直接影响组织管理意志的构成内容；最后，外部环境、政策等因素是组织管理意志的外部变化动因。所以，分析管理意志主要应该从上述这几方面着手。

3. 意志行为的特点

意志行动是自觉地确定目的的行动，意志行动是与克服困难相联系的行动。一般认为，意志行为具有六大特点：

（1）意志的指向性。意志行为是由动机开始，动机推动行为，又制约行为的倾向性，所以动机可以直接影响到一个人行动的质和量，只有这种具有一定的动机和明确的指向性，才能按要求去进行到底，否则一事无成。

（2）意志的目的性。目的是行为所要到达的目标，目的越明确、越深刻，对行为的要求就越具体，它的社会意义就越大，它就越能被人所理解，而且由这个目的所引起的毅力也就越强。

（3）意志的坚强性。人的意志是否坚强，主要看是否能执行他自己所采取的决定，只有坚决执行，才能使其意志活动具有实际意义。

（4）意志的自觉性。即人行动的自主性、主动性和积极性，只有自觉地确信自己所认定的目的是正确和重要，才不至于轻易地改变自己的决定。

（5）意志的果断性。指一个人善于迅速地明辨是非和采取决定的能力。

（6）意志的自控性。一个人掌握、控制或支配自己行为的能力，既善于使自己去执行已采取的决定，也善于控制自己避免感情用事。

此外，意志还有一些常见的障碍，如意志过分增强、意志减弱、意志缺乏、意志摇摆意向倒错等现象。

九、什么是战略管理

（一）含义与特点

战略管理（Strategic management）是指对一个企业或组织在一定时期的全局的、长远的发展方向、目标、任务和政策，以及资源调配做出的决策。它包括公司在完成具体目标时对不确定因素做出的一系列判断、公司在环境检测活动的基础上制定战略。战略管理过程是指企业确定其使命，根据组织外部环境和内部条件设定企业的战略目标，为保证目标的正确落实和实现进度谋划，并依靠企业内部能力将这种谋划和决策付诸实施，以及在实施过程中进行控制的一个动态管理过程。战略管理大师迈克尔·波特认为，一项有效的战略管理必须具备五项关键点，即：独特的价值取向、为客户精心设计的价值链、清晰的取舍、互动性、持久性。从企业未来发展的角度来看战略表现为一种计划（Plan），从企业过去发展历程的角度来看战略则表现为一种模式（Pattern），从产业层次来看战略表现为一种定位（Position），战略也是企业在竞争中采用的一种计谋（Ploy），是企业管理的一种理念（Perspective）。一般认为，战略管理具有如下特点。

1. 战略管理从空间上来说具有全局性

企业的战略管理是以企业的全局为对象，根据企业总体发展的需要而制定的。它所管理的是企业的总体活动，所追求的是企业的总体效果。虽然这种管理也包括企业的局部活动，但是这些局部活动是作为总体活动的有机组成在战略管理中出现的。具体地说，战略管理不是强调企业某一事业部或某一职能部门的重要性，而是通过制定企业的使命、目标和战略来协调企业各部门自身的表现。

2. 战略管理从时间上来说具有长远性

战略管理中的战略决策是对企业未来较长时期内（5 年以上）就企业如何生存和发展等内容所进行的统筹规划。虽然这种决策以企业外部环境和内部条件的当前情况为出发点，并且对企业当前的生产经营活动有指导、限制作用，但是这一切是为了更长远的发展，是长期发展的起步。从这一点上来说，战略管理也是面向未来的管理。

3. 战略管理的主体是企业的高层管理人员

由于战略决策涉及一个企业活动的各个方面，虽然它也需要企业上、下层管理者和全体员工的参与和支持，但企业的最高层管理人员介入战略决策是非常重要的。这不仅是由于他们能够统观企业全局，了解企业的全面情况，而且更重要的是他们具有对战略实施所需资源进行分配的权力。

4. 战略管理涉及企业大量资源的配置问题

企业的资源包括有人力资源、物力资源和财产资源、信息资源等，它们需要在企业内部进行调整，或者从企业外部来筹集。为保证战略目标的实现，需要对企业的资源进行统筹规划，合理配置。所以，战略管理是需要在相当长的一段时间内致力于一系列的资源的配置活动。

5. 战略管理需要考虑企业外部环境中的诸多因素

企业存在于开放的系统中，它影响着外部因素，也受这些不能由企业自身控制的外部因素所影响及管理。在竞争环境中，企业要使自己占据有利地位并取得竞争优势，就必须考虑与其紧密相关的外部因素，这包括竞争者、顾客、潜在进入者、供给者、政府等外部因素，以使企业的行为适应不断变化中的外部力量，使企业能够继续生存与发展。

（二）战略管理的结构

从战略管理的结构来说，它具有层次性。

1. 总体层战略

总体层战略又称公司战略，是企业最高层次的战略，是企业整体的战略总纲。在存在多个经营单位或多种经营业务的情况下，企业总体战略主要是指集团母公司或者公司总部的战略。总体战略的目标是确定企业未来一段时间的总体发展方向，协调企业下属的各个业务单位和职能部门之间的关系，合理配置企业资源，培育企业核心能力，实现企业总体目标。它主要强调两个方面的问题：一是“应该做什么业务”，即从公司全局出发，根据外部环境的变化及企业的内部条件，确定企业的使命、任务、产品与市场领域；二是“怎样管理这些业务”，即在企业不同的战略事业单位之间如何分配资源以及采取何种成长方向等，以实现公司整体的战略意图。

2. 业务层战略

业务层战略又称经营单位战略。业务层战略是企业战略业务单元在公司战略的指导下，经营管理某一特定的战略业务单元的战略计划，具体指导和管理经营单位的重大决策和行动方案，是企业的一种局部战略，也是公司战略的子战略，它处于战略结构体系中的第二层次。业务层战略着眼于企业中某一具体业务单元的市场和竞争状况，相对于总体战略有一定的独立性，同时又是企业战略体系的组成部分。业务层战略主要回答在确定的经营业务领域内，企业如何展开经营活动；在一个具体的、可识别的市场上，企业如何构建持续优势等问题。其侧重点在于以下几个方面：贯彻使命、业务发展的机会和威胁分析、业务发展的内在条件分析、业务发展的总体目标和要求等。对于只经营一种业务的小企业，或者不从事多元化经营的大型组织，业务层战略与公司战略是一回事。所涉及的决策问题是在既定的产品与市场领域，在什么样的基础上来开展业务，以取得顾客认可的经营优势。

3. 职能层战略

职能层战略是为贯彻、实施和支持公司战略与业务战略而在企业特定的职能管理领域制定的战略。职能战略主要回答某职能的相关部门如何卓有成效地开展工作的问题，重点是提高企业资源的利用效率，使企业资源的利用效率最大化。其内容比业务战略更为详细、具体，其作用是使总体战略与业务战略的内容得到具体落实，并使各项职能之间协调一致，通常包括营销战略、人事战略、财务战略、生产战略、研发战略等方面。公司层战略倾向于总体价值取向，以抽象概念为基础，主要由企业高层管理者制定；业务层战略主要就本业务部门的某一具体业务进行战略规划，主要由业务部门领导层负责；职能层战略主要涉及具体执行和操作问题。

公司层战略、业务层战略与职能层战略一起构成了企业战略体系。在企业内部，企业战略管理各个层次之间是相互联系、相互配合的。企业每一层次的战略都为下一层次战略提供方向，并构成下一层次的战略环境；每层战略又为上一级战略目标的实现提供保障和支持。所以，企业要实现其总体战略目标，必须将三个层次的战略有效地结合起来。

（三）战略管理的作用

从战略管理角度看待企业管理，它应该有如下的作用。

1. 重视对经营环境的研究

由于战略管理将企业的成长和发展纳入了变化的环境之中，管理工作要以未来的环境变化趋势作为决策的基础，这就使企业管理者重视对经营环境的研究，正确地确定公司的发展方向，选择公司合适的经营领域或市场领域，从而能更好地把握外部环境所提供的机会，增强企业经营活动对外部环境的适应性，并使二者达成最佳的结合。

2. 重视战略的实施

由于战略管理不只是停留在战略分析及战略制定上，而是将战略的实施作为其管理的一部分，这就使企业的战略在日常生产经营活动中能根据环境的变化对战略不断地评价和修改，使企业战略得到不断完善，也使战略管理本身得到不断的完善。这种循环往复的过程突出了战略在管理实践中的指导作用。

3. 使日常的经营与计划控制、近期目标与长远目标结合在一起

由于战略管理把规划出的战略付诸实施，而战略的实施又同日常的经营计划控制结合在一起，这就把近期目标（或作业性目标）与长远目标（战略性目标）结合起来，把总体战略目标同局部的战术目标统一在一起，它可以调动各级管理人员参与战略管理的积极性，有利于充分利用企业的各种资源并提高协同效果。

4. 重视战略的评价与更新

由于战略管理不只是计划企业方向性的东西，而且也计划如何淘汰陈旧过时的东西，以“计划是否继续有效”为指导重视战略的评价与更新，这就使企业管理者能不断地在新的起点上对外界环境和企业战略进行连续性探索，增强创新意识。

十、什么是现场管理

（一）现场管理的含义

现场是企业生产经营活动的场所，包括企业的开发设计、生产制造、销售服务等场所。一个企业绝大部分的生产经营活动是在现场进行的，绝大部分的生产经营工作也是在现场完成的。现场管理是企业为了实现生产经营和发展目标，充分利用自身所拥有的各种资源，对现场实施科学、系统的管理，使整个现场的生产经营活动按计划有效运行并始终处于受控状态的一系列管理工作的总称。它是指运用科学的管理思想、管理方法和管理手段，对现场的各种要素，如人（操作者、管理者）、机（设备）、料（原材料）、法（工艺方法）及环境等，进行合理配置和优化组合，通过计划、组织、控制、协调、激励等管理职能，保证现场按预定的目标，实现优质、高效、低耗、均衡、安全、文明生产。现场管理是企业管理的有机组成部分，它不仅直接影响企业的经济效益，还关系到企业的声誉和形象。

（二）7S 现场管理

7S 活动起源于日本，并在日本企业中广泛推行，其具体含义和实施重点如下。

1. 整理

整理就是彻底地将要与不要的东西区分清楚，并将不要的东西加以处理，它是改善生产现场的第一步。需对“留之无用，弃之可惜”的观念予以突破，必须挑战“好不容易才做出来的”、“丢了好浪费”、“可能以后还有机会用到”等传统观念。经常对“所有的东西都是要用的”观念加以检讨。

整理的目的是：改善和增加作业面积；现场无杂物，行道通畅，提高工作效率；消除管理上的混放、混料等差错事故；有利于减少库存，节约资金。

2. 整顿

整顿就是把经过整理出来的需要的人、事、物加以定量、定位。整顿就是人和物放置方法的标准化。整顿的关键是做到定位、定品、定量，就是做到目视管理，从而提炼出适合本企业的东西放置方法，进而使该方法标准化。

3. 清扫

清扫就是彻底地将自己的工作环境四周打扫干净，设备异常时马上维修，使之恢复正常。

清扫活动的重点是必须按照决定清扫对象；清扫人员；清扫方法；准备清扫器具；实施清扫的步骤实施，方能真正起到效果。

清扫活动应遵循下列原则：①自己使用的物品，如设备、工具等，要自己清扫，而不要依赖他人，不增加专门的清扫工；②对设备的清扫，着眼于对设备的维护保养，清扫设备要设备的点检和保养结合起来；③清扫的目的是为了改善，当清扫过程中发现有有油水泄漏等异常状况发生时，必须查明原因，并采取措施加以改进，而不能听之任之。

4. 清洁

清洁是指对整理、整顿、清扫之后的工作成果要认真维护，使现场保持完美和最佳状态。清洁，是对前三项活动的坚持和深入。清洁活动实施时，需要秉持三个观念：①只有在清洁的工作场所才能产生出高效率，高品质的产品；②清洁是一种用心的行为，千万不要只在表面上下功夫；③清洁是一种随时随地的工作，而不是上下班前后的工作。

清洁活动的要点则是：坚持“3 不要”的原则，即不要放置不用的东西，不要弄乱，不要弄脏；不仅物品需要清洁，现场工人同样需要清洁；工人不仅要做到形体上的清洁，而且要做到精神上的清洁。

5. 素养

素养就是要努力提高工作人员的素养，养成严格遵守规章制度的习惯和作风。素养是“7S”活动核心，没有工作人员素质的提高，各项活动就不能顺利开展，就是开展了也坚持不了。

6. 节约

节约就是对时间、空间、能源等方面合理利用，以发挥它们的最大效能，从而创造一个高效率的，物尽其用的工作场所。

实施“节约”时应该秉持三个观念：能用的东西应尽可能利用；以自己就是主人的心态对待企业的资源；切勿随意丢弃，丢弃前要思考其剩余之使用价值。

节约是对整理工作的补充和指导，在我国，由于资源相对不足，更应该在企业中秉持勤俭节约的原则。

7. 安全

安全就是要维护人身与财产不受侵害，以创造一个零故障，无意外事故发生的工作场所。实施的要点是：不要因小失大，应建立、健全各项安全管理制度；对操作人员的操作技能进行训练；勿以善小而不为，勿以恶小而为之，全员参与，排除隐患，重视预防。

十一、什么是目标管理

（一）什么是目标管理

1841 年 10 月 5 日，美国往返于马萨诸塞州和纽约间的火车相撞，死亡一名列车员，一名乘客，还有 17 名乘客受伤。这件事引起了很大震动。在议会的推动下，铁路公司进行了改革，老板只拿红利，铁路由管理专家进行管理，开创了专业管理的先河并且迅速推广，这对美国经济的发展起了很大的促进作用。管理人才也越来越受到社会的重视。而管理的核心内容之一就是目标管理。目标管理是让企业管理人员和工人亲自参加工作目标制定，在工作中实行“自我控制”并努力完成工作目标的管理制度。它不仅适用于现代工业生产，而且适用于非工业部门；不仅适用于对企业的管理，而且适用于对非企业的管理；不仅适用于由他人组成的群体的管理，而且适用于对自己的管理。

美国管理大师彼得·德鲁克（Peter Drucker）于 1954 年在其名著《管理实践》中最先提出了“目标管理”的概念，其后他又提出“目标管理和自我控制”的主张。德鲁克认为：并不是有了工作才有目标，而是相反，有了目标才能确定每个人的工作。所以企业的使命和任务，必须转化为目标，如果一个领域没有目标，这个领域的工作必然被忽视。因此管理者应该通过目标对下级进行管理，当组织最高层管理者确定了组织目标后，必须对其进行有效分解，转变成各个部门以及各个人的分目标，管理者根据分目标的完成情况对下级进行考核、评价和奖惩。

目标管理就是要明确责任、理顺关系、奖惩严明、及时兑现。

明确责任着眼于节点（岗位、部门）本身，它是生产组织设计中最基本的东西；理顺关系，着眼于节点（岗位、部门）之间，强调处理好节点和节点之间的相互责任关系和程序关系。即在正常作业中，你接受谁的指令，接受谁的半成品，向谁发出指令，向谁递交半成品；奖惩是对职工行为的一种表态。在检查工作时，在生产周期结束时，严格奖惩，严肃认真，反对什么，提倡什么，一目了然。这就是人们常说的政策导向。奖惩严明是用实际行动来解释管理者的意图，是满足职工物质要求和精神要求的一种最重要的手段，是一种十分有效的激励方法。奖惩严明，在鼓励人们积极工作上所起的作用，远远大于生活上的关心和体贴。《史记》“淮阴侯列传”写到韩信评论项羽的为人时说：“见人恭敬慈爱，言语呕呕，人有疾病，涕泣分食饮。至使有功当封爵者，印蔽，忍不能予”。把印拿在手里，印的刻痕都磨秃了，还舍不得给人家，结果众叛亲离，归于失败。虽然，项羽失败的原因不仅如此，但其如此为人，也确实是一个大缺点。及时兑现主要是从精神鼓励要取得最佳效果来考虑的。及时兑现，使人能很快得到精神满足，能明确奖惩措施的具体指向，毫不含糊。及时兑现还能使奖惩的心理效果最强烈。当行为人期待着结果出现时，结果没有出现，他的紧张心情（这里说的紧张是一种心理上的兴奋）就会缓解。例如，自己知道某件事没办好，一方面想这回准得受批评，另一方面也可能想怎样为自己辩解、开脱，他对结果的关注程度是很高的。然而，管理者没有任何反映，时间一久，他的紧张就缓解了，甚至以为平安无事。又比如，某人做出了一些成绩，原以为会受到赞扬和奖励，或者，到了年末，回顾一年，取得了较突出的成绩，估计应该得到赞扬，可是管理者漠然处之，时间一长，他也就泄气了。这两种情况出现以后再去奖惩，受到奖惩的人，都觉得无所谓了。

（二）实行目标管理的必要性

目标是对未来的一种假设。目标要从现实出发，既具有先进性，又具有可能性。不先进就是混日子，不选择有进取性的工作。目标不具有可能性，也有很大危害。不仅浪费了资源，没有成果，而且会失去威信和信心。

目标管理讲究目标的分解。分解目标的程序如下：

第一，反复讲解整体目标和指导思想。

第二，在明确责任，理顺关系的基础上，先由各个环节提出自己的分目标。

第三，由职能人员（计划人员）汇集各个分目标，并进行必要的整理和协调。

第四，由主要领导人通审每一个环节报上的分目标，了解各个环节对总目标的理解是否正确。

第五，审定每个工作项目的分值。某一环节上可以有多项工作。一般来说，日常工作不必一一列出，目标不能多于五个，以二至五个为宜。总分是一百分，其中最重要的，影响到整体功能的关键项目，赋于最大的分值（即使是完成这个项目并不需要花费特别多的时间与精力）。

分解目标时要坚持协商原则。在协调分目标时可以运用契约、合同的办法来建立相邻部门的联系。鼓励相邻部门、环节之间自己进行协商，达成契约。

（三）目标管理的形式与考核要求

无论是以年度、季度还是以月度为单位测度，目标管理的形式都是一样的。我们把目标任务汇集成册。在封页上写上“×××× 年度目标责任书”。指导思想和中心任务由单位主要领导提出，以下各页则是各个环节的目标表。目标表中的列，是任务内容、完成时间、责任人、责任单位、协作单位、需要的资金、任务的分值等。表中的行，是分目标的项目。

在目标管理体系之外，还要有岗位责任制，处理业务工作的程序性条例和奖惩办法。目标管理，主要突出整体功能和为实现整体功能在这一阶段上的总目标和分目标。

在考核周期结束时，各个环节要对照责任书检查自己完成目标任务的情况，给出自我评价的分数，提出改进措施。职能部门根据任务完成的实际情况提出评价表，注明未完成分目标任务的单位、责任人、应扣分值，汇总成册，由主要领导审批。如果各个环节的分目标都完成了，而企业的整体目标没有实现，显然责任在企业的主要领导。如果部分环节未完成任务，企业的主要领导又没有及时发现，或没有采取相应的有效措施，那么也要追究主要领导的责任。与此同时，环节上各自应负的责任还要追究。目标管理，不仅是要求下级主动积极地工作，而且首先要求领导自己负起责任。在主要领导审查了汇总情况以后，如认为符合实际，就要和奖惩挂钩，并且立即兑现。最后，主要领导和职能部门要进行评议。评议时要切实对责任心，对客观实际情况掌握的深度和全面程度，对现有的规章制度，逐一进行检讨，做出衷恳的解释。

《中共中央关于经济体制改革的决定》中指出：企业活力的源泉，在于脑力劳动者和体力劳动者的积极性、智慧和创造力。当劳动者的主人翁地位在企业各项制度中得到切实的保障，他们的劳动又与自身的物质利益紧密联系的时候，劳动者的积极性、智慧和创造力就能充分发挥出来。目标管理需要强调的是它的主动性，创造性，条理性。目标管理首先是一种管理的哲学，它可以应用在各个领域的管理工作中。要运用目标管理这个管理的哲学，需要不断丰富自己的业务知识和管理科学的其他知识。

第三部分 市场营销素质养成

一、市场营销素质

导入案例

亚默尔的第一桶金

19世纪中叶，“加州发现金矿了！”的消息，吸引了美国一个17岁的小农夫菲利普·亚默尔。但是，人员多、金难淘，许多人寄居在一家人满为患的小宾馆里。当地矿区的气候异常燥热，荒山野谷饮水奇缺，人们对缺水的抱怨不绝于耳，饥渴难忍。亚默尔毅然放弃自己的淘金计划，开始找水。不久，他就从远方将河水过滤，将水装进一个大桶里，挑到有淘金人的地方一壶一壶地卖给他们。

同来的伙伴都嘲笑亚默尔没出息，亚默尔毫不在意，继续卖他的水，亚默尔的生意越来越红火。最后，大多数淘金者都空手而归，亚默尔却在短短的时间里靠卖水赚到了6 000美元，他因此掘取了人生的“第一桶金”。后来亚默尔用这笔钱做起了肥皂生意，由此踏上了巨富之路。

资料来源：根据亚默尔故事改编

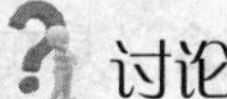

讨论

菲利普·亚默尔是怎样发现市场机会的？

任何企业都与市场有着千丝万缕的联系。通过市场，不断进行着商品生产与商品交换。市场不仅是企业经营活动的起点与终点，也是企业与外界建立各种关系的传导和媒介。因此，认识市场、适应市场、驾驭市场，发现市场机会、规避市场风险，在满足市场需求的同时，获得利益，求得生存与发展。

（一）理解市场

市场是一个复杂的、多层次的、发展的概念。它具有地理特征、社会经济特征、人文特征和消费者心理特征。在不同的历史时期，随着市场的发展，市场的内涵不断变化。站在不同的角度理解市场，市场的含义也有所不同。

在日常生活中，人们习惯将市场看做商品买卖的场所，这是一个时间和空间的市场概念，也是市场最古老的概念。

从经济学观点看，市场是商品交换关系的总和，反映了人与人之间的关系。经济学家现在则用市场来泛指一个特定产品或某类产品进行交易的卖方和买方的集合，这是狭义的市场。

管理学家侧重从具体的交换活动及其运行规律去认识市场，认为市场是供需双方在共同认可的一定条件下所进行的商品或劳务的交换活动。

现代市场营销，则站在企业角度认识市场，亦即广义市场。市场是指那些具有特定需要或欲望，而且愿意并能够通过交换来满足这种需要或欲望的全部顾客。市场营销学的市场是指广义的市场，也称其为“营销市场”，这个市场的大小取决于人口、购买力和购买欲望三个要素，即：

（营销）市场＝人口＋购买力＋购买欲望

人口、购买力和购买欲望这三个要素，互相制约，缺一不可。只有三者结合起来才能构成现实的市场，才能决定市场的规模和容量。

市场，是指那些对企业产品具有特定需要或欲望，而且愿意并能够通过交换来满足这种需要或欲望的全部顾客。

（二）理解市场营销

市场营销一词来自英文 Marketing，它是由 Market（市场）派生而成的具有一定动词性的名词，可以指市场营销活动。作为企业市场营销活动基本含义是在市场中进行企业商品交换的活动过程。它也可以作为名词，用于表示市场营销学这门科学。

美国市场营销学家菲利浦·科特勒给市场营销下的定义为：个人和群体通过创造产品和价值并同他人进行交换以获得需求和欲望的一种社会和管理

过程。

美国市场营销协会（AMA）在 1985 年给市场营销下了这样一个定义：市场营销是关于构思、货物和服务的设计、定价、促销和分销的规划与实施过程，目的是创造能实现个人和组织目标的交换。在交换双方中，如果一方比另一方更主动、更积极地寻找交换，则前者称为市场营销者，后者成为潜在顾客。

（三）巧用市场营销组合

市场营销组合（Marketing Mix）指的是企业在选定的目标市场上，综合考虑环境、能力、竞争状况等对企业自身可以控制的因素，加以最佳组合和运用，以完成企业的目的与任务。

1964 年，美国的麦卡锡教授首先将市场营销学的研究内容概括为“4Ps”，即产品（Product）、分销（Place）、促销（Promotion）和价格（Price）四个变量，由于英文的第一个字母均为 P，所以简称“4P”组合（4Ps）。

市场营销组合是制定企业营销战略的基础，做好市场营销组合工作可以保证企业从整体上满足消费者的需求。市场营销组合是企业对付竞争者强有力的手段，是合理分配企业营销预算费用的依据。

企业从事市场营销活动，一方面要考虑企业的各种外部环境，另一方面要制定市场营销组合策略，通过策略的实施，适应环境，满足目标市场的需要，实现企业的目标。在这里，产品就是考虑为目标市场开发适当的产品，选择产品线、品牌和包装等；价格就是考虑制定适当的价格；地点就是讲要通过适当的渠道安排运输储藏等把产品送达目标市场，促销就是考虑如何将适当的产品，按适当的价格，在适当的渠道送达目标市场，包括销售推广、广告、培养推销员等。市场营销组合策略的基本思想在于：从制定产品策略入手，同时制定价格、促销及分销渠道策略，组合成策略总体，以便达到以合适的商品、合适的价格、合适的促销方式，把产品送到合适地点的目的。企业经营的成败，在很大程度上取决于这些组合策略的选择和它们的综合运用效果。

（四）培养营销素质

作为一名优秀的营销人员，必须具备一定的影响力、建立客户关系能力、人际理解能力、成就导向能力、客户服务能力、信息搜集与分析能力、组织意识、自我控制能力等。

1. 影响力

影响力是指通过各种手段影响别人使其支持或采纳自己的观点。影响力通常表现为以下方面：能不能清楚地表达自己要讲的内容或能不能说服别人听从自己的观点；通过向别人讲述理由、证据、事实、数据等方式，直接说服别人。或者给别人留下好的印象，以便获得别人的认可；联系对方的兴趣和利益去说动对方，或同时采用多种方式影响他人；运用复杂的策略影响他人或通过微妙的幕后操作使别人接受自己的观点。

影响力训练

与周边同学组成团队，分别发表个人观点，争取更多的同学支持。

2. 建立客户关系能力

建立关系是指努力与那些对自己的工作有帮助，或者将来对自己有用的人建立友好的、互惠的甚至非常密切的关系。

建立关系能力训练

利用 5 分钟时间，争取在同学中建立良好关系。

关系建立能力自我检测：

（1）不与客户建立关系，或不会建立均衡的市场关系。（建立：关系值为 0）

（2）通过非正式的接触与人达成情感上的契合。（建立：关系值为 1）

（3）通过努力或运用比较复杂的方法与客户建立密切的关系。（密切：建立关系值为 2 ～ 3）

（4）最大限度地隐藏自己的功利性目的，与别人建立基于情感的关系。（感情：建立关系值为 4 以上）

3. 人际理解能力

人际理解是指个人愿意了解他人，并能够准确地掌握他人的特点、正确理解他人没有明确表达出来的想法、情感和顾虑。这种能力也被称为同理心、人际敏感性等。

人际理解表现出以下方面：不能正确地理解别人的思想、情感或行为；准确理解他人的感受和想法，包括他人模糊地表达甚至没有表达出来的情绪感、感受和想法（理解）。把握他人的特点，包括态度、兴趣、需要、观点和行为方式（把握）。理解他人思想和行为背后的原因（预测）。

在理解他人能力训练过程中，首先训练站在对方角度考虑问题的习惯，有理解他人的意愿，并能够理解他人的所思所想，能够分析他人行为的背景与成因，才可能真正做到理解他人。

4. 成就导向

成就导向是指个人具有成功完成任务或在工作中追求卓越的愿望。个人希望出色地完成任务，愿意从事具有挑战性的任务。这种人在工作中有强烈地表现自己能力的愿望，不断地为自己设立更高的标准，努力不懈地追求事业上的进步。

成就导向能力训练，就要培养自身的进取心、事业追求的愿望。需要对自己严格要求。

成就导向表现出以下几种倾向或行为：

安于现状，不追求个人技术或专业修养方面的进步；努力将工作做得更好，或达到某个优秀的标准（仅仅完成任务而已）；为自己设立富有挑战性的目标，并为达到这些目标而付诸行动（完美）；在仔细权衡代价和利益、利与弊的基础上作出某种决策，为了获得更大的成功，敢于冒险（超越）。

成就导向能力自我检测

与上述几种表现为标准，比较自己属于哪种类型，并提出自我提升的思路。

5. 信息搜集能力

信息搜集指个人对事物具有较强的好奇心，努力获取有关事物和人更多的信息，从而对其有比较深入的了解。

信息搜集表现为以下四个水平：

不积极获取有关的信息；直接询问有关人士或查询相关的资料（询问）；积极探究问题的实质和原因（探究）；通过比较独特的途径获取有用的信息或资料（途径）。

练习：通过多种途径尽可能多地搜集“市场营销人员应具备的素质”，并注明出处（期刊名称或网络 IP）。

6. 组织意识

组织意识是指理解和掌握组织当中权力运作关系和架构的能力。这包括判断谁是组织中真正的决策者、谁是具有影响力的人，预测当前发生或即将发生的事件对于组织当中的个人和群体产生什么样的影响等。

组织意识表现为以下四个水平：

不了解组织的基本运作系统；了解组织中正式的权力结构及其运转；掌握组织中非正式的结构以及组织的氛围和文化；了解组织内部的人际矛盾和政治斗争，并意识到这些情况对自身工作可能产生的影响。

组织意识与能力训练

设计一堂学生某项营销能力或素质训练方案，PPT 电子档提交；随机抽取使其课堂实现。

7. 客户服务导向

客户服务导向是指具有帮助和服务客户、满足客户需求的愿望。具有客户服务导向的人关注客户对服务的满意度，集中精力发现客户需要并给予满足。

客户服务导向表现为以下水平：

缺乏满足客户的需求的愿望和态度（不合格）；与客户保持沟通，跟踪了解客户的问题、要求和不满（基本合格）；对客户的问题作出快速的反应（良好）；了解客户的潜在需求并为客户的利益发展提供建议（优秀）。

操作训练

1. 案例分析

从客户的"恶作剧"中寻找创新灵感

在 2006 年 3 月，一段视频被上传到了 Youtube，视频的内容是两名身穿白色实验服、头戴护目镜的男人将 523 颗曼妥思薄荷糖投入 101 瓶健怡可乐中。该视频很快在互联网上流传开来，看过该视频的用户达到数千万人，视频浏览次数达到数亿次。

曼妥思薄荷糖的生产商不凡帝范梅勒集团（PerfettiVanMelle）和健怡可乐的生产商可口可乐公司针对这类产品误用行为很快做出了反应，他们与那段视频中的两位仁兄格洛布（Mr.Grobe）和福尔茨（Mr.Voltz）签下了制作合同。两人遵照那份赞助合约制作出第二段长达三分钟的健怡可乐配曼妥思薄荷糖的视频，起名叫“214 实验”，并在 2006 年 10 月发布。2006 年，曼妥思在美国的销售额大涨两成，创下销售涨幅历史纪录。可口可乐对误用其产品的这种做法十分欣喜，在自家网站的主页上把“实验 214”视频播放了三个多月，还举办视频大赛，鼓励人们提交他们自拍的可乐喷泉视频。

资料来源：根据 http：//www.ceconline.com/sales_marketing/ma/8800071893/01/ 改编。

讨论

以自身实践经历谈谈作为合格的营销人员，应该培养自身营销素质?

2. 网络操作

上网搜集现代商业成功人士，谈谈现代营销人员应具备的素质。

3. 制定自我营销素质与能力提升的规划

要求：目标明确、思路清晰，措施可行。

二、树立现代市场营销理念

导入案例

南京某学院虚假宣传招全日制本科生

为了提高报考率，加大招生宣传，承诺“通过率 100%”，有的学校以各种骗局伤害高考生及家长。“招生简章称是全日制本科，国内唯一确保就业的大学，结果发现学校竟然只是个培训机构，不仅不能发文凭，而且连学籍都没有。”近日，多位学生家长联合向记者投诉，称南京某工程专修学院违规办学，记者随即对此展开调查。

《江苏省民办非学历教育机构设置和管理办法》规定，民办非学历教育机构不得以联合办学名义出租出借《办学许可证》，不得委托不具备办学资质的机构和个人招生办班……南京某学院委托何锦华招生办班显然已属违规。

省教育厅社会教育处负责人表示，教育部门首先替学生家长与校方协调，下一步他们将对该校进行调查处理。

资料来源：根据 http：//info.edu.hc360.com/2012/06/140932523974.shtml 改编。

讨论

南京某学院属于哪种营销理念？为其提出合理化建议。

市场营销观念是指企业进行经营决策，组织管理市场营销活动的基本指导思想，也就是企业的经营哲学。它是企业领导人制定营销战略时的一种观念，一种态度，或一种思维方式。因此，能否树立确定企业的市场营销观念，决定着企业的发展方向与成败。

市场理念，又称营销观念、营销哲学，是指企业制定经营决策、开展市场营销活动的根本指导思想，是企业的基本经营理念。自 20 世纪初营销理论产生以来，市场营销理念出现如下的发展与变革。

（一）生产观念

生产观念是一种最古老的市场营销观念，即以生产为中心的企业经营指导思想，把生产作为企业的经营活动的中心。这一营销观念在美国 19 世纪末的 20 多年至 20 世纪初的 20 多年中表现最为典型。

在“以产定销”，以量取胜。企业经营管理的中心任务是：合理组织企业内部的各种资源，实现较高的生产效率，提高产量，降低成本，广泛分销，以满足消费者的迫切需求。

（二）产品观念

在生产观念阶段的末期，供不应求的市场现象在西方社会得到了缓和，产品观念应运而生。产品观念认为，在市场产品有选择的情况下，消费者会欢迎质量最优、性能最好和特点最多的产品，因此，企业应该致力于制造质量优良的产品，并经常不断地加以改造提高。“酒香不怕巷子深”、“保存秘方提高竞争力”等便是这一观念的代表。

（三）推销观念

自 20 世纪 30 年代以来，由于科学技术的进步，加之科学管理和在“生产观念”驱动下产生的大规模生产，产品产量迅速增加，但人们有支付能力的需求增长相对缓慢，出现了生产的增长超过需求的增长的趋势，市场上许多产品供过于求，企业之间竞争加剧，特别是受 1929—1933 年经济危机的冲击，大量产品积压，倒闭企业很多。这时，许多企业开始重视运用推销技术和广告宣传，派大量的人员从事推销业务。在这样的客观经济条件下，推销观念应运而生，取代了生产观念，成为许多企业的经营指导思想。持推销观念的企业认为：企业产品的销售量总是和企业所做的促销努力成正比的。到推销观念的后期，为了扩大销量，企业开始不择手段，甚至欺骗顾客，引起社会满意度下降甚至反感。

（四）现代市场营销观念

现代市场营销观念是一种以消费者需求为中心的企业经营哲学。这一观念认定：实现企业经营目标的关键在于切实掌握目标市场消费者的需求和愿望，并以市场需求为中心组织企业整个生产经营活动。把发现和满足消费者需求作为企业生产经营活动的核心，并通过使消费者满意来获得较满意的利润。

从推销观念向市场营销观念的转变，是企业新旧经营哲学的分水岭，是企业经营思想的一次重大飞跃，也是市场营销学理论上一次重大的变革，被称做为“营销革命”。企业生产经营活动从此开始了从以生产者为重心转向以消费者为重心，结束了“以产定销”的局面，走上了“按需生产”、“以销定产”的轨道上来。

“营销的真正内涵是使销售成为多余。”

（五）社会市场营销观念

社会营销观念是市场营销观念的发展和延伸，主要有用户的需求与利益、企业利益和社会利益三个方面。这种经营哲学强调企业向市场提供的产品和服务，不仅要满足消费者个别的、短期的需要，而且要符合消费者和社会的总体的、整个的、长远的利益。企业要正确处理用户需求与利益、企业经营目标和社会整体利益之间的关系，在满足目标市场需求的同时，还考虑将自身的长期利益目标和竞争战略，把用户利益和社会利益同时纳入企业的生产经营的决策系统，统筹兼顾，求得三者之间的平衡与协调。

20 世纪 80 年代以后，市场营销与其他学科相互融合，使市场营销理念进一步深化和发展。

思考与讨论

以某个自己熟悉行业为例分析不同营销哲学下的营销策略。

操作训练

1. 案例分析

以学校或专业为例，分析现代营销观念下提升学生的课堂学习效果?

2. 企业诊断操作

以你熟悉的企业或项目为例，诊断其属于哪种营销哲学？并指导其改进。

三、如何获取信息

导入活动

市场信息搜集训练

【活动目的】了解学生对市场信息搜集能力，引导学生正确搜集信息。

【活动内容与要求】搜集顾客对麻辣鸭舌的需求信息。学生代表发言——基本信息与信息来源，其他同学做补充。

【结果与检测】能够比较充分地利用信息搜集方法与途径获得信息并进行归纳整理。

【提示】注意方式与途径的多样性。

（一）市场信息

市场营销信息指在一定时间和条件下，与企业的市场营销活动相关的各种消息、情报、数据、资料和知识的总称。

企业在制定营销战略和策略时，要以及时、充分、准确的信息为基础，才能尽量保证营销战略和策略在制定和实施时贴近企业实际，进而赢得市场。

（二）市场营销信息系统

企业的市场营销信息系统 MIS（Marketing Information System）是指由企业

的营销人员、信息处理机器设备和运作程序组成的一个持续的、彼此相互影响的系统，它的任务是准确、及时地对有关的信息进行搜集、分析、评估和分发，供营销决策者运用，以便使营销计划的制定、执行和控制更加准确、有效。它包括内部报告系统与市场营销情报系统。

内部报告系统是市场营销信息系统中最基本的信息系统，也是企业的营销管理者最关心的一个系统，企业的内部信息就是通过这个系统传递给营销管理者的。

市场营销情报系统，是指向营销人员提供营销环境中各种情况发展变化情报的一整套信息来源和程序。

（三）获取市场信息渠道

企业的营销管理人员可以从各种渠道获得各类营销情报，为了更及时、更系统地得到有关外部环境变化的情报信息，企业通常还会采用以下的渠道或途径来获取信息：从本企业营销人员处获取信息、从中间商处获取信息、从专业信息提供机构处购买信息、从企业自建的情报机构处获取信息、从媒体获取信息等。具体来讲，市场营销信息的来源有：①文献信息；②实物信息；③口头信息；④内部信息；⑤电子信息；⑥新闻媒体。市场营销信息的采集方法有：①分析信息需求；②选择信息源；③确定信息采集方法；④信息采集等。

（四）信息加工

搜集获得的信息必须进行加工整理方可采用。市场营销信息的加工整理过程主要包括：①鉴别与筛选。利用对象方法对信息的真伪、价值进行判别，对利用价值的信息进行清理、分类、整理。对有利用价值的信息进行分门别类的编排，使之成为有内在联系的信息体系；②著录、标记。对信息加以描述，并在信息载体上加注标志符号；③编目、组织。加拟稿著录、标记编制成简明的目录、以便存储查询和使用等。

操作训练

上网搜集某产品的供、求信息。

四、学会市场调研

导入案例

可口可乐巴西市场遭冷遇

可口可乐在世界多个国家营销的成功经验都离不开市场调查。在开拓巴西市场时也不例外。在调研反馈中，消费者对产品口味满意、对价格表示乐于接受，于是把在世界多个国家备受欢迎的"加量不加价"的大瓶包装可口可乐投放巴西市场时却遭遇了冷清。后来，公司就这一问题进行了专题调研，发现是巴西人的家庭生活不习惯用大容积的电冰箱所致。

思考

理解市场调研的内容、意义，并思考市场调研应注意的事项。

（一）学会市场调查方法

市场瞬息万变，不同的客户具有不同的需求。了解市场的过去和现在才能把握其未来发展方向。企业所有决策都要建立在掌握必要的信息基础上。随着知识化、全球化营销时代的到来，市场信息量大大增加，企业决策难度也随之增加。因此，掌握市场调查研究的科学方法，在科学调研的基础上制定可行的营销策略就显得更为必要。

观察是市场调研的方法之一，但并不是唯一的方法，市场调查必须根据具体情况选择恰当的方法，而且，市场调查抽样必须科学合理，方能实现调查的目的。

（二）学会市场营销调研

市场调查是指以科学的方法对影响市场变化的各种信息进行专门的调查，对所收集的资料进行分析研究，发现市场机会，为企业管理者提供科学决策所必要的信息依据的一系列过程。它包含4方面含义：①市场调查是有目的、有计划、系统客观地行为；②方法是科学的，而非主观臆断的；③对象明确；④市场现象、营销活动及其过程；⑤市场调查是制订市场营销战略的前提与基础。

1. 市场营销调研的内容

市场营销调研的内容包括企业经营环境调研（宏观环境与微观环境）、市场需求调研（市场容量、变化、潜力）、企业经营潜力调研、企业经营效果调研、产品调查（与竞争对手对比产品要素）、用户调查（分布分类、购买力、购买行为）、竞争调查（竞争对手的基本情况）、销售调查（渠道、定价、促销）、企业经营效果调研（市场份额调研、产品线调研、广告效果调研、业务量调研）等。

2. 市场营销调研的类型

根据所研究问题的性质、目的和要求不同，市场营销调研的类型一般可以分为探测性调研、描述性调研、因果性调研和预测性调研四类。

探测性调研是当营销人员对所面临的问题不太清楚，尚未确定具体的调研内容时进行的试探性的调研。目的是为进行更精确地调研建立假设，从而明确所要探测的问题，为进一步调研建立各种假设或问题的先后顺序；搜集针对某一具体假设进行调研的有关信息。

描述性调研是描述特定总体的特点，初步估计和测算本企业的产品的消费者在具有某种行为方式的特定人群中所占的比例。

因果性调研是指为了查明项目不同要素之间的关系，以及查明导致产生一定现象有原因所进行的调研。

预测性调研是指专门为了预测未来一定时期内某一环节因素的变动趋势及其对企业市场营销活动的影响而进行的市场调研。如市场上消费者对某种菜品的需求量变化趋势调研等。这类调研的结果就是对事物未来发展变化的一个预测。

3. 市场调研的程序

市场调研的程序包括市场调研的准备阶段、调研实施阶段、调研结果的处理。

市场调研的准备阶段任务是确定调研目标和项目、确定搜集资料的范围和方式、调查表和抽样设计、制定调研计划。

调研实施阶段的主要任务是组织调研人员按照调研计划的要求，系统地搜集资料和数据，听取被调查者的意见。这个阶段大体可以分为对调研人员进行培训和实地调研。

调研结果的处理阶段的主要任务是整理与分析资料、编写调研报告、追踪与反馈。

4. 市场调研的方法

市场调研的方法：有文案调研、实地调研、特殊调研三种。文案调研主要是二手资料的收集、整理和分析。营销调研人员搜集二手资料的方法较为简单，如查阅现有资料、阅读报刊、杂志等。特殊调查有固定样本、零售店销量、消费者调查组等持续性实地调查；投影法、推测试验法、语义区别法等购买动机调查；CATI 计算机调查等形式。实地调研主要获得一手资料。实地调研可分为询问法、观察法、实验法和网上调研法。搜集一手资料较为费时费力。

观察法是指营销调研人员通过现场观察而获取所需资料的一种方法。

询问法是通过向被调查对象提出问题而获取所需资料的一种方法。比如，面谈法、电话询问法、函件通讯调查法、留置问卷法。

面谈法是通过向被访问对象当面提问来搜集信息的一种方法。面谈可以分为个人面谈（PersonalInterview）与小组面谈（GroupInterview）；一次性面谈（Single Interview）与多次面谈（MultipleInterview）等。

实验法起源于自然科学的实验求证法。这里所说的实验法是指通过在预先确定的与实际遇到的环境条件相同的小范围内进行实验来搜集信息的一种方法。

网上调研法是指在互联网针对特定营销环境进行调查设计、搜集资料和初步分析的活动，为企业的网络营销决策提供数据支持和分析数据。

5. 营销调研中的问卷设计

一份完整的调查问卷由六个部分组成，包括简明扼要的主题，必要的问卷说明，被调查者基本情况，问卷主体（问题及答案），编码，作业记载等。其中，中心是要设计提出的问题及答案。

案例分析

百事可乐试验性调查

1976 年在美国的达拉斯市，百事可乐做如下试验：把可口可乐倒入 Q 字母杯子，百事可乐倒入 M 字母杯子，任凭消费者品尝，结果大家都选 M 杯子。

可口可乐不甘示弱，声称根据芝加哥市场调查顾问的调查理论，Q 字母不受人们喜欢，因为很多贬义词是 Q 字母开头的。

与此同时，可口可乐也把自己的可乐分别倒于 M 与 Q 杯中，结果大多数人喜欢 M 杯中物。

因此，可口可乐称百事可乐的实验是不公平的。

从案例分析，实验调查法的优缺点。

五、如何撰写调研报告

导入活动

设计新产品市场需求调研报告

【活动目的】掌握调研报告的撰写方法与格式。

【活动内容与要求】设计新产品市场需求调研报告；制作 PPT 各组小组代表发言，其他同学做补充；小组间相互点评；教师点评。

【结果与检测】能够对调研数据进行整理，并根据调研数据撰写调研报告。

【提示】要注意：主题明确、条理清晰、表现简捷、结构合理。

当一切调查和分析工作结束之后，必须将这些工作成果展示给客户，市场调查报告是整个调查工作，包括计划、实施、收集、整理等一系列过程的总结，是调查研究人员劳动与智慧的结晶，也是客户需要的最重要的书面结果之一。它是一种沟通、交流形式，其目的是将调查结果、战略性的建议以及其他结果传递给管理人员或其他担任专门职务的人员。市场调查报告的结构如图 3-1 所示。

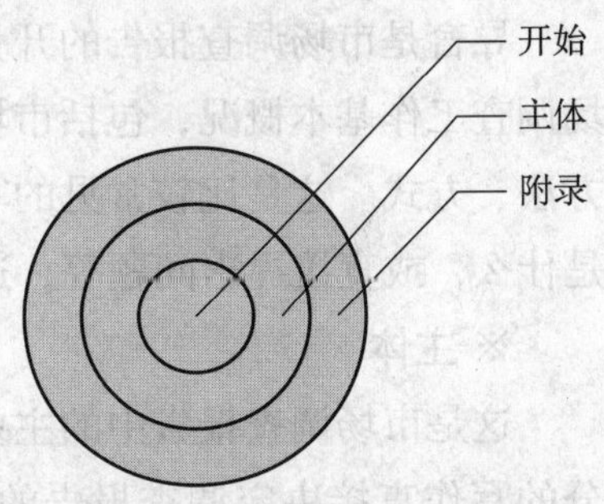

图3-1 市场调查报告的结构

（一）市场调查报告

市场调查报告就是在对调查得到的资料进行分析整理、筛选加工的基础上，记述和反映市场调查成果的一种文书。它可以是书面形式，也可以是口头形式，或者是其他形式，如电子媒介形式。一份好的市场调查报告，能给企业的市场经营活动提供有效的导向作用，能为企业的决策提供客观依据。

市场调查报告是经济调查报告的一个重要种类，它是以科学的方法对市场的供求关系、购销状况以及消费情况等进行深入细致地调查研究后所写成的书面报告。其作用在于帮助企业了解掌握市场的现状和趋势，增强企业在市场经济大潮中的应变能力和竞争能力，从而有效地促进经营管理水平的提高。

（二）市场调查报告的内容

市场调查报告没有固定不变的格式。不同的市场调查报告写作，主要依据调查的目的、内容、结果以及主要用途来决定。但一般来说，各种市场调查报告在结构上都包括封面、标题、导言、主体和结尾几个部分。

※ 封面

封面部分一般包括项目名称（标题）、调查对象、基本情况、报告提出日期等。

※ 标题

市场调查报告的标题即市场调查的题目。标题必须准确揭示调查报告的主题思想。标题要简单明了、高度概括、题文相符、具有吸引力，如《××市城镇居民葡萄酒消费需求调查报告》。

※ 导言

导言是市场调查报告的开头部分，一般说明市场调查的目的和意义，介绍市场调查工作基本概况，包括市场调查的时间、地点、内容和对象以及采用的调查方法、方式。这是比较常见的写法。也有的调查报告在导言中，先写调查的结论是什么，或直接提出问题等，这种写法能增强读者阅读报告的兴趣。

※ 主体

这是市场调查报告中的主要内容，是表现调查报告主题的重要部分。这一部分的写作直接决定调查报告的质量高低和作用大小。主体部分主要包括调查结果及调查体会（可以是对调查结果的分析，也可以是找出结果的原因及应对办法等）。调查结果及调查体会要客观、全面阐述市场调查所获得的材料、数据，用它们来说明有关问题，得出有关结论；要善于运用材料，来表现调查的主题。对有些问题、现象要做深入分析、评论等。

※ 结尾

主要是形成市场调查的基本结论，也就是对市场调查的结果作一个小结。有的调查报告还要提出对策措施，供有关决策者参考。

有的市场调查报告还有附录。附录的内容一般是有关调查的统计图表、有关材料出处、参考文献等。

操作训练

1. 案例分析

上网搜索某一调研报告文本，并指出该报告的优缺点。

2. 实地调研

就学院大学生关注的问题，自设主题进行实地调研，并撰写调研报告。

六、分析营销环境

导入案例

肯德基在中国与美国牛肉在日本遭遇冷遇

众所周知，美国肯德基在中国的成功，受到众多人士热捧。早在1986年，百事可乐购买了美国肯德基炸鸡属下国际公司后，派员在中国进行了市场调查，1997年便在中国北京前门快餐厅开张，开张首日，便创下了销量2200份的历史记录。

另一家美国牛肉公司在日本，通过游说等努力，迫使东京解禁进口牛肉，而日本居民却对该公司的瘦牛肉不感兴趣。日本居民习惯于日本式油煎和肉片火锅，瘦牛肉不太适合油煎和火锅肉片。

思考

从环境的角度分析案例，为什么会出现推广遭冷遇现象？

（一）市场营销环境

市场营销环境是指能够决定或影响企业营销活动以及生存和发展的所有因素的总和。

从环境对企业营销活动影响的直接程度，可将市场营销环境区分为微观环境和宏观环境。微观环境是企业在营销过程中与企业发生着直接联系的对象。宏观环境也称总体环境，是决定或影响企业市场营销活动的外在力量，对企业市场营销活动产生间接的影响。

分析市场营销环境的意义在于以下方面：市场营销环境分析是企业营销活动

的基础、市场营销环境分析是企业经营决策的科学依据、市场营销环境分析是企业制定市场营销战略的前提条件。

（二）分析宏观环境

任何一个企业都是在一定的宏观环境下开展经营活动的，以求得自身的生存和发展。因此，如同自然界的生物必须遵循“适者生存”的自然法则一样，企业必须注意对宏观环境的研究，努力争取使外部市场环境与企业内部条件和营销策略之间互相适应，从而增强企业应变能力，实现其营销目标。

市场营销宏观环境是指那些给企业造成市场营销机会和形成环境威胁的外部因素。这些因素主要包括人口环境、经济环境、自然环境、科技环境、法律环境以及社会文化环境。这些主要社会力量是企业不可控制的变量。

1. 人口环境

人口是市场的基础。企业营销把人作为市场来研究。人口决定市场的存在与否，人口的数量决定市场的容量，人口的结构决定市场产品供应的结构。

2. 经济环境

经济环境是影响企业营销的重要因素，它直接关系到市场状况及其变动趋势。从企业营销的角度，经济环境可以从不同层次分析：世界经济格局；经济发展阶段；国内经济形势及行业结构；居民货币收支；消费储蓄与信贷等。前两层是跨国公司必须考虑的。

3. 自然环境

自然环境是指影响企业营销的自然资源、地形地貌和气候条件及其变化等自然因素。自然环境是最重要的营销环境，其他的一切环境都依自然环境而存在。企业营销要考虑三个方面，即资源问题，利用机会，生态环境问题。

4. 科技环境

“技术”是指人们所有行事方法的总和。需要考虑三方面的技术环境。第一，运用新技术可以提供竞争优势。第二，技术对消费者的影响。第三，技术的发展使企业设施现代化，为人们的消费带来便利。

5. 法律环境

一个国家或地区，总是要运用自己的法律行政手段，干预社会经济生活。从广义上讲，法律环境是指一定社会形态的法制状况。从狭义上讲，法律环境是指企业和外部发生经济关系时所应遵守的各种法律、法规和规章。企业处身在社会经济大环境中从事经营管理活动，其从事经营管理活动必须遵循法律、法规和规章。法律环境是企业营销的准则。

6. 社会文化环境

社会文化环境是指一个国家和地区的民族特征、文化传统、价值观、宗教信仰、教育水平、社会结构、风俗习惯等情况。

（三）分析企业市场营销微观环境

市场营销微观环境直接影响着企业为目标市场服务的能力。构成企业营销微观环境的各种制约因素存在于企业周围，与企业形成了协作、竞争、服务、监督的关系。企业营销的成功，不仅取决于能否适应客观环境的变化，而且要适应和影响微观环境的变化。微观环境主要包括企业资源的供应商、营销中介、顾客、竞争者、社会公众以及企业内部各部门的协作，如图 3-2 所示。

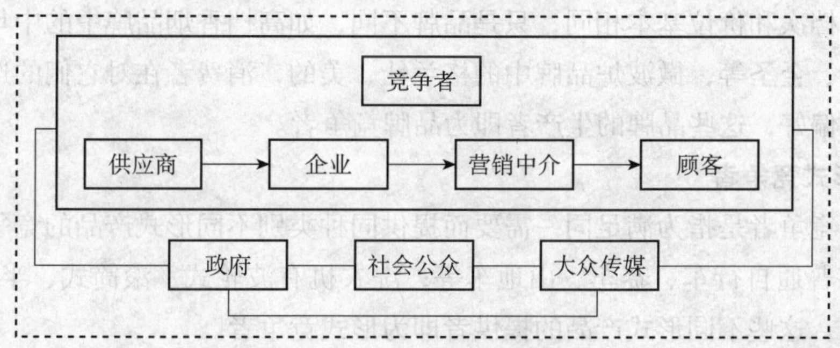

图3-2 微观营销环境关系

1. 供应商

供应商是向企业及其竞争者提供生产经营所需资源的企业或个人。它所提供的资源包括原材料、设备、零配件、能源、资金、劳务及其他用品等。

供应商对企业营销活动有重大的影响。供应品的数量是否充足，影响着企业生产经营计划的完成；供应品的质量，影响企业产品质量；供应品的价格是否合理决定着企业产品的成本与价格的高低。

企业应选择与那些信誉良好、货源充足、价格合理、交货及时的供应商，与他们建立和保持良好的合作关系，同时还应分头从多家供应商采购，避免对某一供应商的依赖。

2. 营销中介

营销中介又叫营销中间商，主要指协助企业促销、销售和经销其产品给最终购买者的机构，是企业市场营销不可缺少的中间环节。企业应在动态变化中与这些营销中介建立起相对稳定的协作关系，以提高企业的营销能力。例如格力集团将其持有的格力电器的一部分股份，转让给经销商，以拉近与经销商的距离，强化渠道的合力。宝洁营销战略成功的一个重要因素就是为经销商提供了全方位的保姆式的服务，包括全面培训和精细化管理。

营销中间商包括中间商、实体分配公司、营销服务机构和财务中介机构等。

3. 顾客

顾客就是企业的目标市场，即企业服务的对象，也是营销活动的出发点和归宿，包括个体消费者与组织购买者。

4. 竞争者

※ 品牌竞争者

品牌竞争者是指为满足同一需要而提供同种形式不同品牌产品的竞争者。这些产品的档次和价位基本相同，只是品牌不同，如高档香烟品牌中的中华、红塔山、利群、金圣等，微波炉品牌中的格兰仕、美的，消费者在对它们的选购上存在着品牌偏好，这些品牌的生产者即为品牌竞争者。

※ 形式竞争者

形式竞争者是指为满足同一需要而提供同种类别不同形式产品的竞争者。如自行车有普通自行车、赛车、山地车等；洗衣机有波轮式、滚筒式、半自动式、全自动式，这些不同形式产品的提供者即为形式竞争者。

※ 属类竞争者

属类竞争者又称为平行竞争者，是指为满足同一需求而提供不同产品的竞争者。

※ 愿望竞争者

愿望竞争者是指为满足消费者当前的各种愿望而提供不同产品的竞争者，是最广义的竞争者。如消费者当前可能有许多愿望：企业消费、外出旅游等，而在购买力有限的条件下，消费者不可能同时获得所需的各种产品或服务，他只能选其中的一个。在这种情况下，企业消费、外出旅游的企业和旅游社就成了愿望竞争者。

在明确了竞争者后，每个企业都必须认真研究主要竞争对手的战略和策略及双方的实力对比情况，这样才能知己知彼，扬长避短，在竞争中取胜。

5. 社会公众

社会公众指对企业实现营销目标的能力有实际或潜在利害关系和影响力的团体或个人。企业必须采取积极措施，树立良好的企业形象，力求建立和保持与公众之间的良好关系。公众主要包括金融公众、媒介公众、政府公众、群众组织、社区居民、企业内部公众等。

七、环境机会分析

导入案例

化危为机

希尔顿先生是美国希尔顿饭店集团的创始人，20 世纪 20 年代，他以 5 000 美元开始创业，最终把希尔顿饭店发展成庞大的饭店连锁集团。希尔顿先生正是很好地把握了经济危机周期不同阶段的特征而科学经营的。在危机和萧条时，低价收购有增值潜力的饭店，用自己的模式加以经营管理，再在惊奇和高涨阶段以高价出售。希尔顿先生正是通过环境威胁的分析，把环境威胁转化为环境机会并通过资本运营而发展壮大的。

资料来源：吴金林，《旅游市场营销》

企业环境的变化对企业营销活动的影响，主要有两个方面：一方面，环境的变化对企业可能形成新的市场机会；另一方面，这种变化亦会对企业造成新的环境威胁。

（一）企业营销机会与威胁

1. 企业营销机会

所谓营销机会，是指营销环境中有利于企业实现经营目标的各种机遇。凡是市场上未满足的需求均有可能成为企业的营销机会，但不一定能成为企业的营销机会。

2. 企业环境威胁

所谓环境威胁，是指营销环境中不利于或限制企业发展的各种趋势。对于环境威胁，企业如果不能及时发现并采取针对性的营销策略，就会影响企业的生存与发展。但需要对威胁进行风险的衡量与控制。

风险的衡量就是度量、评估有关风险对实现既定目标的不利影响及其程度。在衡量中需要注意以下问题：第一，风险损失的相对性；第二，风险损失的综合性；第三，风险损失的时间性。

风险控制主要有以下几种方法。第一，损失回避；第二，损失控制；第三，风险隔离；第四，风险结合；第五，风险转移。

3. 企业机会与威胁分析

任何企业都面临着若干营销机会和环境威胁，然而并不是所有的营销机会对企业都具有同样的吸引力，也不是所有的环境威胁对企业都构成同样的压力。因此，企业营销人员必须采用适当的方法，认真分析和评价环境因素给企业带来的机会和威胁，以便采取相应的营销对策。企业营销环境的分析，一般采用“机会－威胁”矩阵图来加以分析和评价。具体方法步骤如下：

第一步 根据企业自身特点归纳整理出若干影响企业营销的环境因素。

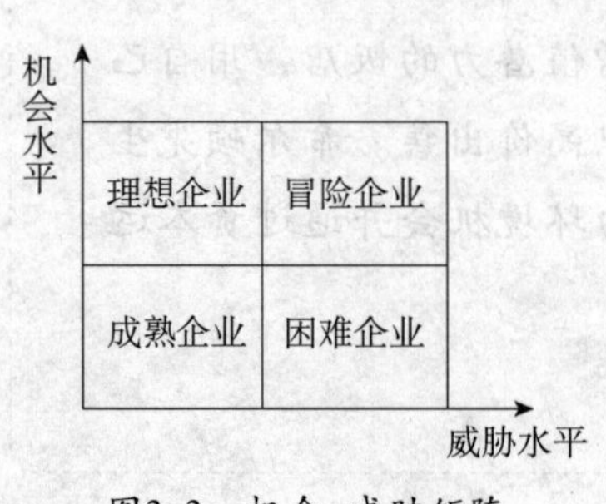

图3-3 机会-威胁矩阵

第二步 评价各影响因素给企业营销带来的机会和威胁程度。

第三步 绘制“机会－威胁”矩阵分析图。“机会－威胁”矩阵图横轴代表威胁水平的高低，纵轴代表机会水平的高低。如图 3-3 所示，“机会－威胁”矩阵图把企业分成了四种不同类型的企业，即理想企业、成熟企业、冒险企业、困难企业。

第四步 根据企业所在的位置采取相应的营销对策。

对企业所面临的市场机会和环境威胁，市场营销管理者应该采取什么反应或可采用什么对策呢？根据企业所在机会威胁水平分析图中的位置，可分别采取不同的对策。

（1）理想企业。这类企业的市场营销环境处于高机会、低威胁的状况。企业应当抓住“机会”，充分发挥企业优势，密切注意威胁因素的变动情况。

（2）成熟企业。这类企业的市场营销环境处于低机会、低威胁的状态。成熟并不表明企业经营环境处于良好状态，低机会限制了企业的发展，企业应当居安思危，努力发掘对企业有利的市场营销环境因素，提高企业营销机会。

（3）冒险企业。这类企业的营销环境处于高机会、高威胁的状态。高机会表明企业营销环境对企业营销活动具有极强的吸引力，但高威胁又表明企业环境因素对企业营销活动构成了强大的威胁。因此，企业必须在调查研究的基础上，采取限制、减轻或者转移威胁因素或威胁水平，使企业向理想企业转化。

（4）困难企业。这类企业的营销环境处于低机会、高威胁的状态。此时企业营销活动出现危机，企业应当因势利导，发挥主观能动性，“反抗”和“扭转”对企业的不利环境因素，或者实行“撤退”和“转移”，调整目标市场，经营对企业有利、威胁程度低的产品。

（二）环境优势与环境劣势分析

优势、劣势分析是指企业对内部影响市场营销活动的各种因素进行分析，找出自身所拥有的优势和劣势的过程。

企业的优势、劣势可以表现在研发能力、资金实力、生产设备、工艺水平、产品性能和质量、抗风险能力、销售网络、管理能力、企业形象、竞争力、市场份额等各个方面。

通过优势、劣势分析，企业可以在营销活动中充分发挥优势，克服或避开劣势，获得竞争优势。

企业只进行机会威胁分析或优势、劣势分析，是无法全面了解企业营销环境，并做到知己知彼的。因此，要企业对内外部环境进行全面的分析。常用的方法是 SWOT 综合分析法。

（三）SWOT 分析法

SWOT 分析方法是指通过对企业内外部条件的综合和概括，来分析企业机会和威胁、优势与劣势的一种方法。

通过分析，即能找出企业的优势、劣势，使企业在营销活动中扬长避短；又能发现企业面临的机会和威胁，使企业在营销活动中趋利避害。

SW 是指企业内部的优势和劣势，OT 是指企业外部的机会和风险。SWOT 分析就是企业在选择战略时，对该企业内部的优势、劣势和外部环境的机会与风险进行综合分析，据以对备选战略方案作出系统评价，最终达到选出一种适宜战略的目的。

SWOT 分析法的步骤

（1）确定优势和劣势

通过市场调研，找出企业所面临的各种机会和威胁企业本身存在的各种优势和劣势。

（2）建立 SWOT 分析矩阵

将各种机会、威胁、优势、劣势分别按重要程度依次排列在矩阵中，确定企业在市场中的位置，如图 3-4 所示。

企业外部环境	市场机会	环境威胁
企业内部条件	优势	劣势

图3-4　SWOT分析矩阵

操作训练

1. 案例分析

大浪淘沙中的龙源啤酒 SWOT 分析

百度文库搜索“大浪淘沙中的龙源啤酒”案例，分析龙源公司的发展机遇与风险、优势与劣势、问题各是什么？

2. 操作训练

分析企业营销环境

【实训内容】分析某一当地企业营销环境。

【实训目标】让学生了解企业营销环境：利用 SWOT 分析法进行环境分析。

【实训组织】以小组为单位，在本周内，利用周末来完成。

【实训提示】可以实际走访某一企业，也可以通过二手资料，了解有关信息。

【实训成果】制作 PPT，课堂汇报。

八、洞察消费心理

引导案例

电话叫醒服务的启示

有些饭店观察到不少的客人不太喜欢电话叫醒服务，原因是电话铃声往往会将他们从睡梦中惊醒以致引发心理不适，就改为在客房里采用渐响的音乐或慢亮的光线为客人提供叫醒服务；客房服务人员在早间的卫生清理过程中，发现客人在昨晚休息时将衣物垫于枕头下以增加枕头高度，就立即为客人更换了一个高枕以让他在当晚有个更好的睡眠。这些举措给顾客带来快乐和满意的消费体验，留下美好而深刻的印象。

在新的发展时期，企业要想在激烈的市场竞争中立于不败之地、谋求发展，还要重视各自消费者的购后行为。

资源作者：余志远，《饭店现代化》2008 年第 11 期。

思考

什么是顾客价值？为什么要重视消费者的购后行为？

（一）消费者购买行为特点

消费者市场又称最终消费者市场、消费品市场，是指个人或家庭为满足生活需求而购买商品的市场。

马克思指出："人从出现在地球舞台上的第一天起，每天都要消费，不管在他开始生产以前和在生产期间都是一样的。"（《马克思恩格斯全集》23 卷第 191 页）

消费市场上，消费者购买产品的目的是满足自身的最终消费，而不是作为生产资料牟取利润。消费者市场的特点主要表现为以下几个方面。

1. 购买者的广泛性

个人和家庭是消费品市场的基本购买单位，人们要生存，要发展，就需要消费。凡是有人群的地方，都有消费品交易存在。消费品市场的购买者分布在社会的各个地方、各个层面，因而消费市场是极其广阔的。

2. 需求的差异性

这种差异的体现是多方面的。由于消费者在年龄、性别、职业、收入、受教育程度、价值观念、兴趣爱好等方面存在着不同程度的差异，因此，他们对消费品的需求及其购买行为的表现存在着相当大的差别。

3. 购买行为的经常性和重复性

由于受家庭环境、经济条件以及消费品本身特点的制约，消费者每次购买日常生活消费品的数量以能满足一定时间内个人及家庭的需要为限，一般来说比较少。由于消费者每次购买的数量较少，而其消费又具有日常性的特点，于是消费者就需要经常购买，反复购买，购买频率非常高。为此，经营者必须学会把握机遇，服务老顾客、赢得回头客。

4. 购买者的非专家性

大多数消费者缺乏专门的商品知识，对消费品的性能、特点、使用、保养和维修等很少有专门研究，对消费品的购买表现出很强的情感性和可诱导性。购物时很容易受广告、包装、品牌、服务、商品的新奇特点、降价、商店的营业气氛、营业员的劝告等外在因素的影响，导致冲动性购买。

（二）影响消费者购买行为的主要因素

影响消费者购买行为的主要因素有以下几个。

1. 社会文化因素

文化因素包括文化、亚文化及社会阶层对消费者行为所起到的影响，是各因素中对消费者的作用最为广泛深远的。

人们的消费行为首先受核心文化的制约，核心文化是决定人们思维和行为的内在因素，体现为人们的基本信仰、价值观念和生活准则。

2. 经济因素

影响消费行为的经济因素主要有商品价格、消费者收入和商品效用以及经济环境因素。

3. 心理因素

影响消费者购买行为的心理因素，主要包括动机、知觉、学习、信念和态度等。

4. 个人因素

购买者的决策也会受到个人外在特征的影响，特别是受其年龄所处的生命周期阶段、经济环境、生活方式、个性以及自我概念的影响。

（三）消费者购买动机

动机就是由需要引起的、推动人们实施购买行为的驱动力。动机的产生必须具备两个条件，一是具有一定强度的需要；二是具有满足需要的目标和诱因。消费者的动机一般分为三种类型，即感情动机、理智动机、惠顾动机。

九、体会消费者购买决策过程

导入活动

消费者购买决策过程洞察训练

【活动目的】 了解学生对洞察消费者购买决策过程能力，引导学生正确观察与分析。

【活动内容与要求】 观察消费者购买决策过程，分组讨论“购后感受，为什么要放在购买过程中加以分析？”。小组代表集中发言，其他同学做补充。

【结果与检测】 能够根据消费者购买购过程设计相应服务项目。

【提示】 注意立足于行业，教师及时引导。

(一)消费者购买行为模式

人的行为受心理活动支配。从心理到行为，心理学中有一个“刺激－行为”模式，即“刺激－需求－动机－行为”。刺激产生需求，需求强烈到一定程度时，就会诱发动机，动机强烈到一定程度就导致行为。营销者的任务是去了解介于外在刺激与采购决策间的购买者黑箱，如图 3-5 所示。

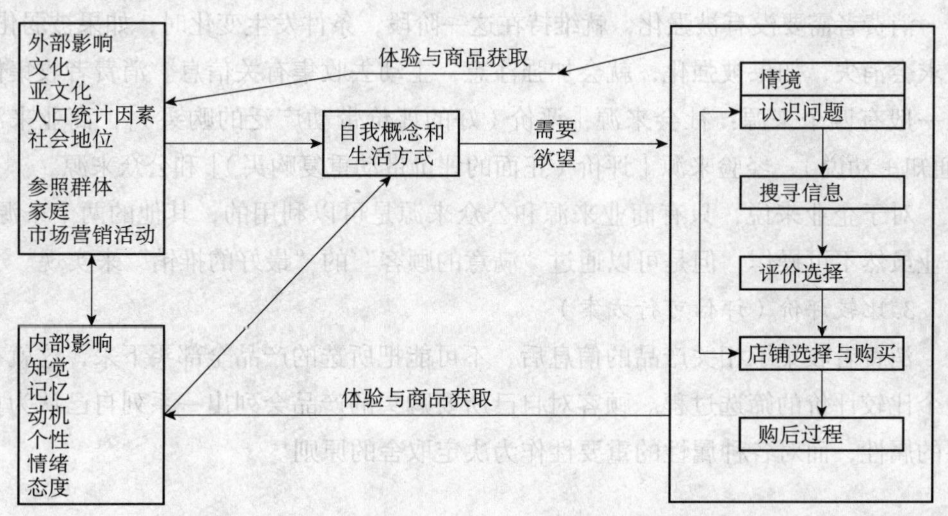

图3-5 消费者购买行为的基本框架（经典模型）

（二）消费者购买行为决策过程

人们的购买行为有时复杂，有时简单，决定购买行为复杂程度的因素有两个，一是产品价值的大小，二是购买者的所购买产品的熟悉程度。

复杂的购买行为一般会经历图 9–2 所示的消费者决策过程，包括五个步骤：①需求确认；②信息搜寻；③选择方案评估；④购买决策；⑤购买后行为。这五个步骤代表了消费者从产生购买需求到最后完成购买的总过程。很明显，购买过程在实际购买发生之前就已经开始了，并且购买之后很久还会有持续影响，如图 3–6 所示。

确认问题 → 收集信息 → 评估可行方案 → 购买决策 → 购买行为

图3–6 购买者决策过程图示

1. 唤起需要（确认问题）

人的需要可以有两种刺激而引起，一是内部刺激，就是饥渴等生理方面刺激产生的需要；二是外部刺激，就是人感知到外界刺激物而引起的需要。市场营销的“创新”和“开发”等实际上就是发现和满足顾客潜在需求。

消费者对某种产品的需要强度，会随着时间的推移而变化，企业在可能时要尽可能在强化消费者需求，以让他们尽快地进入第二阶段。

2. 收集信息

消费者需要没有被强化，就维持在这一阶段，条件发生变化时，如果被弱化，需求会消失，如果被强化，就会加强注意，主动去收集有关信息。消费者收集信息一般有四个来源：社会来源［评价（好的评价带动广泛的购买）］；商业来源（通知 + 劝说）；经验来源［评价（正面的评价带动重复购买）］和公众来源。

对于企业来说，只有商业来源和公众来源是可以利用的，其他的两个来源，企业虽然不可操作，但是可以通过“满意的顾客”的“最好的推销”来实现。

3. 比较评价（评估可行方案）

消费者收集了相关产品的信息后，不可能把所选的产品全部买下来，这就有一个比较评价的筛选过程。顾客对自己所要购买的产品会列出一系列自己认为重要的属性，而对各种属性的重要性作为决定取舍的原则。

思考

为什么说满意的顾客是最好的广告？

4. 购买决策

购买决策是消费者购买行为最关键的阶段，是顾客最担心的阶段，也是企业一切营销努力的希望所在。如果购买行为消费者的介入度很高，他在有购买意图转向购买行为时还会有一段时滞，有三个因素会影响他的购买：一是他人的态度；二是购买风险；三是意外情况。

5. 购后感受

消费者购买后的过程还包括四个内容，即决策确认、经历评估、满意或不满意和未来反应。

- **决策确认**。消费者购买产品后回去确认购买决策是否明智。他会去寻求更多支持自己购买决策方案的正面信息，避免负面信息。
- **经历评估**。购买后，消费者在使用过程中逐渐认识和熟悉了这个产品，并且把它视为这个家庭或自己的一个部分。
- **满意或不满意**。如果购买产品达到购买前的预期，消费者就会满意，否则就不满意。超过预期就会非常满意。
- **未来反应**。它直接取决于消费者的满意程度，有三种可能的反应：退出、表达意见和忠诚。

思考

为什么说购后感受是消费者购买行为分析必不可少的？

操作训练

1. 情境模拟

【实训内容】学生扮演不同角色，模拟消费者购买行为，设计企业营销活动。

【实训目标】让学生体会不同营销观念指导下的营销策略。

【实训组织】成立实训小组，要求2～3人一组。扮演营销人员与客户角色，现场模拟消费与服务过程。其他学生观察，发现问题，并讨论。

2. 操作训练

了解消费者购买行为

【实训内容】跟踪并分析了解某一当地企业或便利店客户购买行为过程。

【实训目标】让学生了解消费者购买过程，培养分析消费者购买行为。

【实训组织】成立实训小组，要求 3 ～ 6 人一组。以小组为单位，在两周内，利用周末来完成。

【实训提示】可以实际走访某一企业，也可以通过二手资料，了解有关信息。

【实训成果】制作 PPT，课堂汇报。

十、如何进行市场细分

导入案例

荣事达冰箱的市场定位是否过宽

自 1996 年进入中国市场以来，欧莱雅成绩斐然：销售额近 15 亿元人民币，年增长幅度高达 69.3%。在欧莱雅与宝洁的争斗中，宝洁品牌大大减少，实行大规模大品牌大战略的市场运作模式。这一战略的优势是明显的，它使企业涌现出更多的明星品牌，销售额短期快速增长。但风险也很显然：必须不断培养新品牌，否则单靠少数品牌，增长的空间将受到限制。

欧莱雅采取相反的策略，在每一个细分市场用多产品同时切入，锁定更为细微差别的人群。所以欧莱雅中国总裁盖保罗醉心于建立品牌金字塔，使每个层次都有几个品牌和对手竞争。这一操作手法非常大的好处是：细分市场品牌布局完成后，一旦发力，后继力无穷。自然也有个风险点：单个品牌较难产生巨大的销售额，难以处于绝对优势。

资料来源：http：//finance.sina.com.cn/roll/20040213/1537630736.shtml

思考

如何通过市场细分提高市场竞争力？

（一）市场细分

某种产品的市场是它的全部消费者，因而每种产品的消费者数量都是非常巨大的。但一般来说，人们对某种产品的具体需求并不完全相同，甚至差异很大。比如，现在人们对企业住房的需求来看，有的人要大些的，有的人认为小些的就行；有的人对豪华型的有需求，有的人只需要经济型的；有的人希望具有会客厅，有的人觉得卧室大点好。总之，人们的具体需求是有差异的。所以，即使是规模巨大的企业，也不可能满足全部消费者的需求，只能针对部分消费者的需要予以满足。要做到这一点，就必须进行市场细分。

所谓市场细分（Segmenting），就是企业营销者通过市场调研，依据消费者或用户的需要与欲望、购买行为和购买习惯等方面的明显的差异性，把某一产品的市场整体划分为若干个消费者群的过程。在这里，每一个消费者群就是一个细分市场，亦称“子市场”或“亚市场”；每一个细分市场都是由具有类似需求倾向的消费者构成的群体。因此，分属不同细分市场的消费者对同一产品的需要与欲望存在着明显差别，而属同一细分市场的消费者的需要与欲望则具有相似性。例如，有的消费者希望企业干净且价格低廉；有的消费者要求企业卫生，价格适中；还有的消费者则要求环境幽雅，服务上乘，把企业层次看成是财富与社会地位的象征。可见，市场细分不是对产品本身进行分类，而是对同种产品需求各有一定差异的消费者进行分类，从而识别具有不同需要或欲望的消费者群的活动。

（二）市场细分的作用

企业市场细分是未来的潮流，也是为顾客提供更好服务、更高质量产品的一种良好措施，更是为企业自身节约资源的有效途径。当然一家企业要想在未来激烈的市场竞争中不被淘汰，必须发挥自身优势，做好做大做强自己的优势项目，摒弃自己的劣势项目，只有这样才能在激烈的市场竞争中集中优势兵力搞好突破占领高地。

市场细分是目标营销的基础，它对于企业经营获得成功具有很大的作用。其作用具体有下面几点。

1. 有利于企业发掘最佳的营销机会

通过市场细分，企业可找到市场上竞争者现有产品不能满足的需求，从而找到对自己最有利的营销机会。一个未被竞争者注意的较小的子市场，可能比大家激烈争夺的大市场能给企业带来更多的效益。特别是对知名度不高或实力不强的小企业来说，市场细分可以使它们有可能找到适合自己的营销机会，在大企业的空隙中求得生存和发展。就像万豪企业不断通过发现空白，推出新品牌满足空白需求一样。

2. 有利于企业及时调整营销策略

市场需求是不断变化的，而在整体市场中，各细分市场的变化情况又是不同的，如在服装市场中，青年服装的需求变化特别快。通过市场细分，企业能发现每个细分市场的变化特点，然后根据各细分市场的变化情况及时地调整企业的营销策略，使企业有较强的应变能力。

3. 有利于把有限的资源集中于目标市场上

正像在战场上全面出击不如集中优势兵力打歼灭战一样，在整体市场上到处开花，也不如集中力量打入目标市场，发展特色产品，更能提高企业知名度和市场占有率。比如，企业专门针对细分市场的需求，集中企业实力满足目标消费者群的需求。

（三）市场细分的依据

由于居住地区、气候、年龄、性别、收入、家庭状况、生活习惯等因素的影响，不同的消费者群都会有不同的需求与动机。而这些不同的需求与动机，也即所谓的“细分变数”正是细分消费者市场的标准。具体而言，细分消费者市场所依据的变数可分为地理变数、人口变数、心理变数和行为变数四大类，如表 3-1 所示。

表 3-1 市场细分标准

细分变数	举 例
1. 地理细分	
气候区别	热带、温带、寒带
地形区别	山区、平原
国家区别	发达国家、发展中国家
城乡状况区别	大城市、中小城市、乡镇、农村
2. 人口细分	
年龄	老年、中年、青年、少年、儿童、婴幼儿
性别	男性、女性
职业	工人、农民、公务员、教师
收入	高收入、中等收入、低收入
教育	大学以上、大专、中专、高中、初中、小学
家庭规模	5 人以上、4 人、3 人、2 人、1 人
家庭生命周期	单身、成家、满巢、空巢
民族	汉族、回族、蒙古族、壮族
宗教	佛教、伊斯兰教、基督教

续表

细分变数	举　　例
3. 心理细分	
性格	外向型、内向型、理智型、冲动型、冒险型、守旧型
生活方式	奢侈、豪华、实用、节俭
购买动机	求实、求安、求新、求美、怀旧、慕名、从众
4. 行为细分	
使用动机	日常购买、应急购买、冲动购买、慎重购买
消费利益	主要利益、次要利益
使用者状况	非使用者、曾用者、潜在使用者、初次使用者、经常使用者
使用程度	大量使用、中量使用、少量使用

1. 地理细分

地理状况这一细分变数，主要包括消费者所居住的地区，如东北、华北、西南、华南或山区、平原、内陆、沿海，以及这些地区的自然特点，如按地理位置细分、人口数量及密度细分、按气候细分、按照城市规模等。消费者的需求和欲求常常受到这些地理变数的影响也是显而易见的，因此企业也可以分别利用各个地理变数或其组合来细分自己的市场。

2. 人口细分

按人口统计的市场细分是以描述人口一般性特征的人口统计变数，如年龄、性别、收入、职业、教育、宗教、种族或国籍等将市场划分为不同群体。由于以人口设计变数来细分市场比其他变数更容易衡量，且适应范围比较广泛，许多消费者市场都可按这一方法进行细分。

3. 心理细分

按心理的市场细分是将购买者按其生活方式、性格、态度、追求的利益等而细分成不同的群体，即同一人口统计的人对产品的需求表现出差异性甚大的心理现象，则可将消费者细分为不同的市场。

4. 行为细分

将购买者按其对产品的理解、态度、使用或反应来细分成不同的群体。

这四大类细分变数各有侧重，各有优劣，而现实中企业多是采取多变数综合分析。而且，在进行产品细分时，可以循序渐进，越分越细。每次可以根据消费者对商品的潜在需求，取几个对消费需求影响可能较大的因素作为细分标准。一个理想的细分市场往往是用一连串的因素组合起来的。

你认为下列产品主要应以哪些变数（只举出一两个最主要的变数）作为其市场细分的根据？

（1）饮品 （2）客房 （3）火锅 （4）甜点 （5）烧烤

操作训练

1. 案例分析

温州小吃哪里找？——天一角

温州的经济模式，引起了世界的关注，而作为温州小吃代表之一的天一角，也以其特有的经营模式，在温州的餐饮业中打响了“小吃”的名号。“温州小吃哪里好——天一角”这句耳熟能详的话，成了一道小吃的活招牌，引起众多来温经商或者游人的关注，也就是这样一传十，十传百，天一角曾用自己的特色温州小吃迎来了“2006 中国民企对话世界 500 强”的盛宴。

在激烈的市场竞争中，温州天一角，通过市场细分，定位在休闲饮食——汇集了温州源自温州人生活中各色小吃，以其特色的温州本土特色美食吸引了来自五湖四海的宾客。正如云天楼餐饮董事长陈克宁认为，“温州的餐饮市场将会两极分化。一种是顶级企业，以档次和品位吸引高档顾客群；另一种便是食街模式，走平民化道路求得生存，那些夹在中间缺少个性的企业将生存困难。”

为了吸引顾客到天一角企业品尝小吃，天一角与其他餐饮店不同的是，现在天一角的小吃都是请特色小吃的各名店产品创始人或继承人自己做的。比如老瓦市殿巷灯盏糕的师傅现在就被请到了天一角，把好原料关，保证纯正口味。正是这种不懈的努力，才成就了今日“特色温州小吃”的招牌。

思考

1. 天一角成功的秘诀在哪里？

2. 天一角是怎样进行市场细分的？

2. 团队训练

为校园便利店进行市场细分

【实训目标】培养学生进行市场细分的能力。

【实训组织】以 4～6 人组建小组，经过讨论、调研，对校园便利店进行市场细分。

【实训提示】要求学生选择某一消费品或生产资料最为研究对象，针对性地进行专项调研，在此基础上进行市场细分。

【实训成果】老师根据下列标准给予学生评定：（1）能够按时完成；（2）资料来源真实；（3）发挥团队作用；（4）分析透彻，方案可行；（5）制作 PPT 与同学分享。

十一、合理选择目标市场

导入案例

年轻人的第一辆车——奇瑞 QQ

奇瑞针对市场竞争及自身技术、资金等多方面的状况，面对十多个品牌激烈竞争，如何取得一席之地？奇瑞在市场调查的基础上，通过市场细分，具体分析细分市场，提出了“年轻人的第一辆车”。

奇瑞公司经过调查得知，金融信贷工具在国内的广泛使用和信贷市场的成熟，增强了年轻上班族的购买力，培育了他们信贷消费的全新理念，而且年轻人注重生活质量，崇尚时尚的生活方式，这使得年轻人提前拥有自己的轿车成为现实可能和主观需要。另外，随着年轻人的成长，他们对社会的贡献越来越大，他们所占据的社会位置越来越重要，社会对他们的经济回报也一定是越来越大，年轻的上班族到那时还会更换更高价位的轿车。这就是奇瑞 QQ“年轻人的第一辆车”产品定位的创意初衷，也表明了奇瑞公司对汽车消费市场的深入分析和对目标消费群体的准确把握。

“年轻人的第一辆车”提出了年轻的上班族薪新的生活方式——拥有汽车、拥有一个属于自己的移动空间，享受驾驭乐趣，这不只是有多年工作经历的上班族的专利，年轻的上班族同样也能进入汽车时代。奇瑞 QQ 打破了传统的社会理念和消费观念，为年轻的上班族提出了汽车消费新理念。

奇瑞 QQ 在不到半年的时间内就取得了 3 万辆的销量。也正是因为奇瑞 QQ 的畅销，使得奇瑞公司名列前茅。

资料来源：根据 http：//blog.renren.com/share/423720545/16035390487 改编。

思考

1. 如何选择市场？

2. 选择目标市场应该考虑哪些因素？

市场细分的目的是进行目标营销。而要进行目标营销，首先必须选择企业准备为之服务的市场，即目标市场。目标市场的选择是建立在对各细分市场的评估之上的。

（一）什么是目标市场

目标市场（Targetion）是指企业通过市场细分，被企业所选定的，并将以相应的产品或服务满足其现实或潜在的消费需求的某一个或几个细分市场。

（二）如何选择目标市场

目标市场选择是企业从可望成为自己的几个目标市场中，根据一定的要求和标准，选择其中某个或几个目标市场作为可行的经营目标的决策过程和决策。市场细分的目的是为了选择目标市场。目标市场选择必须具备四个条件，即具有足够的市场需求，市场上有一定的购买力，企业必须有能力满足目标市场的需求。在被选择的目标市场上本企业具有竞争优势。一般地，选择目标市场，主要考虑以下几方面问题。

1. 细分市场的规模

细分市场应该具有适当的规模。所谓适当的规模是指与企业实力相适应的规模。

2. 细分市场的利润潜力

一个具有适当规模（现实规模和未来规模）的细分市场，可能还是缺少利润潜量，缺少吸引力。

3. 企业的目标

即使某个细分市场具有较大的规模，利润潜量也较大，企业仍有可能不选择它作为目标市场，因为企业这时还需将企业的目标结合进来考虑。如果进入一个低收入者的细分市场，就会与企业想树立的高贵产品形象的目标不相符合。不符合企业的目标，尤其是不符合企业长远目标的细分市场是不能作为目标市场的。

4. 企业的资源

选择目标市场必须考虑本企业是否具备了在该细分市场上获胜所必需的各种资源。企业缺乏这些必要条件，而又无法创造这些条件，就应放弃这个细分市场。即使企业具备在这个市场经营的最基本的能力，如果没有自己的独特优势，以压倒竞争对手，还是不应该贸然进入这个细分市场。

案例

朗豪企业目标市场选择

朗豪企业的旧街市旅游团（mongkok market tour），处在香港三教九流、鱼龙混杂之地，每逢台风袭港，不是西洋菜街掉下来一个招牌，就是奶路臣街的竹棚摇摇欲坠，朗豪企业却把这家企业经营的世界闻名。

为了经营好这家企业，首先要进行市场细分，对各自市场与这里的环境进行比较分析，最后选择外来游客作为目标顾客群，并针对目标顾客群进行策划。朗豪企业把这些劣势环境巧妙地转换为吸引外地游客的最有力的卖点。王广义的雕塑，一个生猛旧街区的地标。房间里的奇特香皂架，连同房间里卡通小人书的地图、安全手册、企业艺术品说明手册都是那么的新奇，那么的吸引人。每日傍晚出团，为住客讲解旺角哪幢旧楼曾有什么电影在此取景、花墟什么时候开市等。朗豪企业不只是提供休息的地方，它就是一个小型现代艺术博物馆。香港朗豪企业成了旅人到旺角的首选，要想了解香港最草根，最活跃的市民生活，不用“出发”了，这里就是你的答案。

操作训练

案例分析

温州小吃哪里找？——天一角

根据天一角案例分析思考，天一角是怎样选好目标市场的？

十二、选择目标市场策略

企业目标市场策略应当保持相对稳定。但当企业外部环境或内部状况发生重大变化的时候，也要相应地作出变更。一般来说，可供企业选择的目标市场营销策略有 3 种，即无差异营销、差异营销和集中营销。

（一）无差异营销

无差异营销是一种针对市场共性的、求同存异的营销策略，即以整个市场中的共性部分为目标，不管细分部分的差异性，只求满足最大多数顾客的共同性需要。因此，企业所设计的产品和营销方案，都是针对大多数顾客的。无差异营销的出发点是获取规模经济效益。由于大量营销，品种少批量大，可节省费用，降低成本，提高利润率。

无差异营销的缺点是，如果许多企业同时在一个市场上实行无差异营销，竞争必然很激烈，某个企业获利的机会不会很多，而另外，小的细分市场上的需求却得不到满足。

（二）差异营销

差异营销是在市场细分的基础上，选择多个子市场作为目标，针对每个目标市场的特点，分别设计不同的产品和营销方案。由于这种营销策略有的放矢，对症下药，因而能通过同时满足多种需要而扩大销售，提高市场占有率。

与无差异营销相比较，差异营销可为企业带来更高的销售额，但同时也会使营销成本增高，因为差异营销势必增加设计、制造、管理、仓储和促销等方面的成本，这就有可能得不偿失。因此，要根据企业在竞争中的地位、企业实力等来权衡一下究竟差异到什么程度最有利。为了解决这个矛盾，许多企业宁可只经营少数品种，而尽量使每个品种能适应更多消费者的需求。

（三）集中营销

集中营销就是选择一个或很少几个子市场作为目标市场，制定一套营销方案，集中力量争取在这些子市场上占有大量份额，而不是在整个大市场上占有小量份额。这种战略的优点是，可深入了解特定目标市场的需要，实行专业化经营，从而节省费用，增加盈利，并强化企业及其产品的形象。

集中营销特别适用于资源有限、实力不强的小企业，或者试图在某个方面、某种产品上独树一帜的企业。

集中营销也有其局限性。这就是“鸡蛋都放在一个篮子里”，风险特别大。因为所选定的目标市场如果发生突然变化，如时尚和偏好的突然变化，或强大竞争者的进入，很可能导致全盘皆输。因此，实行集中营销策略必须制订应急措施。

（四）目标营销策略选择要考虑的因素

上述三种目标营销策略各有利弊，各自适用于不同的情况。一般来说，在选择目标市场策略时，要考虑以下几个方面的因素。

1. 企业资源

大型企业，可实行无差异或差异营销；而资源有限、实力不强的企业，不能覆盖更多的市场，最好实行集中营销。

2. 产品性质

有些产品属于同质产品，可实行无差异营销；而有些产品如保健食品等，它们的差异性很大，属于异质产品，则应实行差异营销或集中营销。

3. 市场性质

如果市场上所有顾客在同一时期偏好相同，购买的数量相同，并且对营销刺激的反应相同，则为“同质市场”，可实行无差异营销；反之，应实行差异营销。

4. 产品生命周期阶段

处于导入期和成长前期的新产品，竞争者稀少，品种比较单一，在此阶段重点是启发顾客的基本需要，所以最好实行无差异营销，或针对某一特定子市场实行集中营销；当产品成长后期或达到成熟期时，市场竞争加剧，则可改行差异营销，以维持或扩大销路；或者实行集中营销，以设法保持原有市场，延长产品生命周期。

5. 竞争者策略

一般来说，应该同竞争者的策略有所区别，反其道而行之。如果对手是强有力的竞争者，实行的是无差异营销，则本企业实行差异营销往往能取得良好的效果；如果对手已经实行差异营销，本企业却仍实行无差异营销，势必失利。在此情况下，可考虑实行更有效的差异营销或集中营销。但若竞争对手力量较弱，也可考虑采用无差异营销。

6. 市场供求状况

如果一种产品在未来一段时期内供不应求，消费者或用户的选择性大为弱化，企业就可以采用无差异策略；相反，则应采取差异或集中营销策略。应当注意，在某些具体品种供不应求、另一些具体品种供过于求的情况下，仍应采用差异或集中营销策略。

企业在选择目标市场策略时应综合考虑上述诸因素，权衡利弊进行抉择。

请举出企业目标市场选择失败的案例，并说明错在哪里。

操作训练

团队训练

为学院附近的鲜花店选择目标市场

【实训目标】培养学生进行目标市场选择的能力。

【实训组织】以4～6人组建小组，经过讨论、调研，对选定的产品确定目标市场。

【实训提示】要求学生选择某一消费品或生产资料最为研究对象，针对性地进行专项调研，在此基础上进行恰当的目标市场选择。

【实训成果】老师根据下列标准给予学生评定：（1）能够按时完成；（2）资料来源真实；（3）发挥团队作用；（4）分析透彻，方案可行；（5）制作PPT与同学分享。

十三、学会市场定位

导入案例

荣事达冰箱的市场定位是否过宽

1998年年底，荣事达电冰箱公司推出一种新品冰箱，号称“全能冰箱”，即采用多重利益定位的方法，宣称该款冰箱具有“全无氟”、“长寿命”、“节能”、“静音”、“新造型”、“保鲜”、“抗菌”等优异特性及31项独特功能，拥有8项专利技术，成为综合性能较佳的“全能好手”。

思考

如何进行准确的定位？

（一）市场定位

所谓市场定位（Positioning），就是根据竞争者现有产品在市场上所处的位置，和企业自身条件，为企业或其产品在市场上树立一个区别于竞争者产品与众不同的，符合消费者需要的突出位置，从而确定企业的整体形象。

产品定位对企业的经营具有重要而现实意义，主要体现在有利于建立企业和产品的市场特色；为企业制定市场营销组合策略奠定基础。

（二）市场定位的依据

一种新产品或新品牌在目标市场上如何定位，即依据什么来定位，是定位工作中首先遇到的问题。产品定位的依据很多，大致可概括为以下 4 种主要类型。

1. 以属性和利益定位

企业产品本身的属性以及由此获得的利益能够使顾客体会到它的定位。如企业往往强调产品的一种属性，而这种属性常是竞争对手所没有顾及到的。

2. 以产品质量、价格或服务定位

价格与质量两者变化可以创造出产品的不同地位。在通常情况下，质量取决于产品的原材料或生产工艺、技术和服务水平，而价格往往反映其定位，例如人们常说的“优质优价”、“劣质低价”正是反映了这样的一种产品定位思路。

3. 根据产品用途定位

发现同一个产品项目的各个用途并分析各种用途所适用的市场，是这种定位方法的基本出发点。同样是一个大厅，它可以作为大型宴会、自助餐的场地，也可以被当成会议大厅接待各种会议，同时，还可以成为各种展示、展览的场所。对于这样的一个企业产品，企业可以根据其不同的用途，在挑选出来的目标市场中，分别树立起不同的产品个性和形象。

4. 以使用者类型定位

这是企业常用的一种产品定位方式，即企业将某些产品指引给适当的使用者或某个目标市场，以便根据这些使用者或目标市场的特点创建起这些产品恰当的形象。许多企业针对当地居民“方便、经济、口味丰富”的用餐要求，开设集各地风味为一体的大排档餐厅，便是根据使用者对产品的需求而进行的定位。

5. 据产品档次定位

这种定位方式是将某一产品定位为其相类似的另一种类型产品的档次，以便使两者产生对比。例如一些企业将自己产品的档次设定为与某一家公众认可的企业的商品档次相间，以求使顾客更易于接受他们的产品。这种做法的另一个方面是为某一产品寻找一个参照物，在同等档次的条件下通过比较，以便突出该产品的某种特性。

6. 根据竞争定位

企业产品可定位于与竞争直接有关的不同属性或利益。例如列车开设无烟车厢，无烟意味着车厢空气更加清新。这实际上等于间接地暗示顾客有些交通工具上其他人吸烟会影响到自己的身体健康。

7. 混合因素定位

企业产品定位并不是绝对地突出产品的某一个属性或特征，顾客购买产品时不单只为获得产品的某一项得益，因此，企业产品的定位可以使用上述多种方法的结合来创立其产品的地位。这样做有利于发掘产品多方面的竞争优势，满足更为广泛的顾客需求。

（三）市场定位策略

企业在行业中所处的地位不同，其定位策略也不相同。

1. 第一位定位策略（首位定位策略）

随着竞争的长时间的持续，某些产品就会出现由若干个大企业占有绝大部分市场份额的现象。这类企业由于其实力雄厚，故在市场竞争中具有明显的相对优势和主动权，如在价格变动、新产品开发、经销范围以及促销的密集度方面领导着其他企业。这种地位是非常有利的。对于消费者和用户来说，某种产品方面的“第一位”的企业是非常容易被人们记住的，而第二位、第三位的知名度就少多了。

处于第一位的企业倘若有片刻松懈，就有可能丢失其霸主地位。在这方面，例子是很多的，如美国的福特汽车公司让位于通用汽车公司，美国大部分家电企业对日本企业甘拜下风。因此，处于第一位的企业应该采取“第一位”的定位策略，努力保持住“第一”的位置。

2. 固定会员俱乐部定位策略（挑战者定位策略）

企业在一些有意义的属性方面不能排在第一位，就可采用这种策略。比如企业可以宣称自己是八大企业之一等。排在市场第一位的公司是不会提出这个概念的。只有处于挑战者地位的企业才有可能提出。

3. 迎头定位策略（针锋相对式定位策略）

这也是处于挑战者地位的企业采取的策略。它是与在市场上居支配地位的，亦即最强的竞争对手对着干的定位方式。

4. 市场补缺定位策略（拾遗补缺定位策略）

这是避开竞争对手的定位方法。发现尚无企业提供产品的市场，把产品位置定在这里，就是采取市场补缺定位策略。

这种定位方式能够使企业迅速地在市场上站稳脚跟，并能在消费者或用户心目中迅速树立起一种形象。由于这种定位方式市场风险较小，成功率较高，常常为多数企业所采用。

阅读本文后，请分别列举一些你身边企业项目市场定位成功与失败的案例。

操作训练

1. 案例分析

上网搜索荣事达冰箱的市场定位信息，分析思考：

（1）你认为电冰箱这类性质的商品，一般适于采用单一利益定位还是多重利益定位。

（2）“荣事达”冰箱的多重利益定位是恰到好处还是过宽？

（3）试分析上述其他各种单一利益定位的优缺点。

2. 团队训练

对本学校新建的洗车房进行定位分析

【实训目标】培养学生市场定位能力。

【实训组织】以 4 ～ 6 人组建小组，经过讨论、调研，对选定的项目进行市场定位。

【实训提示】要求学生选择某一消费品或生产资料最为研究对象，针对性地进行专项调研，在此基础上进行恰当的目标市场选择。

【实训成果】老师根据下列标准给予学生评定：（1）能够按时完成；（2）资料来源真实；（3）定位准确；（4）分析透彻；（5）制作PPT与同学分享。

十四、了解你的产品

导入案例

小霸王公司的产品策略

小霸王电子工业有限公司于1987年在广东省中山市成立。在许多"80后"眼中，"小霸王"是个充满童年回忆的名字，不少人至今仍然对十几二十年前陪伴他们成长的那台学习机印象深刻：开机的一刻，小霸王商标——一双红色拳头碰撞到一起，"小霸王！其乐无穷！"的口号同时喊出，意味着快乐的时光又到了。

跨入新世纪后，小霸王开始多元化转型，广泛涉猎多个领域的产品，同时转变了营销策略和宣传手法，昔日的"霸王"便渐渐消失在人们的视野当中。

公司领导层认为不能依靠单一产品实现企业的发展壮大，小霸王于是开始多元化转型，广泛涉猎多个领域的产品。

2012年度小霸王教育电子的重大战略，于2012年六月推出电视电脑最新款A3，并登上央视一套黄金时段及央视三套、少儿频道，全面发力电视电脑的广告宣传，同时在6月份在人民大会堂召开新品发布会！"打造一个包含多种产品线的大品牌，是小霸王的终极目标"。

思考

小霸王的产品策略对你有何启发？

（一）产品整体概念

产品是交换活动的基础，企业同市场的关系是通过产品来连接的。一个企业确定市场营销组合，首先要回答的问题是：提供什么样的产品和服务来满足市场需求，也就是说首先要解决产品的问题。

研究产品策略，必须明确产品的概念。对产品的理解不能局限于具体的物质实体，市场营销对产品的理解要广泛得多，它已经远远超过了传统的有形实物的范围，而将非物质形态的服务等都包括在内。所谓产品，是指能提供给市场，用于满足人们某种现实与潜在欲望和需要的任何事物，包括实物、服务、场所、组织和观念等。由此可见，产品的概念已经超越了传统的有形实体的范围。

现代营销对产品概念的理解是广义的，其概念构成已突破了核心产品、有形产品、附加产品三个层次。具体可由以下五个层次所构成，即：核心利益、基础产品、期望产品、附加产品、潜在产品，如图 3-7 所示。

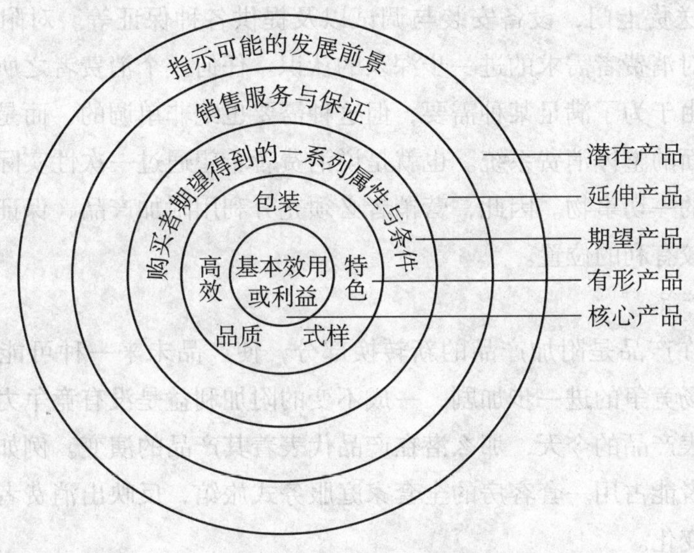

图3-7 产品的整体概念

1. 核心利益

核心利益是指企业提供给顾客或顾客所购买的基本效用与利益，也是顾客真正要买的东西，是产品整体概念中最基本、最主要的部分。因此，一个产品能否具有市场生命力，关键在于能否实现顾客所追求的核心利益，为此现代营销者应该善于去发现购买者购买某一产品所追求的核心利益。

2. 形式产品

所谓形式产品是产品的核心利益的具体化，是实现产品核心利益的基本形式，也是实质产品所展示的全部外部特征，即向市场提供的实体和服务的形象，主要包括产品质量、特色、款式、品牌、包装等。企业进行产品设计时，应着眼于用户所追求的核心利益，同时也要重视如何以独特形式将这种利益呈现给顾客。

3. 期望产品

所谓期望产品是指消费者在购买产品时一般希望和默认的一组属性与条件。例如，消费者在旅馆住宿时，一般期望有干净的床单、床头柜、台灯及相对宁静的环境等。由于产品“同质化”时代已经到来，大多数同一类型产品都能满足消费者的最低期望，所以，消费者在产品这一层次上偏好程度相差不大。

4. 附加产品

附加产品是指消费者在购买有形产品的同时所得到附加利益的总和。它包括信贷服务，送货上门，设备安装与调试以及提供各种保证等。对附加产品的理解，来自于对消费者需求的进一步深入的认识。任何一个消费者之所以购买某种产品，正是由于为了满足某种需要，但这种需要也绝非单调的，而是形成一个多层次、多方面的整体消费系统。也就是说消费者希望通过一次性实际购买行为而获得所需要的一切事物。因此，营销者必须充分利用附加产品，保证企业在市场竞争中处于较有利的位置。

5. 潜在产品

所谓潜在产品是附加产品的新转换部分，使产品未来一种可能的更新或转换。随着市场竞争的进一步加剧，一成不变的附加利益是没有竞争力的。如果说附加产品代表产品的今天，那么潜在产品代表着其产品的演变。例如，最近出现的某个消费者能占用一套客房的全套家庭服务式旅馆，反映出消费者对旅馆服务的需求的新变化。

产品整体概念的提出，对企业的营销活动具有多方面的意义。首先，它向企业昭示，明确顾客所追求的核心利益十分重要。其次，企业必须特别重视产品的无形方面，包括产品形象、服务等。最后，企业在产品上的竞争可以在多个层次上展开。对于成熟产品，在功能、品质上极为接近，难以制造大的差异，是否意味着企业间只有在价格上相互厮杀呢？产品整体概念的提出，给企业带来了新的竞争思路，那就是可以通过在款式、包装、品牌、售后服务等各个方面创造差异来确立市场地位和赢得竞争优势。

“现代竞争并不在于各个厂家生产什么，而在于其为产品增加些什么内容”

——李斯特

案例分析

这里没有“客人”

“自古天涯漂浮萍，出门最多是乡愁”，然而，倘若客居福州海山宾馆，种种的家恋相思定然消除的无影无踪。因为，到了海山宾馆，你就到了自己家，这里没有客人。

著名演员陈佩斯，随中央电视台《人与人》电视系列组在福州拍外景，住进了海山宾馆。那日，正逢正月元宵节，餐桌上陈佩斯说了句“今天是我生日”。饭罢他走出餐厅，门口服务员微笑致意：“祝您生日快乐！”当他走到自己房间门口，为他开门的服务小姐柔声细语：“祝您生日快乐！”推门而人，桌上一束鲜花，一只生日蛋糕，蛋糕上的生日蜡烛正在燃烧，烛光摇曳，好温馨的气氛。陈佩斯拿起电话，又是一句“生日快乐！”总机小姐的亲切问候在他耳边响起，他一阵激动，拉开房门，门把手上插着一张贺卡：“海山，祝您生日快乐！”

此情此景，七尺男儿难折激情，陈佩斯流泪了。临别之际，陈佩斯留下了发自肺腑的赠言：“生日鲜花虽已枯萎，然其代表的温情，仍在我心中开放，这一切刻骨铭心，使我终身难忘。”

思考

海山是如何化无形为有形？

（二）产品组合

一个企业提供给目标市场的不是单一的产品，而是产品组合，即由多条产品线组成，每条产品线包含若干产品项目，而每一项产品又包含若干品牌、包装和服务。因此，每个企业不但要在品牌、包装和服务等方面作出决策，而且要在产品的组合，产品线和产品项目上作出决策。

1. 产品组合

产品组合（Product Mix），也称产品搭配（Product Assortment），指一个企业提供给市场的全部产品线和产品项目的组合或搭配，即经营范围和结构。

产品线（Product line），指互相关连或相似的一组产品，即我国通常所谓的产品大类。产品线的划分可依据：产品功能上相似、消费上具有连带性、供给相同的顾客群、有相同的分销渠道，或属于同一价格范围。例如，饮食类，客房类、商务类等都可形成一条产品线。通常每条产品线都设专人管理，称为产品线经理。每条产品线内又包含若干产品项目。

产品项目（Product Item），指产品大类中各种不同品种，档次、质量和价格的特定产品。例如，某企业经营饮食，客房、商务会场等三大类产品（3 条产品线），每大类中又有若干具体品种（产品项目），所有这些产品大类和项目按一定比例搭配，就形成该企业的产品组合。

2. 产品组合策略

产品组合决策，一般是从产品组合的宽度、长度，深度和相关性等方面做出决定的。

产品组合的宽度（Width），指一个企业生产经营的产品大类的多少，即拥有的产品线多少，多则宽，少则窄。如表 3-2 的产品组合宽度是 3。

产品组合的长度（Length），指企业所有产品线中的产品项目的总和，如表 3-2 所显示的产品组合的总长度为 9，每条产品线的平均长度是 9 ÷ 3=3。

表 3-2　产品组合的长度和宽度

饮食类	客房类	商务活动类
粤菜	豪华客房	综合性商务
川菜	商务客房	小型会务
大众菜	经济客房	
	钟点客房	

产品线深度（Depth），指产品线中每种产品所提供的花色、口味、规格的多少。如上例中商务活动类产品线设有综合商务类产品和小型会务 2 种规格、能满足不同特殊需求的 4 种形式，其深度就是 2 *4=8。通过计算每种产品的差异性，就可算出企业产品组合的平均深度。

产品组合相关性（Consistency），指各个产品线在最终使用、生产条件、分销渠道或其他方面的相关联的程度。

增加产品组合宽度，扩大经营范围，可充分发挥企业各项资源的潜力，提高效益，减少风险；增加产品组合的长度，可使产品线丰满，同时给每种产品增加更多的变化因素；增加产品组合的深度，可适应不同顾客的需要，吸引更多的买主；最后，产品组合相关性的高低，则可决定企业在多大领域内加强竞争地位和获得声誉。所谓产品组合决策，也就是企业对产品组合的广度、长度、深度和相关性等方面的决策。

市场是一个动态系统，需求情况经常变化，原有竞争者不断花样翻新，新的竞争者又不断进入，这一切必然会对一个企业产品的营销发生不同影响，对某些产品有利，对某些产品不利。因此，企业要经常对产品组合进行分析，评估和调整，力求保持最适当的产品组合。

十五、掌握产品市场生命周期特点

导入活动

产品市场生命周期判断

【活动目的】了解学生对产品生命周期的初步理解现状，引导学生正确理解。

【活动内容与要求】教师指出几种产品市场生命周期个阶段的现象，由学生比较判断。

【结果与检测】能够做出比较正确的判断。

【提示】注意：教师及时引导、纠正。

每种产品的销售和利润都不是固定不变的，都有其由弱到强又由盛转衰的发展过程，即产品生命周期。由于产品生命周期的存在，企业面临的严重挑战：一是必须为处于生命周期不同阶段的现有产品，制定适当的营销策略；二是必须不断开发新产品，以取代那些衰退和即将衰退的产品。

（一）正确理解产品生命周期

产品生命周期（Product Life Cycle），简称“PLC”，是现代市场营销学中的一个重要概念。研究产品生命周期的发展变化，可以使企业掌握各个产品的市场地位和竞争动态，为制定产品策略提供依据，对增强企业的竞争能力和应变能力有重要意义。

1. 产品生命周期

产品生命周期是指产品的经济寿命（与产品自然寿命或使用寿命无关），即一种新产品从开发、上市，在市场上由弱到强又从盛转衰，直到被市场淘汰为止的全过程。根据菲利普·科特勒的最新观点，典型的产品生命周期包括四个显著的阶段。

2. 产品生命周期图形形式

产品只有经过研制开发、试销，然后进入市场，它的市场生命周期才算开始。产品退出市场，标志着产品生命周期的结束。产品生命周期一般可划分为四个阶段，即介绍期、成长期、成熟期和衰退期。在整个生命周期中，销售额和利润额的变化表现为类似 S 形的曲线（见图 3-8）。

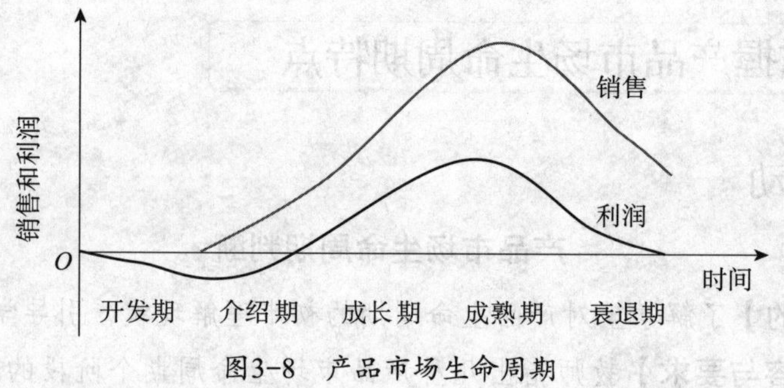

图3-8 产品市场生命周期

不同的产品，其生命周期常常是各不相同的。如菜品的产品生命周期可能只有几个月，而客房的产品生命周期可长达百年。各种产品的生命周期曲线形状也有差异。有的产品一进入市场就快速成长，迅速跳过介绍期；有的产品可能越过成长期，直接进入成熟期，还有的经历介绍期后，未成长起来，直接迈向衰退期。产品市场生命周期的其他形式如图 3-9 所示。

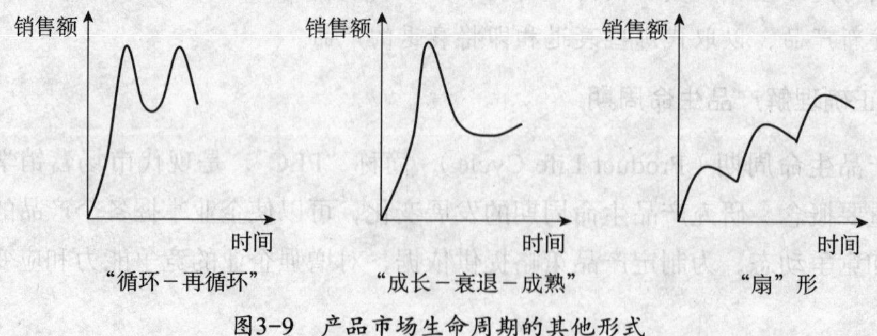

图3-9 产品市场生命周期的其他形式

产品的生命周期通常是按国家和地区来划分的，即同一种产品在不同的国家或不同的地区，它的生命周期可能处于不同的阶段。如在我国经济发展不平衡，城市和农村经济发展水平相差较大，快餐经营在大城市已为成熟期甚至衰退期，而在边远农村仅为成长初期。

（二）产品生命周期各阶段特征

根据菲利普·科特勒的最新观点，典型的产品生命周期包括四个显著的阶段。

1. 介绍期的主要特点

产品的介绍期又叫投入期、试销期，是指新产品首次正式上市的最初销售阶段。

① 新产品刚投入市场，顾客对产品不太了解，只有少数追求新奇的顾客可能购买，销售量很低。

② 由于产品技术不够稳定，不能批量生产，制造成本高。

③ 为了扩大销路，广告宣传和其他促销费用都比较高。

④ 销售网络还没有全面、有效地建立起来，销售渠道不畅，销售增长缓慢。

⑤ 由于销售量少，各种成本高，企业通常处于亏损或微利状态。

⑥ 同类产品的生产者较少，竞争不激烈。

2. 成长期的主要特点

产品的成长期是指产品转入成批生产和扩大市场销售阶段。

① 销售额迅速增长，顾客对产品已经熟悉，大量的新顾客开始购买，市场逐步扩大，形成较大的市场需求，销量大增。

② 产品基本定型，性能趋于稳定，企业具备批量生产的条件。

③ 随着生产规模扩大，成本显著降低。

④ 由于顾客对产品熟悉，广告宣传费用可相对降低，即促销费用与销售额的比率不断下降。

⑤ 由于产量和销量迅速增加，成本下降，企业扭亏为盈，利润迅速上升。

⑥ 竞争者看到有利可图，进入市场参与竞争。

3. 成熟期的主要特点

产品的成熟期是指产品进入大批量生产，而在市场上处于竞争激烈的阶段。

① 市场需求量逐渐趋于饱和，产品的销售量增长缓慢。

② 生产批量很大，生产成本降到最低程度。

③ 产品的服务、广告和推销工作十分重要，销售费用不断提高。

④ 利润达到最高点，并开始下降。

⑤ 很多同类产品进入市场，市场竞争十分激烈。

4. 衰退期的主要特点

衰退期是指产品已经逐渐老化，转入更新换代的阶段。

① 顾客的消费需求发生改变，转向其他产品。

② 已有新产品进入市场，正在逐渐代替老产品。

③ 产品销售量迅速下降，甚至出现积压。

④ 市场竞争突出表现为价格竞争，产品价格不断下降。

⑤ 企业获利很少，甚至亏损，部分企业因无利可图，被迫退出竞争。

思考与讨论

分析企业某服务项目不同生命周期阶段的营销策略。

十六、产品包装策略

导入活动

产品包装诊断训练

【活动目的】培养学生学生对包装设计要求与技巧。

【活动内容与要求】每人对某品牌包装合理性进行诊断、并改进。学生代表发言，其他同学评价。

【结果与检测】能够对包装要求比较正确的理解。

【提示】注意说明诊断依据，教师及时引导。

【相关知识点】

（一）产品包装

包装是实体产品的一个重要组成部分，具有保护和美化产品、便利经营和消费以及促进销售等功能。在西方，包装一向受商品生产者和经营者的高度重视，有些营销学家甚至把包装称为四个“P”之外的第五个“P”，但多数学者还是把包装视为产品策略的一个重要组成部分。

所谓包装就是指为了保护商品质量和数量，便于运输、装卸、储运和销售，采用适应的材料制成与商品相适应的容器，并加以标志和装潢的活动和措施。产品包装一般包括三个层次。

（1）首要包装（primary package），是产品的直接容器，如快餐盒的内层，菜盘、啤酒的瓶子等。注意选材的绿色要求。拒绝白色污染及无毒无害性。

（2）次要包装（secondary package），其作用是保护产品和促进销售，如快餐盒的外层的纸盒。注意美观度。

（3）装运包装（shiping package），也称外包装，其作用是便于储存、搬运和辩认产品。除以上三个层次外，标签（Label），即包装上有关产品说明的文字和图画，也属于包装的范畴。

（二）包装的作用

搞好产品包装，对企业市场营销可以起到如下作用。

（1）保护产品质量，维护产品的使用价值。

（2）盛容产品，使之便于运输、装卸和使用。

（3）传递产品信息，宣传介绍产品。

（4）美化产品，促进销售。

（三）包装策略

在国际市场上商品包装的策略主要有以下几种。

1. 类似包装策略

所谓类似包装策略，就是一个企业所生产的各种不同产品，在包装上采用相同的图案，色彩或其他共同的特征，使顾客极容易发现是同一家企业的产品。类似包装具有和统一商标相同的好处，即节省包装设计费用，增加企业声势，有利于介绍新产品等。但是类似包装只适用于同样质量水平的产品，如果质量相差悬殊则优质产品将蒙受不利影响。

2. 配套包装策略

这种包装是指把使用时互有关联的多种商品，纳入一个包装容器内，同时出售，如洗漱用品组合包装等，既便于使用也扩大了销路。

3. 再使用包装策略

这种策略亦称为双重用途包装策略，即原包装的商品用完后，空的包装容器可另作其他用途。如酱菜、果酱用杯形包装，空的包装瓶可以作旅行杯；糖果、饼干的包装盒还适合作文具盒、针线盒；罐头包装的设计考虑到可作为饭盒、酒杯等。这种包装策略能引起顾客的购买兴趣，同时能发挥广告的作用。

4. 附赠品包装策略

这是目前国外市场上比较流行的包装策略。如糖果商品附赠连环画、认字图；许多商品包装内常附有奖券，中奖后可得不同的奖品；肯德基消费送儿童玩具等。

5. 改变包装策略

商品包装的改进，正如产品本身的改进一样对促进销售有重大意义。当企业的某种产品在同类产品中因存在质量近似而销路打不开时，就应注意改进包装设计；当一种产品的包装已采用较长时间时，也应考虑推陈出新变换包装。改变包装策略就是用改变包装的办法达到扩大销售的目的。当然采用这种策略是有条件的，即商品的内在质量必须达到使用要求。如果不具备这个条件，商品的内在质量不好，那么即使在包装上作了显著改进也无助于销售的扩大。

十七、产品品牌策略

产品品牌诊断训练

【活动目的】培养学生学生对品牌设计要求与技巧。

【活动内容与要求】每人对某品牌合理性进行诊断、并改进。学生代表发言，其他同学评价。

【结果与检测】能够对品牌概念比较正确的理解。

【提示】注意说明诊断依据，教师及时引导。

【相关知识点】

（一）品牌基本概念

1. 品牌

品牌指企业为企业及自己的产品设计的用来识别卖主的某一名词、辞句、符号、设计，或它们的组合。品牌的基本功能是指不同企业之间的同类产品区别开来，不致使竞争者之间的产品发生混淆，从而塑造出产品鲜明的个性。品牌是一个笼统的总名词，具有广泛的意义，一般来说，它包括一组概念，即品牌名称、品牌标志、商标。

2. 品牌名称

品牌名称指品牌中可用语言表达的部分，如“铁板牛肉”、“总统套房”、“全聚德”、“六必居”等品牌名称。

3. 品牌标志

品牌中可被识别，但不能用语言表达的部分，包括符号、图案或专门设计的颜色、字体等。如“可口可乐”几个英文字母的专门设计图案，“金狮”自行车的标牌属于品牌标志。

品牌标志的设计要求能体现企业产品的特色，塑造产品的形象，通过视觉传递形成冲击力。一个好的设计是不能随意变动的，因为它在顾客心目中已深深扎根，如“可口可乐”的象征。

新奇独特的品牌标志能给企业带来巨大的经济效益。因此，品牌设计时一般要求达到：一是造型美观大方，符合法律和习俗规范，为群众喜闻乐见；二是具有鲜明的特点，最好能反映企业或产品的特色；三是简单醒目，易于识别和记忆。许多企业往往花高价公开征求品牌标志设计。

4. 商标

商标指品牌或品牌的一部分在政府有关部门注册，它受法律保护，有专门的使用权。具有排它性。由此可见，所有的商标都是品牌，但并非所有的品牌都是商标。二者的区别在于是否经过一定的法律程序。国际市场上著名的商标，往往在许多国家注册。

在市场经济条件下，商标依其知名度的高低和信誉的好坏，具有不同的价值，是企业的一项无形资产，产权可以买卖。可以说“商品有价牌无价”。因此，现代企业都十分重视树立名牌商品。

（二）牌号设计的基本要求

有人说“牌号是商品的脸”，这样比喻虽很形象，但意义显得浅显。我们认为，品牌是产品打开市场大门的“钥匙”，是企业跨出国门的“金护照”。一个好的品牌设计必须具备以下基本要求。

1. 好的品牌要便于推销

品牌要便于推销，即品牌要具有代表性、商品性、持久性、艺术性和简洁性。中国比较有名的“雪花牌”电冰箱，是北京生产的，它的品牌从名称到图案都非常简洁、显著，宣传和推销的效果较好；图案为雪花，具有象征意义，又表明使用效果好。肯德基开发的“千丝万缕虾”、“虾扯蛋”非常形象、好记。

2. 品牌设计要相对稳定

品牌一经注册即受到法律保护，就享有专用权，因此品牌设计不能随心所欲、草率从事，而要采用那些不受时间和形势变化影响的名称和图案来表示。国内的“盛锡福”（礼帽），是中外闻名的老帽店，北京、上海、天津、武汉等地都有挂着“盛锡福”招牌的帽店。过去店家取名大都图个吉利，“盛”与“福”与吉利有关，锡同赐（古汉语中的通称），赐给的意思，整个品牌的意思是“谁戴上我店的帽子，就赐给谁最大的幸福”。

3. 品牌题材不要直接反映商品本身的属性

品牌名称如果直接反映了商品本身的一属性，那么品牌就可能具有排他性。如饮食安全卫生是最基本的要求，假如采用“安全卫生”作为品牌，就不能与其他企业品牌相区别。但是，也不能采用与商品毫无关系的名称作为品牌，否则就会引起反作用。如“钢铁”牌虾仁等，就给人以格格不入的感觉。此外在设计品牌时，不能用使人听了以后就觉得商品质量不好的名称等。

4. 品牌设计要注意禁忌

各国法规对品牌都有一定的限制和禁忌，因此在设计品牌时必须注意。品牌禁忌归纳起来有以下几种情况。品牌设计不能使用国内外重要政治标志和重要国际组织徽标，如国旗、国徽、军旗、勋章、红十字、红新月等。品牌设计不能同已注册的商标相混，否则要受到法律制裁。品牌设计不能违反各民族风俗习惯中的禁忌和产品销售地区民族的风土人情。

（三）牌号名称的选择

命名是一门学问。一般认为，一个好的牌号名称，必须具备以下条件。

- 简洁、易读易记。
- 能表达清楚商品的含义。
- 趣味盎然，能引起人丰富的联想。
- 具有独特性和艺术性。

• 注意销售对象，避开各种忌讳。

（四）品牌决策

企业在进行品牌决策时，一般可以作出以下几种选择。

1. 使用品牌与不使用品牌

产品是否使用品牌，必须根据各种具体产品的特点决定。一般来说，品牌在商品销售中可以起到很好的促销作用，但并非所有的产品都必须使用品牌。

品牌对大多数商品还是必要的，通过设计，宣传企业品牌，可以提高企业品牌知名度，有利于塑造产品形象。

2. 制造商的品牌和经销商的品牌

传统上，品牌是厂商的制造标记，这是由于产品的设计、质量、特色都是由生产商决定的。但是，近年来经销商的牌子日益增多。在西方国家，许多有名望的大百货公司、超级市场、服装商店都使用自己的品牌。如美国著名的希尔斯（Sears）百货公司，90% 的商品都用自己的牌子。由于该公司在美国市场上享有良好声誉，制造商的产品也贴上“Sears”的牌子。强有力的批发商中也有使用自己品牌的，目的是为了增强对价格、厂商等方面的控制能力。

工商企业究竟是使用制造商品牌还是经销商品牌，必须全面地权衡利弊，以作出决策。

3. 群体品牌和个别品牌决策

群体品牌是企业将自己所生产制造的全部产品都用统一的品牌，或以一定的品牌为基础，把它与各种相关文字结合，形成一个品牌系列。如“川菜”、“粤菜”等系列品牌。典型的群体品牌，一般运用在价格和目标市场大致相同的产品上。

产品的个别品牌策略是指一个企业的各种产品分别采用不同的品牌。形式有二：一是各种产品分别采用不同的品牌；二是各种产品线分别采用不同的品牌。个别品牌策略适用于那些经营产品线多而关联性较小，生产技术条件差异较大的企业。

操作训练

对温州各类皮鞋企业品牌进行诊断。

十八、对产品进行合理定价

导入案例

帕萨特的定价策略

上海大众是德国大众在我国与上海汽车工业集团总公司成立的合资企业，在品牌营销方向上基本继承发扬了德国大众的策略。而德国大众是世界知名的跨国公司，其制定出的定价策略，是保证公司目标实现的重要条件。通常，这类公司产品价格会受到三个制约因素——生产成本、竞争性产品的价格和消费者的购买能力，其中产品的生产成本决定了产品的最低定价，而可比产品的竞争性定价和消费者的购买能力则制约着产品的最高定价。

以上海大众上市销售的帕萨特最高档车帕萨特 2.8V6 为例。2003 年 1 月 21 日，上海大众正式向媒体展示刚刚推出的帕萨特 2.8V6。其打出的品牌定义为“一个真正有内涵的人”。

上海大众为了制定出有竞争优势的市场价格，上海大众首先从以下几个方面分析了自己的优、劣势。特别是在生产成本、竞争品牌技术差异、售后服务方面的优势分析。在市场营销方案中，上海大众依然用图表的方式充分展示了自己在这方面的优势。

在对经销商的培训及消费者的宣传中，上海大众用了这样的语言：上海大众便捷的售后服务、价平质优的纯正配件，使帕萨特的维护费用在国产中高级轿车中最低，用户耽搁时间最短，真正实现“高兴而来，满意而归”。很明显，上海大众抓住了消费者的需求心理：高质量、低价位、短时间。

在对全员培训中，上海大众非常明确地描绘出了帕萨特的品牌定位：感性表述——帕萨特宣告了你人生的成就；理性描述——帕萨特是轿车工业的典范。最后一句“帕萨特 2.8V6 是上述品牌定位的最好例证”，推出了新产品的卖点与竞争力。

整个营销方案的最后，打出了帕萨特 2.8V6 的定价：35.9 万元人民币。

思考

帕萨特轿车主要采取了什么定价策略？

在商品经济条件下，价格是实现商品流通的重要因素。所谓价格，是商品价值的货币表现，是商品的交换价值。通过某一价格水平，企业希望能达到他的目标收益，而顾客则希望以一定量的货币支付获得该产品的最大效用。价格的变动对买卖双方都会产生作用，一方会影响消费者的需求和购买行为，另一方面对产品的销量及利润也会产生直接的影响。而市场营销价格，又不同于经济学上的价格。企业定价选择恰当的定价策略与定价方法，着重研究产品进入市场、占领市场、开拓市场的一种具体应变价格。

市场营销学定价是一门艺术，一种技巧；

经济学定价是一门科学，一种技术。

【相关知识点】

（一）营销定价的概念

价格是商品价值的货币表现形式；从市场角度看，价格是可以随时随地根据需要而变动的。

企业定价是为了促进销售，获取利润，因而要求企业定价时，既要考虑成本的补偿，又要考虑消费者对价格的承受能力，从而使定价具有买卖双方决策的特征。

（二）影响企业产品定价的因素

价格是市场营销组合中最活跃的因素，也是最难有效控制的因素。在激烈的市场竞争中，企业定价必须充分考虑到各种影响因素，科学定价，取得营销活动的成功。影响企业定价的因素及包括企业内部因素，比如，产品成本、企业定价目标，也包括企业外部因素，比如，市场供求、市场竞争状况等市场因素。

1. 成本因素

成本是产品定价的基础。定价大于成本，企业就能获得盈利；反之则亏本。

产品定价必须考虑补偿成本，这是保证企业生存和发展的最基本条件。

总成本由固定成本和流动成本所组成。固定成本是不随产量变化而变化的成本；流动成本是指随产量变化而变化的成本。

2. 市场状况因素

① 市场商品供求状况。供求影响价格，价格调节供求，这是价格的运动形式，是商品价值规律、供求规律的必然要求。

商品价格与市场供应成正比，与需求成反比关系。在其他因素不变的情况下，商品供应量随价格上升而增加，随价格的下降而减少；而商品需求量随价格上升而减少，随价格的下降而增加如图 3-10 所示。

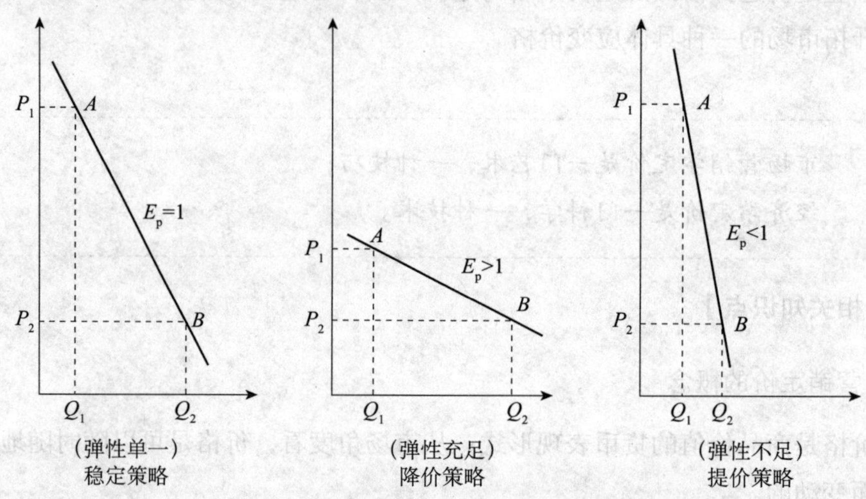

图3-10 市场需求对企业定价的影响

② 其他。主要包括商品需求特性、价格弹性、市场竞争状况、政府对价格决策的影响等。

3. 企业定价目标

定价目标是企业对其生产或经营的产品制定价格时有意识地要求达到的目的和标准。定价目标是企业定价的指导思想，选择何种定价目标，必须服从企业整体战略目标。不同的企业可以选择不同的定价目标，同一企业在不同时期、不同条件下，也可以采取不同的定价目标。

① 获取利润为定价目标。具体可分为三种情况：一是，以获取最大利润为目标；二是以获得一定的收益率为目标；三是以获取合理利润为目标。

② 以提高市场占有率为定价目标。市场占有率是一个企业经营状况和产品在市场上竞争能力的直接反映。较高的市场占有率，可以保证企业产品的销路。

③ 以应付和防止竞争为定价目标。企业对竞争者的价格十分敏感。有意识地通过给商品的恰当定价去应制竞争或避免竞争的冲击，是企业定价的重要目标之一。

④ 以树立和维护企业形象为定价目标。良好的企业形象是企业在经营中创造的无形资产，也是企业经过长期努力后在消费者中拥有一定的声望和地位，是取得消费者信赖的结果。

上述定价目标并不是孤立存在的，而是互相联系相互影响的，某一目标的实现，在不同程度上实现了其他的目标。因而在实际运用时既要全盘考虑又要有所侧重。

（三）掌握企业定价方法

定价方法，是指企业在特定的定价目标指导下，依据对影响产品价格形成各因素的具体研究，运用价格决策理论对产品价格进行测算的具体方法。

1. 成本导向定价法

成本导向定价法是一种主要以成本为依据的定价方法，包括成本加成定价法、目标收益定价法、盈亏平衡定价法、边际成本定价法等几种具体的定价方法。

① 成本加成定价法（Cost-Plus Pricing）。所谓成本加成定价法是指按照单位成本加上一定百分比的加成来制定产品销售价格。加成的含义就是一定比率的利润。其计算公式为：

$$\text{单位产品价格}(P)=\text{单位产品总成本}(C)\times(1+\text{成本加成率}(R))$$

成本导向定价法的优点是：计算简便；价格能保证补偿全部成本。缺点是：定价所依据的成本是个别成本，而不是社会成本或行业成本。

② 目标收益定价法。目标收益定价法又称投资收益定价法，是根据企业的总成本或投资总额、预期销量和目标收益额来确定价格的一种定价方法。其基本公式为：

$$\text{单位产品价格}=(\text{总成本}+\text{目标收益额})/\text{预期销量}$$

③ 盈亏平衡定价法（Breakeven Pricing）。盈亏平衡定价法是企业按照生产某种产品的总成本和销售收入维持平衡的原则，制定产品保本价格的一种方法。

其计算公式为：

单位产品价格（P）＝固定总成本（FC）÷ 销量（Q）＋单位变动成本（VC）

2. 需求导向定价法

需求导向定价法是依据买方对商品价值的理解和需求来制定价格的方法，具体方法有以下几种。

① 认知价值定价法（Perceived-Value Pricing）。所谓“认知价值”，也称“感受价值”，“理解价值”，是指企业以消费者对产品价值的感受和理解度为来确定价格。

例如：香港市场，一件英国名牌衬衫售价 500 港元，港产名牌约 150 港元，而无名的普通衬衣则只能卖十元或几十港元。

② 需求差异定价法。所谓需求差异定价法，是指企业根据消费者对同种产品的不同需求强度，制定不同的价格。

需求差异定价法的方式有：以消费者为基础的差别定价；以地点为基础的差别定价；以时间为基础的差别定价；以产品为基础的差别定价。

③ 逆向定价法。所谓逆向定价法，是指企业依据消费者能够接受的最终产品销售价格，计算自己从事经营的成本和利润后，逆向推算出产品的批发价和零售价格。其计算公式是：

产品出厂价格＝市场可销零售价格 ×（1– 批零价格）×（1– 进销差率）

3. 竞争导向定价法

竞争导向定价法，是企业以应付竞争或防止竞争为定价目标，以市场上竞争者的价格作为制定企业同类产品价格主要依据的方法。

① 随行就市定价法（Going-Rate Pricing）。所谓随行就市定价法，就是将本企业某产品价格保持在市场同类产品平均价格水平上获得平均报酬。

② 竞争价格定价法。竞争价格定价法，即根据本企业产品的实际情况及与竞争者产品的差异状况来确定价格。

③ 投标竞争法。投标竞争法，即在投标交易中，投标方根据招标方的规定和要求进行报价的方法。一般有密封投标和公开投标这两种形式。

（四）学会产品定价策略

所谓定价策略，是指企业在特定情况下，依据企业既定的定价目标所采取的定价方针和价格对策。

1. 新产品定价策略

① 撇脂定价（Market Skimming Pricing）策略。撇脂定价是指在产品上市初期，价格定的较高，以便在较短的时间内获得最大的利润。

撇脂定价还有以下几个优点：树立企业名牌产品的形象、有利于企业掌控调价的主动权 、缓解产品供不应求状况。

② 渗透定价策略（Market Penetration Pricing）。这是与撇脂定价相反的一种定价策略，即在新产品上市之初将产品价格定得较低，从而吸引大量的消费者，迅速扩大市场占有率。利用渗透定价的前提条件：首先是新产品的需求价格弹性较大；其次新产品存在着规模经济效益。如日本精工手表即是在具备这样两个条件的基础上，采用渗透定价策略，以低价在国际市场与瑞士手表角逐，最终夺取了瑞士手表的大部分市场份额。

③ 满意定价策略。满意定价策略既不是利用产品的高价格来获取高额利润，也不是实施低价格制约竞争者进而占领市场。

2. 折扣定价策略

企业为了鼓励消费者及早付清货款、大量购买、淡季购买，可以酌情降低其基本价格，这种价格调整叫做价格折扣。

数量折扣（quantity discounts），指按消费者购买数量的多少，企业分别给予不同的折扣。

现金折扣（cash discounts），现金折扣是企业对在规定的时间内提前付款或用现金付款的消费者，所给予的一种价格折扣。

商业折扣（trade discounts），也叫功能折扣，指企业根据中间商的不同类型和不同分销渠道所提供的服务不同，给予不同的折扣。

季节折扣（seasonal discounts），又称季节差价，是企业给那些购买季节性强的商品或服务的顾客的一种减价，使企业的生产和销售在一年四季保持相对稳定。

价格折让（Price Allowances）。这是另一种类型的价目表价格的减价。折让的形式有回收折让、免费服务折让、促销折让。

3. 地区定价策略

- 统一交货定价。所谓统一交货定价就是企业对于卖给不同地区消费者的某种产品，不论远近都实行一个价格。
- 分区定价。分区定价是指企业把全国（或某些地区）市场划分为若干个价格区，对于不同价格区销售的产品，分别制定不同的地区价格。

- 基点定价。有些企业会选定某些城市作为基点，然后按一定的厂价加上从基点城市到消费者所在地的运费来定价，而不管产品实际上是从哪个城市起运的。
- 运费免收定价。

4. 心理定价策略（Psychological Pricing）

- 整数定价（Integer Pricing）。整数定价是以整数的形式确定产品的价格，给消费者一种“优质优价”的感觉。
- 尾数定价（Odd-Ever Pricing），又称“奇数定价”、“非整数定价”，指以零头数结尾的定价形式。其他以奇数或人们喜欢的数字结尾，在直观上给消费者一种价格低廉和企业经过认真的成本核算才定价的感觉，从而使消费者对企业产品及其定价产生信任感。
- 声望定价（Prestige Pricing）。这是根据产品在消费者心中的声望、信任度和社会地位来确定价格的一种定价策略。声望定价可以满足某些消费者的特殊欲望，如地位、身份、财富、名望和自我形象等，还可以通过高价格显示名贵优质。
- 招徕定价。招徕定价是指将某几种产品价格定得非常高，或者非常低，引起消费者的好奇心理和观望行为，以此带动其他商品的销售。
- 习惯定价。一些产品，尤其是消费者经常购买、使用的日用消费品，已经在消费者心目中形成一种习惯性的价格标准。这一类产品价格不应轻易更改，免得引起消费者不满。

5. 差别定价策略（Discriminatory Pricing）

所谓差别定价，也叫价格歧视，是指企业按照两种或两种以上不反映成本费用的比例差异的价格销售某种产品或服务。这种差别定价，不表明产品成本的不同或其他差异，而是根据不同的顾客、不同的时间、不同的场合确定不同的价格。

差别定价的主要形式有以下几种：顾客差别定价、产品形式差别定价、产品部位差别定价、销售时间差别定价。

6. 产品组合定价策略

- 产品线定价。产品线定价策略是指企业就同一系列产品的不同规格、型号和质量，按照相近原则，把产品划分为若干个档次，不同档次制定不同价格的策略。

- 选择品定价。许多企业在提供主要产品的同时，还会提供与主产品密切相关，但又可独立使用的产品。选择品定价有两种主要策略：一是将选择品的价格定的较高，使其成为企业盈利的一个来源；二是将选择品价格定的较低或免费提供，以吸引消费者购买。
- 补充产品定价。如果一种产品的销售会促进另一种产品的销售，则这两种产品互为补充品。企业经常为主要产品（例如剃须刀和照相机）制定较低的价格，而为附属产品制定较高的价格。

操作训练

请列举一些你认为科学的定价方法的事例。

十九、管理好营销渠道 1

导入活动

企业分销渠道调查

【活动目的】了解学生对渠道理解现状，引导学生正确理解渠道。

【活动内容与要求】分组对某熟悉企业调查，讨论对“产品分销渠道”的理解。小组代表集中发言，其他同学做补充。

【结果与检测】能够对企业分销渠道进行比较正确的理解。

【提示】注意时代性、立足点，教师及时引导。

【相关知识点】

分销渠道是市场营销组合策略中的四个基本要素之一，如果产品是企业的立身之基，分销渠道网络则是企业的生存之本。建立一个有效的分销渠道网络，是企业在激烈的市场竞争中脱颖而出，并持续、稳定发展的关键因素之一。

（一）营销渠道

营销渠道又叫分销渠道，是指产品和劳务顺利地被使用或消费的一整套相互依存的组织。它是科学地组织产品和劳务从生产者向消费者转移时取得这种产品和劳务的所有权或帮助转移其所有权的所有企业和个人。生产企业和消费者分别处于分销渠道的两个端点，作为商品的提供者和接收者。

（二）分销渠道类型

1. 直接分销渠道

直接分销渠道又称分销渠道，指生产企业不通过中间商环节，直接将产品销售给消费者。直接渠道是服务机构及工业品分销的主要类型。间接渠道，指生产企业通过中间商环节把产品送达到消费者手中。

直接分销渠道的优点：①有利于产、需双方沟通信息，可以按需生产，更好地满足目标顾客的需要。②可以降低产品在流通过程中的损耗。③可以使购销双方在营销方式上相对稳定。④可以在销售过程中直接进行促销。

直接分销渠道的缺点：①目标顾客方面。对于绝大多数生活资料产品，其购买呈小型化、多样化和重复性；②协作伙伴方面。商业企业在销售方面比生产企业的经验丰富，这些中间商最了解顾客的需求和购买习性，在产品流转中起着不可缺少的桥梁作用；③生产者与生产者之间。当生产者仅以直接分销渠道销售产品，致使目标顾客的需求得不到及时满足时，同行生产者就可能趁势而进入目标市场，夺走目标顾客和商业协作伙伴。

2. 间接分销渠道

间接分销渠道是指生产者利用中间商将商品供应给消费者或用户，中间商介入交换活动。间接分销渠道的典型形式是：生产者——批发商——零售商——最终使用者。如何利用间接渠道使自己的产品广泛分销，已成为现代企业进行市场营销时所研究的重要课题之一。

间接分销渠道的优点：①有助于产品广泛分销；②缓解生产者人、财、物等力量的不足；③可以进行间接促销；④有利于企业之间的专业化协作。

间接分销渠道的缺点：①可能形成“需求滞后差”；②可能加重消费者的负担，导致抵触情绪；③不便于直接沟通信息。

3. 长渠道和短渠道

分销渠道的长短一般是按通过流通环节的多少来划分，具体包括以下四层。

（1）零级渠道（又叫直接渠道、直销）：制造商——消费者。

（2）一级渠道：制造商——零售商——消费者。

（3）二级渠道：制造商——批发商——零售商——消费者，或者是制造商——代理商——零售商——消费者。

（4）三级渠道：制造商——代理商——批发商——零售商——消费者。

4. 宽渠道与窄渠道

渠道宽窄取决于渠道的每个环节中使用同类型中间商数目的多少。企业使用的同类中间商多，产品在市场上的分销面广，称为宽渠道。企业使用的同类中间商少，分销渠道窄，称为窄渠道。

（三）中间商

中间商是指处于生产者和消费者之间，参与产品交易活动，促进买卖行为发生和实现的具有法人资格的经济组织或个人。

1. 批发分销渠道

如果购买的目的是为了向其他商品经营单位转售，或向生产企业提供设备和生产资料，而不是为了销售给最终消费者或用户，那么，这样的经营单位就是批发商。

批发商主要有三种类型，即商人批发商、经纪人和代理商、制造商的分销机构以及零售商的采购办事处。

① 商人批发商（也称为独立批发商）。商人批发商，指的是自己进货，取得商品所有权后再批发出售的商业企业。商品批发商是批发商的最主要的类型。

② 经纪人和代理商。经纪人和代理商是从事购买、销售或二者兼有的洽商工作，但不取得商品所有权的商业单位。与商人批发商不同的是，他们对其经营的产品没有所有权，所提供的服务比商人批发商还少，其主要职能在于促成产品的交易，借此赚取佣金作为报酬。与商人批发商相似的是，他们通常专注于某些产品种类或某些顾客群。

③ 制造商的分销机构以及零售商的采购办事处。制造商的分销机构以及零售商的采购办事处，属于卖方或买方自营批发业务的内部组织。

2. 零售分销渠道

零售商：如果购买目的是为了向最终消费者出售，而不是向其他产品经营单位转售，这样的产品经营单位就是零售商。零售商是推销系统中数量最多的组织，又是产品流通过程中的最后一个中间商业环节，因此，它在整个营销渠道中有着举足轻重的作用。零售商种类极为复杂，变化也快。

① 商店零售商。一是百货商店。二是专业商店。三是超级市场。四是便利店。五是仓储商店。六是折扣商店。七是样本目录陈列商店。八是超级商店、联合商店、特级商场。

② 非商店零售商。非商店零售商主要有以下三种形式：直复市场营销、直接销售、自动售货。

③ 零售组织。零售组织主要有连锁商店、自愿连锁商店、零售店合作社、消费者合作社、特许专营机构和销售联合大企业这样五种类型。

二十、管理好营销渠道 2

导入活动

为中餐店设计分销渠道

【活动目的】引导学生了解学习本项目的目的，并使之学以致用。

【活动内容与要求】每个团队分别设计某一具体中餐店（活动以调研的中餐店）设计分销渠道模式；制作简易的 PPT 汇报，学生互评；教师点评，比较评价。

【结果与检测】能够根据企业特点，设计出比较科学合理的分销渠道模式。

【提示】注意：教师及时引导、评价。

【相关知识点】

生产者在设计分销渠道时，必须在理想的渠道和可能得到的渠道之间做出抉择。最后确定达到目标市场的最佳渠道，最佳渠道是对目标市场的覆盖能力最强，使目标市场的顾客满意程度最高、对生产者能提供较多利润的渠道。

（一）影响分销渠道选择的因素

1. 产品因素

不同产品适合采用不同的分销渠道，这是企业选择分销渠道时必须首先考虑的。产品因素通常包括以下几方面：产品价格、产品的重量和体积、产品的时尚性、产品本身的物理化学性质、产品的技术服务要求、产品的通用性、产品所处的生命周期阶段。

2. 市场因素

市场状况直接影响产品销售，因此，它是影响分销渠道策略选择的又一重要因素。市场因素主要包括：目标市场范围、市场的集中程度、每次的销售批量、消费者购买习惯、需求的季节性、市场竞争状况、市场形势的变化。

3. 企业因素

影响渠道策略选择的企业因素主要有：企业的规模和声誉、企业的营销经验及能力、企业的服务能力、企业控制渠道的愿望。

（二）确定中间商的数目

确定中间商的数目，即决策渠道的宽度，即，每个渠道层次使用多少个中间商，这一决策在很大程度上取决于产品本身的特点、市场容量的大小及市场需求面的宽窄。通常有三种可以选择的形式。

1. 密集分销策略

实施这一策略的企业尽可能多地通过批发商、零售商销售其产品，使渠道尽可能加宽。密集分销策略的主要目标是扩大市场覆盖面，使消费者和用户可以随时随地买到商品。

2. 独家分销策略

实施此策略的企业在一定区域仅通过一家中间商经销或代销，通常双方协商签订独家经销合同，独家经销公司在享有该产品经销的特权下，其经营具有排他性，制造商规定经销商不得经营竞争产品。独家经销是一种最极端的形式，是最窄的分销渠道，通常是对某些技术强的耐用消费品、名牌商品及专利产品适用独家经销对生产者的好处是有利于控制中间商，提高中间商的经营水平，加强产品形象，并可获得较高的利润率。

3. 选择性经销策略

这是介于密集分销和独家分销之间的销售形式，即生产厂家在某一销售区域精选几家最合适的中间商销售公司的产品。这种策略的特点是：比独家经销面宽、有利于开拓市场，展开竞争；比密集分销面窄，有助于厂商对中间商进行控制和管理，同时还可以有效地节省营销费用。这一策略的重点在于着眼稳固企业的市场竞争地位，维护产品在该地区的良好声誉。同时，促使中间商之间彼此了解，相互竞争，能够使被选中的中间商努力提高销售水平。

（三）分销渠道的管理

分销渠道管理主要包括检查中间商、分销渠道的激励与扶持和渠道调整。

1. 检查中间商

企业必须定期评估中间商的绩效是否达到某些标准。也就是说，企业要对中间商进行有效的管理，还需要制定一定的考核标准，检查、衡量中间商的表现。

2. 分销渠道的激励与扶持

对中间商的激励首先体现在向其提供价廉物美、适销对路的产品。只有经销畅销商品，中间商才能加速资金周转，增加企业盈利。因此，提供适销对路的优质产品就是对中间商的最好激励。

对中间商激励的另一种方式是合理分配利润。企业与中间商在一定程度上是一种利益共同体，因此必须“风险共担、利益均沾”，这就要求企业合理分配双方利润，否则中间商就没有销售积极性。

做必要让步也是对中间商的激励方法之一。要求企业了解中间商的经营目标和需要，在必要时作一些让步，以满足中间商的某些要求，鼓励中间商努力经营。

对中间商的扶持主要体现在资金、信息、广告宣传和经营管理等方面。

3. 渠道调整

一般来说，对分销渠道的调整有三个不同层次：增减分销渠道中的个别中间商、增减某一个分销渠道、调整整个分销渠道。

二十一、做好产品促销

导入案例

上网搜索金鹏大酒店相关信息，分析讨论隆重举行会员卡首期抽奖活动。

讨论

金鹏大酒店采用了哪些促销方式？结合案例分析促销方式的优缺点。

【相关知识点】

(一) 理解产品促销

产品促销（Promotion）是指企业企业通过人员和非人员的方式，沟通企业与消费者之间的信息，赢得企业顾客的注意、了解和购买兴趣，树立一个企业企业及其产品的良好形象，使其产生购买行为的活动。

它一般包括广而告之（简称广告）、人员推销、营业推广和公共关系等促销形式。企业促销实际上是信息沟通的过程。买卖双方间及时有效地沟通信息，是通过企业的促销活动来实现的，如图 3-11 所示。

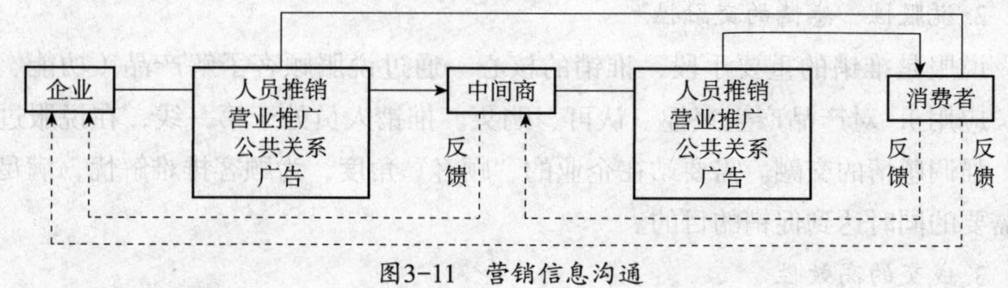

图3-11 营销信息沟通

（二）促销组合

促销组合是指企业在促销活动中，把公共关系、广告、营业推广和人员推销有机结合，综合运用，以便实现更好的整体促销效果，如图 3-12 所示。

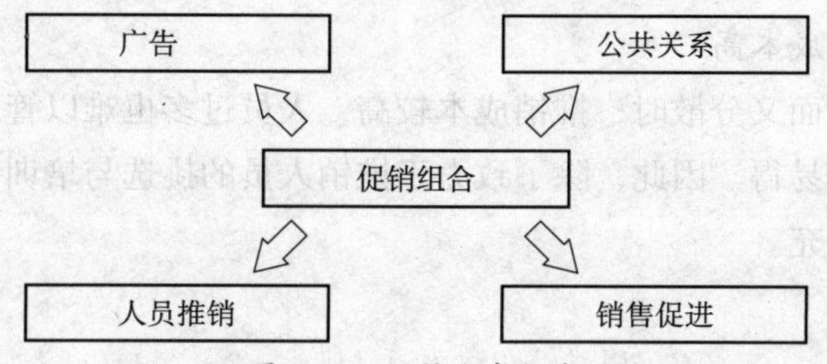

图3-12 促销方式组合

促销组合的设计，要综合考虑目标市场、企业提供的费用、商品的性质和商品的生命周期等因素，选择几种促销方式，有机结合，综合运用，以便实现更好的整体促销效果。

（三）人员推销

人员推销又称人员销售，是企业通过派出推销人员或委托推销人员亲自向顾客介绍、推广、宣传，以促进产品的销售。可以是面对面交谈，也可以通过电话、信函交流。推销人员的任务除了完成一定的销售量以外，还必须及时发现顾客的需求，并开拓新的市场，创造新的需求。人员推销过程的程序可以分为：寻找潜在客户、接触前准备、接触客户、推销洽谈、促成交易、售后服务等具体步骤。人员推销具有以下特点。

1. 推销的直接性、灵活性

人员推销是与顾客面对面的直接沟通方式，可以根据各类客户的欲望、需求、动机和行为，有针对性地采取必要的协调行动。同时也便于观察客户反应，及时调整推销计划和内容，顾客有什么意见或问题也可以及时回答和解决。

2. 说服性、感情的交融性

说服是推销的重要手段，推销的核心。通过说服顾客了解产品（功能、特点、应用），对产品产生兴趣、认可、购买。推销人员处于第一线，在说服过程中，强调感情的交融。需要站在企业的“顾客”角度，为顾客排难解忧，满足顾客需要的同时达到促销的目的。

3. 成交的高效性

人员推销针对性强，可以对未来可能的顾客先作一番研究和选择，通过电话或传真的预约并确定推销对象，推销人员总是带有一定的倾向性去访问有关顾客，目的较为明确，往往可以直达消费者，因而，可将不必要的经费和时间浪费降低到最低限度，耗费的无效劳动较少。

4. 人员推销成本高

当市场广阔而又分散时，推销成本较高，人员过多也难以管理，同时，理想的推销人员并非易得。因此，除了致力于推销人员的挑选与培训外，其他推销方式也是有效的补充。

（四）广而告之

广而告之简称广告，是企业以付费的形式，通过一定的媒介，向广大目标顾客传递信息的有效方法。现代广告不应只是一味地单向沟通，而是形如单向沟通的双向沟通，即应把企业与顾客共同的关心点结合起来考虑广告的制作和传播。

广告是通过购买某种传播媒介的时间、空间或版面来向目标消费者或公众进行宣传或促销的一种手段。

（五）营业推广

营业推广是由一系列短期诱导性、强刺激的战术促销方式所组成的，适宜于短期推销的促销方法。概括来说，营业推广有如下特点：营业推广促销效果显著、营业推广是一种辅助性促销方式、营业推广有贬低产品之意。

营业推广一般只作为人员推销和广告的补充方式，其刺激性很强、吸引力大。与人员推销和广告相比，营业推广不是连续进行的，只是一些短期性、临时性的能够使顾客迅速产生购买行为的措施。

思考

上网了解格林豪泰推出积分抽奖活动，分析：该格林豪泰采用了哪些促销方式？谈谈你对该促销方式的看法。

（六）公共关系（Public Relations）

公共关系是企业通过有计划的长期努力，影响团体与公众对企业及产品的态度，从而使企业与其他团体及公众取得良好的协调，使企业能适应它的环境。

公共关系既是公共关系组织及成员与其相关的组织与公众的一种特殊联系，也是一门“内求团结，外求发展”的管理艺术。良好的公共关系可以达到维护和提高企业的声望，获得社会信任的目的，从而间接促进产品的销售。公共关系应具备三个方面的基本职能，即公共关系工作的传播与沟通职能、联络与协调职能、咨询与引导职能。

案例分析

从网上了解雀巢公司推销基本信息，分析讨论：

讨论

雀巢公司采用了哪些公关活动？请列举除此之外的公关形式。

（七）促销基本策略

企业要得到具体的促销效果，就必须根据促销目标与任务、产品类型与性质、市场范围与规模、消费者素质与购买阶段等因素对广告、产品、营业推广、公关宣传等各种促销方式进行综合运用、有机组合。影响组合促销因素的多样性、复杂性和促销方式多重、多变的特点，导致组合促销的模式多种多样。但最重要、最普遍运用的是广告、人员推销组合，销售促进、广告组合，广告、销售促进和人员促销组合，广告、销售促进、人员促销和公关宣传组合，拉式组合、推式组合等几种。在促销实践中，由于各促销方式的排序不同、重要程度不同，因而就形成了具体的组合促销策略：推式策略、拉式策略、推拉结合策略，如图3-13所示。

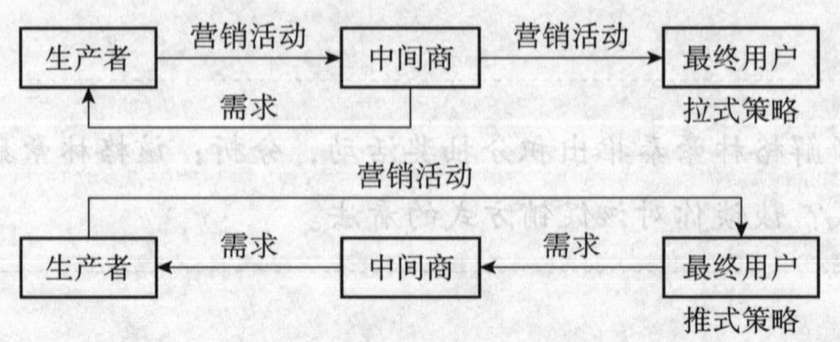

图3-13 促销策略主要形式

1. 推式策略

推式策略是指利用推销人员与中间商促销，将产品推入渠道的策略。推式策略亦称高压策略。这一策略，需利用大量的推销人员推销产品，它适用于生产者和中间商对产品前景看法一致的产品。推式策略风险小，推销周期短，资金回收快，但其前提条件是须有中间商的共识和配合。

为了有效地使用“推动”策略，企业必须具备以下三个条件：第一，拥有高品质水准的单一产品，并具有推销卖点。为了促成销售，销售人员必须能够吸引、掌握潜在顾客的注意力和兴趣。第二，拥有相对高价位的产品。因为中间商必须获得足够大的毛利，才能负担起推销活动所需的费用，而且销售人员拜访客户也是很大开销，所以采取“推动”策略的产品，必须能够负担所支出的费用。第三，对中间商及其销售人员，必须拥有足够引起其兴趣的经济鼓励。

2. 拉式策略

拉式策略是企业针对最终消费者展开广告攻势，把产品信息介绍给目标市场的消费者，使人产生强烈的购买欲望，形成急切的市场需求，然后“拉引”中间商纷纷要求经销这种产品。

在下列情况下，应采用拉引策略：产品市场上的便利品、产品差异化不大、企业拥有充分的资金、有力量支持广告促销等；企业的产品的销售对象比较广泛，或是新产品初次上市，需要扩大知名度。

拉式策略主要有以下几种方法：进行广告宣传；实行代销、试销；利用创名牌、树信誉，增强用户的信任感；召开产品的展销会、订货会。

3. 推拉结合策略

推拉结合策略又称混合策略，在通常情况下，企业也可以把上述两种策略配合起来运用，在向中间商进行大力促销的同时，通过广告刺激市场需求。

“推动”策略的重心在于推动，着重强调了企业的能动性，表明消费需求是可以通过企业的积极促销而被激发和创造的。"拉引"策略的重心在于拉引，着重强调了消费者的能动性，表明消费需求是决定生产的基本因素，企业的促销活动必须符合消费需求，符合购买指向，才能取得事半功倍的效果。

（八）影响促销组合的因素

企业在制定其促销组合战略，运用推拉策略时，需要考虑很多因素，即企业的类型、企业营销目标、产品因素、行业竞争状况、顾客购买过程、促销预算等。

操作训练

1. 案例分析

金鹏大酒店隆重举行会员卡首期抽奖活动

【问题讨论】金鹏大企业的会员卡首期抽奖活动的设计有哪些优势？你能否设计一项更完美的促销方案？

2. 团队操作

【实训内容】为某一当地企业营销进行商品促销。

【实训目标】让学生在调研的基础上，为企业设计促销方案，并实施促销。

【实训组织】成立实训小组，要求 3 ～ 6 人一组。以小组为单位，在二周内，利用周末来完成。

【实训提示】注意利用所学的策略与技巧。

【实训成果】过程与效果汇报，制作汇报 PPT。

二十二、网上开店

导入案例

查看网址 http：//b2b.toocle.com/detail--6084777.html 查看从凡客供应链看网站转化率，了解网络营销。

【相关基础知识】

对于一个计划创业者来讲，最想知道的是怎样顺利地开一家淘宝网店。网店顾名思义就是经营者在互联网上注册一个虚拟的网上商店，将自家商品的信息发布到网页上，成为商家；对商品感兴趣的买家只要轻松地点点鼠标，甚至足不出户就可以通过网上或网下的支付方式向卖家付款，卖家再通过邮寄等方式，将商品发送给买家。

（一）开店准备

俗话说得好，万事开头难，开店也是一样。不论是线下还是线上店铺，只有充分地重视前期的准备工作，与选择好的总部进行密切的配合，才能真正地为以后的开店事业铺平道路。

一般来讲，开设网上店铺至少需要做好心理上、硬件上、软件上的准备。

1. 心理上的准备

在思想上、精神上做好充分的准备。开店是比较累的，首先要做好吃苦的打算，具备一定的心理承受能力。开店前要认真地思考自己的性格是否适合创业，自己的兴趣爱好是否在此，能够做到爱岗敬业，诚信经营。

2. 硬件准备

由于店铺所需用品繁多，开张前须准备一系列响应用品，以免影响店铺运作。比如，电话、传真机（或具上网功能的电脑）、打价码机、笔记本等硬件设备，但，开设一家网店必不可少的设备是需要准备电脑、网络与数码相机如图 3-14 所示。

图3-14　网上开店需要准备的基本物资

3. 软件准备

店铺开设之前的策划、开店的基本知识与技能等。比如，电脑、网络的应用，数码相机、扫描仪的应用；图片的基本处理等知识与技能；掌握经营商品本身的相关知识；网店商品物流基础；货款支付安全等。因此，开店前的学习是很必要的。

4. 货源的准备

网店的货源有两类，一类是自身的货源、另一类是寻找的货源。对于自身货源进货不是问题，只要能保证质量与数量即可。而对于寻找货源，不仅要找到物美价廉的货源，还要货源充足、诚信好的供应商。

目前，寻找的货源渠道基本有厂家货源、批发市场着货源、阿里巴巴进货、品牌经销与代理货源几种类型，他们各有其优缺点，店长需要根据具体情况并结合供应时间、数量、方式、质量、价位等综合考量合理选择。

（二）网上开店

1. 淘宝网开店的基本流程

第一步，在淘宝网注册账户并验证。打开淘宝网（www.taobao.com），进入淘宝网的首页，单击左上角“免费注册”。如果你原来已经在淘宝网买过东西，不用重复注册。在淘宝网，一个账户可以同时是买家和卖家两个身份如图 3-15 所示。

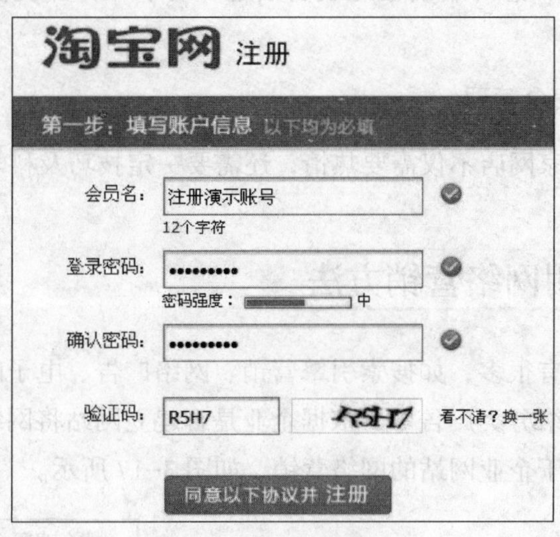

图3-15 注册账户

第二步，网店主的实名认证。成功注册了淘宝网账户后，接下来就是要进行支付宝实名认证。单击“我的淘宝”后，你可以看到“卖宝贝请先实名认证”的提示。单击它，然后根据提示操作即可。

填写你的手机号码（一个号码只能注册一个淘宝号）如图 3-16 所示。

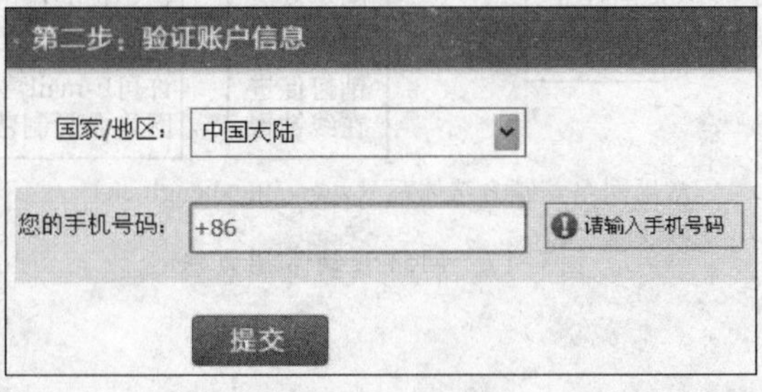

第二步：验证账户信息
国家/地区：中国大陆
您的手机号码：+86
请输入手机号码
提交

图3-16 验证图

2. 正式开店

淘宝为通过认证的用户提供免费开店的机会。只要发布 10 个以上不同的宝贝，申请“免费开店”就可以拥有一个属于自己的店铺和一个独立的网址。在这个网页上，你可以上传你的宝贝，并为你的店铺进行装修、布置。

打开“我的宝贝——免费开店”，在打开的页面中给自己的网店起个和网店商品属性、目标客户喜欢又好记的店名，在“店铺类目”选择宝贝属性类目；在“店铺介绍”中输入店铺的内容简介；最后单击“提交”，在出现的页面中就出现“恭喜！您的店铺已经成功创建”的字样，并提供店铺地址。店铺就正式开张了。

（三）网店经营与安全管理

良好地经营一家网店不仅需要热情，还需要一定技巧及科学地管理。

二十三、常用网络营销方法

网络营销方法有很多，如搜索引擎营销、网络广告、电子邮件营销、网上拍卖、网上商店、网络分类广告等，依据企业是否建立网站将网络营销方法分为无站点网络营销和基于企业网站的网络营销，如图 3-17 所示。

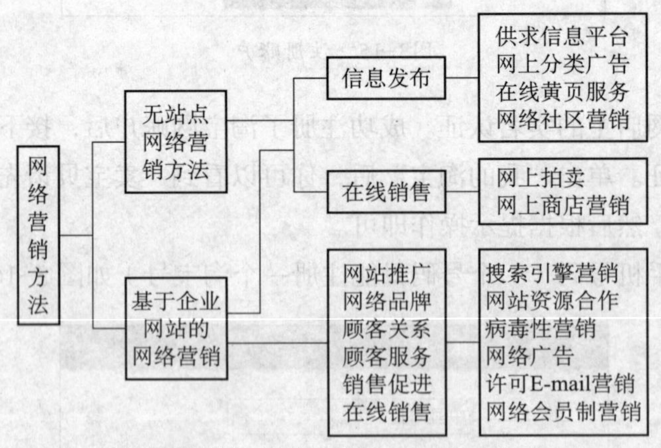

图3-17 网络营销常用方法

（一）电子邮件营销

1. 电子邮件营销

电子邮件营销（E-mail 营销，Email Direct Marketing）是企业运用一定的软件技术和营销技术，以互联网为载体，以发送电子邮件的方式实施，与用户及潜在用户沟通，实现企业经营战略的一种营销技术。

2. 电子邮件营销的特点

成本低廉、操作简单、覆盖范围广、提供个性化的服务。

（二）企业网站营销

当前，很多企业利用网站来发布新闻或者来销售自己的产品，这是我们常见到的互联网上的企业网站。怎样利用网站开展营销工作，我们就要掌握企业网站的营销功能和形式网站推广的方法等。

1. 企业网站的主要营销功能

企业网站的功能有很多，但其主要功能还是营销功能。这是由企业的特点所决定的。企业网站的营销功能归纳起来有以下几点：

① 网站最重要的功能为产品展示。

② 信息发布和树立形象。

③ 顾客关系与顾客服务功能。通过网站可以为顾客提供各种在线服务和帮助信息，比如常见问题解答（FAQ）、详尽的联系信息、在线填写寻求帮助的表单、通过聊天实时回答顾客的咨询等。

④ 网上调查的功能。通过网站上的在线调查表，可以获得用户的反馈信息，用于产品调查、消费者行为调查、品牌形象调查等，是获得第一手市场资料有效的调查工具。

⑤ 网上销售的功能。建立网站及开展网络营销活动的目的之一是为了增加销售，一个功能完善的网站本身就可以完成订单确认、网上支付等电子商务功能，即完成销售工作。

⑥ 业务管理的自动化。在一个有相对规模的企业中，信息流、物流、资金流的管理应该有一个比较规范和科学的流程。网站的功能越完善，对促进整体营销效果也越有利，否则，即使网站推广投入的人力和财力很多，仍然会觉得网络

营销的效果不理想，而网站建设对网站功能的发挥尤其重要。

2. 企业网站的基本形式

企业网站是开展电子商务的基础，从经营的实质上来说，不外乎信息发布型、产品销售型、综合电子商务型这三种基本形式。

① 信息发布型企业网站。信息发布型属于初级形态的企业网站，不需要太复杂的技术，而是将网站作为一种信息载体，主要功能定位于企业信息发布，包括公司新闻、产品信息、采购信息等用户、销售商和供应商所关心的内容，多用于品牌推广以及沟通，网站本身并不具备完善的网上订单跟踪处理功能。其实，这些内容也是所有网站所必须的基本内容，即使是一个功能完善的电子商务网站，一般也离不开这些基本信息。这种类型的网站是中小企业网站的主流形式。

② 产品销售型企业网站。在发布企业产品信息的基础上，增加网上接受订单和支付的功能，就具备了网上销售的条件。网上销售型企业网站的价值在于企业基于网站直接面向用户提供产品销售或服务，改变传统的分销渠道，减少中间流通环节，从而降低总成本，增强竞争力。通常适用于消费类产品或办公用品等，网上直销是企业开展电子商务的一种方式，但并不是每个企业都可以做到这一点，也不一定适合所有类型的企业。这里面还分为 B2B、B2C、B2G 等形式。

③ 综合电子商务型网站。网上销售是企业销售方式的电子化，但还远不是企业电子商务的全部内容，企业网站的高级形态，不仅仅将企业信息发布到互联网上，也不仅仅是用来销售公司的产品，而是集成了包括供应链管理在内的整个企业流程一体化的信息处理系统。在这方面，海尔集团网站带给我们很大的启示。

3. 企业网站推广

网站推广活动一般发生在网站正式发布之后。网站推广是网络营销的主要内容，可以说，大部分的网络营销活动都是为了网站推广的需要，例如，发布新闻、搜索引擎登记、交换链接、网络广告等。因此，在网站规划阶段就应该对将来的推广活动有明确的认识和计划，而不是等网站建成之后才考虑采取什么样的推广手段。由此也可以看出，网站规划并不仅仅是为了网站建设的需要，而是整个网络营销活动的需要。

网站推广需要借助于一定的网络工具和资源，常用的网站推广工具和资源包括搜索引擎、分类目录、电子邮件、网站链接、在线黄页和分类广告、电子书、免费软件、网络广告媒体、传统推广渠道等。所有的网站推广方法实际上都是对某种网站推广手段和工具的合理利用，因此制定和实施有效的网站推广方法的基础是对各种网站推广工具和资源的充分认识和合理应用。

（三）搜索引擎推广

搜索引擎推广是指利用搜索引擎、分类目录等具有在线检索信息功能的网络工具进行网站推广的方法，它是网站推广经常采用的一种方法。我们制作好一个网站之后，通常是到各大搜索引擎来注册网站，以期获得访问量。由于搜索引擎的基本形式可以分为网络蜘蛛型搜索引擎（简称搜索引擎）和基于人工分类目录的搜索引擎（简称分类目录），因此搜索引擎推广的形式也相应地有基于搜索引擎的方法和基于分类目录的方法，前者包括搜索引擎优化、关键词广告、竞价排名、固定排名、基于内容定位的广告等多种形式，而后者则主要是在分类目录合适的类别中进行网站登录。随着搜索引擎形式的进一步发展变化，也出现了其他一些形式的搜索引擎，不过大都以这两种形式为基础。

1. 搜索引擎推广的方法

搜索引擎推广的方法又可以分为多种不同的形式，常见的有：登录免费分类目录、登录付费分类目录、搜索引擎优化、关键词广告、关键词竞价排名、网页内容定位广告等。

最早的搜索引擎优化和排名专业服务商 iProspect（http：//www.iprospect.com）最近发布的调查结果表明：75% 以上的用户使用搜索引擎，56.6% 的用户只看搜索结果前 2 页的内容，大约 16% 的用户只看搜索结果的前几条内容，只有 23% 的用户会查看第 2 页的内容，查看前 3 页的用户数量下降到 10.3%，愿意查看 3 页以上内容的用户只有 8.7%。不过，如果搜索结果不是数十页的话，差不多会有 10% 的用户可以看完全部结果。

这些数字告诉我们，网站在搜索引擎排名靠前非常重要，最好能出现在搜索结果的第一页的前几位。这项结论其实是几年前就已经成为常识的，尽管没有具体的数字来证实。也正是因为如此，网络营销的一项重要内容就是用各种方式“讨好”搜索引擎（SEO），以便在搜索结果中获得好的排名，SEO 甚至成为早期网络营销的核心内容。

2. 搜索引擎注册的技巧

尽管大多数互联网用户对搜索引擎并不陌生，但真正能将搜索引擎推广方式发挥到最大的网站并不很多，同行的两个网站，在同一搜索引擎中输入同样的关键词，两个网站的排名结果可能差距很大，这就是专业与否的差别。

① 建立关键词列表。首先认真考虑最适合于网站的关键词，关键词要与潜在访问者最可能输入搜索引擎的词语相匹配，一般用户首先会输入通用的词汇，然后才会逐步缩小关键词的范围，例如，假定你有一个宠物网站，那么，关键词“宠物”就比“狗”的效果要强大。

可以在两类关键词中选择一种：一类是简短、有威力，排列位置可以靠前，但词汇数量少；另一类是范围较宽、数量较多的关键词，排列顺序可能稍微靠后。

② 关于关键词和网站描述的建议。在提交网站时，需要对网站进行简单描述，注意要描述的是你的网站而不是你的公司，目的是为了让访问者对网站有一个初步了解，访问者进入网站之后再告诉他们你的公司状况、销售额等。要为用户着想，用户可能寻找什么，可能使用那些关键词。

（四）网站互助推广——交换链接

通过网站交换链接、交换广告、内容合作、用户资源合作等方式，在具有类似目标网站之间实现互相推广的目的，其中最常用的资源合作方式为网站链接策略，利用合作伙伴之间网站访问量资源合作互为推广。

加入交换广告网可以获得网站免费推广的机会，自己的网站显示其他会员的广告，自己网站的广告也可以显示在其他会员的网站上，由于可以进行网站免费推广，因此一度受到一些没有营销预算的小型网站的广泛欢迎。而网盟作为最早的中文广告交换网，具有很高的知名度和大量会员。

（五）网络社区营销

网络社区是网上特有的一种虚拟社会，社区主要通过把具有共同兴趣的访问者集中到一个虚拟空间，达到成员相互沟通的目的，网络社区是用户常用的服务之一，由于有众多用户的参与，因而已不仅仅具备交流的功能，实际上也成为一种营销场所。

1. 网络社区的主要形式和功能

- 电子公告板（BBS）：是虚拟网络社区的主要形式，大量的信息交流都是通过 BBS 完成的，会员通过张贴信息或者回复信息达到互相沟通的目的。有些简易的社区甚至只有一个 BBS 系统。网上公告板是一个基于 Web 页的系统，它允许用户向你的站点发一些信息或留言，对顾客而言，这是交流关于你网站的新闻以及你的产品的有效途径，也是吸引顾客的好措施。假如你在公告板上回答顾客或潜在顾客的提问以及公布更多的信息，这将能促使大家更加信任你的网站甚至或愿意购买你的商品。

- 聊天室（Chat Room）：在线会员可以实时交流，对某些话题有共同兴趣的网友通常可以利用聊天室进行深入交流。
- 讨论组（Discussion Group）：如果一组成员需要对某些话题进行交流，通过基于电子邮件的讨论组会觉得非常方便，而且有利于形成大社区中的专业小组。

论坛和聊天室是网络社区中最主要的两种表现形式，可以让顾客经常在你的站点上进行交流和参观在网络营销中有着独到的应用。网络社区可以增进和访问者或客户之间的关系，也可能直接促进网上销售。

2. 网络社区在营销中的主要作用

网络社区营销，是网络营销区别于传统营销的重要表现。网络社区营销主要有两种形式：利用其他网站的社区和利用自己网站的社区。

论坛（或 BBS）是一个非常有用的场所，你可以了解别人的观点，同时可以帮助他人或者向他人求助，论坛一般都有特定的讨论主题，经常参加论坛的人可能有电子杂志的编辑、企业家、管理人员，以及对某些话题感兴趣的任何人。如果你对某个问题有疑惑，不妨到相关的论坛去看看，说不定有人可以给你提供答案。另外，有些论坛设有专门的广告免费发布区，可以充分利用这些机会宣传自己的产品，也可以参与一些和自己的产品有关的问题的讨论，通过和别人讨论或解答问题，达到间接推广产品的目的。但是，应该尽量避免在非商业性社区内大做广告，否则会招致别人的厌烦甚至被驱逐出去。

除了利用其他网站的社区开展营销之外，如果有自己的网站，也可以建立自己的网上社区，为网络营销提供直接渠道和手段。通过网站社区，可以与访问者直接沟通，容易得到访问者的信任，了解客户对产品或服务的意见，了解同行的观点，收集有用的信息，并有可能给自己带来启发；为参加讨论或聊天，人们愿意重复访问你的网站；作为一种顾客服务的工具在线回答顾客的问题；可以与那些没有建立自己社区的网站合作，允许使用自己的论坛和聊天室；可以在相关的分类目录或搜索引擎登记，有利于更多人发现你的网站；便于进行在线调查。

（六）口碑营销

口碑营销是企业运用各种有效的手段，引发企业的顾客对其产品、服务以及企业整体形象的谈论和交流，并激励顾客向其周边人群进行介绍和推荐的市场营销方式和过程。

案例

海尔的故事

福州的一位用户给青岛总部打电话，希望海尔能在半月内派人来修好他家的冰箱。不料第二天维修人员就赶到他家，用户不敢相信，一问方知维修人员是连夜乘飞机赶到的。用户感动了，在维修单上写下了这样的话："我要告诉所有的人，我买的是海尔冰箱。"

乘飞机修冰箱，从单纯的效益角度来看，来回的差旅费与冰箱售价相差无几，有点得不偿失；但从企业形象角度来看，它能为海尔赢得良好的口碑，可为企业引来潜在顾客。

（七）博客与微博营销

1. 博客营销

博客营销，即通过原创的、专业化的内容吸引读者，培养一批忠实的读者，在读者群中建立信任度、权威度，形成品牌，进而影响读者的思维和购买决定。

企业博客营销的常见方式是企业付费聘请其他博客写手撰写博客帖子，评论企业产品，制造影响力，培育品牌。

博客营销的本质在于通过原创专业化内容进行知识分享争夺话语权，有了话语权，营销问题迎刃而解。而话语权靠博客作者长期的努力，是靠不断分享自己的知识、经验、体会，而不是直白地推销产品，或发布公关新闻稿。

① 博客营销的特点。博客营销具有以下主要特点：博客目标更为精确、博客营销与传统营销方式相比营销成本较低、博客广告具有交互性、博客是一个信息发布和传递的工具、博客与企业网站相比，博客文章的内容题材和发布方式更为灵活、与门户网站发布广告和新闻相比，博客传播具有更大的自主性、与供求信息平台的信息发布方式相比，博客的信息量更大、与论坛营销的信息发布方式相比，博客文章显得更正式，可信度更高。

相对于其他网络营销方式，博客营销细分程度高，定向准确，互动传播性强，信任程度高，口碑效应好，影响力大，引导网络舆论潮流，与搜索引擎营销无缝对接，整合效果好，博客内容增加搜索引擎可见性，从而为网站带来访问量，有利于长远利益和培育忠实用户。

② 企业博客。企业博客（Corporate Blog）就是以企业名义开设的对外宣传的博客，作为其公关的窗口。

企业博客是利用博客促进企业目标的一种传播手段。这种手段在小型组织以及个人领域已得到广泛运用，越来越受到企业的关注。借助传统博客的运作模式，充分整合新闻站点、网络评论、电子杂志、病毒性营销、客户沟通渠道等，形成一个低成本、易用、持续更新的站点，这就是高效的企业博客。

2. 微博营销

① 微博。微博，即微博客（Micro Blog）的简称，是一个基于用户关系的信息分享、传播以及获取平台，用户可以通过 WEB、WAP 以及各种客户端构建个人社区，以 140 字左右的文字更新信息，并实现即时分享。

② 微博营销。微博营销以微博作为营销平台，每一个听众（粉丝）都是潜在营销对象，企业利用更新的微博内容向网友传播企业、产品的信息，树立良好的企业形象和产品形象，还可以基于大家感兴趣的某些话题进行交流，以达到营销的目的。

微博营销与博客营销的区别：博客营销可以依靠个人的力量，而微博营销则要依赖于社会网络资源。

（八）其他网络推广方式

1. 信息发布

信息发布既是网络营销的基本职能，通过互联网，不仅可以浏览到大量商业信息，同时还可以自己发布信息。可供信息发布的渠道有供求信息平台、分类广告、黄页服务、网络社区等。

2. 在线销售

无论是否拥有企业网站，都可以利用网上商店与网上拍卖等方式开展网上销售工作，让互联网成为企业新型的销售渠道。网上商店与网上拍卖都是实现在线销售的比较简单的手段，这种网络营销方法需要建立在专业服务商提供的电子商务平台之上。

操作训练

1. 浏览淘宝平台上的网店

对阿里巴巴淘宝平台某一经营不善的网店进行原因分析。

2. 搜索引擎关键词优化

浏览网页，了解搜索引擎的工作原理，关键词的作用；根据目标网站的情况，能够准确地找到核心关键词，能够扩展关键词；掌握购买google关键词广告的操作步骤和方法。

下 篇

引言：我想学点财税知识，妈妈答应教我，说就从会计的基础知识讲起吧。

第四部分 会计基础知识

一、什么是会计

今天算是第一课，我先简单地说说关于会计的话题。其实理解会计并不难，无论是工业会计还是商业会计，其原理都是一样的。只要把会计的流程搞明白，再把制度弄通了，会计就出徒了。结合我的实际工作经验，把会计知识尽量口语化，这样你就好接受了。

现在切入正题，先说一下什么是会计吧。会计呢，以前都叫账房先生，现在词典的定义有两种解释：

（1）监督和管理会计的工作，主要内容有填制各种记账凭证，处理账务，编制各种有关报表等。

（2）担任会计工作的人员。

而会计学科给出的专业定义是："会计是以货币为主要计量单位，运用一系列专门方法，核算和监督一个单位经济活动的一种经济管理工作。"

通俗点说就是以货币的形式，记录企业的经济业务。

记录，就要有方式方法。"专门的方法"是指设置账户、复式记账、审核填制会计凭证、登记账簿、成本计算、财产清查和编制会计报表七种会计专门方法。后面会一一讲到。这些方法运用得怎么样，就能衡量出会计的水平了。

"以货币为主要计量单位"，是会计的主要特点。计量单位可以是计量实物的，如"件"、"只"、"辆"、"吨"……，也可以是计量工作量的，如"年"、"月"、"日""小时"等，还可以是计量货币的，如"元"、"角"、"分"。会计的工作是加减合计的工作，只有将上面所有的计量单位统一以货币来计量，才可以进行加减核算。

"核算和监督"是会计的基本职能。会计还是一种管理活动，这是会计的本质。也有人认为，会计是一个信息系统，其实，这两种观点并不矛盾。

"其实我们通常所说的会计是财务会计，属于事后会计。"

"还有事前会计吗？"

“管理会计，就是事前会计。现在中小企业的老板很多还没意识到管理会计的作用，应该说两者都很重要。如果你学好了财务会计，再掌握了管理会计，那就如虎添翼了，到那个时候，就不是小会计了，那可是会计中的大腕了。”

做会计的一定要心细，要懂得公司的业务流程，了解业务的来龙去脉，算出的账才能清晰。

从长远打算，会计这个职业是越老越吃香，随着工作年限的增加、实际经验的积累，工作能力会越来越强，而且会计很有挑战性。单就职称，你看社会上有哪一个职称考试比会计热？从会计从业资格证到会计初级职称（助理会计师、会计员）、中级职称（会计师）考试，现在连高级（高级会计师）都要考试了。还有注册会计师。考试热逼着你学起来就放不下，多有劲头啊！

“妈妈您不知道，考试多让人头疼啊，每年考试时我的心理压力都很大，不考吧，看到周围的人都在考，没证到哪儿腰板儿都不直。”“好好学吧，但我强调一点啊，要想考试，还得学好会计专业理论知识。这里教的，只能是一些会计的入门知识。但是话又说回来，在理解的基础上再看书，能帮助记忆，所以给你讲的这些东西，也是为了以后你考职称，打下基础。”

我开始觉得会计挺有意思的了。第一课就这么结束了。我知道只有对事物真正感兴趣了，才能学好它。我开始盼着妈妈的第二课……

二、会计的职能与目的

知道了什么是会计，再看看会计都能干些什么。

会计都干些什么呢？《中华人民共和国会计法》（以下简称《会计法》）规定会计有会计核算和会计监督两个基本职能，其中会计核算是基础，也就是我们常说的记账、算账、报账。会计每个月的工作比较固定，就是编制凭证、汇总凭证、记账、报表、纳税，这就是一个会计循环。

会计监督是保证，会计监督职能又称会计控制职能，是指对特定主体经济活动和相关会计核算的真实性、合法性和合理性进行监督检查。会计监督贯穿会计核算整个过程，分为事前监督、事中监督和事后监督。

凡是特定主体能够以货币表现的经济活动，都是会计的对象。以货币表现的经济活动通常又称为资金运动。因此，会计核算和监督的内容即会计对象就是资金运动。

会计的最终目标就是向会计信息使用者提供有用的会计信息，即向政府宏观管理部门、投资者、债权人、社会公众等外部利益集团和企业自身经营管理当局提供经济信息。会计信息要满足政府宏观调控的需要；满足投资者、债权人、社会公众等外部利益集团相关决策的需要；满足企业自身经营管理当局进行经济管理决策的需要。

会计具体都核算什么？

根据我国《会计法》第十条的规定，单位发生的下列经济业务应当办理会计手续，进行会计核算。

（1）款项和有价证券的收付；

（2）财物的收发、增减和使用；

（3）债权债务的发生和结算；

（4）资本、基金的增减；

（5）收入、支出、费用、成本的计算；

（6）财务成果的计算和处理；

（7）需要办理会计手续、进行会计核算的其他事项。

以上内容可分为六个方面，也就是会计的六大要素。这六大要素包括——资产、负债、所有者权益、收入、费用、利润。这些内容下次再讲。

三、会计要素

上面讲到要把会计核算和监督的内容按照一定标准分为资产、负债、所有者权益、收入、费用、利润六大要素。这种根据经济业务的经济特征所确定的财务会计对象的基本分类就是会计要素，是会计对象的具体化，是对资金运动所做的第二层次划分。

通俗地讲，资产就是你家现在拥有的财产，负债就是欠别人的钱，所有者权益就是从家产里扣除欠人家的钱后剩下的那部分，这才是真正属于自己的家产。收入就好比我们全家的收入，费用就是花销，剩下的就是利润。

下面分别来详细讲解。

（一）资产

在《企业会计准则》里是这样说的：资产，是指过去的交易或事项形成，并由企业拥有或者控制的资源，该资源预期能给企业带来经济利益。

“什么叫交易或事项？”我认真地问。

“就是企业的经济业务。”老妈答得很干脆。“还是专业点说吧，把概念讲清楚了心里敞亮。”

交易：是指发生在两个不同企业之间的价值转移，比如一家公司购买另一家公司的产品。

事项：主要指发生在企业内部各部门之间的资源的转移，比如管理部门领用办公用品、车间领用原材料等。外部的叫交易，内部的叫事项，统称经济业务，也叫经济事项。会计就是记录经济业务的。

那怎么确认资产呢？

（1）必须是以前或现实的资源，而不是预期的。计划购买的或者合同约定交易都不能算资产。比如：我们签了一个购货合同，下个月才能交钱进货，这个货物就不是资产，不是眼前现实的，是以后要发生的。

（2）能直接或间接地给企业带来经济利益。例如：用机器设备加工产品，卖出去就能够获得收入，这里的设备就是固定资产，就属于资产类。还有，货物卖出去了，虽然钱没收回来，但是已经算有收入了，那么应收账款就是资产。

（3）必须是企业拥有或能控制的。比如：融资租赁，一般都是租赁设备的多，虽然企业并不拥有所有权，但是我们定期给对方付款，租赁期间，这台设备给我们创造了利润，这个设备就是我们的资产。

资产是一个大类，按流动性进行分类，可以分为流动资产和非流动资产。

1. 流动资产

流动资产是指预计在一个正常营业周期中变现、出售或耗用，或者主要为交易目的而持有，或者预计在资产负债表日起一年内（含一年）变现的资产。主要有：

（1）库存现金。即企业存放在财会部门的库存现金。

（2）银行存款。即企业存放在银行或其他金融机构的各种存款。

（3）交易性金融资产。即企业为了近期内出售而持有的、以赚取差价为目的所购买的有活跃市场报价的股票、债券、基金投资等。

（4）应收及预付款：包括应收票据、应收账款、预付账款、应收股利、应收利息、其他应收款等。

- 应收账款：因销售商品、提供劳务未收的款项。
- 应收票据：因销售商品、提供劳务收到对方开出的商业汇票，包括银行承兑汇票和商业承兑汇票。
- 预付账款：按照合同约定预先支付给供应商的款项。
- 其他应收款：除应收账款、应收票据、预付账款之外的各种款项。例如，预支的差旅费，为职工垫付的款项，应向保险公司收取的赔款等。

（5）存货。即企业在生产经营过程中为销售或者耗用而储存的各种资产，包括库存商品、半成品、在产品以及各类原材料、周转材料等。

一个正常营业周期是指企业从购买用于加工的资产起至实现现金或现金等价物的期间。正常营业周期通常短于一年，在一年内有几个营业周期。但是，也存在正常营业周期长于一年的情况，在这种情况下，与生产循环相关的产成品、应收账款、原材料尽管是超过一年才变现、出售或耗用，仍应作为流动资产。当正常营业周期不能确定时，应当以一年（12 个月）作为正常营业周期。

2. 非流动资产

非流动资产是指流动资产以外的资产，主要有：

（1）持有至到期投资。即到期日固定、回收金额固定或可确定，且企业有明确意图和能力持有至到期的非衍生金融资产。

（2）可供出售金融资产。即初始确认时即被指定为可供出售的非衍生金融资产，以及除以公允价值计量且其变动计入当期损益的金融资产、持有至到期投资、贷款和应收款项以外的金融资产。

（3）投资性房地产。即为赚取租金或资本增值，或两者兼有而持有的房地产。

（4）固定资产。即为生产商品、提供劳务、出租或经营管理而持有的，使用寿命超过一个会计期间的有形资产，包括房屋及建筑物、机器设备、运输设备、工具器具等。

（5）无形资产。即企业拥有或者控制的，没有实物形态的可辨认非货币性资产，包括专利权、非专利技术、商标权、著作权、土地使用权等。

（二）负债

负债，是指过去发生的交易或事项形成的现实义务，履行该义务预期会导致经济利益流出企业。

（1）负债是由企业过去的交易或者事项形成的。

负债是企业过去的交易或者事项所形成的结果。过去的交易或者事项包括购买商品、使用劳务、接受贷款等。预期在未来发生的交易或者事项不形成负债。如：企业将在未来发生的承诺、签订的合同等交易或者事项，不形成负债。

（2）负债是企业承担的现时义务。

现时义务是指企业在现行条件下已承担的义务。未来发生的交易或者事项形成的义务不属于现时义务，不应当确认为负债。

（3）负债预期会导致经济利益流出企业。

负债是企业所承担的现实义务，履行义务时必然会引起企业经济利益的流出。否则，就不能作为企业的负债来处理。就把它理解为欠人家的钱，早晚得还，还不起就破产。

按偿还期限的长短，一般将负债分为流动负债和非流动负债。

1. 流动负债

流动负债是指预计在一个正常营业周期中偿还，或者主要为交易目的而持有，或者自资产负债表日起 1 年内（含 1 年）到期应予以清偿，或者企业无权自主地将清偿推迟至资产负债表日以后一年以上的负债，包括短期借款、应付票据、应付账款、预收账款、应付职工薪酬、应交税费、应付利息、应付股利、其他应付款等。

短期借款：企业向银行或其他金融机构等借入的期限在 1 年以下（含 1 年）的各种借款。

应付票据：企业购买材料、商品和接受劳务供应等开出、承兑的商业汇票，包括银行承兑汇票和商业承兑汇票。

应付账款：企业因购买材料、商品和接受劳务等经营活动应支付的款项。

预收账款：企业按照合同规定预收的款项。

应付职工薪酬：企业根据有关规定应付给职工的各种薪酬，包括“工资”、“职工福利”、“社会保险费”、“住房公积金”、“工会经费”、“职工教育经费”、“非货币性福利”、“辞退福利”、“股份支付”等。

应交税费：企业按照税法等规定计算应交纳的各种税费。

应付利息：企业按照合同约定应支付的利息。

应付股利：企业应分配的现金股利或利润。

其他应付款：企业除应付票据、应付账款、预收账款、应付职工薪酬、应付利息、应付股利、应交税费、长期应付款等以外的其他各项应付、暂收的款项。

2. 非流动负债

非流动负债是指流动负债以外的负债，即偿还期在 1 年或超过 1 年的一个营业周期以上的债务，包括长期借款、应付债券、长期应付款等。

长期借款：企业向银行或其他金融机构借入的期限在 1 年以上（不含 1 年）的各项借款。

应付债券：企业为筹集（长期）资金而发行债券的本金和利息。

长期应付款：企业除长期借款和应付债券以外的其他各种长期应付款项。

（三）所有者权益

所有者权益也称为净资产，是指企业资产扣除负债后由所有者享有的剩余权益。股份公司的所有者权益又称为股东权益。

（1）除非发生减资、清算或分派现金股利，企业不需要偿还所有者权益；

（2）企业清算时，只有在清偿所有的负债后，所有者权益才返还给所有者；

（3）所有者凭借所有者权益能够参与企业利润的分配。

所有者权益就是所有者享有的经济利益，资产减去负债，就是所有者权益。所有者权益按永久性递减程度，可以分为以下四个项目。

（1）实收资本（股本）：指投资者实际投入企业的各项财产物资，构成注册资本或股本的部分。非股份制企业称为“实收资本”，股份制企业称为“股本”；包括国家投入资本、法人投入资本和个人投入资本、外商投入资本。

（2）资本公积：企业取得的，但不是由于生产经营活动本身带来的，而为投资者共同拥有的各种资本增值，包括资本溢价、股本溢价等。

（3）盈余公积：按国家有关规定从税后利润中提取的公积金，包括法定盈余公积金和任意公积金等。

（4）未分配利润：即企业留待以后年度分配的利润或待分配利润。

通过对资产、负债和所有者权益三个静态会计要素的核算和分析，可以说明企业的财务状况。用一个平衡公式表示就是：

资产 = 负债 + 所有者权益

从这个公式里我们可以看出，企业拥有的这些资产，一部分是债权人的权益，另一部分是所有者的权益。资产是财产的存在形式，负债和所有者权益是资金的来源。

资产负债表就是按照“资产 = 负债 + 所有者权益”这个会计恒等式编制的，如表 4-1 所示。

表 4-1 资产负债表 企 01 表

编制单位： 年 月 日 单位：元

资　产	行次	期末余额	年初余额	负债和所有者权益	行次	期末余额	年初余额
流动资产：				流动负债：			
货币资金				短期借款			
交易性金融资产				交易性金融负债			
应收票据				应付票据			
应收账款				应付账款			
预付款项				预收款项			
应收股利				应付职工薪酬			
应收利息				应交税费			
其他应收款				应付利息			
存货				应付股利			
一年内到期的非流动资产				其他应付款			
其他流动资产				一年内到期的非流动负债			
流动资产合计				其他流动负债			
非流动资产：				流动负债合计			
可供出售金融资产				非流动负债：			
持有至到期投资				长期借款			
长期应收款				应付债券			
长期股权投资				长期应付款			
投资性房地产				专项应付款			
固定资产				递延所得税负债			

续表

资　产	行次	期末余额	年初余额	负债和所有者权益	行次	期末余额	年初余额
在建工程				预计负债			
工程物资				其他非流动负债			
固定资产清理				非流动负债合计			
生产性生物资产				负债合计			
油气资产				所有者权益			
无形资产				实收资本（或股本）			
开发支出				资本公积			
商誉				减：库存股			
长期待摊费用				盈余公积			
递延所得税资产				未分配利润			
其他非流动资产				所有者权益合计			
非流动资产合计							
资产总计				负债和所有者权益总计			

（四）收入

收入是指企业在销售商品、提供劳务及让渡资产使用权等日常活动中形成的经济利益的总流入。其中销售商品的收入主要指取得货币资产方式的商品销售，以及正常情况下的以商品抵偿债务的交易等；提供劳务的收入主要有提供各种劳务服务所获得的收入；让渡资产使用权所获取的收入则包括因他人使用本企业的无形资产而形成的使用费用收入，以及他人使用本企业的固定资产取得的租金收入，因债权投资取得的利息收入及进行股权投资取得的股利收入等。

第一，收入主要是由销售商品、提供劳务或让渡资产使用权所产生，具体表现为资产的增加或负债的减少，即所有者权益的增加。资产增加与负债减少，不一定表示收入增加。例如，投资者投入资本，存款归还贷款。

第二，与销售商品、提供劳务或让渡资产使用权等日常经营活动无关的收入，不属于本要素的内容。如为第三方或者客户代收的款项，处置固定资产净收益、固定资产盘盈、出售无形资产净收益、罚款收入等。

收入分为基本业务收入和其他业务收入。

- 基本业务收入：又称为主营业务收入，是指销售商品而获得的收入。
- 其他业务收入：又称为非主营业务收入，是指主营业务收入以外的其他各项业务收入，如材料销售、包装物出租、提供劳务等收入。

（五）费用

费用是指企业为销售商品、提供劳务等日常活动所发生的经济利益的总流出，可分为营业成本和期间费用。

营业成本是指销售商品或提供劳务的成本，包括主营业务成本和其他业务成本。

期间费用包括管理费用、销售费用和财务费用。这三个费用从字面上就能区分出来，管理费用就是行政管理部门为组织和管理生产经营活动而发生的各项费用；销售费用是在销售商品、提供劳务等日常活动中发生的除营业成本以外的各项费用，还有专设的销售机构的各项费用；财务费用是筹集生产经营所需资金而发生的费用和利息支出。

费用表现为企业资产的减少或负债的增加，或者两者兼而有之，最终导致企业所有者权益的减少。

费用不包括处置固定资产净损失、自然灾害损失、罚款支出、捐赠支出等。

（六）利润

利润，是指企业在一定会计期间的经营成果。其计算公式为：

营业利润＝营业收入－营业成本－营业税金及附加－期间费用（财务费用＋管理费用＋销售费用）－资产减值损失＋投资收益等

式中，营业收入＝主营业务收入＋其他业务收入

营业成本＝主营业务成本＋其他业务成本

利润总额＝营业利润＋营业外收入－营业外支出

净利润＝利润总额－所得税费用

所得税费用＝应纳税所得额 × 税率

这三者之间的关系，用下面这个公式表示：

利润 = 收入 − 费用

利润表就是按照这个会计等式编制的，如表 4–2 所示。

表 4–2 利润表 会企 02 表

编制单位： 年 月 单位：元

项 目	行次	本月金额	全年累计
一、营业收入			
减：营业成本			
营业税金及附加			
销售费用			
管理费用			
财务费用（收益以“—”号填列）			
资产减值损失			
加：公允价值变动收益（净损失以“—”号填列）			
投资净收益（净损失以“—”号填列）			
二、营业利润（亏损以“—”号填列）			
加：营业外收入			
减：营业外支出			
其中非流动资产处置净损失（净收益以“—”号填列）			
三、利润总额（亏损总额以“—”号填列）			
减：所得税费用			
四、净利润（净亏损以“—”号填列）			

“从这张利润表上我们能看出利润是怎么来的，它就是一步步推算出来的，里边包含了所有的相关项目。”

我一下趴在了餐桌上。“听晕了吧？”老妈准确地诠释了我的举动。我一抬头，发现她在笑我呢。“不要有为难情绪。等接触实际工作就好了。我讲一个故事，2 分钟就能让你清楚地了解会计要素。”

“会计小刚要结婚了，他从多年的积蓄里拿出 40 万元，又在开公司的叔叔那里借来 60 万元（负债），买了一栋价值 100 万元的楼房（资产）。

“等他搬进新居后，未婚妻又送来 20 万元（所有者权益）用于装修和购置家具，因为这个家是他们的共同财产。这天他掰着手指头算：我的资产就是 100 万元的房子和 20 万元的装修及家具，共 120 万元，负债是 60 万元，所有者权益就出来了，120 – 60 = 60 万元。真正属于我的只有这 60 万元哪。

“结婚一个月后，小刚和妻子坐在一起总结家庭开支情况。俩人的工资总额是 11 000 元（收入），一个月花掉水电费 200 元，电视、电话费 300 元，油米酱醋茶 3 000 元，其他杂费 1 000 元，支出总计 4 500 元（费用）。本月剩余达 6 500 元（利润）。算得俩人挺高兴，小刚直夸妻子会过日子。”

四、会计凭证

和妈妈吃完了午饭，家庭会计班准时开课。没有多余的话，老妈开讲：会计要对经济业务进行核算，怎样才能知道经济业务的发生、完成情况呢？会计是通过会计凭证来记录的。

会计凭证简称凭证，是记录经济业务发生或者完成情况的书面证明，是登记账簿的依据。

会计凭证是表明经济业务已经发生和完成的证据（过去的交易或事项），是登记账簿的依据。填制和审核会计凭证是会计核算的一种专门方法。合法地取得、正确地填制和审核会计凭证，是会计核算的基本方法之一，是会计核算工作的起点和基本环节，也是对经济业务进行日常监督的重要环节。进行会计核算，必须要有会计凭证，对于发生的一切经济业务和账务处理，都必须取得书面证明；一切会计凭证只有经审核无误后，才能据此登记账簿。

会计凭证通常按填制程序和用途的不同分为原始凭证和记账凭证两大类。

（一）原始凭证

原始凭证又称单据，是指在经济业务发生或完成时取得或填制的，用以记录或证明经济业务的发生或完成情况的原始凭据。

原始凭证是企业经济业务发生或完成情况的第一手凭证。比如我们去交电话费时，对方给开的发票；我们发工资的制作的工资表；还有货物卖出去了，得开出库单；还有饭店的餐饮发票、出差的费用、购设备的发票等：这些都叫原始凭证，是重要的会计资料，企业的经营状况都是靠这些原始凭证反映出来的。支票如图 4–1 所示。借款单如图 4–2 所示。固定资产验收单如图 4–3 所示。产品出库单如图 4-4 所示。收料报告单如图 4-5 所示。发票记账联如图 4-6 所示。领料单如图 4-7 所示。发票发票联如图 4-8 所示。火车票如图 4-9 所示。飞机票如图 4-10 所示。

中国银行支票存根（粤）

附加信息

深圳光华印刷有限公司 · 2005 年印刷

出票日期2007年3月28日

收款人：银行票据打印软件公司
金　额：￥1,290.00
用　途：付货款

单位主管　　会计

中国银行 支票　（粤）　票样

出票日期（大写）贰零零柒 年 零叁 月 贰拾捌日　付款行名称
收款人：银行票据打印软件公司　出票人账号

本支票付款期限十天

人民币（大写）	壹仟贰佰玖拾元正	亿	千	百	十	万	千	百	十	元	角	分
						￥	1	2	9	0	0	0

用途付货款
上列款项请从
我账户内支付
出票人签章　　复核　　记账

图4-1　支票

借款单

资金性质　　2004 年 12 月 2 日

借款单位：采购部门		
借款理由：出差借款		
借款数额：人民币（大写）叁仟元整　￥3 000.00		
本单位负责人意见：	借款人：李勇	
会计主管核批：王林	付款方式：现金	出纳：秦红

图4-2　借款单

浙江工贸集团固定资产验收单（记账联）

2012 年 12 月 2 日

名称	规格型号	单位	数量	价格	预计使用年限	使用部门
电视	L-50	台	1	300 000.00	10	机械车间
备注						

负责人：　设备管理：　审核：　制单：

图4-3　固定资产验收单

浙江工贸集团有限公司

产 品 出 库 单 No0000101

购货单位：深圳万科汽车有限公司 2012 年 12 月 2 日

销货通知单号码	产品名称	规格	单位	数量	成本		销售价格（不含税）	
					单价	金额	单价	金额
	电子点火器	XC–2	只	879			360.00	316 440.00
	起动机	DW–12	只	1 025			818.00	838 450.00
合 计								1 154 890.00

制单： 仓库： 经办：

图4-4 产品出库单

浙江工贸集团有限公司

收 料 报 告 单 No0001151

供应者：温州市新桥金属材料有限公司 2012 年 12 月 5 日

编号	材料名称及规格	单位	发票数量	实收数量	单价	发票金额	运杂费	合计金额
	铜带 0.25–0.4	千克	5 120	5 120	58.974 359	301 948.72		301 948.72
	磷铜带 0.2*150	千克	1 570	1 570	62.393 162	97 957.26		97 957.26
	铍清铜带 0.2*400	千克	1 130	1 130	61.111 111	69 055.56		69 055.56
附发票 1 张，费用单据 张。 号码 01419952					检验人： 收料人： 登入材料明细分类账 年 月 日			

主管 复核 记账 制单

图4-5 收料报告单

3300123246　　浙江增值税专用发票
记　账　联　　No 04730254

此联不作报销、扣税凭证使用　　开票日期：2012 年 12 月 05 日

购货单位	名　　称：光明机械厂 纳税人识别号：442012362632182 地 址 、电 话：太原市深洲路 15 号 0455-86200230 开户行及账号：中国农业银行 41020100000400753				密码区	＜*39＜-09//18099+5*868 930/6+5＜*8＞+923307＜46 030280099397922＞＜/99* /＞575＜7206+786+85＞＞5＞	加密版本 01 3300083140 04730251	
货物或应税劳务名称	规格型号	单位	数量	单　价	金　额	税率	税　额	
制动器	DW–11	台	30	8 000.00	240 000.00	17%	40 800.00	
					￥240 000.00		￥40 800.00	
价税合计（大写）	贰拾捌万零捌佰圆整		（小写）￥280 800.00					
销货单位	名　　称：浙江工贸集团有限公司 纳税人识别号：33038214554587X 地址、电话：乐清市虹桥镇西工业区 B–2 号 62327666 开户行及账号：农行乐清市支行营业部 270100230056997				备注			

收款人：　　复核：　　开票人：　　销货单位：（章）

国税函［2012］562 号杭州华森实业公司

第三联：记账联　销货方记账凭证

图4–6　发票记账联

浙江工贸集团有限公司

领　料　单　　No 0001008

2012 年 12 月 2 日

用料部门 机械车间　　生产通知单号 20090101

用　　途 生产

材料规格及名称	单位	请发数量	实发数量
焦碳	吨	17	17

发料人：　　领料人：　　仓库记账：　　月　　日

③ 财务记账

图4–7　领料单

3300123540

浙江增值税专用发票

发 票 联

No 08323455

开票日期：2012 年 12 月 17 日

购货单位	名　　称：浙江工贸集团有限公司 纳税人识别号：33038214554587X 地 址 、电 话：乐清市虹桥镇西工业区 B–2 号 62327666 开户行及账号：农行乐清市支行营业部 270100230056997	密码区	66+0478613712 ＞7+79–92 3+53+ ＞7– +/36+70980790 0026–19/9–8＞69 ＞＜++＜＞5 +163 ＞255562222437 ＞＞66	加密版本：01 3300083140 08323455

货物或应税劳务名称	规格型号	单位	数量	单 价	金 额	税率	税 额
接插件	UINI	只	15 000	3.24	48 600.00	17%	8 262.00
					￥48 600.00		￥8 262.00
价税合计（大写）	伍万陆仟捌佰陆拾贰圆整				（小写）￥56 862.00		

销货单位	名　　称：乐清市达利电子有限公司 纳税人识别号：330382145578410 地址、电话：乐清市经济开发区新区 62474121 开户行及账号：农行乐清市支行营业部 2701010400025411	备注	乐清市达利电子有限公司 330382145578410 发票专用章

收款人：　　复核：　　开票人：　　销货单位：（章）

国税函［2012］562 号杭州华森实业公司

第一联：发票联　购货方记账凭证

图4–8　发票发票联

48B004422　　上海售

2012 年 12 月 18 日 13:30 开　　15 车 14A 号

二等座

D5571 次

上 海 → 温州南

ShangHai　　WenZhouNan

￥177.00 元

限乘当日次车

华杰

3303021976****1526　　检票口 05

9804-3200-5311-09GO-0553-3

图4–9　火车票

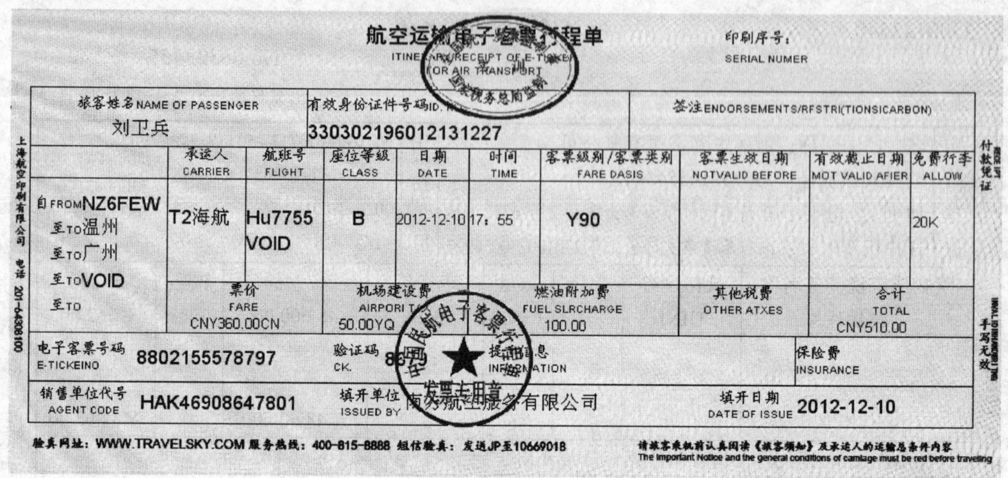

航空运输电子客票行程单
ITINERARY/RECEIPT OF E-TICKET FOR AIR TRANSPORT
印刷序号：SERIAL NUMER

旅客姓名 NAME OF PASSENGER：刘卫兵
有效身份证件号码 ID.：330302196012131227
签注 ENDORSEMENTS/RFSTRI(TIONSICARBON)

	承运人 CARRIER	航班号 FLIGHT	座位等级 CLASS	日期 DATE	时间 TIME	客票级别/客票类别 FARE DASIS	客票生效日期 NOTVALID BEFORE	有效截止日期 MOT VALID AFIER	免费行李 ALLOW
自 FROM NZ6FEW 至 TO 温州 至 TO 广州 至 TO VOID 至 TO	T2海航	Hu7755 VOID	B	2012-12-10	17：55	Y90			20K

票价 FARE	机场建设费 AIRPORT TAX	燃油附加费 FUEL SLRCHARGE	其他税费 OTHER ATXES	合计 TOTAL
CNY360.00CN	50.00YQ	100.00		CNY510.00

电子客票号码 E-TICKEINO：8802155578797　验证码 CK.：8639　提示信息 INFORMATION　保险费 INSURANCE

销售单位代号 AGENT CODE：HAK46908647801　填开单位 ISSUED BY：南方航空服务有限公司　填开日期 DATE OF ISSUE：2012-12-10

验真网址：WWW.TRAVELSKY.COM 服务热线：400-815-8888 短信验真：发送JP至10669018

请旅客乘机前认真阅读《旅客须知》及承运人的运输总条件内容
The Important Notice and the general conditions of carriage must be red before traveling

图4-10　飞机票

（二）记账凭证

记账凭证又称记账凭单，是指会计人员根据审核无误的原始凭证，按照经济业务的内容加以归类，并据以确定会计分录后所填制的会计凭证，作为登记账簿的直接依据。

记账凭证就是根据原始凭证填制的会计凭证，我们会计平时的大部分工作都是做凭证，这也最能考验会计的基本功；因为做凭证的时候，你要根据原始凭证确定会计科目及记账方向，才能做出正确的记账凭证。

收款凭证：是指用于记录现金和银行存款收款业务的记账凭证，如图 4-11 所示。

收　款　凭　证

借方科目：　　　　年　　月　　日　　总　号________　分　号________

摘　要	贷方科目		金　额										记账符号
	总账科目	明细科目	千	百	十	万	千	百	十	元	角	分	
	合计金额												

附凭证　张

会计主管　　记账　　审核　　出纳　　制证

图4-11　收款凭证

付款凭证：是指用于记录现金和银行存款付款业务的记账凭证，如图 4-12 所示。

付 款 凭 证

字第　　号

贷方科目：　　　　　　　年　　月　　日　　　　　　　附件　　张

对方单位	摘　要	借方科目		金　额										记账符号
		总账科目	明细科目	千	百	十	万	千	百	十	元	角	分	
														□
														□
														□
														□
														□
银行结算方式及票号：			合　计											□

杭州青联印刷有限公司出品 211

会计主管　　　　记账　　　　稽核　　　　出纳　　　　制证

图4-12　付款凭证

转账凭证：是指用于记录不涉及现金和银行存款业务的记账凭证，如图 4-13 所示。

转 账 凭 证

年　　月　　日　　　　　　　字第　　号

摘　要	会计科目		借方金额											贷方金额											记账√
	总账科目	明细科目	亿	千	百	十	万	千	百	十	元	角	分	亿	千	百	十	万	千	百	十	元	角	分	
附件　　张	合　计																								

会计主管　　　　记账　　　　审核　　　　制证

图4-13　转账凭证

以上三种凭证统称为专用记账凭证。

通用记账凭证是指用来反映所有经济业务的记账凭证，为各类经济业务所共同使用，其格式与转账凭证基本相同。

通用记账凭证对全部经济业务不再区分收款、付款及转账业务，而将所有经济业务统一编号，在同一格式的凭证中进行记录。采用通用记账凭证的单位，无论是款项的收付还是转账业务，都采用统一格式的记账凭证，如图 4-14 所示。

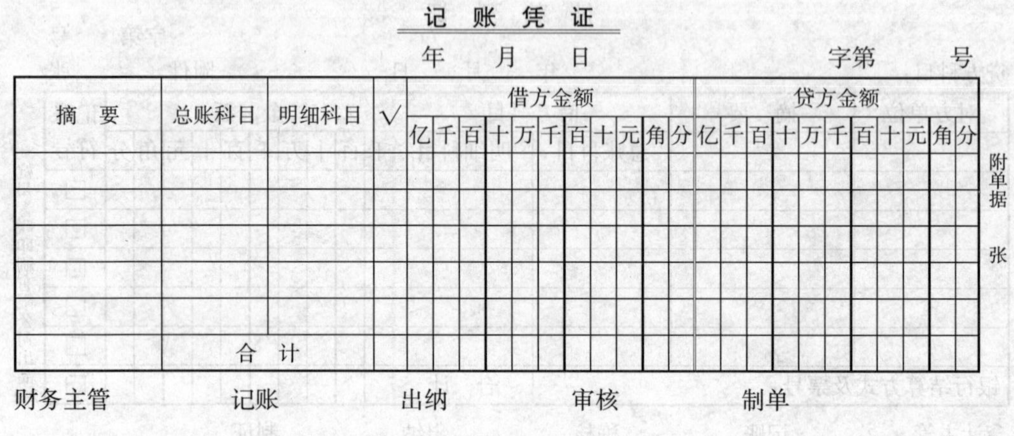

记 账 凭 证

年 月 日　　　　字第 号

摘 要	总账科目	明细科目	√	借方金额											贷方金额										
				亿	千	百	十	万	千	百	十	元	角	分	亿	千	百	十	万	千	百	十	元	角	分
	合 计																								

附单据 张

财务主管　　记账　　出纳　　审核　　制单

图4-14　通用记账凭证

原始凭证和记账凭证虽然都是会计凭证，都是登记账簿的依据，但就其性质来讲二者截然不同。

（1）原始凭证记录的是经济信息，是编制记账凭证的依据，是会计核算的基础；原始凭证由经济交易或事项的经办人员填制或取得，用来作为编制会计分录的依据；原始凭证的内容不同，格式各异，种类繁多，对应关系不直观。

（2）记账凭证记录的是会计信息，是会计核算的起点；记账凭证一律由企业会计人员根据所取得的原始凭证填制，用来登记账户；记账凭证将原始凭证中的一般数据转化为会计语言，介于原始凭证和账簿之间的中间环节。

（3）原始凭证是记账凭证的附件和填制记账凭证的依据，而记账凭证是登记账簿的直接依据。

五、会计等式

前面讲了会计要素，反映这些会计要素之间关系的会计等式，又称会计恒等式、会计方程式或会计平衡公式，它表明各会计要素之间的基本关系。会计等式揭示了会计要素之间的内在联系，是制定各项会计核算方法的理论基础。

任何一个企业维持正常运转，就必须有现金、固定资产等资产；而这些资产的形成都必须有合法的来源，这些资金我们可以通过吸收别人投资获得，也可以通过负债方式取得。由于这是一个事物从两方面看待的结果，即表现形态的资产，取得来源的负债和所有者权益，所以二者总是相等的。

资产 = 权益　或　资产 = 负债 + 所有者权益

人们创办企业的目的在于尽可能大地追求利润。企业在其经营过程中，通过生产、交付商品或提供劳务等方式，赚取收入；企业为了取得收入，就必然会发生一定的支出，这些资源流出企业，就构成了费用。收入与费用相比较，收入大于费用，就形成利润；收入小于费用，就是企业发生的亏损。

收入 – 费用 = 利润

一般地说，收入总会导致资产的增加（或负债的减少），费用的发生会相应消耗企业的资产（或增加企业的负债）；收入和费用抵减的净结果，都应归所有者来承担，而无论是盈利还是亏损。即凡是收入，会引起资产的增加或是负债的减少，进而使所有者权益增加；凡是费用，会引起资产的减少或是负债的增加，进而使所有者权益减少。因此在会计期中，会计恒等式又有如下的转化形式：

资产 = 负债 + 所有者权益 +（收入 – 费用）或

资产 + 费用 = 负债 + 所有者权益 + 收入

比如说王雯同学毕业后开办了一家洗衣店，自己投入用于经营的财产包括：洗衣设备一套，价值 50 000 元，必需的耗材如洗涤用品等 5 000 元，周转用现金 5 000 元。

我们分析一下：

洗衣设备、必需的耗材、周转用现金都是洗衣店的资产，共计 60 000 元。从两方面看待这些资产：

- 任何资产只不过是经济资源的一种存在形式，或表现为机器设备，或表现为现金、材料等。
- 这些资产总是有一定来源的：王雯同学开办洗衣店资金是投资者投入的，属于所有者权益。

资产（60 000）= 负债（0）+ 所有者权益（60 000）

假如洗衣店开业不久，急需增加一套高档熨烫设备，但是，王雯已无力自己投资购买这套设备，于是，她向别人借款 40 000 元，用于购买熨烫设备。

洗衣店的资产增加到了 100 000 元，同时，对资产的求偿权也相应的增加了。不同的是这次增加的资产是通过借款形成的，有固定的偿还期限。

资产（40 000 + 60 000）= 负债（40 000）+ 所有者权益（60 000）

洗衣店开业的第一个月，营业收入为 12 000 元，费用共计 9 000 元。

洗衣店的收入为 12 000 元，费用共计 9 000 元，则利润额如下：

利润 = 收入（12 000）– 费用（9 000）= 3 000

洗衣店开业当月所发生的全部收入 12 000 元都已收到现金，而费用也都是资产的耗费 9 000 元，如现金支出 3 000 元、洗涤用品消耗 6 000 元。

洗衣店的收入为 12 000 元，导致资产增加 12 000 元；费用共计发生 9 000 元，导致资产减少 9 000 元，因此资产变成 100 000 + 12 000 – 9 000 = 103 000（元）。

根据等式：资产 + 费用 = 负债 + 所有者权益 + 收入

100 000 +（12 000 – 9 000）+ 9 000 = 40 000 + 60 000 + 12 000

由于企业实现的利润归所有者，因此资产增加 3 000 元最终导致所有者权益增加了 3 000 元。

变化后的等式：资产 = 负债 + 所有者权益

100 000 + 3 000 = 40 000 +（60 000 + 3 000）

任何企业经济业务的发生，都会引起资产、负债和所有者权益发生变化，但这种变化不会破坏“资产 = 负债十所有者权益”这一会计等式的平衡关系。企业发生的任何经济业务所引起的资产与权益的变化无非是以下四种情况：①资产与权益同时增加；②资产与权益同时减少；③资产之间有增有减；④权益之间有增有减，如图 4–15 所示。

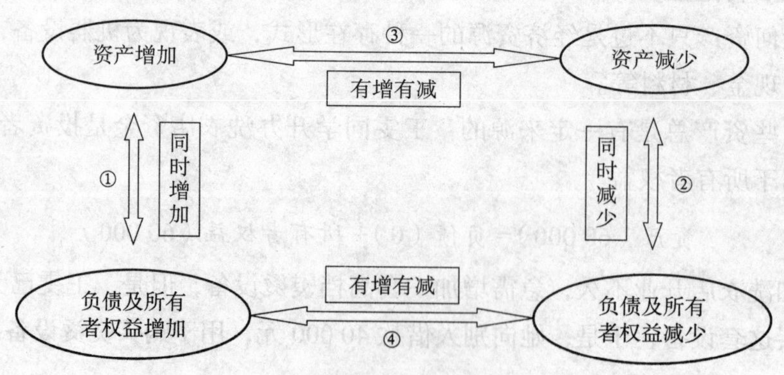

图4–15　引起资产与权益变化的四种情况

六、会计假设与会计基础

对会计核算所处的空间范围、时间范围、基本程序和计量方法做出的基本假定，叫会计基本假设，又叫会计核算基本前提，包括会计主体、持续经营、会计分期和货币计量。

1. 会计主体

会计主体也称为会计实体，是指会计工作为其服务的特定单位或组织。它明确了会计核算和监督的空间范围和界限，解决了会计核算谁的经济业务、为谁记账的问题。

一般来说，法律主体必须是会计主体，但会计主体不一定就是法律主体。会计主体，可以是独立法人，也可以是非法人（如合伙经营活动）；可以是一个企业，也可以是企业内部的某一单位或企业中的一个特定的部分（如企业的分公司）；可以是单一的企业，也可以是由几个企业组成的企业集团。

2. 持续经营

持续经营是指在会计主体可以预见的将来，将会按当前的规模和状态继续经营下去，不会停业，不会发生破产或清算，也不会大规模削减业务。所持有的资产将正常营运，所负有的债务将正常偿还。

持续经营假设规定了会计的时间范围。一个会计主体（企业）的生产经营过程总是一个再生产过程，所处的社会经济环境总是在不断地变化，也会面临发生破产清算的可能。是否会破产清算以及何时破产清算是一个未知数，除非有充分的反证明，都将认为它能连续地经营下去。为了建立会计反映和监督的正常秩序和方法，会计建立了“持续经营”的概念。

3. 会计分期

会计分期是指将一个企业持续经营的经济活动划分为一个个连续的、长短相同的期间，以便分期结算账目和编制财务会计报告。

会计分期是指在企业持续经营的基础上，人为地规定会计信息的提供期限，将企业持续不断的生产经营活动划分为一个个连续的、时间间隔相等的期间，这些期间被称为会计期间。

会计期间分为年度和中期。我国会计年度自公历每年的1月1日起至12月31日止。会计中期是指短于一个完整的会计年度的报告期间，包括半年度、季度和月度。

会计分期明确了何时记账、算账和报账问题。界定了本期、前期和后期等概念。有了本期和非本期的区别，产生了权责发生制和收付实现制，进而出现了应收、应付等会计处理方法。

4. 货币计量

货币计量是指会计核算以货币作为计量尺度，反映会计主体的经济活动。

在我国，人民币是国家法定货币，《企业会计准则》中规定我国的会计信息以人民币为记账本位币，业务收支以外币为主的企业，可以选定某种外币作为记账本位币进行会计核算，提供会计报表时，应当折合人民币反映；我国在境外设立的企业，向国内报送财务报表时应当折合人民币。

“妈妈我刚才听你讲了本期和非本期的区别，产生了权责发生制和收付实现制，那到底什么是权责发生制和收付实现制呢？”

在实际工作中，收入与费用的确认可能遇到难题，比如图 4-16 所示的是我们公司在 3 月份发生的经济业务，到底在什么时候确定收入和费用？

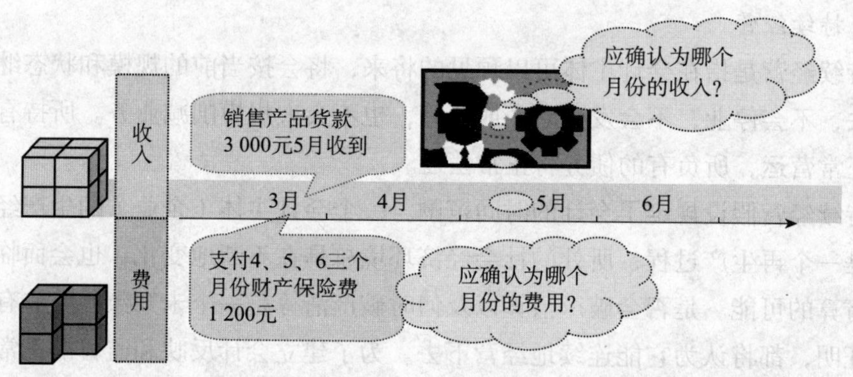

图4-16 收入和费用

由于采用不同的会计基础，就会有不同的结论。

1. 收付实现制

收付实现制也称现金制，以货币资金的实际收付为收入和费用的唯一确认标准。在这种会计基础下，凡在本期实际收到现金的收入，不论其应否归属于本期，均应作为本期的收入处理；凡在本期实际以现金付出的费用，不论其应否在本期收入中取得补偿，均应作为本期的费用处理。（两个“凡”要记住）我国行政事业单位会计核算一般采用收付实现制。

如前例，采用收付实现制，应在三月份确认费用，五月份确认收入，如图

4–17 所示。收付实现制确认收入与费用方法举例如表 4–3 所示。

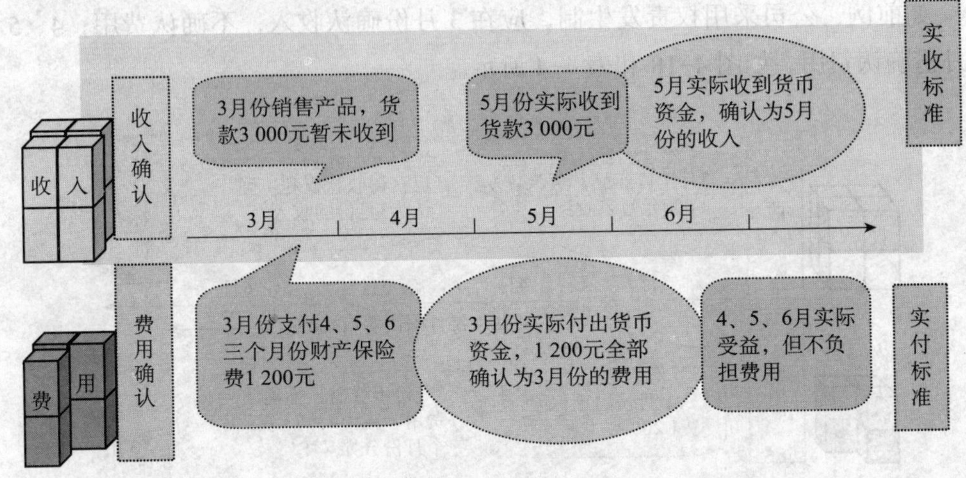

图4–17 收付实现制

表 4–3 收付实现制确认收入与费用方法举例

业务序号	业务内容	实际收付款期间	确认收入或费用期间
1	7 月 10 日销售产品，7 月 25 日收到货款，存入银行。	本年 7 月	本年 7 月收入
2	7 月 10 日销售产品，8 月 10 日收到货款，存入银行。	本年 8 月	本年 8 月收入
3	7 月 10 日预收货款，存入银行。9 月向购货方提供产品。	本年 7 月	本年 7 月收入
4	12 月 30 日用银行存款预付次年全年保险费。	本年 12 月	本年 12 月费用
5	12 月 30 日购入办公用品，次年 3 月付款。	次年 3 月	次年 3 月费用
6	12月30日用银行存款支付本月水电费。	本年 12 月	本年 12 月费用

※ 收付实现制确认收入与费用的期间与收付款的期间一致！

2. 权责发生制

权责发生制，也称应计制或应收应付制，是指以权利已经形成或义务已经发生（责任应当承担）为确认收入和费用的标准。凡是当期已经实现的收入和已经发生或应当负担的费用，不论款项是否收付，都应当作为当期的收入和费用；凡是不属于当期的收入和费用，即使款项已在当期收付，也不应当作为当期的收入和费用。即确认收入和费用的标准为应收应付。在我国，企业会计核算采用权责发生制。

如前例，公司采用权责发生制，应在3月份确认收入，不确认费用；4、5、6月份确认费用，如图4-18和表4-4所示。

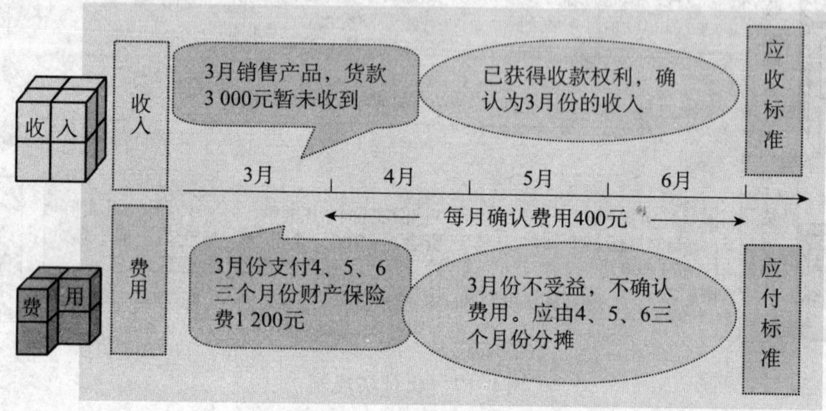

图4-18 权责发生制确认收入和费用

表4-4 权责发生制确认收入与费用方法举例

业务序号	业务内容	实际收付款期间	确认收入或费用期间	备注
1	7月10日销售产品，7月25日收到货款，存入银行。	本年7月	本年7月收入	与收付实现制相同
2	7月10日销售产品，8月10日收到货款，存入银行。	本年8月	本年7月收入	与收付实现制不同
3	7月10日预收货款，存入银行。9月向购货方提供产品。	本年7月	本年9月收入	与收付实现制不同
4	12月30日用银行存款预付次年全年保险费。	本年12月	次年12个月费用	与收付实现制不同
5	12月30日购入办公用品，次年3月付款。	次年3月	本年12月费用	与收付实现制不同
6	12月30日用银行存款支付本月水电费。	本年12月	本年12月费用	与收付实现制相同

权责发生制与收付实现制确认收入与费用的方法比较：当实际收付款期与其收入实现期或费用发生期一致时，确认方法相同；当实际收付款期与其收入实现期或费用发生期不一致时，确认的方法不同。

“妈妈，我好像有点明白，又有点糊涂。”

“没关系，以后学习了具体业务核算，你就懂啦。”

七、会计科目和账户

前面讲到对会计对象的基本分类就是会计要素，但由于会计要素本身所涉及的内容较为复杂，因此，所提供的分类信息仍不能满足企业日常管理的需要。为了能提供更为详细的分类信息，设置会计科目和账户就成为了会计核算的基础方法。

（一）会计科目

会计科目简称科目，是对会计要素的具体内容进行分类核算的项目。

会计科目按其反映的经济内容不同，可分为资产类科目、负债类科目、共同类科目、所有者权益类科目、成本类科目和损益类科目。

（1）资产类科目，是对资产要素的具体内容进行分类核算的项目，如库存现金、银行存款、应收账款等为流动资产科目，固定资产、无形资产、长期股权投资等为非流动资产的科目。

（2）负债类科目，是对负债要素的具体内容进行分类核算的项目，如短期借款、应付账款、应付职工薪酬、应交税费等为流动负债科目，长期借款、应付债券、长期应付款等为非流动负债的科目。

（3）共同类科目，是既有资产性质又有负债性质的科目，是金融企业专用科目，主要有“清算资金往来”、“外汇买卖”、“衍生工具”、“套期工具”、“被套期项目”等科目。

（4）所有者权益类科目，是对所有者权益要素的具体内容进行分类核算的项目，如实收资本、资本公积、盈余公积、利润分配等科目。

（5）成本类科目，是对可归属于产品生产成本、劳务成本等的具体内容进行分类核算的项目，如生产成本、制造费用、劳务成本等科目。

（6）损益类科目，是对收入、费用等的具体内容进行分类核算的项目，如主营业务收入、其他业务收入等收入类科目，主营业务成本、销售费用、管理费用、财务费等费用类科目。

注意：会计要素分为六大类，收入和费用要素的大部分内容属于损益类，而费用要素中的成本要单分为一类——成本类；利润要素内容属于所有者权益类科目。

会计科目按其提供信息的详细程度及其统驭关系，分为总分类科目和明细分类科目。

（1）总分类科目，又称总账科目或一级科目，是对会计要素的具体内容进行总括分类，提供总括信息的会计科目，总括反映会计要素具体内容，如银行存款、固定资产、应付账款等。总分类科目一般由国家统一规定。

（2）明细分类科目，又称明细科目或细目，是对总分类科目的进一步分类，以提供更为详细和具体会计信息的科目。明细分类科目由企业根据需要灵活设置。

如果某一总分类科目所属的明细分类科目较多，可在总分类科目下设置二级明细科目，在二级明细科目下设置三级明细科目，如表 4-5 所示。

表 4-5 明细分类科目示例

总分类科目（一级科目）	明细分类科目	
	二级科目（子目）	三级科目（细目）
原材料	原料及主要材料	钢材
		木材
	辅助材料	钉子
	燃料	汽油
		柴油

企业常用会计科目表如表 4-6 所示。

表 4-6 企业常用会计科目表

序 号	编 号	名 称	序 号	编 号	名 称
		（一）资产类	13	1402	在途物资
1	1001	库存现金	14	1403	原材料
2	1002	银行存款	15	1405	库存商品
3	1012	其他货币资金	16	1407	商品进销差价
4	1101	交易性金融资产	17	1408	委托加工物资
5	1121	应收票据	18	1411	周转材料
6	1122	应收账款	19	1471	存货跌价准备
7	1123	预付账款	20	1501	持有至到期投资
8	1131	应收股利	21	1511	长期股权投资
9	1132	应收利息	22	1601	固定资产
10	1221	其他应收款	23	1602	累计折旧
11	1231	坏账准备	24	1604	在建工程
12	1401	材料采购	25	1605	工程物资

续表

序 号	编 号	名 称	序 号	编 号	名 称
26	1606	固定资产清理	44	4103	本年利润
27	1701	无形资产	45	4104	利润分配
28	1702	累计摊销			（五）成本类
29	1801	长期待摊费用	46	5001	生产成本
		（二）负债类	47	5101	制造费用
30	2001	短期借款	48	5201	劳务成本
31	2201	应付票据			（六）损益类
32	2202	应付账款	49	6001	主营业务收入
33	2203	预收账款	50	6051	其他业务收入
34	2211	应付职工薪酬	51	6101	公允价值变动损益
35	2221	应交税费	52	6111	投资收益
36	2231	应付利息	53	6301	营业外收入
37	2232	应付股利	54	6401	主营业务成本
38	2241	其他应付款	55	6402	其他业务成本
39	2501	长期借款	56	6403	营业税金及附加
40	2701	长期应付款	57	6601	销售费用
		（三）共同类	58	6602	管理费用
		（略）	59	6603	财务费用
		（四）所有者权益类	60	6701	资产减值损失
41	4001	实收资本	61	6711	营业外支出
42	4002	资本公积	62	6801	所得税费用
43	4101	盈余公积			

注意：这些常用会计科目要反复看，记全称，必须记住，为以后的学习打好基础。

（二）设置账户

会计科目只是规定了会计对象具体内容的类别名称，还不能进行具体的会计核算。因为会计要素会有增加、减少等的变化，为了连续、系统、全面地记录由于经济业务的发生而引起的会计要素的增减变动，提供各种会计信息，必须根据规定的会计科目在账簿中开设账户。

账户是按照会计科目在账簿中开设的，具有一定的格式和结构，用来全面、系统、连续地记录经济业务活动，分类反映会计要素增减变动情况及其结果的载体。

账户就像每个家庭户口簿中的一页页卡片，每个家庭成员有一页卡片，每页卡片按规定的格式记录每个人的基本情况及其变动情况。

设置账户是会计核算的重要方法之一。

账户是根据会计科目设置的，两者核算内容一致，性质相同。会计科目是账户的名称，也是设置账户的依据；账户是会计科目的具体运用。没有会计科目，账户便失去了设置的依据；没有账户，会计科目就无法发挥作用。

但会计科目仅仅是账户的名称，不存在结构，无法反映会计要素具体内容的增减变动及其结果；而账户则具有一定的格式和结构，能够用于反映会计要素具体内容的增减变动情况和结果。

在实际工作中，对会计科目和账户一般并不严格区分，而是相互通用。

1. 账户的功能

账户的功能在于连续、系统、完整地提供企业经济活动中各会计要素增减变动及其结果的具体信息。其中，会计要素在特定会计期间增加和减少的金额，分别称为账户的“本期增加发生额”和“本期减少发生额”，二者统称为账户的“本期发生额”；会计要素在会计期末的增减变动结果，称为账户的“余额”，具体表现为期初余额和期末余额；账户上期的期末余额转入本期，即为本期的期初余额；账户本期的期末余额转入下期，即为下期的期初余额。

账户的期初余额、期末余额、本期增加发生额和本期减少发生额统称为账户的四个金额要素。对于同一账户而言，它们之间的基本关系为：

期末余额 = 期初余额 + 本期增加发生额 – 本期减少发生额

2. 账户的结构

账户的结构是指账户的组成部分及其相互关系。

账户的基本结构由三部分组成：账户名称、账户方向和账户余额。账户名称就是会计科目，规定账户的核算内容；账户的方向是指在账户的什么地方记录经济业务内容的增加和减少；账户余额是指本期增加发生额和本期减少发生额相抵后的余额。

账户分为左方、右方两个方向，一方登记增加，另一方登记减少。至于哪一方登记增加，哪一方登记减少，既取决于所记录的交易或事项，也取决于账户的性质和记账方法。

3. 复式记账法

复式记账法是指对于每一笔经济业务，都必须用相等的金额在两个或两个以上相互联系的账户中进行登记，因此是全面系统地反映会计要素增减变化的一种记账方法。

复式记账是会计核算的重要方法之一。

借贷记账法就是以“借”和“贷”作为记账符号的一种复式记账法。

借贷记账法是以会计等式为理论基础，以“借”、“贷”为记账符号，以“有借必有贷，借贷必相等”为记账规则，按照账户上的对应关系反映企业经济业务增减变动情况的一种会计记账方法。

听到这里，我有些糊涂了，不知道“借”、“贷”是什么意思，就问妈妈：“借就是借款，贷就是贷款吗？”

妈妈听到这里笑啦，说：“会计初学者都觉得这个知识抽象，不好理解，但不要着急，只要不从字面直观理解它的含义就好学啦。”

首先要知道，这里的“借”和“贷”，已经失去了原有的含义，成了会计的专用术语。借和贷只是记账符号。

记账符号是用来确定经济业务增减变动的记账方向的。借贷记账法是以“借”和“贷”作为记账符号的。“借”和“贷”符号本身没有实际意义，也不具有方向性，只有与具体账户结合在一起，才能表示记账方向，借和贷才表示增加或减少。是增加还是减少，不是由“借”和“贷”来决定的，而是由账户的性质决定的。

我们不是学了会计的六要素了吗，资产增加、负债减少、权益减少，就用借表示，资产减少、负债增加、权益增加，就用贷表示。

其次要知道，“有借必有贷，借贷必相等”是记账规则，也就是说对于每笔经济业务，有借的一方，就要有贷的一方。反映在账户上，所有账户的借方发生额合计，一定要等于所有账户的贷方发生额合计。所有账户的借方余额合计，一定要等于所有账户的贷方余额合计。

再次还要知道，有余额的账户，余额方向与增加额的方向一致，损益类账户一般无余额。

4. 借贷记账法下账户的结构

账户的结构是由账户的性质决定的。不同性质的账户有不同的账户结构。

借贷记账法下以“借”、“贷”为记账符号，分别作为账户的左方和右方。

因此，在借贷记账法下，账户的左方即“借”方，账户的右方即“贷”方，如下所示：

借方	账户名称	贷方

借贷记账法下，资产、成本和费用类账户的增加用“借”表示，减少用“贷”表示；负债、所有者权益和收入类账户的增加用“贷”表示，减少用“借”表示。

确立账户结构的理论依据是会计等式，即：

资产 + 费用 = 负债 + 所有者权益 + 收入

不同性质的会计科目，其结构是不同的；同类性质的会计科目，其结构是相同的。账户结构的确立是以其在会计等式中的位置来决定的。处于等式左边的资产和费用账户，用账户的“左方”即借方记增加，右方即“贷方”记减少，余额一般在借方；处于等式右边的负债、所有者权益、收入账户，用账户的“右方”即贷方记增加，用“左方”即借方记减少，余额一般在贷方。有余额的账户，余额方向与增加额的方向一致，损益类账户一般无余额。

根据上述账户结构的描述，可以将账户借、贷方发生额的基本特点归纳如表 4-5 所示。

表 4-5　借贷记账法下各类账户结构

账户类别	借方	贷方	余额方向
资产类成本类	增加	减少	余额在借方
负债类	减少	增加	余额在贷方
所有者权益类	减少	增加	余额在贷方
收入类	减少（转销）	增加	一般无余额
费用类	增加	减少（转销）	一般无余额
利润类	减少	增加	一般在贷方

借贷记账法下，账户余额方向与记录增加额的方向是一致的，所以可以通过账户余额的方向来判断账户的性质。期末余额与期初余额的方向相同，说明账户性质未变；如果期末余额与期初余额方向相反说明账户的性质发生了变化。如：“应收账款”账户期初借方有余额，反映尚未收回的账款。如果期末仍有余额，反映有尚未收回的账款，还是资产类账户；但如果期末余额出现贷方余额，说明

本期多收了，多收部分就转化成预收账款，就变成“负债类”账户了。对于“应收账款”、“应付账款”、“预收账款”、“预付账款”、“待处理财产损益”等账户均属于双重性质的账户，应该根据它们的期末余额方向来确定其性质。如果余额在借方，是资产类账户，如果余额在贷方是负债类账户。

“账户就是账簿吗？我看书上出现两种说法。”

“不是两种说法，而是两个概念。账簿和账户是形式和内容的关系。账户是根据会计科目开设的，账户存在于账簿之中，账簿中每一账页就是账户存在的形式和载体，没有账簿，账户就无法存在，用句成语比喻账户和账簿的关系就是唇齿相依。”

“唇亡齿寒。唇是账簿，齿是账户。”我接着话茬说。

“好了，会计的相关知识有很多，要想了解账簿的知识，我们下回再讲吧。”

八、会计循环（1）

今天和老妈约好下午去她办公室，亲临现场学会计。

我妈说：“坐下吧，我开讲了。”

只见她打开抽屉，从里边拿出许多票据，有电话费发票、汽油费发票、差旅费报销单，还有自己做的工资表、入库单、出库单。老妈说：“我按着会计循环，一项一项地讲。”

“会计循环？”我好像听老妈说过。

“会计循环，也就是会计的业务流程，是指从分析经济业务起到编制会计报表为止的全过程。通俗点说就是会计工作的流程，也就是会计每个月循环做的事。”

“了解了会计循环，就像找到了会计的路线，处理业务，就是怎么走的问题了。业务水平高，就会感到一马平川，否则就会困难重重。”

“对呀，会计表面看似简单，但实际做起来，就能看出处理业务的水平了。考察会计的最好办法就是实际操作，水平高低一眼就看出来了。”

我妈继续说：“前几天我不是讲了原始凭证吗！这些都是，前面那三张是外来的原始凭证，就是企业在外边买东西，人家给开的发票等；后面这两张是自己根据发生业务事项自制的原始凭证，一看就知道是我们自己制作并填写的。”

接着她又拿出一本记账凭证，“这是我已经装订好的记账凭证，根据那些原始凭证，填制这些记账凭证。”

“做完了一张张的凭证就要汇总了，就是把平时做的记账凭证统计到一起。”说着妈妈翻开了那本凭证的第一页，我看到的是一张科目汇总表。

最后我妈拿出账本，有五六本。“这些就是会计账簿，都是根据凭证登记的。到了月末根据这些账编制会计报表，一个月的业务就结束了。接下来就是报税、纳税。”

一个月的业务让我妈五分钟就讲完了。

我看着我妈按着讲的顺序摆了一桌子的东西：“说详细点呗，我没听清楚。”

“这些工作具体怎么做，在以后的课程里我会详细地讲解，今天让你们来的目的是看实账，有个实际印象，有个现场感，以后再做练习时就会感到很具体，不至于心里发蒙。”

我翻看了一下记账凭证，上面有借有贷，再看账簿，也有借有贷，看来这借贷还是会计的重要“成员”呢！

我们又仔细把会计流程熟悉了一遍，翻看了几本凭证和账本，看了上面都写了些什么，还看了装有以前凭证和账本的档案柜。

还没有学到家，所以也问不出来啥。这样过了半个多小时，老妈说：“今天就这样吧。你俩去文化用品商店，买一些会计用品，就是刚才你们看到的这些，以后我讲课的时候用，咱们来个实战演习。”

我赶紧拿出笔和纸，在上面写着什么，写完了递给我妈：“您看买这些东西够不够？”

我递过去，上面写着记账凭证、记账凭证汇总表、现金日记账、银行日记账、明细账、总账、费用账。

“字挺漂亮。还有，我给你写上啊，牛皮纸的凭证皮（记账凭证封面）、差旅费报销单、单据粘贴纸、收据、凭证装订线。就这些，然后就回家吧！”

今天的收获颇丰，让我感受到了会计的工作氛围，想象着将来，我坐在办公桌前的样子……

九、会计循环（2）

上周我们看了实账，了解了会计循环的概念，下面再把会计循环的具体操作步骤详细讲讲。

第一步：拿来原始凭证后，可能是外来的票据，也可能是自制的，首先分析属于哪类的经济业务，也就是会计要素；然后确定会计科目，找准借贷方，就可以做记账凭证了。

如果一次报销的票据太多，比如飞机票、车票、船票，购买机票、车票的延伸服务费和手续费，邮电手续费，定额餐饮发票，过路过桥费，停车费、洗车费等小型发票，必须使用票据粘贴单。拿到原始凭证，下一步就应该做记账凭证了。

第二步：编制记账凭证

根据原始凭证，按着刚才分析的就能做凭证了，就是上周我们看到的那些装订好的记账凭证。在这儿我就不多说了，知道程序就行了，以后我会重点领你们做分录。

第三步：记账凭证汇总

凭证一张张做完后，看看数量是否够，数量够了就要进行汇总。先编号，再按凭证上的科目做丁字账，按照凭证的编号，一笔一笔地统计；写完了就试算平衡，看借贷是否相等。平了就可以把数据抄写在科目汇总表上。

第四步：登记会计账簿

凭证做完后，就应该登记日记账和明细账了，一般等汇总后再登记总账。

每天只要根据当日的原始凭证做记账凭证，再根据记账凭证登记各类明细账。只有现金和银行存款日记账要做到日清月结，现金账的余额要和库存也就是保险柜中的现金数目核对，银行账的余额要和银行对账单核对。其他的明细账是月结不用日清。

“什么是总账？什么是明细账啊？”我问。

“明细账是根据记账凭证登记的，而总账是根据汇总表登记的。总账，顾名思义，就是记总数的；明细账，是记细数的。总账驾驭明细账，明细账是对总账的补充。总账记的是会计的一级科目，而明细账除了必须记一级科目，有的还必须记明细科目，比如原材料、管理费用等。管理费用是一级科目，它包括许多项目，如工资、办公费、折旧费等，这些就是它的二级科目。这样我们就可以看出，两账的余额无论是借或贷，方向必须一致；如果不符，那多半是明细账记错了或记漏了。造成差错的原因可能是记错借贷方了，或者记错科目了。随着经验的积累，会很快发现错误，这一点也能衡量出会计对业务的熟练程度。”

这里顺便说一下“对账”和“结账”。

谁也保证不了记账万无一失，所以要定期对账，做到账证相符、账账相符、账实相符、账表相符，这样的会计信息才真实、完整。通过对账，还能发现记账凭证的错误，以及业务上的疏漏，以后我们做实账时就可能发生，我在这儿就不多说了。

然后就要结账。结账有两项内容，一是对平时记录的数据小结，结算出本期发生额合计和余额，然后将余额结转下期或者转入新账。二是结转利润，把各种损益类的账户都结清，就是到了月末，把收入和费用都转到本年利润里，算出本年利润。

第五步：编制财务报告

账簿记完经过核对无误后，就要编制财务报告了。

“财务报告包括会计报表、会计报表附注。会计报表是财务报告的主要组成部分，它是反映企业财务状况和经营成果的报告文件。还有一张是现金流量表，因为小企业很少有要这张表的，而且制度上也没有硬性规定必须要报，所以我们先不学它。到了岗位，如果需要编报的话，那时候你们已经会编制了，等学到报表的时候我们看情况再定。”

“到此为止，会计循环也到头了。接下来就是下一个月的业务了。”

十、开始建账

“如果说前边我教你们的会计常识是生字的话，那么现在我开始教你们造句；等讲到行业会计时，就是写作文了。只有写出文章才有可能挣到稿费，文章越精彩，稿酬就越高；同样道理，会计的水平越高，薪酬也就越高。”

“那就是说，我现在才是小学二年级的水平呗？”我有点不服。

“对，”老妈接过话说，“学会计的都要经过这个阶段，你是没接触到实际工作，一旦操作起来，一定进步快。”

“好了，开始上课。”老妈一本正经地说。

“从今天开始，我们进入实战状态，假设一个家具公司成立，你俩就是这儿的会计了。我们按着会计循环，以一个月为会计周期，进行业务处理。”

首先，我们根据这家公司的需要建账。

说到建账，好像挺复杂的，其实一点都不难。记住关键的一条就够了，根据核算的对象从两方面反映，一是总括反映；二是明细反映。

新进一家企业，不外乎有两种情况：

（1）新成立的企业。要求一切从头开始，这对于老会计来说，是最高兴的事，因为没有陈年老账，没有啰嗦事，不用很操心。但是对于缺乏经验的会计来讲，就显得盲目，有点不知所措了。

（2）老企业。这里还分两种情况，一种是人家以前就有了比较正规的账目，遇到这样的企业是你的幸运，不但能学到好多东西，而且还不用操心，接过来继续做就可以了。另一种是原本账目不清，所以想换一个会计，这时如果你来了。刚接触的时候可能感觉不到什么，结果随着业务的进展，你会发现越来越乱，越来越没头绪，那时就会感受到什么叫焦头烂额了，这最考验你的功夫了。

“这些都是我的切身体会，有感而发。在这儿我再强调一点：你受聘一家企业后，首先要尽快熟悉企业的经营状况，熟悉业务，包括了解产品或商品、了解客户，这样对处理账务有帮助；然后再了解会计账目，弄清会计业务上的来龙去脉，这样接手后，会很快进入角色。”

“先讲讲建账的问题啊！我那天不是让你们买账本吗，那些就是企业建账所必需的。”

在会计核算中，通过会计凭证的填制和审核，可以反映和监督每项经济业务的完成情况。但会计凭证的数量繁多，对经济业务的反映往往比较零星、分散，且每一张凭证只能就个别的经济业务进行详细的记录和反映，不能把某一时期的全部经济业务活动情况完整地反映出来。设置账簿就可以把会计凭证提供的大量分散的核算资料，加以归类整理，以全面、连续和系统地反映企业、单位的经济活动情况。

会计账簿也叫账本，是指由一定格式的账页组成的，以经过审核的会计凭证为依据，全面、系统、连续地记录各项经济业务的簿籍。

设置和登记账簿，是编制财务报表的基础，是连接会计凭证和财务报表的中间环节。

做完记账凭证，就要登记账簿。账簿也有很多种，按用途分，有日记账、明细账、总账；按格式分，有两栏式、三栏式、多栏式、数量金额式；按外形分，有订本账、活页账、卡片账。这些账簿各有各的用途，有什么科目，就应该立什么账簿。记完账，还要对账，结账。

下面我们就熟悉这些账簿，如图 4-19 所示。

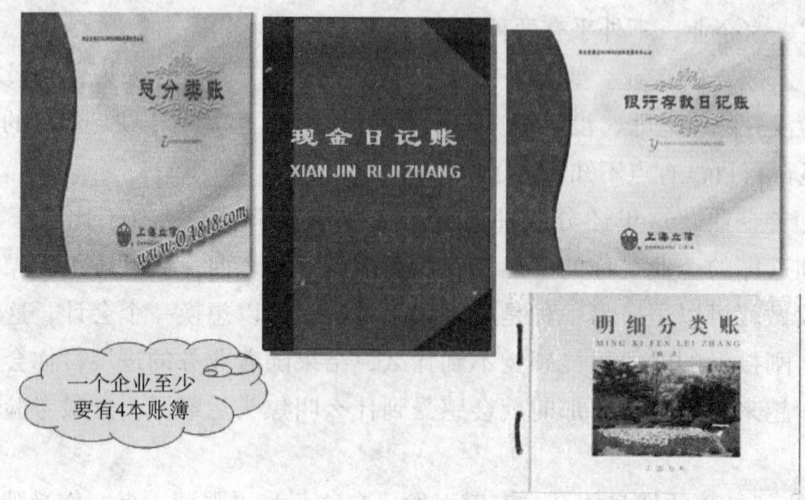

图4-19 企业的四种账簿

除了以上四种账簿，还有卡片式账簿。

卡片式账簿，简称卡片账，是将一定数量的卡片式账页存放于专设的卡片箱中，可以根据需要随时增添账页的账簿。使用时按类别排列、按顺序编号，并加盖有关人员的印章。卡片账簿应由专人保管，以保证其安全。严格来说卡片账是一种活页账。卡片式账簿的优缺点与活页式账簿大体相同。在我国，一般情况只对固定资产的明细账采用卡片账。也有少数企业在材料核算中使用材料卡片，例如固定资产卡片如图 4-20 所示。

固定资产卡片

<table>
<tr><td colspan="4">建造单位________
建造年份________
交接凭证编号________
技术特征规格________
购入来源________
验收日期________</td><td colspan="4">固定资产卡片
第　　号
固定资产名称________
固定资产类别________
固定资产编号________</td><td colspan="3">原价________
预计折旧年限________
年（月）折旧率________
购入时已折旧年限________
购入时已提折旧________
开始使用日期________</td></tr>
<tr><td colspan="4">完工大修记录</td><td colspan="4">使用单位和
内部转移记录</td><td colspan="3">停用记录</td></tr>
<tr><td>日期</td><td>凭证</td><td>摘要</td><td>金额</td><td>日期</td><td>凭证</td><td>使用单位</td><td>存放地点</td><td>停用原因</td><td>停用日期</td><td>启用日期</td></tr>
<tr><td></td><td></td><td></td><td></td><td></td><td></td><td></td><td></td><td></td><td></td><td></td></tr>
</table>

图4-20 固定资产卡片

企业根据需要还可设置备查账簿，就像我们的备忘录一样，如租入固定资产登记簿如图 4-21 所示，支票登记簿如图 4-22 所示。

租入固定资产登记簿

第 页

名称及规格	租约	租出单位	租入日期	租金	使用部门		归还日期
					日期	单位	

图4-21 租入固定资产登记簿

支票登记簿

年		支票号码	用途	金额										经办人	收回日期	备注
月	日			千	百	十	万	千	百	十	元	角	分			

图4-22 支票登记簿

会计账簿由若干账页组成，每一账页应包括以下内容：①账户名称（即会计科目）；②登记账簿的日期栏；③凭证的种类和号数栏；④摘要栏；⑤金额栏；⑥总页次和分页次栏。例如，原材料明细账页如图 4-23 所示。

最高储存量	
最低储存量	

原材料　明细账

账号		总页数
页数		10

编号：　类别：钢材　规格：30m/m 圆钢　单位：千克　存放地点：第一仓库　计划单价：

01年		凭证		摘要	收入										发出										借或贷	结存											核对
月	日	种类	号数		数量	单价	十	万	千	百	十	元	角	分	数量	单价	十	万	千	百	十	元	角	分		数量	单价	百	十	万	千	百	十	元	角	分	
12	1			期初余额																					借	1202	3.80				4	5	6	7	6	0	

图4-23　原材料明细账页

按账页格式，账簿可分为以下几种。

1. 三栏式账簿

三栏式账簿是指设有借方、贷方和余额三个金额栏目的账簿。特种日记账、总分类账以及资本、债权、债务明细账都可采用三栏式账簿。三栏式账簿又分为设对方科目和不设对方科目两种，区别是在摘要栏和借方科目栏之间是否有一栏“对方科目”，如图 4-24 至图 4-26 所示。

应收账款　明细账

账号		总页数
页数		5

中华机器公司

01年		凭证		摘要	收入										发出										借或贷	余额											核对
月	日	种类	号数		亿	千	十	万	千	百	十	元	角	分	亿	千	十	万	千	百	十	元	角	分		亿	千	百	十	万	千	百	十	元	角	分	
12	1			期初余额																					借					3	6	2	8	0	0	0	
12	17		8	销售商品				9	6	0	0	0	0	0															1	3	2	2	8	0	0	0	
				本月合计				9	6	0	0	0	0	0										0	借				1	3	2	2	8	0	0	0	
				本年合计				9	6	0	0	0	0	0										0													
				结到下年																																	

图4-24　应收账款明细账示例

应收账款 总账

年 月 日 第 10 号

01年		凭证		摘要	借方											贷方											借或贷	余额											核对
月	日	种类	号数		亿	千	百	十	万	千	百	十	元	角	分	亿	千	百	十	万	千	百	十	元	角	分		亿	千	百	十	万	千	百	十	元	角	分	
12	1			期初金额																							借				1	5	4	6	4	0	0	0	
12	17		08	销售商品					9	6	0	0	0	0	0																2	5	0	6	4	0	0	0	
12	31		13	销售商品					8	0	0	0	0	0	0																3	3	0	6	4	0	0	0	
				本月合计				1	7	6	0	0	0	0	0											0	借				3	3	0	6	4	0	0	0	
				本年合计				1	7	6	0	0	0	0	0											0													
				结转下年																																			

图4-25 应收账款总账示例

银行存款日记账

2009年		凭证		摘要	收入（借方）											支出（贷方）											借或贷	结余											核对
月	日	种类	号数		亿	千	百	十	万	千	百	十	元	角	分	亿	千	百	十	万	千	百	十	元	角	分		亿	千	百	十	万	千	百	十	元	角	分	
				承上页				2	6	3	5	0	0	0	0				1	2	3	5	0	0	0	0	借				1	4	0	0	0	0	0	0	
4	1	银付	11	付办公用品款																	2	0	0	0	0	0	借				1	3	8	0	0	0	0	0	
4	6	银付	18	付＊＊公司贷款																1	5	8	6	2	0	0	借				1	2	2	1	3	8	0	0	
4	10	银付	20	收＊＊公司账款					3	0	0	0	0	0	0												借				1	5	2	1	3	8	0	0	
4	30	银付	35	换现（日常报销）																	3	2	5	0	0	0	借				1	4	8	8	8	8	0	0	
				本月合计					3	0	0	0	0	0	0					2	1	1	1	2	0	0	借				1	4	8	8	8	8	0	0	
				本年累计				2	9	3	5	0	0	0	0				1	4	4	6	1	2	0	0	借				1	4	8	8	8	8	0	0	

图4-26 银行存款日记账示例

2. 多栏式账簿

多栏式账簿是指在账簿的两个金额栏目（借方和贷方）按需要分设若干专栏的账簿。但是，专栏设在借方还是贷方，或两方同时设专栏，专栏的数量等，均根据需要确定。收入、费用、成本、利润明细账一般均采用这种格式的账簿。示例如图 4-27 和图 4-28 所示。

生产成本明细账

科目 A产品

账号 410101	总页码
页次	

2010年		凭证编号	摘要	合计	直接材料	直接人工	制造费用		
月	日								
1	1		上年结转	….	….	….	….		
	31		本月合计	….	….	….	….		
	31		本年累计	….	….	….	….		

图4-27 生产成本明细账示例

应交税费（应交增值税）明细账

第 55页

分页 019-1

2009年		凭证编号	摘要	借方			贷方			借或贷	余额
月	日			合计	进项税额	已交税金	合计	销项税额	进项税额转出		
				千百十万千百十元角分	千百十万千百十元角分	千百十万千百十元角分	亿千百十万千百十元角分	千百十万千百十元角分	千百十万千百十元角分		千百十万千百十元角分
12	1		期初余额							贷	105098
12	1	付1	购原材料	3400000	3400000						
12	10	收2	销售产品				17000000	17000000			
12	16	付12	交纳税金	3505098		105098				贷	13600000

图4-28 应交税费（应交增值税）明细账示例

3. 数量金额式账簿

数量金额式账簿是指在账簿的借方、贷方和余额三个栏目内，每个栏目再分设数量、单价和金额三小栏，借以反映财产物资的实物数量和价值量的账簿。原材料、库存商品等存货类明细账一般都采用数量金额式账簿。示例如图4-29所示。

为了保证账簿记录的正确性，必须根据审核无误的会计凭证登记会计账簿。登记会计账簿时，应当将会计凭证日期、编号、业务内容摘要、金额和其他有关资料逐项抄记到账簿内，做到数字准确、摘要清楚、登记及时、字迹工整。账簿记录中的日期，应该填写记账凭证上的日期。

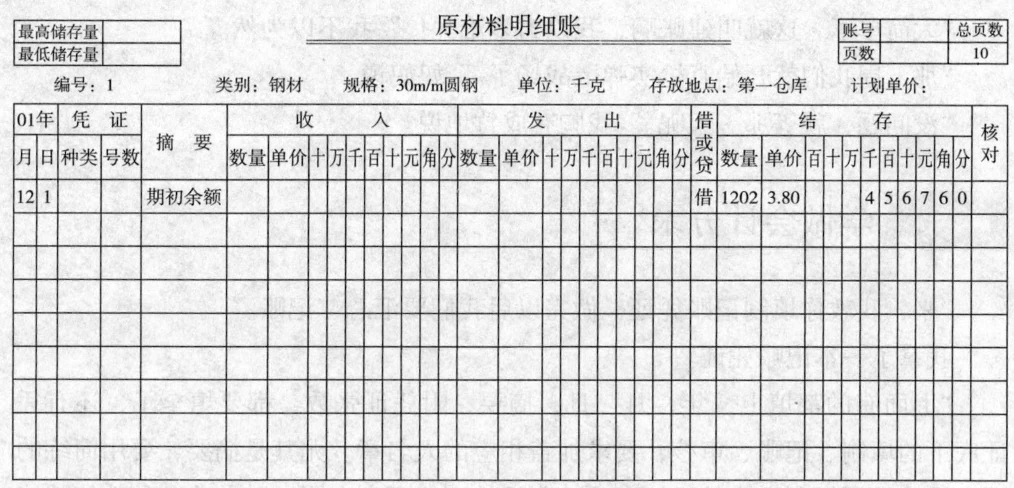

原材料明细账

最高储存量	
最低储存量	

账号		总页数
页数		10

编号：1　类别：钢材　规格：30m/m圆钢　单位：千克　存放地点：第一仓库　计划单价：

01年		凭证		摘要	收入										发出										借或贷	结存											核对
月	日	种类	号数		数量	单价	十	万	千	百	十	元	角	分	数量	单价	十	万	千	百	十	元	角	分		数量	单价	百	十	万	千	百	十	元	角	分	
12	1			期初余额																					借	1202	3.80				4	5	6	7	6	0	

图4-29　原材料明细账示例

现金日记账和银行存款日记账是必须设置的，还有前面介绍的那五大类科目都有建账的必要。“我们不能每一个科目使用一本账簿，昨天你们不是看到我记的那些账了吗，一共就六本，我看你买的这些。”我把带来的账本都掏出来。

- 日记账——现金日记账、银行存款日记账，应该单设。
- 多栏式费用账——可以把销售费用和管理费用记在一本账里，期间费用中还有一个财务费用科目，如果企业没有贷款，可以把它归纳到管理费用里核算。
- 商品明细账（数量金融式）——登记库存商品、原材料等实物资产。
- 三栏式明细账——可以立两本。平时发生额少的账户集中到一起，记在一本账上，比如应付职工薪酬、主营业务收入、主营业务支出、实收资本、资本公积、本年利润等。那些往来科目，比如应收账款、应付账款、预收账款、预付账款、其他应收款、其他应付款，可以记在一本账里。如果往来账多的，再视情况分出一本记。
- 固定资产和低值易耗品，放在一本账里。

“我说多了，你们也记不住，以后随着业务的发生，就知道该立什么账了，没有的可以后补，但不能把所有的科目都建账，有的根本用不上。

“另外还有总账。建总账时，最好按资产、负债、所有者权益、成本、损益的类别来分页。例如：第1页到第4页登记现金，第5页到第10页登记银行存款，以此类推。”

“太简单了，这就叫建账啊，我以为多难呢！”我不以为然。

“那下周我们就开始真枪实弹上战场了。”妈妈说。

“没问题，就等那一天呢。”我胸有成竹地说。

十一、学做会计分录

“来，我教你填制记账凭证，做完以后我们要汇总、记账。”

我拿了一本记账凭证。

“上面有的都填上，年、月、日、摘要、附凭证张数，都要填全了，还有凭证底下的填制、记账、审核，要求加盖相应的人名章。尤其是摘要，要用简练的语言准确地概括所发生的经济事项，刚开始可能不太会写，随着业务的熟练就能信手拈来了。”

妈妈看看我写的数字，然后说：“你的数字写得不专业。”

我扭头看了一眼妈妈写的数字，是斜着写的，我的数字写得太正了。

妈妈说：“我多说几句啊，数字要写得小巧，至少要倾斜 60 度角，这样的字才好看，才显得专业，因为我们整天与数字打交道，这也是会计起码的基本功。有句话不是说嘛：‘行家一出手，就知有没有’，反映在会计身上就是这数字。有人看见谁的数字写得好，就爱这么说：‘一看你这数字，就知道你记过账。’所以啊会计还要练习写好数字。来，我写一张，你没事的时候练练。”

妈妈边写边说：“我们在学校的时候，有专门练数字的本子，就像小学生的描红本，现在都不重视啦。现在用软件的越来越多，写字的机会也少了，但平时做业务的时候还是应该按规矩写。”

“说到数字，我又想起来千分位的问题了，顺便提一下。我们常看到有超过一千的数字，都用逗号隔开，这个逗号就叫千分位分隔符，就是所说的三位一截，算盘上就有——现在用算盘的也不多了。一是便于阅读；二是不容易写错位。如果你平时写到上千位的数字时，习惯打个逗号，就知道你很内行。”

好了，书归正传，进入实战。现在是这样的情况：某个公司的注册资金是 50 万元，有两个投资人，一个人用现金 30 万元投资；另一个人用小轿车投资，评估价也是 30 万元。那么这套会计分录应该这么做：

借：库存现金　　300 000

　　固定资产　　300 000

贷：实收资本 500 000

资本公积——资本溢价 100 000

会计分录是指对某项经济交易或事项标明其应借应贷会计科目及其金额的记录，简称分录。

为了保证账簿记录的正确性，在经济交易或事项登记入账之前要做到：

第一，分析经济交易或事项涉及的会计科目；

第二，确定涉及哪些会计科目，是增加，还是减少；

第三，确定哪个（或哪些）会计科目记借方，哪个（或哪些）会计科目记贷方；

第四，确定应借应贷会计科目是否正确，借贷方金额是否相等。

编制会计分录的格式，一般是先借后贷、上借下贷或左借右贷。一般“贷”字应对齐借方会计科目的第一个字，金额也要错开写。

下面开始介绍所涉及的科目，放在实际业务中讲，容易理解。

现金——就是指库存现金。

凡是涉及人民币的，都走现金科目。现金是资产类科目，增加记借方，减少记贷方，余额在借方。

实收资本——指收到的投资者投入的资本，可以是现金，也可以是非现金。这个科目属于所有者权益类，增加记贷方，减少记借方，余额在贷方。一般情况下，一旦入账，很少变动。企业因故增减，要经过工商部门批准。

资本公积——是企业收到投资者的超出其在企业注册资本（或股本）中所占份额的投资，以及直接计入所有者权益的利得和损失等，包括 4 个明细科目：资本溢价（或股本溢价）；接受捐赠非现金资产减值准备；外币资产折算差额；其他资本公积。期末余额也在贷方。还看刚才那项业务：收到投入的人民币，把它存入银行，然后拿去验资。

借：银行存款 300 000

贷：库存现金 300 000

因为这里有用实物投资的，如果都是现金投入的，正好是 50 万元，就用不着资本公积科目了。这里讲得全面点儿，免得以后遇到了不知道怎么处理。

这 50 万元实收资本和 10 万元的资本公积合计 60 万元，还要一次性地交纳万分之五的印花税（60 万 ×5%，此费用直接计入当期的管理费用），在申报税的时候缴纳。还有我们的 6 本账簿，每本要买 5 元的印花税票贴上，就是那天你们看到的账本封面上像邮票一样的东西，这些都是必须要办理的。

把会计分录写在记账凭证上是会计平时最重要的工作。学会计应该触类旁通。开始做会计感到两个难点：一是找不准会计科目，二就是分不清借贷。这两个问题解决了，就等于会计掌握了百分之七十，今天只是简单地介绍一下，以后想做会计就根据实际发生的交易和事项慢慢练行吧。

本周的课到此结束了，我感到自己的会计学习又上了一个台阶，攀登的感觉真好。

第五部分 税收基础知识

我今天讲的内容是税收知识，你是不是觉得税收距离我们太遥远了呢？其实税收与我们息息相关，形影不离，不信？请听我来讲一讲。

一、税收常识

（一）税收是什么

美国著名政治家富兰克林曾经说过："人生中只有两件事不可避免，那就是死亡和纳税。"想想看，我们每个人一来到这个世界上，税收就与我们的日常生活息息相关，形影不离。

就拿我们日常的衣、食、住、行来说吧。

衣，我们买的衣服中，所付的价款就包含着税。即使是妈妈亲手缝制的衣服，那些所买的布和线也是纳过税的哟。

食，我们吃的米、面、油、盐、酱油、醋等，在购买时也含着税。至于在饭店吃饭更是包含着税收。

住，我们购房的住房，在房价中也包含着税款；家具、生活用品也是如此。

行，我们出行乘坐各种交通工具，买票时就包含着税款。即使是咱们的私家车，加油时也同样缴纳了税款。

在日常生活中，我们还能处处感受到税收带来的便利。我们游玩的公园，美丽的校园，我们上学走的马路，马路上的一排排路灯等，这些公共设施大都是用税收来建造的；还有我们享受的义务教育，也是税收的功劳。

税收与我们如此密切，那什么是税收呢？税收是国家为满足社会公共需要，凭借公共权力，按照法律所规定的标准和程序，参与国民收入分配，强制地、无条件地取得财政收入的一种方式。通俗地说，税收就是国家聚众人之财，办众人之事。再简单地讲，税收就是将大家在生产、消费时花费的钱收集一部分交给国家，由国家根据需要来安排用处。

税收已经有了几千年的历史了。最初税收的形式不是钱，可能是物品，也可能是劳动力。直到近期我们国家才固定地用钱来交税。

（二）税收从哪里来

税收是由广大纳税人缴纳的。纳税人可以是法人，也可以是自然人。法人小到中小公司，大到跨国公司、垄断集团，概莫能外；自然人我们可以简单地理解为个人。自然人从国家主席、总理到平民百姓，不论身份高低，有收入者都有可能是纳税人。比如父母取得工资、收入达到一定金额就要缴纳个人所得税，像老师们也要交个人所得税。在现实生活中，不一定每个人都是纳税人，但人人都是商品和劳务的消费者，人人都是负税人，税收最终来源于我们每一个人，大家都为国家税收收入做着贡献。

（三）税收用在哪里

税收是国家为了满足社会公共需要而征收的。我国税收的本质是取之于民，用之于民。

- 发展国防事业，保障国家安全；
- 支持内政外交，服务政府运转；
- 投资基础设施，强化公共服务；
- 着力改善民生，保障公民福利。

如果说没有税收，那么国家就会处于混乱之中，军队没法生存，国家安全没有保障；没有税收，无法养活政府和公检法，社会秩序没人管理，没有钱用来修路，没有钱用来造桥，没有钱用来供水供电，义务教育没法开展，小朋友们也没法上学了……你想一想，税收重不重要？

（四）我国要收哪些税

现行税种有增值税、消费税、营业税、企业所得税、个人所得税、资源税、土地使用税、房产税、城市维护建设税、耕地占用税、土地增值税、车辆购置税、车船税、印花税、契税、烟叶税、关税、船舶吨税等 18 个税种，其中 16 个税种由税务部门负责征收。关税和船舶吨税由海关部门征收；另外，进口货物的增值税、消费税由海关部门代征。

“这些税都在哪儿交啊，我看还分国税、地税的。”

在国税缴纳的税种有：增值税、所得税、资源税、消费税等。

在地税缴纳的税种有：个人所得税、房产税、城镇土地使用税、印花税、土地增值税、营业税、城市维护建设税、教育费附加等。

有些税是有关单位代征，如车船税由保险公司代征，车辆购置税在上牌时由车管所代征等。

“我应该缴纳什么税，又怎么知道呢？”

那要看你公司所属的行业，到时候你的税务专管员会告诉你的，交什么税，税率多少，但报税的时候一定要知道，这也是会计应该掌握的。

妈妈继续说：“还有申报时间要记住了，晚了要罚款的。”一般的税种在每月的 15 号之前申报缴纳，申报期最后一天如遇国家法定节假日、公休日，可以顺延，而且不管当月有没有税款都要申报。

（五）纳税人身份

妈妈说：“前几次提到小规模纳税人和一般纳税人，这些都是针对缴纳增值税的企业来说的。现在教材上讲的都是一般纳税人的业务，但实际上还有很多的小规模纳税人，一是因为达不到一般纳税人的标准；二是从节税的角度看，小规模纳税人也有自己的优势。将来你们工作了，根据你所在公司的具体情况，帮老板分析一下作为什么身份纳税更有利于企业，那他一定会对你刮目相看的。”

“那怎么区分一般和小规模呢？”

“这是区别缴纳增值税的企业身份的叫法。现在界定这两种身份的一般标准是：年应税销售额在规定标准以下，并且会计核算不健全，不能按规定报送有关税务资料的增值税纳税人为小规模纳税人。”

会计核算不健全，是指不能正确核算增值税的销项税额、进项税额和应纳税额。

（1）制造业为主，年应税销售额在 50 万元以下的；

（2）商业为主，年应税销售额在 80 万元以下的；

（3）应税服务，年应税销售额在 500 万元以下的；

（4）年应税销售额超过小规模纳税人标准的个人、非企业性单位、不经常发生应税行为的企业，视同小规模纳税人纳税。

除了增值税纳税人分为小规模纳税人和一般纳税人身份，个人所得税的纳税人还分为居民纳税人和非居民纳税人，企业所得税的纳税人还分为居民企业和非居民企业。

我国按照住所和居住时间两个标准，将个人所得税纳税人划分为居民纳税人和非居民纳税人。居民纳税人承担无限纳税义务，非居民纳税人承担有限纳税义务。具体划分如表 5-1 所示。

表 5-1　纳税人分类及承担的纳税义务

纳税人类别	承担的纳税义务	判定标准
（1）居民纳税人	负有无限纳税义务。其所取得的应纳税所得，无论是来源于中国境内还是中国境外任何地方，都要在中国境内缴纳个人所得税	住所标准和居住时间标准只要具备一个就成为居民纳税人：①住所标准："在中国境内有住所"是指因户籍、家庭、经济利益关系而在中国境内习惯性居住；②居住时间标准："在中国境内居住满 1 年"是指在一个纳税年度（即公历 1 月 1 日起至 12 月 31 日止）内，在中国境内居住满 365 日
（2）非居民纳税人	承担有限纳税义务，只就其来源于中国境内的所得，向中国缴纳个人所得税	非居民纳税的判定条件是以下两条必须同时具备：（1）在我国无住所；（2）在我国不居住或居住不满 1 年

提示：在计算居住天数时，对临时离境应视同在华居住，不扣减其在华居住的天数。"临时离境"是指在一个纳税年度内，一次不超过 30 日或者多次累计不超过 90 日的离境。

我国按照注册地和实际管理机构所在地两个标准，将企业所得税纳税人划分为居民企业和非居民企业。具体划分如表 5-2 所示。

表 5-2　居民企业和非居民企业的制定标准

纳税人	判定标准	承担的纳税义务
居民企业	（1）依照中国法律、法规在中国境内成立的企业；（2）依照外国（地区）法律成立但实际管理机构在中国境内的企业	来源于中国境、境外的所得
非居民企业	（1）依照外国（地区）法律、法规成立且实际管理机构不在中国境内，但在中国境内设立机构、场所的企业；（2）在中国境内未设立机构、场所，但有来源于中国境内所得的企业	来源于中国境内的所得

提示：实际管理机构是指跨国企业的实际有效的指挥、控制和管理中心，是行使居民税收管辖权的国家判定法人居民身份的主要标准。

实际管理机构所在地的认定，一般以股东大会的场所、董事会的场所以及行使指挥监督权力的场所等因素来综合判断。

第一，对企业有实质性管理和控制的机构。

第二，对企业实行全面的管理和控制的机构。

第三，管理和控制的内容是企业的生产经营、人员、账务、财产等。这是界定实际管理机构的最关键标准。如果一个外国企业只是在表面上由境外的机构对企业有实质性全面管理和控制权，但是企业的生产经营、人员、账务、财产等重要事务实际上是由在中国境内的一个机构来做出决策的，那么我们就应当认定其实际管理机构在中国境内。税法法规中对此只做原则性规定或者不做规定，具体标准大多根据实际案例进行判断。

另外按照纳税主体的不同，还分为纳税人、扣缴义务人。

纳税人是指税法中规定的直接负有纳税义务的单位或个人。每种税收都有各自的纳税人。纳税人究竟是谁，一般随课税对象的确定而确定。例如个人所得税法中工资、薪金所得，其纳税人是有工资、薪金所得的个人；房产税的纳税人是产权所有人或者使用人；契税是以所有权发生转移变动的不动产为征税对象，向产权承受人征收的一种财产税，其纳税人是产权承受人。同一种税，纳税人可以是企业、单位和个人，如增值税，企业生产销售的产品，纳税人是企业；个人销售的产品，纳税人就是个人。

扣缴义务人是指法律、行政法规规定负有代扣代缴、代收代缴税款义务的单位和个人。扣缴义务人既可以是各种类型的企业，也可以是机关、社会团体、民办非企业单位、部队、学校和其他单位，或者是个体工商户、个人合伙经营者和其他自然人。

二、税务管理

除国家机关、个人（自然人）和无固定生产、经营场所的流动性农村小商贩不需要办理税务登记外，负有纳税义务的纳税人和扣缴义务人必须到税务机关办理税务登记。

税务登记范围介绍如下。

（一）登记范围和内容

（1）从事生产、经营的纳税人：企业，企业在外地设立的分支机构和从事生产、经营的场所，个体工商户和从事生产、经营的事业单位。

（2）非从事生产经营但依照规定负有纳税义务的单位和个人：前款规定以外的纳税人，国家机关、个人和无固定生产经营场所的流动性农村小商贩除外。

（3）扣缴义务人：负有扣缴税款义务的扣缴义务人（国家机关除外），应当办理扣缴税款登记。

享受减免税待遇的纳税人也需要办理税务登记。

税务登记内容包括设立（开业）税务登记，变更税务登记，停业、复业登记，外出经营报验登记，以及注销税务登记等。

（二）纳税办理注意事项

办理纳税企业还要注意：

（1）从事生产、经营的纳税人应当自领取营业执照或者发生纳税义务之日起15日内，按照国家有关规定设置账簿。

扣缴义务人应当自税收法律、行政法规规定的扣缴义务发生之日起10日内，按照所代扣、代收的税种，分别设置代扣代缴、代收代缴税款账簿。

（2）从事生产、经营的纳税人应当自领取税务登记证件之日起15日内，将其财务、会计制度或者财务、会计处理办法，报送税务机关备案。

纳税人扣缴义务人使用电子计算机记账的，应当在使用前将会计核算软件使用说明书及有关资料报送主管税务机关备案。

（3）除法律、行政法规另有规定外，账簿、记账凭证、报表、完税凭证、发票、出口凭证及其他有关涉税资料应当保存10年。

（三）发票使用注意事项

纳税人在使用发票时还要注意：

（1）申请领购发票的单位和个人必须先提出购票申请，提供经办人身份证明、税务登记证件或者其他有关证明，以及财务印章（指单位的财务专用章或其他财务印章）或者发票专用章的印模，经主管税务机关审核后，发给发票领购簿。

（2）税务机关对外省、自治区、直辖市来本辖区从事临时经营活动的单位和个人申请领购发票的，可以要求其提供保证人或者根据所领购发票的票面限额及数量交纳不超过10 000元的保证金，并限期缴销发票。

（3）任何单位和个人不得转借、转让、代开发票；未经税务机关批准，不得拆本使用发票；不得自行扩大专业发票的使用范围。

（四）相关措施

税务机关在特殊情况下，经批准，可以采取以下措施：

（1）书面通知纳税人开户银行或其他金融机构冻结纳税人的金额相当于应纳税款的存款。

（2）扣押、查封纳税人的价值相当于应纳税款的商品、货物或其他财产。

（3）书面通知其开户银行或其他金融机构从其存款中扣缴税款。

（4）扣押、查封、依法拍卖或者变卖其价值相当于应纳税款商品、货物或其他财产，以拍卖或者变卖所得抵缴税款。

（5）阻止出境。欠缴税款的纳税人或者其法定代表人在出境前未按规定结清应纳税款、滞纳金或者提供纳税担保的，税务机关可以通知出境管理机关阻止其出境。

三、税种介绍

（一）增值税

增值税是以商品（含应税劳务）在流转过程中产生的增值额作为计税依据而征收的一种流转税。从计税原理上说，增值税是对商品生产、流通、劳务服务中多个环节的新增价值或商品的附加值征收的一种流转税。增值税实行价外税，也就是由消费者负担，有增值才征税，没增值不征税。

增值税是我国最大的税种。增值税由国家税务局负责征收，税收收入中75%为中央财政收入，25%为地方收入。进口环节的增值税由海关负责征收，税收收入全部为中央财政收入。

在实际当中，商品新增价值或附加值在生产和流通过程中是很难准确计算的。因此，我国也采用国际上普遍采用的税款抵扣的办法，即根据销售商品或劳务的销售额乘以规定的税率计算出销项税额，然后扣除取得该商品或劳务时所支付的增值税款，也就是进项税额，其差额就是增值部分应交的税额。这种计算方法体现了按增值因素计税的原则。

一般纳税人适用的税率有：17%、13%、11%、6%、0%等。

适用17%税率的是：销售货物或者提供加工、修理修配劳务以及进口货物；提供有形动产租赁服务。

适用13%税率的是：粮食、食用植物油；自来水、暖气、冷气、热水、煤气、石油液化气、天然气、沼气、居民用煤炭制品；图书、报纸、杂志；饲料、化肥、农药、农机、农膜；农产品、音像制品、电子出版物、二甲醚等。

适用11%税率的是：提供交通运输业服务。

适用6%税率的是：提供现代服务业服务（有形动产租赁服务除外）。

适用0%税率的是：出口货物等特殊业务。

小规模纳税人适用征收率，征收率为3%。

一般纳税人应纳税额的计算公式为：

一般纳税人应纳税额 = 当期销项税额 – 当期进项税额

式中，销项税额 = 销售额 × 税率

销售额 = 含税销售额 ÷（1 + 税率）

销项税额：是指纳税人提供应税服务按照销售额和增值税税率计算的增值税额。

进项税额：是指纳税人购进货物或者接受加工修理修配劳务和应税服务，支付或者负担的增值税税额。

小规模纳税人应纳税额的计算公式为：

小规模纳税人应纳税额 = 销售额 × 征收率

销售额 = 含税销售额 ÷（1 + 征收率）

（二）消费税

消费税是在对货物普遍征收增值税的基础上，选择少数消费品再征收的一个税种，主要是为了调节产品结构，引导消费方向，保证国家财政收入。消费税的征收范围包括了以下四种类型的产品。

第一类：一些过度消费会对人类健康、社会秩序、生态环境等方面造成危害的特殊消费品，如烟、酒、鞭炮、焰火等。

第二类：奢侈品、非生活必需品，如贵重首饰、化妆品等。

第三类：高能耗及高档消费品，如小轿车、摩托车等。

第四类：不可再生和替代的石油类消费品，如汽油、柴油等。

现行消费税的征收范围主要包括：烟，酒，鞭炮、焰火，化妆品，成品油，贵重首饰及珠宝玉石，高尔夫球及球具，高档手表，游艇，木制一次性筷子，实木地板，摩托车，小汽车等税目，有的税目还进一步划分若干子目。

消费税的计税方法介绍如下。

（1）从价计税，我国对大多数应税消费品实行从价计税，其计算公式为：

应纳税额 = 应税消费品销售额 × 适用税率

（2）从量计税，我国对黄酒、啤酒、成品油实行从量计税，其计算公式为：

应纳税额 = 应税消费品销售数量 × 适用税额标准

（3）复合计税，我国对白酒和卷烟实行复合计税，其计算公式为：

应纳税额 = 应税消费品销售额 × 适用税率 + 应税消费品销售数量 × 适用税额标准

消费税一般只征收一次（卷烟除外），我国消费税一般在生产环节和进口环节纳税。

纳税人生产的应税消费品，由生产者于销售时纳税。其中自产自用的用于本企业连续生产应税消费品的不纳税；用于其他方面的，于移送使用时纳税。委托加工的应税消费品，由受托方在向委托方交货时代扣代缴。如果受托方是个体经营者，委托方需在收回加工应税消费品后向所在地主管税务机关缴纳消费税。

纳税人进口的应税消费品，由进口报关者于报关进口时纳税。

金银首饰消费税由零售者在零售环节缴纳。

在批发环节征收的消费税仅限于卷烟，且是加征的一道消费税，适用税率 5%。

（三）营业税

营业税是对在中国境内提供应税劳务、转让无形资产或销售不动产的单位和个人，就其所取得的营业额征收的一种税。营业税属于流转税制中的一个主要税种，其计算公式为：

营业税应纳税额 = 计税营业额 × 适用税率

营业额是指纳税人提供应税劳务、出售或出租无形资产及销售不动产向对方收取的全部价款和价外费用。

营业税税率按照行业、类别不同分别采用了不同的比例税率。

（四）关税

关税是指进出口商品在经过一国关境时，由政府设置的海关向进出口商所征收的税收。

关税的征税基础是关税完税价格。进口货物以海关审定的成交价值为基础的到岸价格为关税完税价格；出口货物以该货物销售与境外的离岸价格减去出口税后，经过海关审查确定的价格为完税价格。

关税应税额的计算公式为：

应纳税额 = 关税完税价格 × 适用税率

（五）企业所得税

企业所得税是指对中华人民共和国境内的企业（居民企业及非居民企业）和其他取得收入的组织以其生产经营所得为课税对象所征收的一种所得税。作为企业所得税纳税人，应依照《中华人民共和国企业所得税法》缴纳企业所得税。但个人独资企业及合伙企业除外。

企业所得税的税率为 25% 的比例税率。国家需要重点扶持的高新技术企业为 15%，小型微利企业为 20%，非居民企业为 20%。

企业应纳所得税额计算公式为：

企业应纳所得税额 = 当期应纳税所得额 × 适用税率

应纳税所得额 = 收入总额 – 准予扣除项目金额

（六）个人所得税

个人所得税是调整征税机关与自然人（居民、非居民人）之间在个人所得税的征纳与管理过程中所发生的社会关系的法律规范的总称。

个人所得税的纳税义务人，既包括居民纳税义务人，也包括非居民纳税义务人。居民纳税义务人负有完全纳税的义务，必须就其来源于中国境内、境外的全部所得缴纳个人所得税；而非居民纳税义务人仅就其来源于中国境内的所得，缴纳个人所得税。

个人所得税是国家对本国公民、居住在本国境内的个人的所得和境外个人来源于本国的所得征收的一种所得税。

征税范围包括：工资、薪金所得；个体工商户的生产、经营所得；对企事业单位的承包经营、承租经营所得；劳务报酬所得；稿酬所得；特许权使用费所得；利息、股息、红利所得；财产租赁所得；财产转让所得；偶然所得；其他所得。

除上述10项应税项目以外，其他所得应确定征税的，由国务院财政部门确定。

个人所得税根据不同的征税项目，分别规定了三种不同的税率：

（1）工资、薪金所得，适用7级超额累进税率，按月应纳税所得额计算征税。该税率按个人月工资、薪金应税所得额划分级距，最高一级为45%，最低一级为3%，共7级。

（2）个体工商户的生产、经营所得和对企事业单位适用5级超额累进税率。适用按年计算、分月预缴税款的个体工商户的生产、经营所得和对企事业单位的承包经营、承租经营的全年应纳税所得额划分级距，最低一级为5%，最高一级为35%，共5级。

（3）比例税率。对个人的稿酬所得，劳务报酬所得，特许权使用费所得，利息、股息、红利所得，财产租赁所得，财产转让所得，偶然所得和其他所得，按次计算征收个人所得税，适用20%的比例税率。其中，对稿酬所得适用20%的比例税率，并按应纳税额减征30%；对劳务报酬所得一次性收入畸高的，除按20%征税外，应纳税所得额超过2万元至5万元的部分，依照税法规定计算应纳税额后再按照应纳税额加征五成；超过5万元的部分，加征十成。”个人所得税税率表如表5-3所示。

中国个人所得税的征收方式实行源泉扣缴与自行申报并用法，注重源泉扣缴。

个人所得税的征收方式可分为按月计征和按年计征。个体工商户的生产、经营所得，对企业事业单位的承包经营、承租经营所得，特定行业的工资、薪金所得，从中国境外取得的所得，实行按年计征应纳税额，其他所得应纳税额实行按月计征。

个人所得税的计算方法为：

应纳个人所得税税额 = 应纳税所得额 × 适用税率 − 速算扣除数

表 5-3 个人所得税税率表

全月应纳税所得额	税率	速算扣除数（元）
全月应纳税所得额不超过 1 500 元	3%	0
全月应纳税所得额超过 1 500 元至 4 500 元	10%	105
全月应纳税所得额超过 4 500 元至 9 000 元	20%	555
全月应纳税所得额超过 9 000 元至 35 000 元	25%	1 005
全月应纳税所得额超过 35 000 元至 55 000 元	30%	2 755
全月应纳税所得额超过 55 000 元至 80 000 元	35%	5 505
全月应纳税所得额超过 80 000 元	45%	13 505

应纳税所得额＝扣除三险－金后月收入－扣除标准；扣除标准为 3 500 元 / 月。

（七）土地使用税

该税以在城市、县城、建制镇和工矿区范围内的土地为征税对象，以实际占用的土地面积为计税依据，按规定税额对使用土地的单位和个人征收；其税额标准按大城市、中等城市、小城市和县城、建制镇、工矿区分别确定，在每平方米 0.6 元至 30 元之间。土地使用税按年计算、分期缴纳。

（八）房产税

该税是以城市、县城、建制镇和工矿区范围内的房屋为征税对象，按房产余值或租金收入为计税依据，向产权所有人征收的一种税。其税率分为两类：按照房产余值计算应纳税额的，适用税率为 1.2%；按照房产租金收入计算应纳税额的，适用税率为12%，但个人按市场价格出租的居民住房，减按4%的税率征收。房产税按年征收、分期缴纳。

（九）城市维护建设税

城市维护建设税是对从事工商经营，缴纳消费税、增值税、营业税的单位和个人征收的一种税。

城市维护建设税是根据城市维护建设资金的不同层次的需要而设计的，实行分区域的差别比例税率，即按纳税人所在城市、县城或镇等不同的行政区域分别规定不同的比例税率。具体规定为：

（1）纳税人所在地在市区的，税率为 7%。

（2）纳税人所在地在县城、镇的，税率为 5%。

（3）纳税人所在地不在市区、县城、县属镇的，税率为 1%。

城市维护建设税应纳税额的计算比较简单，计税方法基本上与“三税”一致，其计算公式为：

应纳税额 =（实际缴纳增值税 + 消费税 + 营业税税额）× 适用税率

城市维护建设税分别与增值税、消费税、营业税同时缴纳。

（十）教育费附加

教育费附加以各单位和个人实际缴纳的增值税、消费税、营业税的税额为计征依据，分别与增值税、消费税、营业税同时缴纳。

教育费附加征收率为“三税”税额的 3%。地方教育费附加征收率为“三税”税额的 2%，共计 5%。

其计算公式为：

应缴的教育费附加 =（实缴增值税 + 实缴营业税 + 实缴消费税）× 费率

（十一）耕地占用税

该税针对占用耕地建房或者从事其他非农业建设的单位和个人，依其占用耕地的面积征收。其税额标准在每平方米 5 元至 50 元之间。纳税人必须在经土地管理部门批准占用耕地之日起 30 日内缴纳耕地占用税。

（十二）土地增值税

土地增值税是指转让国有土地使用权、地上的建筑物及其附着物并取得收入的单位和个人，以转让所取得的收入减除法定扣除项目金额后的增值额为计税依据向国家缴纳的一种税赋，不包括以继承、赠与方式无偿转让房地产的行为

土地增值税实行四级超率累进税率。土地增值税率表如表 5-4 所示。

表 5-4 土地增值税率表

级数	计税依据	税率	速算扣除系数
1	增值额未超过扣除项目金额 50% 的部分	30%	0
2	增值额超过扣除项目金额 50% 未超过扣除项目金额 100% 的部分	40%	5%
3	增值额超过扣除项目金额 100% 未超过扣除项目金额 200% 的部分	50%	15%
4	增值额超过扣除项目金额 200% 的部分	60%	35%

其计算公式为：

应纳税额＝增值额 × 适用税率－扣除项目金额 × 速算扣除系数

（十三）车辆购置税

该税对购置汽车、摩托车、电车、挂车、农用运输车等应税车辆的单位和个人征收。车辆购置税实行从价定率的方法计算应纳税额，税率为 10%。计税价格为纳税人购置应税车辆而支付给销售者的全部价款和价外费用（不包括增值税）；国家税务总局参照应税车辆市场平均交易价格，规定不同类型应税车辆的最低计税价格。纳税人购置应税车辆的，应当自购置之日起 60 日内申报纳税并一次缴清税款。

（十四）车船税

以在我国境内依法应当到车船管理部门登记的车辆、船舶为征税对象，向车辆、船舶的所有人或管理人征收，分为载客汽车、载货汽车等六大税目。车船税按年申报缴纳。

（十五）印花税

对经济活动和经济交往中书立、领受税法规定的应税凭证征收。印花税根据应税凭证的性质，分别按合同金额依比例税率或者按件定额计算应纳税额。

印花税实行由纳税人根据规定自行计算应纳税额，购买并一次贴足印花税票的缴纳办法。

（十六）契税

该税以出让、转让、买卖、赠与、交换发生权属转移的土地、房屋为征税对象征收，承受的单位和个人为纳税人。出让、转让、买卖土地、房屋的税基为成交价格，赠与土地、房屋的税基由征收机关核定，交换土地、房屋的税基为交换价格的差额。税率为 3% ～ 5%。

（十七）烟叶税

该税对收购烟叶（包括晾晒烟叶和烤烟叶）的单位，按照收购烟叶的收购金额征收，税率为 20%。纳税人应当自纳税义务发生之日起 30 日内申报纳税。具体纳税期限由主管税务机关核定。

（十八）资源税

该税针对各种应税自然资源征收。征税范围包括原油、天然气、煤炭、其他非金属矿原矿、黑色金属矿原矿、有色金属矿原矿、盐等 7 大类。资源税的税额标准因资源的种类、区位的不同，税额标准不等。目前，资源税采取从量定额的办法征收，下一步将实行从价定率办法征收。

需要说明的是，尽管我国税法规定有 18 种税，但并不是每个纳税人都要缴纳所有的税种。纳税人只有发生了税法规定的应税行为，才需要缴纳相应的税收；如果没有发生这些应税行为，就不需要缴纳相应的税收。从实际情况来看，规模比较大、经营范围比较广的企业涉及的税种一般在 10 个左右，而大多数企业缴纳的税种为 6 ～ 8 个。

第六部分 经济法基础知识

下面我们学习经济法的基础知识。法律究竟离我们的生活有多远？在许多普通中国公民看来，法律是公家的事，是律师的事，并非他们自己能够关心的。其实，法律离我们的生活并不遥远；相反，法律源于公民生活的内在需要，是公民生活的基本范式，与每位公民的日常生活息息相关。因此，我们不应将法律高高挂在空中，而理应将其作为我们手中的“矛”与“盾”，当作我们生活中的“情”与“理”。也就是说，我们每位公民，都可以成为法律的“代言人”！而要做到这些并不难。尊重法律、信赖法律，这是我们在生活中正确对待法律的应有态度。也就是说，我们要重视法律的权威性，确保自己的行为在法律允许的范围之内，不要因为突破法律的红线而给自己带来不必要的麻烦。我们还要相信法律的公正性，积极主动地通过法律规定的途径寻求对自己权利的保护与救济。更为关键的是，我们应当学会如何运用法律来解决生活中的各种问题。这并不是要我们埋头于艰深的法理象牙塔，系统地掌握所有法学理论知识，其核心环节在于懂得去借鉴和参与。因此，在麻烦找来之前，我们最好先去结识这位法律朋友，多听听这位法律朋友的建议。

一、经济纠纷解决途径

（一）经济纠纷解决途径的选择

在我国，解决经济纠纷的途径和方式主要有仲裁、民事诉讼、行政复议和行政诉讼。

仲裁与民事诉讼都是适用于横向关系经济纠纷的解决方式。作为平等民事主体的当事人之间发生的经济纠纷，只能在仲裁或者民事诉讼两种方式中选择一种解决争议。

有效的仲裁协议可排除法院的管辖权，只有在没有仲裁协议或者仲裁协议无效，或者当事人放弃仲裁协议的情况下，法院才可以行使管辖权，这在法律上称为或裁或审原则。

当公民、法人或者其他组织认为行政机关的具体行政行为侵犯其合法权益时，可采取申请行政复议或者提起行政诉讼的方式解决。行政复议与行政诉讼方式都是对纵向关系经济纠纷的解决方式，都由行政管理相对人一方提出申请。

（二）仲裁

1. 仲裁的适用范围

根据中华人民共和国《仲裁法》（以下简称《仲裁法》）的规定，平等主体的公民、法人和其他组织之间发生的合同纠纷和其他财产权益纠纷，可以仲裁。但下列纠纷不能提请仲裁：

（1）关于婚姻、收养、监护、扶养、继承纠纷。

（2）依法应当由行政机关处理的行政争议。

（3）下列仲裁不适用于《仲裁法》，不属于《仲裁法》所规定的仲裁范围，由别的法律予以调整。例如劳动争议的仲裁；农业集体经济组织内部的农业承包合同纠纷的仲裁。

2. 仲裁的基本原则

（1）自愿原则。当事人采用仲裁方式解决纠纷，应当双方自愿，达成仲裁协议。没有仲裁协议，一方申请仲裁的，仲裁委员会不予受理。

（2）依据事实和法律，公平合理地解决纠纷的原则。

（3）独立仲裁原则。仲裁机关不依附于任何机关而独立存在，仲裁依法独立进行，不受任何行政机关、社会团体和个人的干涉。

（4）一裁终局原则。裁决做出后，当事人就同一纠纷再申请仲裁或者向人民法院起诉的，仲裁委员会或者人民法院不予受理。

3. 仲裁机构

（1）仲裁委员会可以在直辖市和省、自治区人民政府所在地的市设立，也可以根据需要在其他设区的市设立，不按行政区划层层设立。仲裁委员会独立于行政机关，与行政机关没有隶属关系。仲裁委员会之间也没有隶属关系。

（2）仲裁委员会由主任 1 人、副主任 2 ～ 4 人和委员 7 ～ 11 人组成。仲裁委员会的组成人员中，法律、经济贸易专家不得少于 2/3。

4. 仲裁协议

（1）仲裁协议应当以书面形式订立。口头达成仲裁的意思表示无效。

（2）仲裁协议应当具有下列内容：有请求仲裁的意思表示；有仲裁事项；有选定的仲裁委员会。

仲裁协议对仲裁事项或者仲裁委员会没有约定或者约定不明确的，当事人可以补充协议；达不成补充协议的，仲裁协议无效。

（3）仲裁协议的效力：仲裁协议独立存在，合同的变更、解除、终止或者无效，不影响仲裁协议的效力；当事人对仲裁协议的效力有异议的，可以请求仲裁委员会做出决定或者请求法院做出裁定。一方请求仲裁委员会做出决定，另一方请求法院做出裁定的，由“法院裁定”。当事人对仲裁协议的效力有异议，应当在“仲裁庭首次开庭前”提出；当事人达成仲裁协议，一方向法院起诉未声明有仲裁协议，法院受理后，另一方在首次开庭前提交仲裁协议的，法院应当驳回起诉，但仲裁协议无效的除外；另一方在首次开庭前未对法院受理该案提出异议的，视为放弃仲裁协议，法院应当“继续审理”。

5. 仲裁裁决

（1）《仲裁法》规定，仲裁不实行级别管辖和地域管辖，仲裁委员会应当由当事人协议选定。

（2）仲裁庭可以由 3 名仲裁员或者 1 名仲裁员组成。由 3 名仲裁员组成的，设首席仲裁员。当事人约定由 3 名仲裁员组成仲裁庭的，应当各自选定或者各自委托仲裁委员会主任指定 1 名仲裁员，第 3 名仲裁员由当事人共同选定或者共同委托仲裁委员会主任指定。第 3 名仲裁员是首席仲裁员。当事人约定由 1 名仲裁员成立仲裁庭的，应当由当事人共同选定或者共同委托仲裁委员会主任指定。

当事人没有在仲裁规则规定的期限内约定仲裁庭的组成方式或者选定仲裁员的，由仲裁委员会主任指定。仲裁庭组成后，仲裁委员会应当将仲裁庭的组成情况书面通知当事人。

（3）仲裁应当开庭进行。当事人协议不开庭的，仲裁庭可以根据仲裁申请书、答辩书以及其他材料做出裁决。

（4）仲裁不公开进行。当事人协议公开的，可以公开进行；但涉及国家秘密的除外。

（5）当事人申请仲裁后，可以自行和解。达成和解协议的，可以请求仲裁庭根据和解协议做出裁决书，也可以撤回仲裁申请。

当事人达成和解协议，撤回仲裁申请后又反悔的，可以根据仲裁协议申请仲裁。

（6）仲裁庭在做出裁决前，可以先行调解。调解书与裁决书具有同等法律效力。调解书经双方当事人签收后，即发生法律效力，不签收意味着拒绝调解。

（7）裁决应当按照多数仲裁员的意见做出，少数仲裁员的不同意见可以记入笔录。仲裁庭不能形成多数意见时即 3 个人 3 种意见时，裁决应当按照首席仲裁员的意见做出。裁决书自做出之日起发生法律效力。

（8）当事人应当履行裁决。一方当事人不履行的，另一方当事人可以依照《中华人民共和国民事诉讼法》的有关规定向人民法院申请执行。受申请的人民法院应当执行。仲裁庭只能调解和裁决，无权强制执行。

（三）民事诉讼

1. 民事诉讼的适用范围

（1）因民法、婚姻法、收养法、继承法等调整的平等主体之间的财产关系和人身关系发生的民事案件，如合同纠纷、房产纠纷、侵害名誉权纠纷等。

（2）因经济法、劳动法调整的社会关系发生的争议，法律规定适用民事诉讼程序审理的案件，如企业破产案件、劳动合同纠纷等。

（3）适用特别程序审理的选民资格案件和宣告公民失踪、死亡等非讼案件。

（4）按照督促程序解决的债务案件。

（5）按照公示催告程序解决的宣告票据和有关事项无效的案件。

2. 审判制度

（1）合议制度。法院审理第一审民事案件，除适用简易程序审理的民事案件由审判员一人独任审理外，一律由审判员、陪审员共同组成合议庭或者由审判员组成合议庭；法院审理第二审民事案件，由审判员组成合议庭。合议庭的成员，应当是 3 人以上的单数。

（2）回避制度。参与某案件民事诉讼活动的审判人员、书记员、翻译人员、鉴定人、勘验人是案件的当事人或者当事人、诉讼代理人的近亲属，或者与案件有利害关系，或者与案件当事人有其他关系、可能影响对案件公正审理的，当事人有权用口头或者书面方式申请他们回避（不包括证人）。

（3）公开审判制度。法院审理民事或行政案件，除涉及国家秘密、个人隐私或者法律另有规定外，应当公开进行。

不论案件是否公开审理，一律公开宣告判决。

（4）两审终审制度。一个诉讼案件经过两级法院审判后即终结。根据《中华人民共和国人民法院组织法》，我国法院分为四级：最高法院、高级法院、中级法院、基层法院。除最高法院外，其他各级法院都有自己的上一级法院。

适用特别程序、督促程序、公示催告程序和企业法人破产还债程序审理的案件，实行一审终审。

对终审判决、裁定，当事人不得上诉。如果发现终审裁判确有错误，可以通过审判监督程序予以纠正。

3. 诉讼地域管辖

（1）一般地域管辖，通常实行“原告就被告”原则。

（2）特殊地域管辖：《中华人民共和国民事诉讼法》规定了九种属于特殊地域管辖的诉讼：①因合同纠纷提起的诉讼，由被告住所地或者合同履行地法院管辖。合同的双方当事人可以在书面合同中协议选择被告住所地、合同履行地、合同签订地、原告住所地、标的物所在地法院管辖，但不得违反《中华人民共和国民事诉讼法》对级别管辖和专属管辖的规定；②因保险合同纠纷提起的诉讼，由被告住所地或者保险标的物所在地法院管辖；③因票据纠纷提起的诉讼，由票据支付地或者被告住所地法院管辖；④因铁路、公路、水上、航空运输和联合运输合同纠纷提起的诉讼，由运输始发地、目的地或者被告住所地法院管辖；⑤因侵权行为提起的诉讼，由侵权行为地（包括侵权行为实施地、侵权结果发生地）或者被告住所地法院管辖；⑥因铁路、公路、水上和航空事故请求损害赔偿提起的诉讼，由事故发生地或者车辆、船舶最先到达地、航空器最先降落地或者被告住所地法院管辖；⑦因船舶碰撞或者其他海事损害事故请求损害赔偿提起的诉讼，由碰撞发生地、碰撞船舶最先到达地、加害船舶被扣留地或者被告住所地法院管辖；⑧因海难救助费用提起的诉讼，由救助地或者被救助船舶最先到达地法院管辖；⑨因共同海损提起的诉讼，由船舶最先到达地、共同海损理算地或者航程终止地的法院管辖。

（3）专属管辖。专属管辖的案件主要有三类：因不动产纠纷提起的诉讼，由不动产所在地法院管辖；因港口作业中发生纠纷提起的诉讼，由港口所在地法院管辖；因继承遗产纠纷提起的诉讼，由被继承人死亡时住所地或者主要遗产所在地法院管辖。

（4）共同管辖和选择管辖。两个以上法院都有管辖权（共同管辖）的诉讼，原告可以向其中一个法院起诉；原告向两个以上有管辖权的法院起诉的，由“最先立案”的法院管辖。

4. 诉讼时效

诉讼时效，是指权利人在法定期间内不行使权利而失去诉讼保护的制度。诉讼时效期间届满，权利人丧失的是胜诉权，即丧失依诉讼程序强制义务人履行义务的权利；权利人的实体权利并不消灭，债务人自愿履行的，不受诉讼时效限制。

诉讼时效期间包括普通诉讼时效期间（2 年）和特别诉讼时效期间（1 年）。

适用于 1 年诉讼时效期间的情形包括：①身体受到伤害要求赔偿的；②出售质量不合格的商品未声明的；③延付或者拒付租金的；④寄存财物被丢失或者损毁的。

诉讼时效期间，均从权利人知道或者应当知道权利被侵害时起计算。但是，从权利被侵害之日起超过 20 年的，法院不予保护。也就是说，对在 20 年内始终不知道或者不可能知道自己权利受侵害的当事人，法律也不再予以诉讼保护。

（1）诉讼时效期间的中止，指在诉讼时效期间的最后 6 个月内，因不可抗力或者其他障碍致使权利人不能行使请求权的，诉讼时效期间暂时停止计算。

（2）诉讼时效期间的中断，指在诉讼时效期间当事人提起诉讼、当事人一方提出要求或者同意履行义务，而使已经经过的时效期间全部归于无效。从中断时起，诉讼时效期间重新计算。

（3）诉讼时效的延长是人民法院对已经完成的诉讼时效，根据特殊情况而予以延长。特殊情况是否延长，具体由人民法院判定。

5. 判决和执行

（1）判决。

法院审理案件，除涉及国家秘密、个人隐私或者法律另有规定的以外，应当公开进行。

法院审理民事案件，可以根据当事人的意愿进行调解。

当事人不服法院第一审判决的，有权在判决书送达之日起 15 日内向上一级法院提起上诉。

（2）执行。

对于发生法律效力的判决、裁定，由第一审法院执行；对于调解书、仲裁机构的生效裁决、公证机关依法赋予强制执行效力的债权文书等，则由被执行人住所地或者被执行的财产所在地法院执行。

（四）行政复议

1. 行政复议的范围

当事人对行政机关的“具体行政行为”不服，可以申请行政复议。

下列事项不能申请行政复议：

（1）不服行政机关做出的行政处分或者其他人事处理决定，可依照有关法律、行政法规的规定提出申诉。

（2）不服行政机关对民事纠纷做出的调解或者其他处理，可依法申请仲裁或者向法院提起诉讼。

公民、法人或者其他组织认为行政机关的具体行政行为所依据的下列规定不合法，在对具体行政行为申请行政复议时，可以一并向行政复议机关提出对该规定的审查申请：

- 国务院部门的规定；
- 县级以上地方各级人民政府及其工作部门的规定；
- 乡、镇人民政府的规定。

前款所列规定不含国务院部委规章和地方人民政府规章。

2. 行政复议申请

（1）公民、法人或者其他组织认为具体行政行为侵犯其合法权益的，可以自知道该具体行政行为之日起“60 日内”提出行政复议申请。

（2）申请人申请行政复议，可以书面申请，也可以口头申请。

3. 行政复议参加人和行政复议机关

对县级以上地方各级人民政府工作部门的具体行政行为不服的，申请人可以向该部门的本级人民政府申请行政复议，也可以向上一级主管部门申请行政复议。

对海关、金融、国税、外汇管理等实行垂直领导的行政机关和国家安全机关的具体行政行为不服的，向上一级主管部门申请行政复议。

对地方各级人民政府的具体行政行为不服的，向上一级人民政府申请行政复议。

对国务院部门或者省、自治区、直辖市人民政府的具体行政行为不服的，向做出该具体行政行为的国务院部门或者省、自治区、直辖市人民政府申请行政复议。

行政复议机关受理行政复议申请，不得向申请人收取任何费用。

行政复议期间具体行政行为不停止执行。但是，有下列情形之一的，可以停止执行：①被申请人认为需要停止执行的；②行政复议机关认为需要停止执行的；③申请人申请停止执行，行政复议机关认为其要求合理，决定停止执行的；④法律规定停止执行的。

4. 行政复议决定

（1）行政复议原则上采取书面审查的办法；行政复议的举证责任，由被申请人承担。

（2）行政复议机关应当自受理申请之日起 60 日内做出行政复议决定。

（3）行政复议机构应当对被申请人做出的具体行政行为进行审查，提出意见，经行政复议机关的负责人同意或者集体讨论通过后，按照下列规定做出行政复议决定：

- 具体行政行为认定事实清楚，证据确凿，适用依据正确，程序合法，内容适当的，决定维持。
- 被申请人不履行法定职责的，决定其在一定期限内履行。
- 具体行政行为有主要事实不清、证据不足的，适用依据错误的，违反法定程序的，超越或者滥用职权的，具体行政行为明显不当的等情形之一的，决定撤销、变更或者确认该具体行政行为违法。决定撤销或者确认该具体行政行为违法的，可以责令被申请人在一定期限内重新做出具体行政行为。

（4）行政复议决定书一经送达，即发生法律效力。

（5）申请人逾期不起诉又不履行行政复议决定的，或者不履行最终裁决的行政复议决定的，按照下列规定分别处理：

- 维持具体行政行为的行政复议决定，由做出具体行政行为的行政机关依法强制执行，或者申请法院强制执行；
- 变更具体行政行为的行政复议决定，由行政复议机关依法强制执行，或者申请法院强制执行。

（五）行政诉讼

1. 行政诉讼的适用范围

（1）法院受理行政诉讼的范围：①对拘留、罚款、吊销许可证和执照、责令停产停业、没收财物等行政处罚不服的；②对限制人身自由或者对财产的查封、扣押、冻结等行政强制措施不服的；③认为行政机关侵犯法律规定的经营自主权的；④认为符合法定条件申请行政机关颁发许可证和执照，行政机关拒绝颁发或者不予答复的；⑤申请行政机关履行保护人身权、财产权的法定职责，行政机关拒绝履行或者不予答复的；⑥认为行政机关没有依法发给抚恤金的；⑦认为行政机关违法要求履行义务的；⑧认为行政机关侵犯其人身权、财产权的。

（2）法院不受理的行政诉讼事项：①国防、外交等国家行为；②行政法规、规章或者行政机关制定、发布的具有普遍约束力的决定、命令；③行政机关对行政机关工作人员的奖惩、任免等决定；④法律规定由行政机关最终裁决的具体行政行为。

2. 诉讼管辖

（1）级别管辖。中级人民法院管辖下列第一审行政案件：①确认发明专利权的案件、海关处理的案件；②对国务院各部门或者省、自治区、直辖市人民政府所做的具体行政行为提起诉讼的案件；③本辖区内重大、复杂的案件。

（2）地域管辖。

行政案件由最初做出具体行政行为的行政机关所在地人民法院管辖。

经复议的案件，复议机关改变原具体行政行为的，也可以由复议机关所在地人民法院管辖。

对限制人身自由的行政强制措施不服提起诉讼的，由被告所在地或者原告所在地人民法院管辖。

因不动产提起的行政诉讼，由不动产所在地人民法院管辖。

3. 起诉和受理

（1）对属于人民法院受案范围的行政案件，公民、法人或者其他组织可以先向上一级行政机关或者法律、法规规定的行政机关申请复议，对复议不服的，再向人民法院提起诉讼；也可以直接向人民法院提起诉讼（选择型）。

（2）法律、法规规定应当先向行政机关申请复议，对复议不服再向人民法院提起诉讼的，应当先申请行政复议（复议前置型）。

4. 审理和判决

（1）人民法院公开审理行政案件，但涉及国家秘密、个人隐私和法律另有规定的除外。

（2）人民法院审理行政案件，由审判员组成合议庭，或者由审判员、陪审员组成合议庭。合议庭的成员，应当是 3 人以上的单数。

（3）当事人认为审判人员、书记员、翻译人员、鉴定人、勘验人与本案有利害关系或者有其他关系可能影响公正审判，有权申请上述人员回避。上述人员认为自己与本案有利害关系或者有其他关系，应当申请回避。

（4）审理行政案件，不适用调解。

（5）审理行政案件，依据法律和行政法规、地方性法规；参照国务院部、委根据法律和国务院的行政法规、决定、命令制定、发布的规章，省、自治区、直辖市和省、自治区的人民政府所在地的市以及经国务院批准的较大的市的人民政府根据法律和行政法规制定、发布的规章。

（6）人民法院应当在立案之日起 3 个月内做出第一审判决。有特殊情况需要延长的，应报经批准程序。

（7）当事人不服人民法院第一审判决的，有权在判决书送达之日起 15 日内向上一级人民法院提起上诉。当事人不服人民法院第一审裁定的，有权在裁定书送达之日起 10 日内向上一级人民法院提起上诉。

（8）人民法院对上诉案件，认为事实清楚的，可以实行书面审理。审理上诉案件，应当在收到上诉状之日起 2 个月内做出终审判决。

5. 侵权赔偿

（1）公民、法人或者其他组织单独就损害赔偿提出请求，应当先由行政机关解决。对行政机关的处理不服的，可以向人民法院提起诉讼。

（2）赔偿诉讼可以调解。

（3）行政机关或者行政机关工作人员做出的具体行政行为侵犯公民、法人或者其他组织的合法权益造成损害的，由该行政机关或者该行政机关工作人员所在的行政机关负责赔偿。行政机关赔偿损失后，应当责令有故意或者重大过失的行政机关工作人员承担部分或者全部赔偿费用。

二、劳动合同法基础知识

作为经济法门类的《劳动合同法》是现代社会人们必须熟知的法律。宪法规定了公民享有劳动的权利和义务，几乎所有的劳动者都会签订劳动合同，并且在工作中维护自己的合法权益，因此，对劳动合同法必须有一个大概的了解才能尽可能地维权。很多人的周末或者假期兼职，以及以后工作中的合同，社会保险等等，都会牵涉到很专业的比如非全日制用工，劳务派遣等等十分专业的术语。

（一）劳动合同的主体

（1）劳动者：需年满16周岁（只有文艺、体育、特种工艺单位录用人员可以例外），有劳动权利能力和行为能力。

（2）用人单位设立的分支机构：依法取得营业执照或者登记证书的，可以作为用人单位与劳动者订立劳动合同；未依法取得营业执照或者登记证书的，受用人单位委托可以与劳动者订立劳动合同。

（3）用人单位招用劳动者，不得扣押劳动者的居民身份证和其他证件，不得要求劳动者提供担保或者以其他名义向劳动者收取财物。

（二）劳动合同与劳动关系

劳动合同法的适用范围是除了国家机关事业单位和社会团体的正式组成人员以外的与经济组织建立劳动关系的劳动者。因为国家机关和社会团体的工作人员的法律适用的是《公务员法》，事业单位也有相类似的法律，比如说是《教师法》等。通俗地讲，公务员和事业单位有编制的人员是不受劳动合同法的法律关系调整的。

1. 劳动关系

用人单位自“用工之日起”而非劳动合同订立之日起即与劳动者建立劳动关系。即使用人单位与劳动者在用工前或用工后订立劳动合同的，劳动关系也是自用工之日起建立的。

2. 劳动合同

（1）对于已建立劳动关系，未同时订立书面劳动合同的，应当自用工之日起1个月内订立书面劳动合同。

（2）自用工之日起1个月内，经用人单位“书面”通知后，劳动者不与用人单位订立书面劳动合同的，用人单位应当“书面”通知劳动者终止劳动关系，无须向劳动者支付经济补偿，但是应当依法向劳动者支付其实际工作时间的劳动报酬。

（3）用人单位自用工之日起超过1个月且不满1年未与劳动者订立书面劳动合同的，应当向劳动者每月支付2倍的工资，并与劳动者补订书面劳动合同；劳动者不与用人单位订立书面劳动合同的，用人单位应当“书面”通知劳动者终止劳动关系，并支付经济补偿。

（4）用人单位自用工之日起满1年未与劳动者订立书面劳动合同的，自用工之日起满一个月的次日至满一年的前一日应当向劳动者每月支付 2 倍的工资，并视为自用工之日起满 1 年的当日已经与劳动者订立无固定期限劳动合同，应当立即与劳动者补订书面劳动合同。

（三）劳动合同的类型

（1）劳动合同分为固定期限劳动合同、无固定期限劳动合同和以完成一定工作任务为期限的劳动合同。

（2）无固定期限劳动合同。有下列情况之一，劳动者提出或者同意续订、订立劳动合同的，除劳动者提出订立固定期限劳动合同外，应当订立无固定期限劳动合同。

①劳动者在该用人单位连续工作满 10 年的。

②连续订立 2 次固定期限劳动合同，且劳动者没有下述情形，续订劳动合同的：严重违反用人单位的规章制度的；严重失职，营私舞弊，给用人单位造成重大损害的；劳动者同时与其他用人单位建立劳动关系，对完成本单位的工作任务造成严重影响，或者经用人单位提出，拒不改正的；以欺诈、胁迫的手段或者乘人之危，使用人单位在违背真实意思的情况下订立或者变更劳动合同，致使劳动合同无效的；被依法追究刑事责任的；劳动者患病或者非因工负伤，在规定的医疗期满后不能从事原工作，也不能从事由用人单位另行安排的工作的；劳动者不能胜任工作，经过培训或者调整工作岗位，仍不能胜任工作的。

（四）劳动合同竟效力

1. 劳动合同的生效

劳动合同由用人单位与劳动者协商一致，并经用人单位与劳动者在劳动合同文本上“签字或者盖章”生效。

2. 无效劳动合同

无效劳动合同，是指劳动合同虽然已经成立，但因违反了法律、行政法规的强制性规定而被确认为无效的劳动合同。下列劳动合同无效或者部分无效：

（1）以欺诈、胁迫的手段或乘人之危，使对方在违背真实意思的情况下订立或者变更劳动合同的。

（2）用人单位免除自己的法定责任、排除劳动者权利的。

（3）违反法律、行政法规强制性规定的。

3. 对劳动合同的无效或者部分无效有争议的处理

对劳动合同的无效或部分无效有争议的由“劳动争议仲裁机构或者人民法院”确认。

4. 无效劳动合同的法律后果

（1）无效劳动合同，从订立时起就没有法律约束力。劳动合同部分无效，不影响其他部分效力的，其他部分仍然有效。

（2）劳动合同被确认无效，劳动者已付出劳动的，用人单位应当向劳动者支付劳动报酬。

（五）劳动合同必备条款

- 用人单位的名称、住所和法定代表人或者主要负责人。
- 劳动者的姓名、住址和居民身份证或者其他有效身份证件号码。
- 劳动合同期限。
- 工作内容和工作地点（工作地点可能与用人单位住所地不一致）。
- 工作时间和休息休假。

（1）工作时间

目前我国实行的工时制度主要有标准工时制、不定时工作制和综合计算工时制三种类型。

标准工时制内容为：国家实行劳动者每日工作 8 小时、每周工作 40 小时的标准工时制度。

有些企业因工作性质和生产特点不能实行标准工时制度，应保证劳动者每天工作不超过 8 小时，每周工作不超过 40 小时，每周至少休息 1 天。

用人单位由于生产经营需要安排加班的，一般每日不得超过 1 小时；有特殊原因的，在保障劳动者身体健康的条件下，每日不得超过 3 小时，每月不得超过 36 小时。

有下列情形之一的，延长工作时间不受上述规定的限制：①发生自然灾害、事故或者因其他原因，威胁劳动者生命健康和财产安全，需要紧急处理的；②生产设备、交通运输线路、公共设施发生故障，影响生产和公众利益，必须及时抢修的。

（2）休假

休假包括：法定假日和年休假。

法定假日：是指由国家法律统一规定的用以开展纪念、庆祝活动的休息时间，包括新年、春节、清明节、劳动节、端午节、中秋节、国庆节等。

年休假：职工连续工作 1 年以上的，享受带薪年休假（简称年休假）。

职工累计工作已满 1 年不满 10 年的，年休假 5 天；已满 10 年不满 20 年的，年休假 10 天；已满 20 年的，年休假 15 天。国家法定休假日、休息日不计入年休假的假。

（3）劳动报酬

①劳动报酬与支付。工资应当以法定货币支付，不得以实物及有价证券替代货币支付。工资必须在用人单位与劳动者约定的日期支付。如遇节假日或休息日，则应提前在最近的工作日支付。

②特殊情况下的工资支付。用人单位在劳动者完成劳动定额或规定的工作任务后，根据实际需要安排劳动者在法定标准工作时间以外工作的，应当按照下列标准支付高于劳动者正常工作时间工资的工资报酬：用人单位依法安排劳动者在标准工作时间以外延长工作时间的（8 小时以外加班），按照不低于劳动合同规定的劳动者本人小时工资标准的 150% 支付劳动者工资；用人单位依法安排劳动者在休息日工作，不能安排补休的（周六、日加班），按照不低于劳动合同规定的劳动者本人日或小时工资标准的 200% 支付劳动者工资；用人单位依法安排劳动者在法定休假日工作的，按照不低于劳动合同规定的劳动者本人日或小时工资标准的 300% 支付劳动者工资。

用人单位安排加班不支付加班费的，由劳动行政部门责令限期支付加班费，逾期不支付的，责令用人单位按应付金额 50% 以上 100% 以下的标准向劳动者加付赔偿金。

③最低工资制度。最低工资的具体标准由各省、自治区、直辖市人民政府规定，报国务院备案。

因劳动者本人原因给用人单位造成经济损失的，用人单位可按照劳动合同的约定要求其赔偿经济损失。经济损失的赔偿，可从劳动者本人的工资中扣除。但每月扣除的部分不得超过劳动者当月工资的 20%。若扣除后的剩余工资部分低于当地月最低工资标准，则按最低工资标准支付。

3. 社会保险和住房公积金

包括基本养老保险、失业保险、医疗保险、工伤保险、生育保险五项和住房公积金，俗称“五险一金”。

（六）劳动合同约定条款

1. 试用期

试用期属于劳动合同的约定条款，双方可以约定，也可以不约定试用期。

（1）试用期期限的强制性规定：试用期属于劳动合同的约定条款，双方可以约定，也可以不约定试用期。劳动合同期限 3 个月以上不满 1 年的，试用期不得超过 1 个月；劳动合同期限 1 年以上不满 3 年的，试用期不得超过 2 个月；3 年以上固定期限和无固定期限的劳动合同，试用期不得超过 6 个月。

同一用人单位与同一劳动者只能约定一次试用期；以完成一定工作任务为期限的劳动合同或者劳动合同期限不满 3 个月的，不得约定试用期。

（2）试用期工资的强制性规定：劳动者在试用期的工资不得低于本单位相同岗位最低档工资或者劳动合同约定工资的 80%，并不得低于用人单位所在地的最低工资标准。

劳动合同约定工资，是指该劳动者与用人单位订立的劳动合同中约定的劳动者试用期满后的工资。

2. 服务期

用人单位为劳动者提供专项培训费用，对其进行专业技术培训的，可以与该劳动者订立协议，约定服务期。服务期一般长于劳动合同期限，劳动合同期满，但是用人单位与劳动者约定的服务期尚未到期的，劳动合同应当续延至服务期满。

（1）劳动者违反服务期的违约责任

劳动者违反服务期约定的，应当按照约定向用人单位支付违约金。违约金的数额不得超过用人单位提供的培训费用。对已经履行部分服务期限的，用人单位要求劳动者支付的违约金不得超过服务期尚未履行部分所应分摊的培训费用。

一般而言，只有劳动者在服务期内提出与单位解除劳动关系时，用人单位才可以要求其支付违约金。不过，为了防止可能出现的规避赔偿责任，如果劳动者因下列违纪等重大过错行为而被用人单位解除劳动关系的，用人单位仍有权要求其支付违约金：①严重违反用人单位的规章制度的；严重失职，营私舞弊，给用人单位造成重大损害的；②劳动者同时与其他用人单位建立劳动关系，对完成本单位的工作任务造成严重影响，或者经用人单位提出，拒不改正的；③以欺诈、胁迫的手段或者乘人之危，使用人单位在违背真实意思的情况下订立或者变更劳动合同，致使劳动合同无效的；④被依法追究刑事责任的。

（2）劳动者解除劳动合同不属于违反服务期约定的情形

用人单位与劳动者约定了服务期，劳动者依照下述情形的规定解除劳动合同的，不属于违反服务期的约定，用人单位不得要求劳动者支付违约金：①用人单位未按照劳动合同约定提供劳动保护或者劳动条件的；②用人单位未及时足额支付劳动报酬的；③用人单位未依法为劳动者缴纳社会保险费的；④用人单位的规章制度违反法律、法规的规定，损害劳动者权益的；⑤用人单位以欺诈、胁迫的手段或者乘人之危，使劳动者在违背真实意思的情况下订立或者变更劳动合同的；⑥用人单位在劳动合同中免除自己的法定责任、排除劳动者权利的；⑦用人单位违反法律、行政法规强制性规定的；⑧法律、行政法规规定劳动者可以解除劳动合同的其他情形。

3. 保守商业秘密和竞业限制

（1）对负有保密义务的劳动者，用人单位可以在劳动合同或者保密协议中与劳动者约定竞业限制条款，并约定在解除或者终止劳动合同后，在竞业限制期限内按月给予劳动者经济补偿。

（2）签订竞业限制条款，就必须给予劳动者相应的经济补偿，否则该条款无效。

（3）竞业限制的人员限于用人单位的高级管理人员、高级技术人员和其他负有保密义务的人员。竞业限制的范围、地域、期限由用人单位与劳动者约定，竞业限制的约定不得违反法律、法规的规定。

（4）竞业限制期限，不得超过 2 年。

（七）劳动合同的解除和终止

劳动合同解除分为协商解除和法定解除两种情况。

1. 协商解除

由用人单位提出解除劳动合同而与劳动者协商一致的，必须依法向劳动者支付经济补偿。

由劳动者主动辞职而与用人单位协商一致解除劳动合同的，用人单位无须向劳动者支付经济补偿。

2. 法定解除

法定解除又可分为用人单位的单方解除和劳动者的单方解除。

下列情况下劳动者可单方面解除劳动合同。

（1）劳动者“提前通知”解除劳动合同的情形：劳动者在试用期内提前 3 日通知用人单位，可以解除劳动合同；劳动者提前 30 日以书面形式通知用人单位，可以解除劳动合同。

（2）劳动者可以“随时通知”解除劳动合同的情形：用人单位未按照劳动合同约定提供劳动保护或者劳动条件的；用人单位未及时足额支付劳动报酬的；用人单位未依法为劳动者缴纳社会保险费的（用人单位应当为“试用期”内的员工缴纳社会保险费）；用人单位的规章制度违反法律、法规的规定，损害劳动者权益的；用人单位以欺诈、胁迫的手段或者乘人之危，使劳动者在违背真实意思的情况下订立或者变更劳动合同的；用人单位在劳动合同中免除自己的法定责任、排除劳动者权利的；用人单位违反法律、行政法规强制性规定的；法律、行政法规规定劳动者可以解除劳动合同的其他情形。

（3）劳动者“不需要事先告知”即可解除劳动合同的情形：用人单位以暴力、威胁或者非法限制人身自由的手段强迫劳动者劳动的；用人单位违章指挥、强令冒险作业危及劳动者人身安全的。

下列情况下用人单位可以单方面解除劳动合同。

（1）“提前通知”解除的情形（无过失性辞退）

有下列情形之一的，用人单位提前 30 日以书面形式通知劳动者本人或者额外支付劳动者 1 个月工资后，可以解除劳动合同：①劳动者患病或者非因工负伤，在规定的医疗期满后不能从事原工作，也不能从事由用人单位另行安排的工作的；②劳动者不能胜任工作，经过培训或者调整工作岗位，仍不能胜任工作的；③劳动合同订立时所依据的客观情况发生重大变化，致使劳动合同无法履行，经用人单位与劳动者协商，未能就变更劳动合同内容达成协议的。

（2）用人单位可以“随时通知”劳动者解除合同的情形：①劳动者在试用期间被证明不符合录用条件的；②劳动者严重违反用人单位的规章制度的；③劳动者严重失职，营私舞弊，给用人单位造成重大损害的；④劳动者同时与其他用人单位建立劳动关系，对完成本单位的工作任务造成严重影响，或者经用人单位提出，拒不改正的；⑤劳动者以欺诈、胁迫的手段或者乘人之危，使用人单位在违背真实意思的情况下，订立或者变更劳动合同的；⑥劳动者被依法追究刑事责任的。

（3）用人单位可以裁减人员的情形（经济性裁员）

有下列情形之一，需要裁减人员20人以上或者裁减不足20人但占企业职工总数10%以上的，用人单位提前30日向工会或者全体职工说明情况，听取工会或者职工的意见后，裁减人员方案经向劳动行政部门报告，可以裁减人员：①依照《企业破产法》规定进行重整的；②生产经营发生严重困难的；③企业转产、重大技术革新或者经营方式调整，经变更劳动合同后，仍需裁减人员的；④其他因劳动合同订立时所依据的客观经济情况发生重大变化，致使劳动合同无法履行的。

3. 劳动合同终止的情形

（1）劳动合同期满的。

（2）劳动者开始依法享受基本养老保险待遇的。

（3）劳动者达到法定退休年龄的。

（4）劳动者死亡，或者被人民法院宣告死亡或者宣告失踪的。

（5）用人单位被依法宣告破产的。

（6）用人单位被吊销营业执照、责令关闭、撤销或者用人单位决定提前解散的。

4. 对劳动合同解除和终止的限制性规定

用人单位不得解除劳动合同（不得终止劳动合同）的情形：

（1）从事接触职业病危害作业的劳动者未进行离岗前职业健康检查，或者疑似职业病病人在诊断或者医学观察期间的。

（2）在本单位患职业病或者因工负伤并被确认丧失或者部分丧失劳动能力的。

（3）患病或者非因工负伤，在规定的医疗期内的。

（4）女职工在孕期、产期、哺乳期的。

（5）在本单位连续工作满15年，且距法定退休年龄不足5年的。

5. 劳动合同解除和终止的经济补偿

（1）用人单位应当向劳动者支付经济补偿的情形

由用人单位提出解除劳动合同并与劳动者协商一致而解除劳动合同的；劳动者符合随时通知解除和不需事先通知即可解除劳动合同规定情形而解除劳动合同的；用人单位符合提前30日以书面形式通知劳动者本人或者额外支付劳动者

1个月工资后，可以解除劳动合同规定情形而解除劳动合同的；用人单位符合可裁减人员规定而解除劳动合同的；除用人单位维持或者提高劳动合同约定条件续订劳动合同，劳动者不同意续订的情形外，劳动合同期满终止固定期限劳动合同的；以完成一定工作任务为期限的劳动合同因任务完成而终止的；用人单位被依法宣告破产终止劳动合同的；用人单位被吊销营业执照、责令关闭、撤销或者用人单位决定提前解散而终止劳动合同的。

（2）补偿年限的计算

经济补偿按劳动者在本单位工作的年限，每满1年向劳动者支付1个月工资补偿。6个月以上不满1年的，按1年计算；不满6个月的，应向劳动者支付半个月工资标准的经济补偿。

经济补偿金＝工作年限 × 月工资

（3）补偿基数（即月工资标准）的计算标准

月工资按照劳动者应得工资计算，包括计时工资或者计件工资以及奖金、津贴和补贴等货币性收入。

劳动者在劳动合同解除或者终止前12个月的平均工资低于当地最低工资标准的，按照当地最低工资标准计算。劳动者工作不满12个月的，按照实际工作的月数计算平均工资。

劳动者月工资高于用人单位所在直辖市、设区的市级人民政府公布的本地区上年度职工月平均工资3倍的，向其支付经济补偿的标准按职工月平均工资3倍的数额支付，向其支付经济补偿的年限最高不超过12年。

6. 劳动合同解除和终止后的法律后果和责任

（1）用人单位违反规定解除或者终止劳动合同，劳动者要求继续履行劳动合同的，用人单位应当继续履行；劳动者不要求继续履行劳动合同或者劳动合同已经不能继续履行的，用人单位应当依照《劳动合同法》规定的经济补偿标准的2倍向劳动者支付赔偿金，支付了赔偿金的，不再支付经济补偿。赔偿金的计算年限自用工之日起计算。

（2）用人单位应当在解除或者终止劳动合同时向劳动者支付经济补偿的，在办理工作交接时支付。用人单位未依照规定向劳动者支付经济补偿的，由劳动行政部门责令限期支付经济补偿；逾期不支付的，责令用人单位按应付金额50%以上100%以下的标准向劳动者加付赔偿金。

（3）劳动合同解除或终止的，用人单位应出具解除或者终止劳动合同的证明，证明应当写明劳动合同的期限、解除或终止劳动合同的日期、工作岗位、在本单位的工作年限，并在 15 日内为劳动者办理档案和社会保险关系转移手续。用人单位未向劳动者出具解除或者终止劳动合同的书面证明，由劳动行政部门责令改正；给劳动者造成损害的，应当承担赔偿责任。

三、社会保险法律基础知识

（一）基本养老保险

每个月要交多少基本养老保险？退休之后到底能拿多少钱？每月缴纳社会保险的数量对以后的退休金到底有多大关联度？下面详细分析一下。

（1）基本养老保险实行企业和个人共同承担的原则。企业缴费的比例为工资总额的 20%，个人缴费的比例为工资总额的 8% 并划入个人账户。累计缴费满 15 年。退休后可领取职工基本养老金、丧葬补助金和遗属抚恤金、病残津贴。

（2）缴费年限满 15 年的人员，退休后基本养老金由基础养老金和个人账户养老金两部分组成，按照以下规定的月标准计发：

基本养老金 = 基础养老金 + 个人账户养老金

基础养老金 =（参保人员办理申领基本养老金手续时上年度统筹地区在岗职工月平均工资 + 本人指数化月平均缴费工资）÷ 2× 截至退休时本人缴费年限 ×1%

个人账户养老金 = 退休时的个人账户储存额 ÷ 计发月数

在上述计算公式中，最为复杂的是“本人指数化月平均缴费工资”。它的计算公式是：

本人指数化月平均缴费工资 = 参保人员办理申领基本养老金手续时上年度统筹地区在岗职工月平均工资 × 本人平均月缴费工资指数

$$平均工资指数 = (a_1/A_1 + a_2/A_2 + a_3/A_3 + \cdots\cdots)/n$$

其中，a_1、a_2、a_3 ……a_n 为本人退休前 1 年、2 年……n 年的月平均缴费工资；A_1、A_2、A_3 ……A_n 为本人退休前 1 年、2 年……n 年的统筹地区在岗职工月平均工资；n 为企业和职工按照规定应缴纳基本养老保险费的年限。

“计发月数”有专门的设计表格，一查就知道。比如 50 岁退休，计发月数为

195；55 岁退休，计发月数为 170；60 岁退休，计发月数为 139；65 岁退休，计发月数为 101；70 岁退休，计发月数为 56。

缴费年限不满 15 年的人员，只领取个人账户储存额。

（二）基本医疗保险

1. 基本医疗保险实行企业和个人共同承担的原则

单位缴费一般为职工工资总额的 6%。个人缴费一般为本人工资收入的 2%。用人单位所缴医疗保险费划入个人医疗账户的具体比例。一般为 30%。

职工基本医疗费用的起付标准，又称起付线，一般为当地职工年平均工资的 10% 左右。最高支付限额，又称封顶线，一般为当地职工年平均工资的 6 倍左右。支付比例一般为 90%。

基本医疗保险基金不支付的医疗费用包括：①应当从工伤保险基金中支付的；②应当由第三人负担的；③应当由公共卫生负担的；④在境外就医的。

医疗费用应当由第三人负担，第三人不支付或者无法确定第三人的，由基本医疗保险基金先行支付，然后向第三人追偿。

2. 医疗期

企业职工因患病或非因工负伤，需要停止工作，进行医疗时，根据本人实际参加工作年限和在本单位工作年限，给予 3 个月到 24 个月的医疗期：

（1）实际工作年限 10 年以下的，在本单位工作年限 5 年以下的为 3 个月；5 年以上的为 6 个月。

（2）实际工作年限 10 年以上的，在本单位工作年限 5 年以下的为 6 个月；5 年以上 10 年以下的为 9 个月；10 年以上 15 年以下的为 12 个月；15 年以上 20 年以下的为 18 个月；20 年以上的为 24 个月。

3. 医疗期内的待遇

（1）病假工资或疾病救济费可以低于当地最低工资标准支付，但最低不能低于最低工资标准的 80%。

（2）医疗期内不得解除劳动合同。如医疗期内待遇合同期满，则合同必须续延至医疗期满，职工在此期间仍然享受医疗期内待遇。

（3）对医疗期满尚未痊愈者，或者医疗期满后，不能从事原工作，也不能从事用人单位另行安排的工作，被解除劳动合同的，用人单位需按经济补偿规定给予其经济补偿。

（三）工伤保险

（1）职工应当参加工伤保险，由用人单位缴纳工伤保险费，一般为职工工资总额的 1%，职工个人不缴纳工伤保险费。

（2）职工有下列情形之一的，应当认定为工伤：①在工作时间和工作场所内，因工作原因受到事故伤害的；②工作时间前后在工作场所内，从事与工作有关的预备性或者收尾性工作受到事故伤害的；③在工作时间和工作场所内，因履行工作职责受到暴力等意外伤害的；④患职业病的；⑤因工外出期间，由于工作原因受到伤害或者发生事故下落不明的；⑥在上下班途中，受到非本人主要责任的交通事故或者城市轨道交通、客运轮渡、火车事故伤害的。

（3）职工有下列情形之一的，视同工伤：①在工作时间和工作岗位，突发疾病死亡或者在 48 小时之内经抢救无效死亡的；②在抢险救灾等维护国家利益、公共利益活动中受到伤害的；③职工原在军队服役，因战、因公负伤致残，已取得革命伤残军人证，到用人单位后旧伤复发的。

（4）职工因下列情形之一导致本人在工作中伤亡的，不认定为工伤：①故意犯罪；②醉酒或者吸毒；③自残或者自杀；④法律、行政法规规定的其他情形。

（5）工伤医疗待遇

①报销治疗工伤的医疗费用（诊疗费、药费、住院费）。

②住院伙食补助费、交通食宿费。

③康复性治疗费。

④辅助器具装配费。

⑤停工留薪期工资福利待遇。停工留薪期一般不超过 12 个月。伤情严重或者情况特殊，经设区的市级劳动能力鉴定委员会确认，可以适当延长，但延长不得超过 12 个月。

（6）伤残待遇。生活护理费按照生活完全不能自理、生活大部分不能自理或者生活部分不能自理 3 个不同等级支付，其标准分别为统筹地区上年度职工月平均工资的 50%、40%，或者 30%。

（7）遗属待遇。

①丧葬补助金为 6 个月的统筹地区上年度职工月平均工资。

②供养亲属抚恤金按照职工本人工资的一定比例发给由因工死亡职工生前提

供主要生活来源、无劳动能力的亲属。标准为：配偶每月 40%，其他亲属每人每月 30%，孤寡老人或者孤儿每人每月在上述标准的基础上增加 10%。

③一次性工亡补助金标准为上一年度全国城镇居民人均可支配收入的 20 倍。

（8）工伤职工有下列情形之一的，停止享受工伤保险待遇：①丧失享受待遇条件的；②拒不接受劳动能力鉴定的；③拒绝治疗的。

（四）失业保险

（1）失业保险实行企业和个人共同承担的原则。单位按照本单位工资总额的 2% 缴纳失业保险费，职工按照本人工资的 1% 缴纳失业保险费。

享受失业保险待遇的条件为：①依法参加失业保险，所在单位及失业者本人已经缴费满 1 年；②非因本人意愿中断就业；③已经办理失业登记、并有求职要求。

（2）领取失业救济金的期间按照下述标准确定：①失业前缴纳保险费满 1 年不足 5 年的，领取失业救济金的期限最长为 12 个月；②缴纳保险费满 5 年不足 10 年的，领取失业救济金的期限最长为 18 个月；③缴纳保险费累计达 10 年以上的，领取失业救济金的期限最长为 24 个月。

（3）失业保险金的标准，不得低于城市居民最低生活保障标准。一般也不高于当地最低工资标准。

（4）失业保险待遇：①领取失业保险金；②领取失业保险金期间的基本医疗保险费；③领取失业保险金期间的死亡补助；④职业介绍与职业培训补贴；⑤国务院规定或者批准的与失业保险有关的其他费用。

（5）失业人员在领取失业保险金期间有下列情形之一的，停止领取失业保险金，并同时停止享受其他失业保险待遇：①重新就业的；②应征服兵役的；③移居境外的；④享受基本养老保险待遇的；⑤无正当理由，拒不接受当地人民政府指定部门或者机构介绍的适当工作或者提供的培训的。

（五）生育保险

职工应当参加生育保险，由用人单位按照国家规定缴纳生育保险费，一般按照本单位工资总额的 1% 左右缴纳，职工不缴纳生育保险费。生育保险目前适用于城镇企业及其职工，可用于支付以下几种费用。

1. 生育医疗费

（1）医疗费包括检查费、接生费、手术费、住院费和药费。因生育引起疾病的费用也由生育保险基金支付。

（2）职工因响应国家计划生育政策而实行的避孕、节育手术费用，亦由生育保险基金支付，包括放置（取出）子宫内节育器、人工流产术、引产术、绝育及复通手术所发生的医疗费用等。

2. 职工有下列情形之一的，可以按照国家规定享受生育津贴

（1）女职工生育享受产假。

（2）享受计划生育手术休假。

（3）法律、法规规定的其他情形。生育津贴按照职工所在用人单位上年度职工月平均工资计发。

3. 生育保险基金不予支付的费用

违反国家或本统筹地区计划生育规定而发生的医疗费用；因医疗事故而发生的医疗费用；在非定点医疗机构检查、分娩而发生的医疗费用；按照规定应当由职工个人负担的医疗费用；婴儿所发生的各项费用；超过定额、限额标准之外的各项费用；不具备卫生行政部门规定的剖腹产手术条件，但女职工个人要求实施剖腹产手术而超出自然分娩定额标准的医疗服务费用；实施人类辅助生殖术（如试管婴儿）所发生的医疗费用。

四、合同法基础知识

合同是指平等主体的自然人、法人、其他组织之间设立、变更、终止民事权利义务关系的协议。

合同订立的形式可以是书面形式、口头形式和其他形式。

其他形式合同如默示合同，指当事人未用语言或文字明确表示意见，而是根据当事人的行为表明其已经接受或在特定的情形下推定成立的合同。

（一）合同格式条款

格式条款是当事人为了重复使用而预先拟定，并在订立合同时未与对方协商的条款。当事人采用格式条款订立合同时，提供格式条款的一方应当遵循公平原则确定当事人之间的权利和义务。

（1）提供格式条款的一方应当遵循公平原则确定当事人之间的权利和义务，并采取合理的方式提请对方注意免除或者限制其责任的条款，按照对方的要求，

对该条款予以说明。

（2）格式条款无效的情形。

①提供格式条款的一方免除其责任，加重对方责任，排除对方主要权利的条款无效。

②格式条款具有一方以欺诈、胁迫的手段订立合同，损害国家利益；恶意串通，损害国家、集体或者第三人的利益；以合法形式掩盖非法目的；损害社会公共利益；违反法律、行政法规的强制性规定。

③格式条款具有造成对方人身伤害的免责条款；有因故意或重大过失造成对方财产损失的免责条款。

对格式条款的理解发生争议的，应当按照通常理解予以解释。对格式条款有两种以上解释的，应当做出不利于提供格式条款一方的解释；格式条款和非格式条款不一致的，应当采用非格式条款。

（二）合同订立的方式

根据《合同法》规定，当事人采取要约、承诺方式订立合同。

要约是一方当事人以缔结合同为目的，向对方当事人提出合同条件，希望对方当事人接受的意思表示。发出要约的当事人称为要约人，要约所指向的对方当事人则称为受要约人。

承诺是受要约人同意要约的意思表示。

（三）缔约过失责任

缔约过失责任是指当事人在订立合同过程中，因故意或过失致使合同未成立、未生效、被撤销或无效，给他人造成损失应承担的损害赔偿责任。

（四）合同的生效

（1）依法成立的合同，原则上自成立时生效。

（2）法律、行政法规规定应当办理批准、登记等手续生效的，自批准、登记时生效。

（3）法律、行政法规规定合同应当办理登记手续，但未规定登记后生效的，当事人未办理登记手续不影响合同的效力，但合同标的所有权及其他物权不能转移。

（4）当事人对合同的效力可以附条件或附期限，附生效条件的合同，自条件成就时生效。附解除条件的合同，自条件成就时失效。当事人为自己的利益不正当地阻止条件成就的，视为条件已成就；不正当地促成条件成就的，视为条件不成就。附生效期限的合同，自期限届至时生效。附终止期限的合同，自期限届满时失效。

（五）抗辩权的行使

抗辩权是指在双务合同中，一方当事人在对方不履行或履行不符合约定时，依法对抗对方要求或否认对方权利主张的权利。《合同法》规定了同时履行抗辩权、后履行抗辩权和不安（先履行）抗辩权三种。

1. 同时履行抗辩权

合同当事人互负债务，没有先后履行顺序的，应当同时履行。一方在对方履行之前有权拒绝其履行要求。一方在对方履行债务不符合约定时，有权拒绝其相应的履行要求。

同时履行抗辩权只是暂时阻止对方当事人请求权的行使，而不是永久地终止合同。当对方当事人完全履行了合同义务，同时履行抗辩权即告消灭，主张抗辩权的当事人就应当履行自己的义务。当事人因行使同时履行抗辩权致使合同迟延履行的，迟延履行责任由对方当事人承担。

2. 后履行抗辩权

合同当事人互负债务，有先后履行顺序，先履行一方未履行的，后履行一方有权拒绝其履行要求。先履行一方履行债务不符合约定的，后履行一方有权拒绝其相应的履行要求。

后履行抗辩权只是暂时阻止了当事人请求权的行使。先履行一方的当事人如果完全履行了合同义务，则后履行抗辩权消灭，后履行当事人就应当按照合同约定履行自己的义务。

3. 不安抗辩权（又称先履行抗辩权）

合同当事人互负债务，有先后履行顺序的，先履行的一方有确切证据证明另一方丧失履行债务能力时，在对方没有履行或者没有提供担保之前，有权中止合同履行的权利。

（1）中止合同，即先履行合同的当事人停止履行或延期履行合同。如果对方当事人恢复了履行能力或提供了相应的担保后，先履行一方当事人“不安”的原因消除，应当恢复合同的履行。

（2）解除合同。中止履行合同后，如果对方在合理期限内未恢复履行能力并且未提供适当担保的，中止履行合同的一方可以解除合同。

（六）保全措施

1. 代位权

因债务人怠于行使其到期债权，对债权人造成损害的，债权人可以向人民法院请求以自己的名义代位行使债务人的债权，但该债权专属于债务人自身的除外。

2. 撤销权

因债务人放弃其到期债权或者无偿转让财产，对债权人造成损害的，债权人可以请求人民法院撤销债务人的行为。债务人以明显不合理的低价转让财产，对债权人造成损害，并且受让人知道该情形的，债权人也可以请求人民法院撤销债务人的行为。

（七）合同担保

担保是指依照法律规定，或由当事人双方经过协商一致而约定的，为保障合同债权实现的法律措施。担保的方式包括保证、抵押、质押、留置和定金五种方式。其中，保证属于人的担保，定金属于金钱担保，其余为物的担保。

国家机关和以公益为目的的事业单位、社会团体违反法律规定提供担保的，担保合同无效；董事、经理违反《公司法》的有关规定，以公司资产为本公司的股东或者其他个人债务提供担保的，担保合同无效；以法律、法规禁止流通的财产或者不可转让的财产设定担保的，担保合同无效。

1. 保证

保证是指第三人为债务人的债务履行作担保，由保证人和债权人约定，当债务人不履行债务时，保证人按照约定履行债务或者承担责任的行为。

2. 抵押

抵押是指为担保债务的履行，债务人或者第三人不转移财产的占有，将该财产抵押给债权人的，债务人不履行到期债务或者发生当事人约定的实现抵押权的情形，债权人有权就该财产优先受偿。

债务人或者第三人为抵押人，债权人为抵押权人，提供担保的财产为抵押财产。

3. 质押

（1）动产质押是指以动产作为标的物的质押。指为担保债务的履行，债务人或者第三人将其动产出质给债权人占有的，债务人不履行到期债务或者发生当事人约定的实现质权的情形，债权人有权就该动产优先受偿。

（2）权利质押是指债务人或者第三人以其财产权利交付债权人作为债权的担保，当债务人不履行债务时，债权人有权依照法律规定，以该财产权利折价或者以拍卖、变卖该财产权利的价款优先受偿。

下列权利可以出质：①汇票、支票、本票；②债券、存款单；③仓单、提单；④可以转让的基金份额、股权；⑤可以转让的注册商标专用权、专利权、著作权等知识产权中的财产权；⑥应收账款；⑦法律、行政法规规定可以出质的其他财产权利。

4. 留置

留置是指债权人按照合同约定占有债务人的动产，是一种合同的担保方式。留置权是指债务人不履行到期债务，债权人可以留置已经合法占有的债务人的动产，并有权就该动产优先受偿。其中债权人为留置权人，占有的动产为留置财产。

留置权适用的范围包括：因保管合同、运输合同、承揽合同以及法律规定可以留置的其他合同发生的债权，债务人不履行债务的，债权人有留置权。

5. 定金

定金是指合同当事人约定一方向对方给付一定数额的货币（即定金）作为债权的担保。债务人履行债务后，定金抵作价款或者收回。给付定金的一方不履行约定债务的，无权要求返还定金；收受定金的一方不履行约定债务的，应当双倍返还定金。

定金应当以书面形式约定。

当事人约定以交付定金作为订立主合同担保的，给付定金的一方拒绝订立主合同的，无权要求返还定金；收受定金的一方拒绝订立主合同的，应当双倍返还定金。当事人约定以交付定金作为主合同成立或者生效要件的，给付定金的一方未支付定金，但主合同已经履行或者已经履行主要部分的，不影响主合同的成立或者生效。

定金交付后，交付定金的一方可以按照合同的约定以丧失定金为代价而解除主合同，收受定金的一方可以双倍返还定金为代价而解除主合同。

因不可抗力、意外事件致使主合同不能履行的，不适用定金罚则。因合同关系以外第三人的过错，致使主合同不能履行的，适用定金罚则。受定金处罚的一方当事人，可以依法向第三人追偿。

定金的数额由当事人约定，但不得超过主合同标的额的 20%。当事人约定的定金数额超过主合同标的额 20% 的，超过的部分，人民法院不予支持。

五、公司法律制度基础知识

公司是指依法设立的，以营利为目的的，由股东投资形成的企业法人。

有限责任公司，是指股东以其认缴的出资额为限对公司承担责任，公司以其全部财产对公司的债务承担责任的公司。

股份有限公司，是指将公司全部资本分为等额股份；股东以其认购的股份为限对公司承担责任，公司以其全部财产对公司的债务承担责任的公司。

公司可以设立子公司，子公司具有法人资格，依法独立承担民事责任。公司可以设立分公司，分公司不具有法人资格，其民事责任由公司承担。

（一）有限责任公司

1. 有限责任公司设立的条件

（1）股东符合法定人数。有限责任公司股东人数可以为“1 个”或“2 个以上，50 个以下”股东，既可以是自然人，也可以是法人。

（2）股东出资达到注册资本最低限额。有限责任公司的注册资本为在公司登记机关登记的全体股东认缴的出资额，最低限额为人民币 3 万元。法律、行政法规有较高规定的，从其规定。

（3）股东出资方式。股东可以用货币出资，也可以用实物、知识产权、土地使用权等可以用货币估价并可以依法转让的非货币财产作价出资；但是，法律、行政法规规定不得作为出资的财产除外。

全体股东的货币出资金额不得低于有限责任公司注册资本的 30%。

设立有限责任公司必须由股东共同依法制定公司章程。股东应当在公司章程上签名、盖章。公司章程对公司、股东、董事、监事、高级管理人员具有约束力。

有限责任公司章程应当载明下列事项：①公司名称和住所；②公司经营范

围；③公司注册资本；④股东的姓名或者名称；⑤股东的出资方式、出资额和出资时间；⑥公司的机构及其产生办法、职权、议事规则；⑦公司法定代表人；⑧股东会会议认为需要规定的其他事项。

（4）有公司名称，建立符合有限责任公司要求的组织机构。

（5）有公司住所。

2. 一人有限责任公司的特别规定

（1）一人有限责任公司的注册资本最低限额为人民币 10 万元，股东应当一次足额缴纳公司章程规定的出资额，不允许分期缴付出资。

（2）一个自然人只能投资设立一个一人有限责任公司，该一人有限责任公司不能投资设立新的一人有限责任公司。

（3）一人有限责任公司应当在公司登记中注明自然人独资或者法人独资，并在公司营业执照中载明。

（4）一人有限责任公司不设股东会。法律规定的股东会职权由股东行使，当股东行使相应职权作出决定时，应当采用书面形式，并由股东签字后置备于公司。

（5）一人有限责任公司应当在每一会计年度终了时编制财务会计报告，并经会计师事务所审计。

（6）一人有限责任公司的股东不能证明公司财产独立于股东自己财产的，应当对公司债务承担连带责任。

（二）股份有限公司

1. 股份有限公司的设立方式

（1）发起设立，是指由发起人认购公司应发行的全部股份而设立公司。以发起设立方式设立的股份有限公司，在其发行新股之前，其全部股份都由发起人持有，公司的全部股东都是设立公司的发起人。

（2）募集设立，是指由发起人认购公司应发行股份的一部分，其余股份向社会公开募集或者向特定对象募集而设立公司。法律对采用募集设立方式设立公司规定了较为严格的程序。

2. 股份有限公司的设立条件

（1）发起人符合法定人数。

①发起人是指依法筹办创立股份有限公司事务的人。发起人既可以是自然

人，也可以是法人；既可以是中国公民，也可以是外国公民。

②设立股份有限公司，应当有 2 人以上 200 人以下为发起人，其中须有半数以上的发起人在中国境内有住所。

③股份有限公司发起人承担公司筹办事务。发起人应当签订发起人协议，明确各自在公司设立过程中的权利和义务。

（2）发起人认购和募集的股本达到法定资本最低限额。股份有限公司注册资本的最低限额为人民币 500 万元。法律、行政法规对股份有限公司注册资本的最低限额有较高规定的，从其规定。

（3）股份发行、筹办事项符合法律规定。

（4）发起人制定公司章程，采用募集方式设立的须经创立大会通过。

①对于以发起设立方式设立的股份有限公司，由全体发起人共同制定公司章程；

②对于以募集设立方式设立的股份有限公司，发起人制定的公司章程，还应当经有其他认股人参加的创立大会通过。

（5）有公司名称，建立符合股份有限公司要求的组织机构。

（6）有公司住所。

3. 上市公司组织机构的特别规定

上市公司，是指其股票在证券交易所上市交易的股份有限公司。

（1）增加股东大会特别决议事项

上市公司在 1 年内购买、出售重大资产或者担保金额超过公司资产总额 30% 的，应当由股东大会作出决议，并经出席会议的股东所持表决权的 2/3 以上通过。

（2）上市公司设立独立董事

独立董事，是指既不是公司股东，又不在公司担任除董事外的其他职务，并与其受聘的上市公司及其主要股东不存在可能妨碍其进行独立客观判断的关系的董事。

独立董事除依法行使股份有限公司董事的职权外，还行使下列职权：①对公司关联交易、聘用或者解聘会计师事务所等重大事项进行审核并发表独立意见；②就上市公司董事、高级管理人员的提名、任免、报酬、考核事项以及其认为可能损害中小股东权益的事项发表独立意见。

独立董事发表的独立意见应当作成记录，并经独立董事书面签字确认。股东有权查阅独立董事发表的独立意见。

（3）上市公司设立董事会秘书

董事会秘书是指掌管董事会文件并协助董事会成员处理日常事务的人员。

（4）增设关联关系董事的表决权排除制度

上市公司董事与董事会会议决议事项所涉及的企业有关联关系的，不得对该项决议行使表决权，也不得代理其他董事行使表决权；该董事会会议由过半数的无关联关系董事出席即可举行，董事会会议所作决议须经无关联关系董事过半数通过。出席董事会的无关联关系董事人数不足 3 人的，应将该事项提交上市公司股东大会审议。这里所称关联关系，是指上市公司的董事与董事会决议事项所涉及的企业之间存在直接或者间接的利益关系。

（三）股份发行

股份是指将股份有限公司的注册资本按相同的金额或比例划分为相等的份额。

所有股东持有的股份加起来所代表的资本数额即为公司的资本总额。

每股金额相等，所表现出的股东权利和义务是相等的。

股票是指公司签发的证明股东所持股份的凭证，是股份的表现形式。

（1）股票是有价证券。股票记载着股票种类、票面金额及代表的股份数。

（2）股票是证权证券。任何人只要合法占有股票，其就可以依法向公司行使权利。

（3）股票是要式证券。股票应当采取纸面形式或者国务院证券监督管理机构规定的其他形式。

（4）股票是流通证券。股票可以在证券交易市场依法进行交易。

股票发行价格可以按票面金额，也可以超过票面金额，但不得低于票面金额。因为，低于票面金额发行股票，违背资本充实原则，使股票发行募集的资金低于公司相应的注册资本数额。

（四）股份转让

股份转让指股份有限公司的股份持有人依法自愿将自己所拥有的股份转让给他人，使他人取得股份成为股东或增加股份数额的法律行为。

股东转让其股份，应当在依法设立的证券交易场所进行或者按照国务院规定的其他方式进行。

记名股票，由股东以背书方式或者法律、行政法规规定的其他方式转让，转让后由公司将受让人的姓名或者名称及住所记载于股东名册。股东大会召开前20日内或者公司决定分配股利的基准日前5日内，不得进行上述规定的股东名册的变更登记。但是，法律对上市公司股东名册变更登记另有规定的，从其规定。无记名股票的转让，由股东将该股票交付给受让人后即发生转让的效力。

六、个人独资企业法律制度

个人独资企业，是指依照《个人独资企业法》在中国境内设立，由一个自然人投资，财产为投资人个人所有，投资人以其个人财产对企业债务承担无限责任的经营实体。个人独资企业具有以下法律特征：

①设立个人独资企业的只能是一个自然人，国家机关、国家授权投资的机构或者国家授权的部门、企业、事业单位等都不能作为个人独资企业的设立人。

②个人独资企业的投资人对企业的债务承担无限责任。

③个人独资企业的内部机构设置简单，经营管理方式灵活。

④个人独资企业是非法人企业。个人独资企业虽不具有法人资格，但是独立的民事主体，可以自己的名义从事民事活动。

个人独资企业的设立条件有以下几个：

（1）投资人为一个自然人，且只能是中国公民。

（2）有合法的企业名称。个人独资企业名称中不得使用“有限”、“有限责任”或者“公司”字样。

（3）有投资人申报的出资。设立个人独资企业可以用货币出资，也可以用实物、土地使用权、知识产权或者其他财产权利出资。以家庭共有财产作为个人出资的，投资人应当在设立（变更）登记申请书上予以注明。

（4）有固定的生产经营场所和必要的生产经营条件。

（5）有必要的从业人员。

如果个人独资企业投资人在申请企业设立登记时明确以其家庭共有财产作为个人出资的，应当依法以家庭共有财产对企业债务承担无限责任。

七、合伙企业法律制度

合伙企业，是指自然人、法人和其他组织依照《合伙企业法》在中国境内设立的普通合伙企业和有限合伙企业。

（一）普通合伙企业

普通合伙企业，是指由普通合伙人组成，合伙人对合伙企业债务依照《合伙企业法》规定承担无限连带责任的一种合伙企业。普通合伙企业具有以下特点：

（1）由普通合伙人组成。

（2）合伙人对合伙企业债务依法承担无限连带责任，法律另有规定的除外。

①连带责任。即所有的合伙人对合伙企业的债务都有责任向债权人偿还，不管自己在合伙协议中所承担的比例如何。一个合伙人不能清偿对外债务的，其他合伙人都有清偿的责任。

②无限责任。即所有的合伙人不仅以自己投入合伙企业的资金和合伙企业的其他资金对债权人承担清偿责任，而且在不够清偿时还要以合伙人自己所有的财产对债权人承担清偿责任。

合伙企业的设立条件有：

- 有 2 个以上合伙人。
- 有书面合伙协议。
- 有合伙人认缴或者实际缴付的出资。
- 有合伙企业的名称和生产经营场所。
- 法律、行政法规规定的其他条件。

（二）有限合伙企业

有限合伙企业，是指由有限合伙人和普通合伙人共同组成，普通合伙人对合伙企业债务承担无限连带责任，有限合伙人以其认缴的出资额为限对合伙企业债务承担责任的合伙组织。

凡是《合伙企业法》中对有限合伙企业有特殊规定的，应当适用有关特殊规定。无特殊规定的，适用有关普通合伙企业及其合伙人的一般规定。

有限合伙企业设立的特殊规定：

（1）有限合伙企业由 2 个以上 50 个以下合伙人设立；但是，法律另有规定的除外。有限合伙企业至少应当有 1 个普通合伙人。国有独资公司、国有企业、上市公司以及公益性的事业单位、社会团体不得成为有限合伙企业的普通合伙人。

有限合伙企业仅剩有限合伙人的，应当解散；有限合伙企业仅剩普通合伙人的，应当转为普通合伙企业。

（2）有限合伙企业名称中应当标明“有限合伙”字样。

（3）有限合伙企业由普通合伙人执行合伙事务。如合伙协议约定数个普通合伙人执行合伙事务，这些普通合伙人均为合伙事务执行人。如合伙协议无约定，全体普通合伙人是合伙事务的共同执行人。

有限合伙人不执行合伙事务，不得对外代表有限合伙企业。

第三人有理由相信有限合伙人为普通合伙人并与其交易的，该有限合伙人对该笔交易承担与普通合伙人同样的责任。有限合伙人未经授权以有限合伙企业名义与他人进行交易，给有限合伙企业或者其他合伙人造成损失的，该有限合伙人应当承担赔偿责任。

第七部分 金融基础知识

撇开那些金融理论，只从我们普通人每天面对的金融问题开始，围绕大家最关心的“钱”的问题，了解存钱、花钱、贷款、用卡，理解炒股、炒汇，知道怎么和金融机构打交道、怎么保护自己的金融权益。

金融是指货币资金的融通或货币资金在盈余单位和亏空单位之间调剂余缺的信贷活动。金融由金融主体、金融对象、金融方式、金融工具、金融市场构成。

一、货币和货币制度

钱到底是咋回事？怎样给货币立“规矩”？“钱”都是从哪儿来的？下面就给你做个介绍。

（一）货币

货币是人们普遍接受的，可以充当价值尺度、交易媒介、价值贮藏和支付手段的物品。货币不等于现金。

（1）货币分层，也称为货币层次，是指各国中央银行在确定货币供给的统计口径时，以金融资产流动性的大小作为标准，并根据自身政策目的的特点和需要，把流通中的货币量主要按照其流动性的大小进行组合排列，分成若干层次并用符号代表的一种方法。

货币层次的划分有利于中央银行进行宏观经济运行监测和货币政策操作。中国人民银行按季公布货币供应量指标，现阶段我国的货币层次有以下几个：

M_0 = 流通中的现金

M_1 = M_0 + 企业活期存款 + 机关团体部队存款 + 农村存款 + 个人持有的信用卡存款。

M_2 = M_1 + 城乡居民储蓄存款 + 企业存款中具有定期性质的存款 + 信托类存款 + 其他存款。

M_3 = M_2 + 金融债券 + 商业票据 + 大额可转让定期存单等。

M_1 是通常所说的狭义货币供应量，M_2 是广义货币供应量，M_3 是为金融创新而增设的。

但由于金融创新，信用工具层出不穷，各种信用工具的流动性在不断地变化，因此，货币层次的划分只能相对准确。金融制度越发达，金融产品越丰富，货币层次越多，金融创新速度越快，货币层次修订的速度也就越快。

（2）货币的流动性结构。货币的结构也叫货币的流动性结构，是指流动性较高的货币与流动性较低的货币余额之间的比率。

衡量指标是 M_0 与 M_2 之间的比率；M_1 与 M_2 之间的比率。

例如 M_1/M_2 的增大，货币流动性增强，货币流通速度加快，也可能表明人们消费信心和投资信心的增强，经济趋热。

货币流动性的变化虽然可能是对经济环境变化的一种自然的反应，但货币流动性的变化也可能使经济环境出现新的变化，中央银行往往可以通过观察货币流动性结构的变化来判断宏观经济的走向。

由于各国商品范围、金融机构、货币概念有所不同，以及中央银行的调控能力的差异，所以其观察和控制重点也不完全一致。

从西方国家控制货币量的实践经验和总的趋势看，初期的货币量控制大多以 M_1 为主，近年来更多的国家从 M_1 转向 M_2。这是因为：M_2 与经济活动关系的密切程度高于 M_1。M_2 比 M_1 更便于控制。M_1 变动幅度较大，趋势也不易捉摸。而 M_2 不管其结构如何变化，总量是相对稳定的。

（3）货币政策。所谓货币政策，是指一国中央银行为实现宏观经济调控目标而采用各种方式调节货币供应量，进而影响宏观经济的各种方针和措施的总称。

西方发达国家的货币政策一般有四大目标，即稳定物价、充分就业、经济增长和国际收支平衡。

所谓稳定物价，就是通过实行适当的货币政策，保持一般物价水平的相对稳定，以避免出现通货膨胀或通货紧缩。

充分就业，是指在一段时期内，社会能够被利用的资源都得到充分利用。一般都以劳动力的就业程度来衡量。

经济增长，目前，世界上大多数国家都以剔除价格因素后的人均国民生产总值或人均国民收入的增长率作为衡量经济增长速度的指标。

国际收支平衡是指一国或地区的全部货币收入和货币支出持平或略有顺差或逆差。

我国中央银行的货币政策目标确定为："保持货币币值稳定，并以此促进经济的增长。"

中央银行通过观测和控制它所能控制的一些具体的指标来影响实际的经济活动，才能间接地达到其最终目标。这些能被中央银行所直接控制和观测的指标，就是我们通常所说的货币政策的中介目标或中间目标。中介目标位于货币政策工具和最终目标之间。

各国央行经常采用的中介目标主要有：

- 利率。利率是影响货币供应量和银行信贷规模、实现货币政策的重要指标。
- 货币供应量。以货币供应量作为中介指标，就是通过政策工具来调节、监控货币供给量水平，以使货币供给量增长与经济增长要求相适应。

（二）货币政策工具

所谓货币政策工具，就是中央银行为实现货币政策目标，对金融进行调节和控制所运用的各种策略手段。中央银行的货币政策工具主要有三类：一般性货币政策工具、选择性货币政策工具和其他政策工具。

1. 一般性货币政策工具

一般性货币政策工具，又称经常性、常规性货币政策工具，即传统的三大货币政策工具，俗称三大法宝：存款准备金政策、再贴现政策和公开市场业务。

（1）法定存款准备金政策。存款准备金政策是指中央银行对商业银行等存款货币机构的存款规定存款准备金率，强制性地要求商业银行等货币存款机构按规定比例上缴存款准备金；中央银行通过调整法定存款准备金以增加或减少商业银行的超额准备，从而影响货币供应量的一种政策措施。

（2）再贴现政策。再贴现政策就是中央银行通过提高或降低再贴现率来影响商业银行的信贷规模和市场利率，以实现货币政策目标的一种手段。

（3）公开市场业务。所谓"公开市场业务"，是指中央银行在金融市场上公开买卖有价证券，以改变商业银行等存款货币机构的准备金，进而影响货币供应量和利率，实现货币政策目标的一种货币政策手段。

2. 选择性货币政策工具

选择性货币政策工具是指中央银行针对个别部门、个别企业或某些特定用途的信贷而采用的信用调节工具。属于这类货币政策的工具主要有：证券市场信用控制、不动产信用控制、消费者信用控制及优惠利率等。

（1）证券市场信用控制。证券市场信用控制是指中央银行对有价证券的交易，规定应支付的保证金限额，其目的在于限制利用借款购买有价证券的比重。

（2）不动产信用控制。不动产信用控制是指中央银行通过规定和调整商业银行等金融机构向客户提供不动产抵押贷款的限制条件，控制不动产贷款的信用量，从而影响不动产市场的政策措施。

（3）消费者信用控制。消费者信用控制是指中央银行对消费者购买房地产以外的耐用消费品所规定的信用规模和期限等的限制性措施。

（4）优惠利率。优惠利率是指中央银行对国家重点发展的经济部门或产业规定较低的贷款利率，目的在于刺激这些部门和行业的生产，调动它们的积极性，以实现产业结构和产品结构的调整和优化。

3. 其他政策工具

除了以上所述的一般性货币政策工具和选择性货币政策工具以外，中央银行还可根据本国的具体情况和不同时期的具体需要，运用一些其他的货币政策工具。这些货币政策工具又可分为直接信用控制工具和间接信用控制工具。

（1）直接信用控制。直接信用控制是指中央银行从质和量两个方面以行政命令或其他方式对金融机构尤其是商业银行的信用活动进行直接控制。其手段包括利率最高限额、信用配给、流动性资产比率、信贷规模控制等。

（2）间接信用控制。间接信用控制是指中央银行通过道义劝告和窗口指导的方式对信用变动方向和重点实施间接指导。

（三）货币政策的运用

1. 紧缩性货币政策

在经济膨胀阶段，公众受物价上涨的压力日趋沉重，社会逐渐形成了相当强烈的抵制通货膨胀的共同愿望，迫使政府不得不采取紧缩政策以对付通货膨胀。在经济膨胀阶段，宏观经济调控的重点在抑制物价上涨率方面，而对物价水平产生直接作用的就是货币政策。紧缩性货币政策主要表现在以下几个方面：①提高法定存款准备金率。②提高再贴现率。③公开市场业务：指在金融市场上公开卖出有价证券，从而收回货币，减少货币供应量，抑制经济过热。

2. 扩张性货币政策

在经济衰退、萧条阶段或通货紧缩时期，一般政府会采取强有力的扩张政策，以增加消费、刺激投资，以期把经济带出困境。扩张性的货币政策主要表现在以下几个方面：①降低法定存款准备金率。②降低再贴现率。③公开市场业务：指在金融市场上公开买入有价证券，从而增加货币投放，增加货币供应量，促进经济发展。

二、信用

所谓信用就是以偿还和付息为特征的借贷行为。

（一）信用的主要形式

1. 商业信用

商业信用是企业之间在进行商品买卖时，以延期付款或预付货款的形式所提供的信用。它是现代信用制度的基础，主要形式有：赊销方式、预付货款、分期付款、延期付款等。

2. 银行信用

银行信用是由银行及其他金融机构以货币的形式，通过存款、贷款等业务活动提供的信用。它是现代信用的主要形式。

3. 国家信用

国家信用是以国家和地方政府为债务人的一种信用形式，它的主要方式是通过金融机构等承销商发行公债，在借贷资本市场上借入资金；公债的发行单位则要按照规定的期限向公债持有人支付利息。它包括国内信用和国际信用两种。

4. 消费信用

消费信用是企业、银行和其他金融机构对消费者个人所提供的，用于生活消费目的的信用。消费信用的形式有：①赊销（例如分期付款和信用卡）；②消费贷款（例如，信用方式或者抵押方式）。

消费信用的作用是扩大需求，刺激消费，刺激经济发展，是有利的促销手段。

5. 国际信用

国际信用是国际间一个国家官方（主要指政府）和非官方（如商业银行、进出口银行、其他经济主体）向另外一个国家的政府、银行、企业或其他经济主体提供的信用，属国际间的借贷行为。

（二）信用工具

1. 信用工具的含义及其特征

具有一定格式，并可载明债权债务关系的书面凭证，叫做信用工具，也称为金融工具。

信用工具一般有以下共同的特征：

（1）偿还性，这是指信用工具的发行者或债务人按期归还全部本金和利息的特性。

（2）流动性，这是指信用工具可以迅速变现而不致遭受损失的能力。

（3）收益性，这是指信用工具能定期或不定期地为其持有人带来一定的收入。

（4）风险性，这是指购买金融工具的本金有否遭受损失的风险，本金受损的风险有信用风险和市场风险两种。

2. 信用工具的种类

（1）从发行者的地位来划分，可分为直接信用工具和间接信用工具。

直接信用工具是指那些不需金融机构作中介，由企业、个人、或政府所发行和签发的融资工具，以此来实现资金的转移，如商业票据、公司债券、政府债券，这些信用工具是债权人和债务人在金融市场上直接进行借贷和交易的工具。

间接信用工具是指由金融机构所发行的银行券、存单、人寿保险单、各种借据和银行票据，借贷双方借助于这些信用工具实现资金的转移。

（2）按融资的时间划分，可分为长期信用工具和短期信用工具。

长期信用工具，也称为资本市场信用工具，一般指期限在 1 年以上的中、长期资金借贷和证券交易的工具。如银行中、长期贷款工具以及债券等。

短期信用工具：也称货币市场信用工具，一般指 1 年以内的各种借贷和融通资金的工具。如国库券、可转让定期存单、银行承兑票据、回购协议等。

3. 信用工具的形式

（1）短期信用工具包括票据（汇票、本票和支票）；可转让大额定期存单；短期债券（国库券和短期公司债券）。

（2）长期信用工具包括债券、股票和证券投资基金。

债券：债券是用来表明债权债务关系，证明债权人有按约定的条件取得利息和收回本金的债权凭证。

股票：股票是股份公司发给其投资者，证明其所投入的股份资本的所有权证书。

证券投资基金：按组织形式和法律地位划分，可分为契约型和公司型基金。

契约型基金：是依据一定的信托契约原理而组织起来的基金，其活动属于代理投资行为。我国的基金均为契约型。

公司型基金：是依公司法成立，通过发行基金股份将集中起来的资金投资于各种有价证券。

按基金的受益凭证是否可赎回划分，可分为开放型和封闭型基金。

开放型基金：指基金管理公司在设立基金时，发行的基金单位总份数不固定，基金总额亦不封顶，可视经营策略和实际需要连续发行。投资者可随时购买和转卖给基金管理公司。

封闭型基金：指基金管理公司在设立基金时，限定了基金的发行数额，在初次发行达到了预定的发行计划后，基金即宣告成立，并进行封闭，在一定时期内不再追加发行新的基金单位。

三、利息和利率

（一）利息

利息是使用借贷资金的报酬，是货币资金所有者凭借对货币资金的所有权向这部分资金使用者索取的报酬。利息是借贷资本的“价格”。利息采用以下方式计算。

1. 单利

单利就是不管贷款期限的长短，仅按本金计算利息，当期本金所产生的利息不计入下期本金计息的计算方法。

$$利息 = 本金 \times 利率 \times 期限$$

$$本利和 = 本金 \times（1+ 利率 \times 期限）$$

2. 复利

复利是一种将上期利息转为本期本金一并计息的计算方法。

$$本利和 = 本金 \times（1+ 利率）^n$$

$$利息 = 本利和 - 本金$$

（二）利率

利息率，简称利率，是借贷期内利息额对本金的比率，公式为：

$$利率 = 利息额 / 借贷资金额 \times 100\%$$

年利率、月利率、日利率：分别用百分数、千分数和万分数来表示。

$$年利率=月利率\times 12=日利率\times 360$$

1. 利率的种类

依据不同的分类标准，利率有多种划分方法。

（1）市场利率、官方利率与公定利率。它是按利率的决定主体不同来划分的。

市场利率是指由资金供求关系和风险收益等因素决定的利率。

官方利率是指由货币管理当局确定的利率。

公定利率是指由金融机构或行业公会、协会（如银行公会等）按协商的办法所确定的利率。

（2）固定利率与浮动利率。它是按资金借贷关系存续期内利率水平是否变动来划分的。

固定利率是指在整个借贷期限内，利率水平保持不变的利率。

浮动利率是指在借贷关系存续期内，利率水平可随市场变化而定期变动的利率。

（3）名义利率与实际利率。它是按利率水平是否剔除通货膨胀因素来划分的。

名义利率，是指没有剔除通货膨胀因素的利率，即包括补偿通货膨胀风险的利率。

实际利率，是指剔除通货膨胀因素的利率。即物价不变，从而货币购买力不变条件下的利息率。

2. 决定和影响利率因素的一般分析

决定和影响利率水平的因素是多种多样的，主要有以下几方面：①平均利润率。②借贷资金的供求关系。③预期通货膨胀率。④中央银行货币政策。⑤国际收支状况。

除了以上几种因素外，决定一国在一定时期内利率水平的因素还有：借贷期限长短、借贷风险大小、国际利率水平高低、一国经济开放程度、银行成本、银行经营管理水平、经济周期等，都会对一国国内利率产生重要影响。

四、金融市场

金融市场，通常是指以金融资产为交易对象而形成的供求关系及其机制的总和。

金融市场的组成机构包括一个国家的中央银行、商业银行、专业银行及其他非银行金融机构。市场参加者包括政府部门、金融机构、企业事业单位及广大居民个人。市场管理者一般是中央银行或专设的市场监管机构。

（一）金融市场的分类

金融市场可以根据不同标准分类。

1. 根据资本借贷及有价证券期限分类，分为货币市场、资本市场

货币市场：属于短期资金市场，一般指 1 年以下期限的资金借贷及有价证券的交易市场。如银行短期贷款（包括同业拆借）市场及国库券、商业票据、银行可转让存单市场等。

资本市场：属于中长期资金市场，一般指 1 年以上期限的资金借贷及有价证券的交易市场。如银行中长期贷款市场及国家公债、公司债券、股票、抵押契约等交易市场。

2. 根据交易交割方式分类，分为现货市场、期货市场和期权市场

（二）货币市场

货币市场是 1 年以下期限的短期金融市场。这个市场的主要功能是保持金融资产的流动性，随时转换成现实的货币。

1. 货币市场资金供求者

货币市场资金供求者有：政府、企业、商业银行、其他金融机构、证券公司、居民家庭或个人、中央银行。

2. 货币市场结构及其内容

（1）同业拆借市场。它是银行等金融机构间为解决短期资金的余缺而相互调剂融通的市场。

（2）票据市场。票据市场是指商业票的承兑、抵押、贴现等活动所形成的市场。

商业票据的承兑是一种付款承诺行为。银行承兑汇票是货币市场上的重要金融工具。

贴现是一种票据买卖行为。汇票可以在货币市场上以贴现方式获得现款。

（3）国债市场。国债市场是指国债的发行、转让、贴现及偿还等所形成的市场。

（4）大额存单市场。是指大面额可转让定期存单的发行、转让等所形成的市场。

（三）资本市场

资本市场是长期资金市场，一般可将资本市场视同或侧重在证券市场。

所谓证券市场，是指按照市场法则从事法律认可的有价证券的发行、转让等活动所形成的市场。按照证券交易的性质和特点，证券市场可分为一级市场和二级市场。

一级市场是有价证券的初始发行市场，也称初级市场或原始市场。二级市场是已发行的证券转让交易市场，也称流通市场或次级市场。

1. 有价证券

有价证券是指那些能够为其持有者定期带来收益，并能转让流通的资本所有权或债权证书。通常所说的有价证券指期限在 1 年以上的债券及股票，它是资本市场金融工具的基本形式。

（1）股票。股票是股份有限公司筹集资本时所发行的一种法律认可的代表股份资本的所有权证书，它是资本股份的证券形式。

我们通常所见的股票，一般是记名的、有票面金额的普通股和优先股。

（2）债券。债券是投资者凭以定期获得利息、到期取还本金的债权证书。根据发行主体不同主要有中长期政府债券、公司债券、金融债券几种债券。

2. 证券交易系统

（1）证券交易所交易系统。证券交易所是集中进行证券交易的场所。证券交易所的组织形式有会员制和公司制两种。

（2）非交易所交易系统。非交易所交易系统亦即场外市场、店头市场、柜台市场或电话市场。现在有所谓第三市场和第四市场，实际上都属于非交易所交易系统。

3. 证券交易方式

（1）现货交易，亦称现款交易，即以现款买卖有价证券。一般要求买卖成交后立即交割（券款结算）。

（2）信用交易，又称保证金信用交易，是指证券商对投资者贷款或贷券，使投资者得以完成证券交易的方式。

（3）期货交易，现货交易的对称。它是指证券买卖成交后，按双方契约规定的价格，在约定的时间（30 天、60 天、90 天）进行交割的证券买卖活动。

（4）期权交易，也称为选择权，实际上是一种与专门交易商签订的契约，规定持有者（购买者）有权在一定期限内按交易双方商订的“协定价格”购买或出售一定数量的证券。

（5）股票价格指数期货交易。股票价格指数期货交易中买卖的不是股票，而是股价指数，故称之为“没有股票的股票交易”。

（四）基金市场

基金即投资基金，是通过发行基金股份或收益凭证，将投资者分散的资金集中起来，由专业管理人员分散投资于股票、债券或其他金融资产，并将投资收益分配给基金持有者的一种融资活动，同时也是指从事这类活动的金融中介机构。基金市场指各类基金的发行、赎回及转让所形成的市场。

五、金融机构体系

（一）我国的金融机构体系

我国的金融机构体系由中央银行（中国人民银行）、政策性银行、国有商业银行、其他股份制商业银行、非银行金融机构以及金融监管机构组成。

1. 中央银行

中央银行即中国人民银行，简称人行，居于核心地位。

中国人民银行总行之下设九大分行和两个银行管理部。九大分行分别是天津、沈阳、西安、济南、上海、南京、广州、成都、武汉。两个银行管理部是：北京、重庆。各城市设中心支行。

（1）中央银行的性质

中央银行是国家赋予其制定和执行货币政策，对国民经济进行宏观调控和管理的特殊的金融机构。中央银行是特殊的金融机构主要表现在：从经营目标来看，中央银行不以盈利为目的；从服务对象来看，以政府和商业银行等金融机构为服务对象；从经营内容来看，独占货币发行权、制定和执行货币政策、接受银行等金融机构的准备金存款和政府财政性存款。

（2）主要职责：①依法制定和执行货币政策；②发行人民币，管理人民币流通；③监督管理银行间同业拆借市场和银行间债券市场；④实施外汇管理，监督管理银行间外汇市场；⑤监督管理黄金市场；⑥持有、管理、经营国家外汇储备、黄金储备；⑦维护支付、清算系统的正常运行；⑧指导、部署金融业反洗钱工作，负责反洗钱的资金监测；⑨负责金融业的统计、调查、分析和预测等工作。

中央银行是国家的银行，一方面代表国家制定并执行有关金融法规、代表国家监督管理和干预各项有关经济和金融活动，另一方面还为国家提供多种金融服务。

（3）中央银行的业务包括负债业务、资产业务、中间业务

负债业务：货币发行业务；经理国库业务；存款准备金业务；国际金融机构负债业务。

资产业务：再贷款业务；再贴现业务；有价证券买卖业务；黄金外汇储备业务。

中间业务：集中办理票据交换：办理金融机构之间的票据交换业务；结清交换差额：往来账户的票据交换后的差额的结清；办理异地资金转移：全国范围内的资金清算。

2. 政策性银行

政策性银行一般是由政府通过直接出资或担保等形式创立，以贯彻国家产业政策、区域发展政策，不以盈利为目标的金融机构。政策性银行具有专业银行的特征。

建立政策性银行有利于中国人民银行办成真正的中央银行，国家专业银行办成真正的商业银行，也将有利于更好地贯彻国家的产业政策，保证国家重点产业和重点部门的发展。

我国政策性银行有国家开发银行（国开行）、中国进出口银行、中国农业发展银行（农发行）。

3. 国有商业银行：主体地位

我国国有商业银行主要是指中国工商银行、中国农业银行、中国建设银行、中国银行。

4. 其他股份制商业银行

如：交通银行（交行）、邮政储蓄银行、深圳发展银行（深发展）、招商银行（招行）、中国民生银行、上海浦东发展银行（浦发）、华夏银行、中信银行、兴业银行、中国光大银行、广东发展银行（广发）等。

5. 其他非银行金融机构

如保险公司、证券公司、信托投资公司、资产管理公司、财务公司或金融公

司、租赁公司、投资基金等。

6. 金融监管机构

我国的金融监管机构有：中国证券监督管理委员会（简称中国证监会）、中国保险监督管理委员会（简称中国保监会）、中国银行业监督管理委员（简称中国银监会）。

主要职责：制定有关各自行业的金融机构监管的规章制度和办法，起草有关的法律和行政法规，提出制定和修改的建议；审批行业的金融机构及分支机构的设立、变更、终止及其业务的范围；对行业金融机构实行现场和非现场监管，依法对违法违规行为进行查处；审查行业金融机构高级管理人员任职资格；负责统一编制全国行业数据、报表，并且按照国家有关规定予以公布；会同有关部门提出金融机构紧急风险处置的意见和建议；负责国有重点金融机构监事会的日常管理；承办国务院交办的其他事项。

（二）国际金融机构体系

1. 国际货币基金组织

国际货币基金组织是根据布雷顿森林会议通过的《国际货币基金协定》成立的全球性国际金融机构。《国际货币基金协定》中明确了该组织的宗旨是：

（1）为会员国提供一个常设的国际货币机构，促进国际货币合作。

（2）促进国际贸易均衡发展，以维持和提高就业水平和实际收入，发展各国的生产能力。

（3）促进汇率的稳定和维持各国有秩序的外汇安排，以避免竞争性的货币贬值。

（4）协助建立各国间经常性交易的多边支付制度，并设法消除妨碍世界贸易发展的外汇管制。

（5）在临时性基础上和具有充分保障的条件下，为会员国融通资金，使之在无需采取有损于本国及国际经济繁荣措施的情况下，纠正国际收支的不平衡。

（6）努力缩短和减轻国际收支不平衡的持续时间及程度。

2. 世界银行集团

通常所讲的世界银行是国际复兴开发银行与国际开发协会的总称。

（1）世界银行（全称国际复兴开发银行）：是与国际货币基金组织密切联系、相互配合的全球性国际金融机构，也是布雷森林体系的产物。世界银行成立于

1945 年 12 月。

（2）国际开发协会。国际开发协会成立于 1960 年 9 月 24 日，主要是对更为贫穷的发展中国家提供长期优惠贷款，作为世界银行贷款的补充，以促进这些国家经济发展和生活水平提高。

国际开发协会的信贷只给予政府，信贷一般针对特定项目，比较集中在农业开发项目上，其次用于较长时期才能见效或难以用收入效益表示的项目，如教育及人力资源的开发等。

（3）国际金融公司

国际金融公司于 1956 年 7 月 24 日正式成立。公司宗旨是：专门对会员国私人企业的新建、改建和扩建等项目提供资金，促进不发达国家中私营经济的增长及其市场的发展。

国际金融公司的主要资金来源是会员国认缴的股本。公司的主要活动是对会员国私人企业贷款，公司还可以对企业直接投资入股，投资对象一般是发展中国家的私营企业。

3. 区域性国际金融机构

（1）亚洲开发银行。亚洲开发银行是一家仅次于世界银行的第二大开发性国际金融机构，也是亚太地区最大的政府间金融机构。亚洲开发银行于 1966 年 11 月 24 日成立。

（2）非洲开发银行。非洲开发银行是非洲国家创办的区域性国际金融机构。成立于 1964 年 9 月。非行的宗旨是为成员国的经济和社会发展提供资金，协助非洲大陆制定总体发展战略，协调各国的发展计划，以便逐步实现“非洲经济一体化”。

（3）泛美开发银行。泛美开发银行是以美国和拉美国家为主，联合一些西方国家和前南斯拉夫合办的区域性国际金融机构。1960 年正式营业。泛行的宗旨是动员美洲内外资金，为拉美成员国的经济和社会发展提供项目贷款和技术援助，以促进拉美经济的发展和“泛美体制”的实现。

（4）以我国为主组建的亚洲基础设施投资银行，简称亚投行，是一个政府间性质的亚洲区域多边开发机构，重点支持基础设施建设，成立宗旨在促进亚洲区域的建设互联互通化和经济一体化的进程，并且加强中国及其他亚洲国家和地区的合作。总部设在北京。2013 年 10 月 2 日，习近平主席提出筹建倡议，2014 年 10 月 24 日，包括中国、印度、新加坡等在内 21 个首批意向创始成员国的财长和授权代表在北京签约，共同决定成立亚洲基础设施投资银行。亚投行意向创始成员国确定为57个，其中域内国家37个、域外国家20个。涵盖了除美日和加拿大之外的主要西方国家，以及亚欧区域的大部分国家，成员遍及五大洲。其他国家和地区今后仍可以作为普通成员加入亚投行。

2015年6月29日，《亚洲基础设施投资银行协定》签署仪式在北京举行，亚投行57个意向创始成员国财长或授权代表出席了签署仪式，其中已通过国内审批程序的50个国家正式签署《协定》。各方商定于2015年年底之前，经合法数量的国家批准后，《协定》即告生效，亚投行正式成立。

4. 国际清算银行与巴塞尔银行监管委员会

国际清算银行于1930年5月在瑞士的巴塞尔正式营业，是国际上唯一办理中央银行业务的机构。它的主要任务是，促进各国中央银行的合作并为国际金融的运营提供便利。

六、商业银行

商业银行，英文缩写为CB，其网络通俗谐音是“存吧”，意为存储银行，是一个以营利为目的，以多种金融负债筹集资金，多种金融资产为经营对象，具有信用创造功能的金融机构。

商业银行的主要业务范围包括吸收公众、企业及机构的存款、发放贷款、票据贴现及中间业务等。

我国四大国有商业银行：中国工商银行（工行）、中国农业银行（农行）、中国银行（中行）、中国建设银行（建行）。

股份制商业银行：交通银行（交行）、邮政储蓄银行、深圳发展银行（深发展）、招商银行（招行）、中国民生银行、上海浦东发展银行（浦发）、华夏银行、中信银行、兴业银行、中国光大银行、广东发展银行（广发）、渤海银行、浙商银行、恒丰银行。

城市商业银行：基本上各城市都有自己的城市商业银行（前身为城市信用社）。

各农村商业银行（农商行）及农村信用合作社（农村信用社、农信社）。

1. 商业银行业务范围

根据我国《商业银行法》的规定，商业银行可以经营下列部分或全部业务：①吸收公众存款；②发放短期、中期和长期贷款；③办理国内外结算；④办理票据承兑与贴现；⑤发行金融债券；⑥代理发行、代理兑付、承销政府债券；⑦买卖政府债券、金融债券；⑧从事同业拆借；⑨买卖、代理买卖外汇；⑩从事银行卡业务；⑪提供信用证服务及担保；⑫代理收付款项及代理保险业务；⑬提供保管箱服务；⑭经国务院银行业监督管理机构批准的其他业务。

商业银行是支付结算和资金清算的中介机构。未经中国人民银行批准的非银行金融机构和其他单位不得作为中介机构经营支付结算业务。

2. 商业银行存款业务规则

（1）存款业务经营特许制。我国《商业银行法》规定，未经国务院银行业监督管理机构批准，任何单位和个人不得从事吸收公众存款等商业银行业务，任何单位不得在名称中使用“银行”字样。目前，我国能够从事吸收公众存款业务的金融机构有商业银行、信用合作社和邮政储蓄机构等。

（2）存款机构依法交存存款准备金。存款准备金是商业银行依照法律和中国人民银行的规定，按吸收存款的一定比例交存于中国人民银行的存款，目的是为了保障存款机构支付存款的能力。

（3）存款机构依法留足备付金。备付金是商业银行和其他金融机构为保证存款支付和资金清算的清偿资金，主要表现为商业银行的库存现金和在中央银行的存款。

（4）个人存款实名制原则。

（5）单位存款的强制存入原则。开户单位的现金收入，除核定的库存现金限额外，必须存入开户银行，不得自行保存。开户单位支付现金，可以从本单位库存现金限额中支付或从开户银行提取，不得从本单位的现金收入中直接支付（即坐支）。禁止公款私存、私款公存。

七、银行结算

（一）银行结算账户管理

银行结算账户是指银行为存款人开立的办理资金收付的活期存款账户。

“银行”是指在中国境内经批准经营支付结算业务的政策性银行、商业银行（含外资独资银行、中外合资银行、外国银行分行）、城市信用合作社、农村信用合作社等；

“存款人”是指在中国境内开立银行结算账户的机关、团体、部队、企业、事业单位、其他组织（以下统称单位）、个体工商户和自然人。

银行结算账户按存款人不同分为单位银行结算账户和个人银行结算账户。

单位银行结算账户按用途分为基本存款账户、一般存款账户、专用存款账户、临时存款账户。

银行结算账户管理应当遵守的基本原则如下。

（1）一个基本账户原则

单位银行结算账户的存款人只能在银行开立一个基本存款账户。

（2）自主选择银行开立银行结算账户原则

存款人可以根据需要自主选择银行，除国家法律、行政法规和国务院另有规定外，任何单位和个人不得强令存款人到指定银行开立银行结算账户。

（3）银行结算账户信息保密原则

除国家法律、行政法规另有规定外，银行有权拒绝任何单位或个人查询。

（4）守法合规原则

不得利用银行结算账户进行偷逃税款、逃避债务、套取现金及其他违法犯罪活动。

存款人开立单位银行结算账户，自正式开立之日起3个工作日后，方可使用该账户办理付款业务。

1. 基本存款账户

基本存款账户，是指存款人因办理日常转账结算和现金收付需要开立的银行结算账户，一个单位只能开立一个基本存款账户。

（1）存款人的“工资、奖金”的支取，只能通过基本存款账户办理。

（2）基本存款账户的存款人包括但不限于：企业法人、非法人企业（个人独资企业和合伙企业）、异地常设机构、单位设立的独立核算的附属机构（食堂、招待所、幼儿园）。

①单位银行卡账户的资金必须由“基本存款账户”转账存入。②撤销银行结算账户时，应当先撤销一般存款账户、专用存款账户、临时存款账户，将这些账户资金转入基本存款账户后，方可办理基本存款账户的撤销。

2. 一般存款账户

一般存款账户，是指存款人因借款或者其他结算需要，在基本存款账户开户银行以外的银行营业机构开立的银行结算账户。

（1）存款人申请开立一般存款账户，应当向银行出具其开立基本存款账户规定的证明文件、基本存款账户开户许可证和借款合同或者其他有关证明。

（2）一般存款账户用于办理存款人借款转存、借款归还和其他结算的资金收付。一般存款账户可以办理现金缴存，但不得办理现金支取。

3. 专用存款账户

专用存款账户是指存款人按照法律、行政法规和规章，对有特定用途的资金进行专项管理和使用而开立的银行结算账户。

（1）单位银行卡账户的资金必须由基本存款账户转账存入，该账户不得办理现金收付业务。

（2）财政预算外资金、证券交易结算资金、期货交易保证金和信托基金专用存款账户，不得支取现金。

（3）基本建设资金、更新改造资金、政策性房地产开发资金、金融机构存放同业资金账户需要支取现金的，应在开户时报中国人民银行当地分支行批准。

（4）粮、棉、油收购资金、社会保障基金、住房基金和党、团、工会经费专用存款账户支取现金应按照国家现金管理的规定办理。

（5）预算单位零余额账户。预算单位零余额账户用于财政授权支付，可以办理转账、提取现金等结算业务，可以向本单位按账户管理规定保留的相应账户划拨工会经费、住房公积金及提租补贴，以及财政部批准的特殊款项，不得违反规定向本单位其他账户和上级主管单位、所属下级单位账户划拨资金。

4. 临时存款账户

临时存款账户是存款人因临时需要并在规定期限内使用而开立的银行结算账户。

（1）设立临时机构、异地临时经营活动、注册验（增）资，可以开立临时存款账户。

（2）临时存款账户的有效期最长不得超过 2 年。

（3）临时存款账户支取现金，应当按国家现金管理的规定办理。

（4）注册验资的临时存款账户在验资期间只收不付。

银行经审查后符合开立一般存款账户、其他专用存款账户和个人银行结算账户条件的，应办理开户手续，并于开户之日起 5 个工作日内向央行当地分支行备案；符合开立基本存款账户、临时存款账户、预算单位专用存款账户等等条件的，需要央行分支构核准。

5. 个人银行结算账户

个人银行结算账户是自然人因投资、消费、结算等需要，凭个人身份证以自然人名称开立的银行结算账户。

自然人可根据需要申请开立个人银行结算账户，也可以在已开立的储蓄账户中选择并向开户银行申请确认为个人银行结算账户。

从单位银行结算账户向个人银行结算账户支付款项，每笔超过 5 万元（不包含 5 万元）的，付款单位在付款用途栏或者备注栏注明事由的，可不再另行出具付款依据，但付款单位必须对支付款项事由的真实性、合法性负责。

（二）银行卡

银行卡按是否具有透支功能分为信用卡和借记卡。

信用卡（可以透支）又分为贷记卡和准贷记卡。

贷记卡是指发卡银行给予持卡人一定的信用额度，持卡人可在信用额度内先消费、后还款的信用卡。

准贷记卡是指持卡人须先按发卡银行要求交存一定金额的备用金，当备用金账户余额不足支付时，可在发卡银行规定的信用额度内透支的信用卡。

借记卡（不能透支）又分为转账卡、专用卡和储值卡。

转账卡是实时扣账的借记卡，具有转账结算、存取现金和消费功能。

专用卡是具有专门用途、在特定区域使用的借记卡，具有转账结算、存取现金功能。

储值卡是发卡银行根据持卡人要求将其资金转至卡内储存，交易时直接从卡内扣款的预付钱包式借记卡。

1. 单位人民币卡账户管理

（1）单位人民币卡账户的资金一律从其基本存款账户转账存入，不得存取现金，不得将销货收入存入单位卡账户。

（2）单位人民币卡可以办理商品交易和劳务供应款项的结算，但不得透支。单位卡不得支取现金。

（3）销户时，单位人民币卡账户的资金应当转入其基本存款账户。

（4）严禁将单位的款项转入个人卡账户存储。

2. 银行卡计息

准贷记卡及借记卡（不含储值卡）账户内的存款，按照中国人民银行规定的同期同档次存款利率及计息办法计付利息。发卡银行对贷记卡账户的存款、储值卡（含 IC 卡的电子钱包）内的币值不计付利息。

（1）免息还款期待遇。信用卡对非现金交易，从银行记账日起至到期还款日之间的日期为免息还款期。在此期间，只要全额还清当期对账单上的本期应还金额（总欠款金额），便不用支付任何非现金交易由银行代垫给商店资金的利息（预借现金则不享受免息优惠）。

信用卡到期还款日是指信用卡发卡银行要求持卡人归还应付款项的最后日期。也就是说发卡银行出了账单之后，你应该在到期还款日之前把你之前所消费的费用全部还清。

对于各个银行，免息还款期限都是不一样的。

（2）贷记卡持卡人选择最低还款额方式或超过发卡银行批准的信用额度用卡时，不再享受免息还款期。

（3）贷记卡透支按月记收复利，准贷记卡透支按月计收单利，透支利率为日利率万分之五。

（三）预付卡

预付卡，是指发卡机构以特定载体和形式发行的，可在发卡机构之外购买商品或服务的预付价值。按是否记载持卡人身份信息分为记名预付卡和不记名预付卡；按信息载体不同分为磁条卡、芯片（IC）卡。

单张记名预付卡资金限额不得超过 5 000 元，单张不记名预付卡资金限额不得超过 1 000 元。

记名预付卡可挂失，可赎回，不得设置有效期；不记名预付卡不挂失，不赎回，有效期不得低于 3 年。超过有效期尚有资金余额的预付卡，可通过延期、激活、换卡等方式继续使用。

个人或单位购买记名预付卡或一次性购买不记名预付卡 1 万元以上的，应当使用实名并向发卡机构提供有效身份证件。

单位一次性购买预付卡 5 000 元以上，个人一次性购买预付卡 5 万元以上的，通过银行转账等非现金结算方式购买，不得使用现金。购卡人不得使用信用卡购买预付卡。

（四）结算方式

我国传统的结算方式包括汇兑、托收承付和委托收款三种，此外还包括国内信用证结算方式等。

1. 汇兑

汇兑是汇款人委托银行将其款项支付给收款人的结算方式，包括信汇、电汇。

汇兑业务的基本流程如图 7-1 所示。

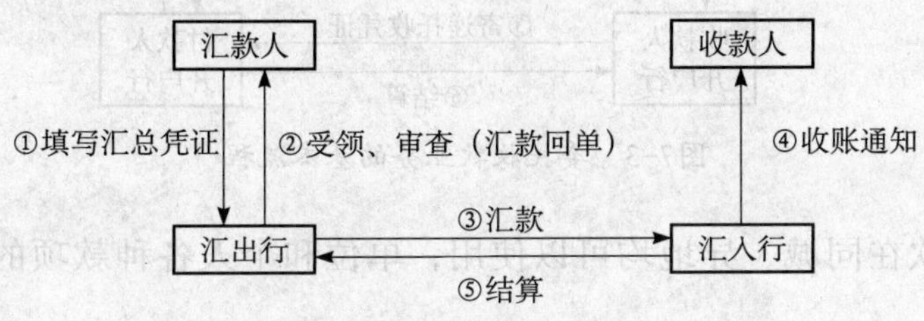

图7-1 汇兑业务的基本流程

单位和个人各种款项的结算，均可使用汇兑结算方式。

2. 托收承付

托收承付是根据购销合同由收款人发货后委托银行向异地付款人收取款项，由付款人向银行承认付款的结算方式。

托收承付业务的基本流程如图 7-2 所示。

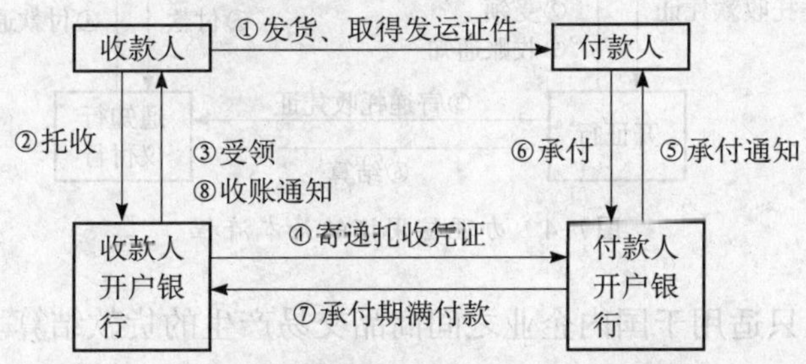

图7-2 托收承付业务的基本流程

托收承付结算款项的每笔金额起点为 10 000 元，新华书店系统每笔的金额起点为 1 000 元。

办理托收承付结算的款项必须是商品交易以及因商品交易而产生的劳务供应的款项。代销、寄销、赊销商品的款项不得办理托收承付结算。托收承付仅限于单位使用（个体工商户和个人不得使用）。

3. 委托收款

委托收款是收款人委托银行向付款人收取款项的结算方式。

委托收款业务的基本流程如图 7-3 所示。

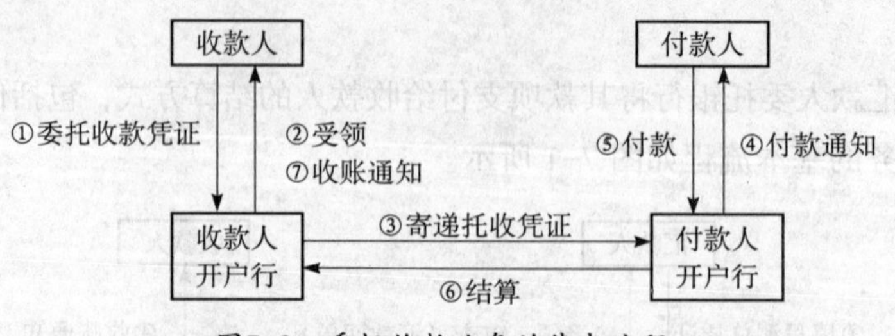

图7-3 委托收款业务的基本流程

委托收款在同城、异地均可以使用，单位和个人各种款项的结算，均可使用。

4. 国内信用证

国内信用证是指开证银行依照申请人（购货方）的申请向受益人（销货方）开出一定金额、并在一定期限内凭信用证规定的单据支付款项的书面承诺。

办理信用证的基本流程如图 7-4 所示。

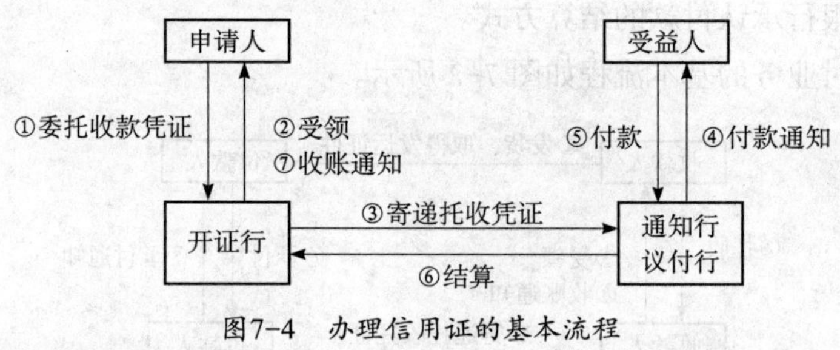

图7-4 办理信用证的基本流程

国内信用证只适用于国内企业之间商品交易产生的货款结算。只能用于转账结算，不得支取现金。

我国信用证为不可撤销、不可转让的跟单信用证。

（1）不可撤销信用证，是指信用证开具后在有效期内，非经信用证各有关当事人（开证银行、开证申请人和受益人）的同意，开证银行不得修改或者撤销的信用证。

（2）不可转让信用证，是指受益人不能将信用证的权利转让给他人的信用证。

开证行在决定受理该项业务时，应向申请人收取不低于开证金额 20% 的保证金，并可根据申请人资信情况要求其提供抵押、质押或由其他金融机构出具保函。信用证有效期为受益人向银行提交单据的最迟期限，最长不得超过 6 个月。

申请人交存的保证金和其存款账户余额不足支付的，开证行仍应在规定的付款时间内进行付款。对不足支付的部分作逾期贷款处理。

八、票据结算

（一）票据

票据指以支付资金为目的的有价证券。我国《票据法》中规定的“票据”，包括汇票、银行本票和支票。

1. 票据权利

持票人的票据权利包括付款请求权（第一次权利）和追索权（第二次权利）。

（1）付款请求权，是指持票人向汇票的承兑人、本票的出票人、支票的付款人出示票据要求付款的权利。

（2）行使付款请求权的当事人可以是票据记载的收款人和最后被背书人。

（3）行使追索权的当事人除票据记载的收款人和最后被背书人之外，还可能是代为清偿票据债务的保证人、背书人。

2. 票据权利行使与保全

票据权利行使与保全的方法通常包括“按期提示”和“依法证明”两种。

（1）按期提示

①汇票未按照规定期限提示承兑的，持票人丧失对其前手的追索权。

②本票的持票人未按照规定期限提示付款的，丧失对出票人以外的前手的追索权。

（2）依法证明

持票人不能出示拒绝证明、退票理由书或者未按照规定期限提供其他合法证明的，丧失对其前手的追索权。

3. 票据权利时效

票据权利时效是指票据权利在时效期间内不行使，即引起票据权利丧失。票据权利在下列期限内不行使而消灭：

（1）持票人对票据的出票人和承兑人的权利自票据到期日起 2 年。见票即付的汇票、本票自出票日起 2 年。

（2）持票人对支票出票人的权利，自出票日起 6 个月。

（3）持票人对前手的追索权，在被拒绝承兑或者被拒绝付款之日起 6 个月。

（4）持票人对前手的再追索权，自清偿日或者被提起诉讼之日起 3 个月。

（5）如果持票人因超票据权利时效或者因票据记载事项欠缺而丧失票据权利的，《票据法》为了保护持票人的合法权益，规定其仍享有民事权利，可以请求出票人或者承兑人返还其与未支付的票据款金额相当的利益。

4. 票据义务

票据债务人承担票据义务一般有：①汇票承兑人因承兑而应承担付款义务；②本票出票人因出票而承担自己付款的义务；③支票付款人在与出票人有资金关系时承担付款义务；④汇票、本票、支票的背书人，汇票、支票的出票人、保证人，在票据不获承兑或不获付款时的付款清偿义务。

5. 提示付款

票据持有人向银行提交某某单据并要求银行付款的行为叫做提示付款，提示付款期就是提示付款的有效期。

支票的提示付款期自出票日起 10 日，超过提示付款期限提示付款的，持票人开户银行不予受理，付款人不予付款。

银行汇票提示付款期为自出票日起的 1 个月。持票人超过付款期限提示付款的，代理付款人（银行）不予受理。

商业汇票的提示付款期限是自汇票到期日起 10 日。持票人应在提示付款期限内通过开户银行委托收款或直接向付款人提示付款。

银行本票的提示付款期限自出票之日起最长不得超过两个月。持票人超过付款期限提示付款的，代理付款人不予受理。

6. 票据行为

票据行为包括出票、承兑、背书和保证。

（1）出票，是指出票人签发票据并将其交付给收款人的票据行为。

出票包括两个行为：出票人依照《票据法》的规定作成票据，即在原始票据上记载法定事项并签章；交付票据，即将作成的票据交付给他人占有。这两者缺一不可。

出票人签发票据后，应承担该票据承兑和付款的责任。在票据得不到承兑或者付款时，持票人有权向出票人行使追索权。

（2）背书。背书是在票据背面或者粘单上记载有关事项并签章的行为。转让背书是指以转让票据权利为目的的背书；非转让背书是指以授予他人行使一定的票据权利为目的的背书。

非转让背书包括委托收款背书和质押背书。

委托收款背书是背书人委托被背书人行使票据权利的背书。委托收款背书的被背书人有权代背书人行使被委托的票据权利。但是，被背书人不得再以背书转让票据权利。

如：A 转让一张 100 万元的汇票，委托 B 收款，B 为代理收款人，不享有票据权利。真正的票据权利人为 A，B 无权将票据背书转让。

质押背书是以担保债务而在票据上设定质权为目的的背书。被背书人依法实现其质权时，可以行使票据权利。

背书必须连续。背书连续是指在票据转让过程中，转让票据的背书人与受让票据的被背书人在汇票上的签章依次前后衔接。最后的被背书人是票据的最后持票人。

以背书转让的票据，背书应当连续。持票人以背书的连续，证明其票据权利。

（3）承兑。承兑即承诺兑付，是付款人在汇票上签章表示承诺将来在汇票到期时承担付款义务的一种行为。承兑行为只发生在商业汇票中。承兑行为是针对商业汇票而言的。本票，支票和银行汇票都不可能发生承兑。

付款人承兑汇票，不能附有条件；承兑附有条件的，视为拒绝承兑。

（4）保证。保证是指票据债务人以外的人，为担保特定债务人履行票据债务而在票据上记载有关事项并签章的行为。

保证人对合法取得票据的持票人所享有的票据权利，承担保证责任。但是，被保证人的债务因票据记载事项欠缺而无效的除外；保证不得附有条件；附有条件的，不影响对票据的保证责任；保证人清偿票据债务后，可以行使持票人对被保证人及其前手的追索权。

7. 票据追索

（1）到期后追索，是指票据到期被拒绝付款的，持票人对背书人、出票人以及票据的其他债务人行使的追索。

（2）到期前追索，是指票据到期日前，持票人对下列情形之一行使的追索：汇票被拒绝承兑的；承兑人或者付款人死亡、逃匿的；承兑人或者付款人被依法宣告破产；承兑人或者付款人因违法被责令终止业务活动的。

持票人行使追索权的条件是作为主债务人的“承兑人或者付款人”丧失支付

能力，持票人的第一次权利（付款请求权）不能实现了，才能行使第二次权利（追索权）。

（3）被追索人的确定。票据的出票人、背书人、承兑人和保证人对持票人承担连带责任。持票人行使追索权，可以不按照票据债务人的先后顺序，对其中任何一人、数人或者全体行使追索权。

（二）银行汇票

银行汇票（见图 7-5）是出票银行签发，在见票时按照实际结算金额无条件支付给收款人或者持票人的票据。

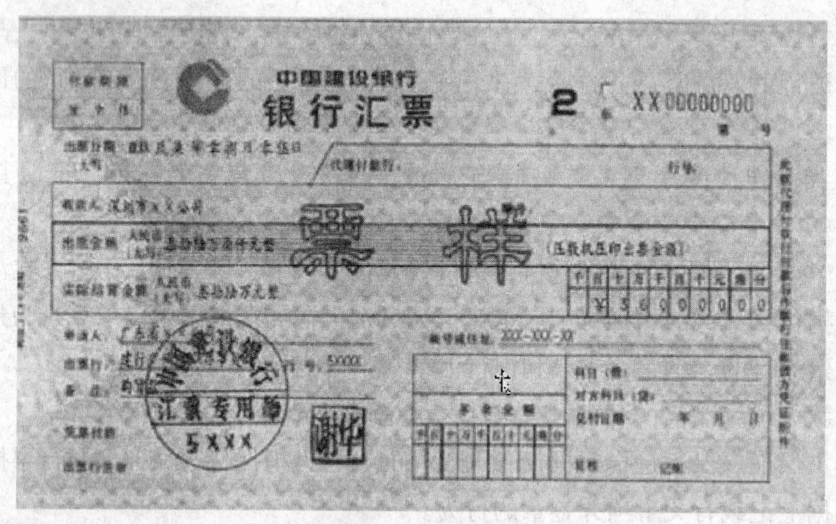

图7-5 银行汇票

（1）银行汇票可以用于转账，填明“现金”字样的银行汇票也可以用于支取现金。

（2）单位和个人的各种款项结算，均可使用银行汇票。

（3）申请人或者收款人为单位的，不得在“银行汇票申请书”上填明“现金”字样。

（4）银行汇票的绝对应记载事项有：表明“银行汇票”的字样、无条件支付的承诺、出票金额、付款人名称、收款人名称、出票日期、出票人签章。

（5）实际结算金额，说明如下：

①未填明实际结算金额和多余金额或者实际结算金额超过出票金额的，银行不予受理。

②实际结算金额一经填写不得更改，更改实际结算金额的银行汇票无效。

③银行汇票的背书转让以不超过出票金额的实际结算金额为准。未填写实际结算金额或者实际结算金额超过出票金额的银行汇票不得背书转让。

（6）收款人可以将银行汇票背书转让。

（7）提示付款。说明如下：

①银行汇票的提示付款期限自出票日起 1 个月，持票人超过付款期限提示付款的，代理付款银行不予受理。

②持票人向银行提示付款时，必须同时提交银行汇票和解讫通知，缺少任何一联，银行不予受理。

③持票人超过付款期限向代理付款银行提示付款被拒绝付款的，必须在票据权利时效内向出票银行作出说明，并提供本人身份证件或者单位证明，持银行汇票和解讫通知向出票银行请求付款。

（8）银行汇票的办理和使用要求。申请签发银行汇票，申请人必须先交付金额保证金，出票银行方能出票，因此，银行汇票具有百分之百的付款保证。银行汇票属见票即付的票据，无须提示承兑。允许背书转让，特别适合于异地采购时的款项结算。

①申请人使用银行汇票，应向出票银行填写“银行汇票申请书”，填明收款人名称、汇票金额、申请人名称、申请日期等事项并签章。其签章为预留银行的签章。

②出票银行受理银行汇票申请书，收妥款项后签发银行汇票，并用压数机压印出票金额，将银行汇票和解讫通知一并交给申请人。

③申请人应将银行汇票和解讫通知一并交付给汇票上记明的收款人。

④持票人向银行提示付款，必须同时提交银行汇票和解讫通知，缺少任何一联，银行不予受理。

（三）商业汇票

商业汇票是出票人签发，委托付款人在指定日期无条件支付确定金额给收款人或者持票人的票据。

商业汇票按照承兑人可分为商业承兑汇票和银行承兑汇票。

商业承兑汇票由银行以外的付款人承兑；银行承兑汇票由银行承兑；商业汇票的付款人为承兑人。

商业汇票适用范围为：只是单位（法人及组织）之间使用，自然人不适用；同城、异地均可使用。

签发商业汇票必须记载下列事项：表明“商业承兑汇票”或“银行承兑汇票”的字样；无条件支付的委托；确定的金额；付款人名称；收款人名称；出票日期；出票人签章。

商业汇票中的几个期限说明如下。

（1）提示付款期限：自汇票到期日起 10 日内。

（2）付款期限：商业汇票的付款期限，最长不得超过 6 个月。

（3）付款人在接到开户银行的通知日的次日起 3 日内（遇法定假日顺延）未通知银行付款的，视同付款人承诺付款。

银行承兑汇票的承兑银行，应按票面金额向出票人收取“万分之五”的手续费；银行承兑汇票的出票人于汇票到期日未能足额缴存票款的，承兑银行仍应向持票人无条件付款，但对出票人尚未支付的汇票金额按照每天“万分之五”计收利息。

对于商业汇票贴现，贴现是指资金的需求者，将自己手中未到期的商业汇票向银行或贴现公司要求变成现款，银行或贴现公司（融资公司）收进这些未到期的票据，按票面金额扣除贴现日至到期日的利息后付给现款，到票据到期时再向商业汇票付款人收款。

（1）贴现条件：①是在银行开立存款账户的企业法人以及其他组织；②与出票人或者直接前手之间具有真实的商品交易关系；③提供与其直接前手之间进行商品交易的发票和商品发运单据复印件。

（2）贴现利息的计算。贴现的期限从其贴现之日起至汇票到期日止。实付贴现金额按票面金额扣除贴现日至汇票到期前 1 日的利息计算。承兑人在异地的，贴现的期限以及贴现利息的计算应另加 3 天的划款日期。

（3）贴现的收款。贴现到期，贴现银行应向付款人收取票款。不获付款的，贴现银行应向其前手追索票款。贴现银行追索票款时可从贴现申请人的存款账户直接收取票款。

（四）银行本票

银行本票（见图 7-6）是“银行”签发的，承诺自己在见票时无条件支付确定的金额给收款人或者持票人的票据。

单位和个人在同一票据交换区域的各种款项结算，均可使用银行本票。

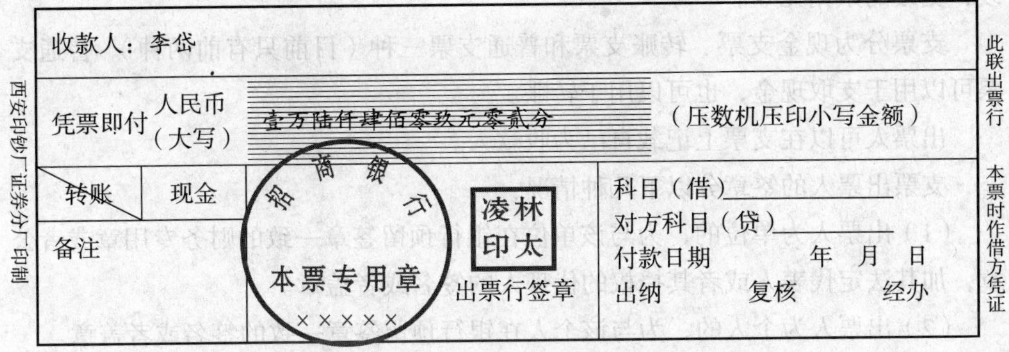

付款期限
贰 个 月

招商银行（本票） 2 地名 NN00000000

出票日期（大写） 壹玖玖玖年 零肆月 零贰拾日 第 号

收款人：李岱				
凭票即付	人民币（大写）	壹万陆仟肆佰零玖元零贰分		（压数机压印小写金额）
转账	现金	招商银行 本票专用章 ×××××	凌林印太 出票行签章	科目（借） 对方科目（贷） 付款日期 年 月 日 出纳 复核 经办
备注				

此联出票行 本票时作借方凭证

西安印钞厂证券分厂印制

图7-6 银行本票示例

签发银行本票必须记载下列事项：表明“银行本票”的字样、无条件支付的承诺、确定的金额、收款人名称、出票日期、出票人签章。

银行本票可以用于转账，注明“现金”字样的银行本票可以用于支取现金。

申请人或者收款人为单位的，银行不得为其签发现金银行本票。

银行本票可以交付收款人，也可以背书转让。

银行本票的提示付款期限自出票日起最长不得超过 2 个月。

持票人超过提示付款期限不获付款的，在票据权利时效内（自出票之日起 2 年）向出票银行作出说明，并提供本人身份证件或单位证明，可持银行本票向出票银行请求付款。

银行本票限于见票即付，在持票人提示见票时，出票人（银行）必须承担付款的责任。

（五）支票

支票，是指出票人签发的、委托办理支票存款业务的银行在见票时无条件支付确定的金额给收款人或者持票人的票据。

单位和个人在同一票据交换区域的各种款项结算，均可以使用支票。

支票中必须记载以下事项。

（1）必须记载下列事项：表明“支票”的字样、无条件支付的委托、确定的金额、付款人名称、出票日期、出票人签章。

（2）授权补记：支票的金额、收款人名称，可以由出票人授权补记。未补记前，不得背书转让和提示付款。

（3）更改：票据上的金额、出票日期（或者签发日期）、收款人名称不得更改，更改的票据无效。

支票分为现金支票、转账支票和普通支票三种（目前只有前两种）。普通支票可以用于支取现金，也可以用于转账。

出票人可以在支票上记载自己为收款人。

支票出票人的签章分以下几种情况：

（1）出票人为单位的，为与该单位在银行预留签章一致的财务专用章或者公章，加其法定代表人或者其授权的代理人的签名或者盖章。

（2）出票人为个人的，为与该个人在银行预留签章一致的签名或者盖章。

（3）出票人签发空头支票、签章与预留银行签章不符的支票，银行应予以退票，并按票面金额处以 5% 但不低于 1 000 元的罚款；持票人有权要求出票人赔偿支票金额 2% 的赔偿金。

九、外汇的基本知识

（一）基本概念

1. 外汇

外汇（Foreign Exchange）是国际汇兑的简称，指以外国货币表示的用于国际间结算的支付手段。按我国外汇管理条例规定，外汇是指下列外币表示的可以用做国际清偿的支付手段和资产：外币现钞，包括纸币、铸币；外币支付凭证或支付工具，包括票据、银行存款凭证、银行卡等；外币有价证券，包括债券、股票等；特别提款权；其他外汇资产。

外汇必须具有以下三个基本特征：

（1）外汇是以外币计价或表示对外支付的金融资产，具有国际性。

（2）外汇必须具有充分的可兑换性。

（3）外汇必须具有可靠的物质偿付保证，具有可偿性。

在外汇市场内投资者都会使用货币的代号(这些代号是由国际标准化组织创造的)。表 7-1 所示的是一些最常用的货币代号。

表 7-1 最常用的货币代号

货币名称	货币代号
美元	USD
欧元	EUR
英镑	GBP
澳元	AUD
加元	CAD
瑞郎	CHF
日圆	JPY
纽元	NZD
人民币	RMB

2. 外汇汇率

外汇汇率简称汇率，又称汇价或外汇行市，是用一国或地区货币表示另一国或地区的货币价格，是两种不同货币交换时所使用的比例。比如：USD/CHF=1.216 0，也就是说 1 美元可以兑换 1.216 0 瑞郎。通常我们所说的什么货币多少价位指的就是汇率，比如我们说欧元现在是 1.158 0，指得就是欧元 / 美元的汇率。

3. 基点

按市场惯例，外汇汇率的标价通常由 5 位有效数字组成，从右边向左边数过去，第一位称为“× 个基点”，它是汇率变动的最小单位；第二位称为“× 十个基点”，依此类推。

4. 汇率的标价方法

按国际市场惯例，外汇汇率的标价一般由五位有效数字组成。而汇率的最小变化单位为一点，即最后一位数的一个数字变化，称为一个汇价基点，简称汇率点。

在两国货币单位折算时，首先要确定以哪个国家的货币做标准，由于所选择的标准不同，便产生了不同的标价法——直接标价法和间接标价法。

(1)直接标价法，又称应付标价法，是以一定单位的外国货币为标准，来计算应付若干单位的本国货币。如日元对美元采用的是直接标价法：美元 / 日元 = 115.40，美元是单位货币，日元是计价货币。

在直接标价法下，外国货币的数额固定不变，汇率的涨跌都用本国货币数额的变化来表示，如果一定数额的外国货币可以换得比以前更多的本国货币，则说明本国的货币币值在下降，叫做外汇汇率上升；反之则称为外汇汇率下降。所以按直接标价法表示的外汇汇率的升降与本国货币对外价值的高低成反比关系。

目前，世界上绝大多数国家的汇率采用直接标价法。我国也采用直接标价法。在国际外汇市场上，日元、瑞郎、加元等均为直接标价法。

（2）间接标价法。它以一定的本国货币为标准，来计算应收若干单位的外国货币。如欧元采用是间接标价法：欧元 / 美元 =1.223 0，也就是说 1 欧元可以兑换 1.223 0 美元。欧元为单位货币，美元是计价货币。

在间接标价法下，本国的货币数额固定不变，汇率的涨跌用外国货币的数额来表示。如果一定数额的本国货币所能兑换的外国货币的数额比原来少，说明外国货币的币值上升，而本国货币的币值下降；反之则说明外币贬值，本币升值。在国际外汇市场上，欧元、英镑、澳元、纽元等均为间接标价法。美元除对欧元、英镑、澳元、纽元等采用直接标价法外，其余均为间接标价法。

5. 外币兑换

从狭义的概念来说，专指外币现钞的兑入与兑出；而从广义的概念来说不仅包括外币现钞的兑换，还包括收兑旅行支票、旅行信用证、信用卡及买入票据等业务。一般银行所称的外币兑换，是专指外币现钞的兑换。

6. 外币现汇，现钞

外汇现汇就是从国外汇入的，没有取出就直接存入银行的外币。它包括从境外银行直接汇入的外币，居民委托银行代其将外国政府公债，国库券，外国银行存款凭证，商业汇票，外币私人支票等托收或贴现后所收到的外币。以上外汇直接转入存款，就叫现汇户。

外币现钞就是由境外携入的或居民手中持有的外币现金。由外币现钞存入的存款叫现钞户。

7. 买入价、卖出价、中间价和基准价、现钞买入价

买入价是外汇指定银行从客户买进外汇时使用的价格。

卖出价是外汇指定银行向客户卖出外汇时使用的价格。

中间价介于买入价和卖出价之间，中间价又叫中间汇率，是买入汇率和卖出汇率的平均数。其计算公式为：

$$中间汇率 =（买入汇率 + 卖出汇率）\div 2$$

基准价是人民银行每日公布银行间外汇市场交易，各币种对本国货币的市场价格。

现钞买入价是外汇银行买入客户外币现钞的价格。

8. 即期汇率、远期汇率

按外汇买卖的交割期限来划分，汇率可分为即期汇率与远期汇率。

所谓交割，是指买卖双方履行交易契约，进行钱货两清的授受行为。外汇买卖的交割是指购买外汇者付出本国货币、出售外汇者付出外汇的行为。由于交割日期不同，汇率就有差异。

即期汇率又称现汇汇率，是买卖双方成交后，在两个营业日之内办理外汇交割时所用的汇率。

远期汇率又称期汇汇率，是买卖双方事先约定的，据以在未来的一定日期进行外汇交割的汇率。

9. 升水、贴水

升水表示远期汇率高于即期汇率。直接标价法下，升水代表本币贬值。反之，在间接标价法下，升水表示本币升值。贴水表示远期汇率低于即期汇率。直接标价法下，贴水表示本币升值。反之，在间接标价法下，贴水表示本币贬值。

10. 头寸

头寸指投资者拥有或借用的资金数量。头寸是一种市场约定，承诺买卖外汇合约的最初部位，买进外汇合约者是多头，处于盼涨部位；卖出外汇合约为空头，处于盼跌部位。头寸可指投资者拥有或借用的资金数目。

"头寸"一词来历于近代中国，银行里用于平常付出的"袁大头"，十个袁大头摞起来恰好是一寸，是以叫"头寸"。

例如：投资者买入了一笔欧元多头头寸合约，就称这个投资者持有了一笔欧元多头头寸；若是做空了一笔欧元，则称这个投资者持有了一笔欧元空头头寸。当投资者将手里持有的欧元空头头寸卖回给市场的时辰，就称之为平仓。

头寸是金融界及贸易界的风行用语。若是银行在当日的全数收付款中收入大于支出金钱，就称为"多头寸"，若是支出金钱大于收进款项，就称为"缺头寸"。对估计这一类头寸的多与少的行为称为"轧头寸"。处处千方百计调入款项的行为称为"调头寸"。若是临时未用的金钱大于需用量时称为"头寸松"，若是资金需求量大于闲置量时就称为"头寸紧"。

11. 结汇、售汇

结汇是指所有企事业单位、机关和社会团体按照银行挂牌汇率，将外汇卖给外汇指定银行。

售汇是指境内企事业单位、机关、社会团体和个人需要外汇，可按规定持有效凭证，用人民币到外汇指定银行柜面购汇，银行售给其外汇即称为售汇。

12. LIBOR

LIBOR 是伦敦银行同业拆放利率的缩写，是指在伦敦欧洲货币市场上，银行与银行之间 1 年期以内的短期资金借入或拆放利率（1 年以上，另加附加利率）。

13. 人民银行如何制定基准价？

人民币兑美元汇率基准价的形成方式为中国外汇交易中心于每日银行间外汇市场开盘前向所有银行间外汇市场做市商询价，并将全部市商报价作为人民币兑美元汇率中间价的计算样本，去掉最高和最低报价后，将剩余做市商报价加权平均，得到当日人民币兑外币汇率基准价，权重由中国外汇交易中心根据报价方在银行间外汇市场的交易量及报价情况等指标综合确定。

中国人民银行授权中国外汇交易中心于每个工作日上午 9 时 15 分对外公布当日人民币对美元、欧元、日元和港币汇率基准价，作为当日银行间即期外汇市场以及银行柜台交易汇率的基准价。

14. 经常项目

经常项目是指国际收支中涉及货物、服务、收益及经常转移的交易项目等。经常项目外汇收支，包括贸易收支、劳务收支和单方面转移等。

经常项目外汇收入，可以按照国家有关规定保留或者卖给经营结汇、售汇业务的金融机构。但经常项目外汇支出，应当按照国务院外汇管理部门关于付汇与购汇的管理规定，凭有效单证以自有外汇支付或者向经营结汇、售汇业务的金融机构购汇支付。

15. 经常项目可自由兑换

指取消对经常项目外汇支付和转移的汇兑限制。也就是说，对经常项目下的用汇，只要有真实的交易凭证，就可以到银行购汇支付。我国目前已实行了对经常项目的可兑换。

16. 资本项目

资本项目是指国际收支中引起对外资产和负债水平发生变化的交易项目，包括资本转移、直接投资、证券投资、衍生产品及贷款等。

我国目前对资本项目还实行外汇管制。

17. 现汇账户与现钞账户的区别

外汇现汇就是从国外汇入的，没有取出就直接存入银行的外币。它包括从境外银行直接汇入的外币，居民委托银行代其将外国政府公债、国库券、外国银行存款凭证、商业汇票、银行汇票、外币私人支票等托收或贴现后所收到的外币。

以上外汇直接转入存款，就叫现汇户。

外币现钞就是由境外携入的或居民手中持有的外币现金。由外币现钞存入的存款叫现钞户。

18. 经常项目外汇账户和资本金外汇账户

经常项目外汇账户是指为了与外国进行经济交易中经常发生的交易项目所开立的结算账户，交易项目包括贸易收支、服务收支、单方面转移等。

资本金外汇账户是指收入仅限于企业各投资方以现汇方式收入的资本金，支出仅限于有关用途的经常项目的支出及经外管局批准的资本项目的支出的账户。

（二）我国外汇管理制度

1. 人民币经常项目的可兑换

（1）经常项目外汇收入银行结汇。外资企业可开立外汇账户，保留核准额度内经常项目用汇；符合条件的中资企业也可比照执行，中资机构部分非贸易收入也可开立外汇账户，保留外汇。

（2）取消经常项目的用汇限制。但有一定核准额度，额度内用汇可以自由支付，超过额度须经外管局核实。

境内居民个人购汇实行年度总额管理，年度总额为每人每年等值 5 万美元。境内居民个人在年度总额内购汇的，凭本人真实身份证明并向银行申报用途后办理；超过年度总额购汇的，经银行审核外汇管理规定的真实需求凭证后办理。

境内居民个人年度总额内所购外汇，可以存入本人境内外汇账户或用于经常项目外汇支出。凡外汇汇出境外、提取外币现钞或携带出境的，仍按原外汇管理规定办理。

境内居民个人在年度总额内购汇，应由本人办理或委托其直系亲属代为办理。凡由直系亲属代为办理的，需提供委托人和代办人的身份证明、亲属关系证明，以及委托人的授权书。

外汇局对境内居民个人购汇不再实行核销管理。

（3）进出口收付汇实行核销制度。通过核销，审查用汇程度与真实性。

（4）通过报关单联网核查系统进行贸易真实性审核。外管局通过海关联网，监管企业是否截汇逃汇，防止外汇流失。

2. 资本项目外汇严格管制

（1）外汇收支管理基本原则：完善资本项目外汇管理，创造条件，有序推进人民币在资本项目下的可对换。

（2）具体管理三原则：①资本项目外汇收入调回境内；②境内机构资本项目项下收入应在银行开立外汇专户，外管局核准后卖给指定银行；③资本项目项下用汇须经外管局核准。

（3）中国国际资本项目三形式：对外借债、外商来华直接投资和对外直接投资。

（4）对外发债：我国对外发债实行计划管理，对外发债均纳入国家发改委制定的利用外资计划。发改委、央行每两年一次对发债企业资格进行审查核准，外管局对融资条件（如市场的选择、入市时机）审批，借债后要到外管局定期或者逐笔登记管理，届时还款付息也要进行核准。

注意：外商投资企业利用国际商业贷款不需核准，已上市的外资股份公司发行外债，也不用资格审查。

（5）对外担保：只能是核准有权开展此项业务的金融机构（不含外资金融机构）和有能力代位清偿债务能力的非金融企业法人。出具担保前需经外管局逐笔审批，担保后要到外管局登记，履行担保偿付义务时要经外管局核准。

（6）对外商投资企业的管理：外商投资企业可以开立外汇账户保留外汇，经核准可以结汇；可以不经报批对外发债，自借自还，发债后要到外管局登记，发债额不得超过总投资与注册资本的差额；企业停业所得外汇资金经核准可从外汇账户直接汇出或者到银行兑付；外资企业所得人民币利润境内再投资，享受外汇投资优惠；但我国外管局对外资企业实行外汇登记和年检管理。

（7）我国规定对外投资由发改委和商务部进行项目审批，在报批前首先要由外管局对投资者的资格、投资的外汇风险、汇资金的来源等进行审查。境外投资企业停业清盘要将资产负债表、财产目录、财产估价等报外管局备案，并在清盘后 30 天内将外汇资产调回境内。

3. 人民币汇率形成机制

我们通常讲的人民币汇率，即在直接标价法下，1 美元所能兑换的人民币。在美元本位制下，人民币与其他币种的兑换比例也必然受人民币和美元兑换比例的约束。

目前中国执行的汇率制度是：以市场供求为基础、参考一篮子货币进行调节、有管理的浮动汇率制度，包括三个方面的内容：一是以市场供求为基础的汇率浮动，发挥汇率的价格信号作用；二是根据经常项目主要是贸易平衡状况动态调节汇率浮动幅度，发挥“有管理”的优势；三是参考一篮子货币，即从一篮子货币的角度看汇率，不片面地关注人民币与某个单一货币的双边汇率。

（1）以市场供求为基础

在中国内地人民币和外币交易有两个市场，一个是国内银行间外汇市场（同业市场）；另一个就是在同业市场之外的市场，包括进出口企业、海内外证券投资机构、直接投资的企业、个人投资者等与国内银行间的人民币和外币的交易。

银行的外汇通常都是通过购买企业出口收取的外汇或投资者投资所携的外汇而获得的，银行购买外汇会投放货币，形成外汇占款。通常银行并没有支付现钞，而是向出售外汇者开设存款账户，所以外汇占款是形成派生存款的途径之一。银行购买外汇所执行的兑换价格，一般都是参照银行间外汇市场每日公布的人民币兑各种外币的中间价执行。

银行购汇之后，将保留一定比例的外汇持仓头寸，然后到银行间外汇市场交易平仓。当银行间外汇市场某种外币过多时，人民币兑该种外币就会被动升值；当某种外币过少时，人民币兑该种外币就会被动贬值。

（2）有管制的浮动汇率制度

浮动的汇率制度就是一种具有适度弹性的汇率制度。中国人民银行于每个工作日闭市后公布当日银行间外汇市场美元等交易货币对人民币汇率的收盘价，作为下一个工作日该货币对人民币交易的中间价格。现阶段，每日银行间外汇市场外币对人民币的交易价仍在人民银行公布的中间价上下 3% 的幅度内浮动。

（3）一篮子货币

所谓“一篮子货币的角度看汇率，不片面地关注人民币与某个单一货币的双边汇率”，就是希望建立类似美元指数的人民币贸易加权汇价。

（4）影响人民币汇率变动的因素

影响一个国家货币汇率的主要长期因素是：国内政治环境、国内经济、该国的货币政策和汇率制度、国际政治经济大环境、国际收支。其中国内政治环境、国内经济、货币政策和汇率制度、国际政治经济大环境是核心因素，国际收支是直接因素。而影响汇率变化的短期因素则是外汇市场的风险偏好。另外，军事实力也是重要的辅助性因素，它是一国对外贸易和国际投资的硬保障。

4. 我国施行的结汇制度

结汇制度，这是外汇管理的核心制度之一。

结汇是指外汇收入者将其外汇收入出售给外汇指定银行，外汇指定银行按一定的汇率付给等值的本币的行为。结汇有强制结汇、意愿结汇和限额结汇等多种形式。

强制结汇是指所有外汇收入必须卖给外汇指定银行，不允许保留外汇。

意愿结汇是指外汇收入可以卖给外汇指定银行，也可以开立外汇账户保留。

限额结汇是指外汇收入在国家核定的数额内可以不结汇，超过限额的必须卖给外汇指定银行。

目前我国对未开立外汇账户的境内机构实行强制结汇制；对批准开立了外汇账户的企业实行限额结汇制；对境内居民个人实行意愿结汇制。

第八部分　统计基础知识

一、“统计”的含义

统计是一种社会调查活动，不论是宏观社会的整体调查研究，还是微观事物的观察分析，都需要统计。在日常生活中“统计”有着多种含义。例如，开学时，老师要统计一下到校的学生人数；篮球比赛中教练员要统计每个队员的投篮命中率、犯规的次数；农户在农作物收获后统计其产量等。这时“统计”是一个动词，我们一般称其为统计工作，它是指搜集、整理和分析数字资料的工作，具有计数的含义。

统计工作的结果形成一系列的数字资料，也称统计资料或统计数据，这是“统计”的另一个含义。它和前面讲的统计工作是紧密相连的，是统计工作的结果。例如，我们班的学生人数 40 人，女生占 75%，男女生的比例为 1 : 3 等。国家统计局每年出版统计年鉴，反映国家的经济、文化教育以及科技发展等情况，这些都是在这个意义上的统计。

除了上面所讲的两个方面的含义之外，“统计”一词还有另外的含义，即作为一门科学的统计学，它是研究客观现象的数量方面的科学。

“统计”一词虽有上述三方面的含义，但它们之间又是具有密切联系的。统计资料是统计工作的成果，统计学是统计实践活动的经验总结和理论概括，统计工作是在统计理论的指导下进行和完成的。

二、统计的研究方法

1. 大量观察法

统计要认识社会经济现象发展的特征和规律性，必须从总体上（其含义包括“全及总体”和“抽样总体”）进行观察，即对研究总体的全部或足够多数单位进行调查并进行综合分析，这种方法称为大量观察法。这是由统计研究对象的大量性和复杂性决定的。

2. 综合分析法

综合分析法是指对大量观察所获得的资料，运用各种综合指标的方法，以反映总体一般的数量特征，并对综合指标进行分解和对比分析，以研究总体的差异和数量关系。对大量原始数据进行整理汇总，计算各种综合指标，以显示出现象在具体时间、地点以及各种因素共同作用下所表现的规模、水平、集中趋势和差异程度等，概括地描述总体的综合特征和变动趋势。常用的综合指标有，总量指标、相对指标、平均指标、变异指标、动态指标等。

3. 统计分组法

根据统计研究的任务和事物内在的特点，将被研究的社会经济现象划分为性质不同的几个部分，称为统计分组法。分组法是统计整理阶段的专门方法，也是贯穿统计研究全过程的方法。通过对总体各个不同组成部分及其相互关系的分析，可以补充、丰富和深化对总体的认识。

4. 归纳推断法

所谓归纳是指由个别到一般，由事实到概括的推理方法。归纳推断法可以使我们从具体的事实得出一般的知识，扩大知识领域，增长新的知识，所以是统计研究中常用的方法。

三、标志与指标

标志是说明总体单位属性和特征的名称。标志按其表现形式有数量标志与品质标志两种。凡是表示总体单位数量特征的标志，称数量标志。它能用数量来表示，如企业的职工人数、产量、产值；职工的年龄、工龄、工资等。凡是表示总体单位质的特征的标志，称品质标志。如职工的性别、企业的经济类型、工人的工种等。标志的具体表现是在标志名称之后所表明的属性或数值，如某职工的性别是女，民族是汉族。这里的“性别”和“民族”是品质标志名称。而“女”和“汉族”是这类标志的属性的具体表现。又如该工人的年龄是35岁，工资是96元，则“年龄”和“工资”是数量标志的名称，而“35岁”和“96元”则是它们的数值表现。

统计指标是说明总体特征的。对统计指标的概念，有两种理解和使用方法。一种情况是把说明总体数量特征的名称，如全国总人口、工资总额、谷物总产量等等叫做统计指标。这是统计指标的设计形态。另一种是把指标名称和具体时间地点的统计数值结合起来，如某年末全国总人口 118 517 万人，温州市职工工资总额 202.5 亿元，浙江省谷物总产量 2 136.4 万吨等等，叫做统计指标。这是统计指标的完成形态，在实际工作中对统计数据进行加工整理、分析研究时所说的统计指标是指后一种。

四、变异与变量

统计中的标志与指标的具体表现各不相同，如性别标志表现为男、女，年龄标志表现为不同的年岁，劳动生产率标志表现为不同的生产水平等，这种差别称为变异，变异是普遍存在的，这是统计的前提条件，有变异才有统计，没有变异就用不着统计。

可变的数量标志和所有的统计指标称为变量。变量的具体表现称作变量值。如年龄这个数量标志，其标志值可以是 20，30，40，50 等。在这里把数量标志年龄称为变量，而把标志值 20，30，40，50 等称为变量值。

五、总量指标

总量指标是指统计汇总后得到的具有计算单位的总和指标，反映被研究对象在一定时期或时点的规模、水平或性质相同总体规模的数量差异。一般用绝对数表示，又称绝对数指标。

六、相对指标

统计中，数字的作用在于进行比较和分析。“比较为统计之母”是有道理的，孤立的数字，不进行任何比较分析，不能说明任何问题。因此，对事物进行判断、鉴别和比较，就要借助于相对指标。

相对指标是指两个有联系的指标数值之比，反映现象之间所固有的数量对比关系，表现形式一般为倍数或系数（以 1 作为对比基础），成数（以 10 作为对比基础），百分数（以 100 作为对比基础），千分数（以 1 000 作为对比基础），复名数等。下面介绍相对指标的种类及其计算方法。

1. 结构相对指标

结构相对指标是将两个有从属关系的总量指标对比而得，说明总体内部组成情况，一般用 % 表示。

结构相对数 =（总体内某一部分指标数值）/ 总体总量 ×100%

如：反映工农业增加值的内部结构，农业内部各业构成，种植业内粮食作物，经济作物及其他作物的比例结构，消费结构中食品支出占全部生活费支出的比重，（恩格尔系数），国内生产总值中第一、二、三产业间的构成等。

如：某地区工农业产值中工业、农业产值所占的比重：

工业产值占工农业产值比重 = 工业产值 / 工农业产值
= 304.43 ÷ 468.51= 64.98%

农业产值占工农业产值比重 = 农业产值 / 工农业产值
= 164.08 ÷ 468.51= 35.02%

2. 比例相对指标

比例相对指标是同一总体内不同组成部分的指标数值对比结果，它可以表明总体内部的比例关系。其公式为：

比例相对指标 = 总体中某部分指标数值 / 总体中另一部分指标数值

比例相对指标可以用百分数表示，也可以用一比几或几比几形式表示。如上例中工业产值与农业产值的比例可表示为 304.43 : 164.08，也可以表示为 1.86 : 1，分析总体中若干部分的比例关系时可采用连比形式。例如，某地社会劳动者人数为 59 432 万人，其中第一产业为 34 769 万人，第二产业为 12 921 万人，第三产业为 11 742 万人，三个产业劳动者人数比例为 100 : 37 : 34。

利用比例相对指标可以分析国民经济中各种比例关系，调整不合理的比例，促使社会主义市场经济稳步协调发展。

3. 比较相对指标

比较相对指标是同一时间不同国家、不同地区、不同单位的某项指标对比的结果。其公式为：

比较相对指标 = 某一空间的某项指标数值 / 另一空间的同项指标数值

比较相对指标一般用倍数表示，有时也可用系数表示。例如：甲乙两公司 2002 年商品销售额分别为 5.4 亿元和 3.6 亿元，则甲公司商品销售额为乙公司的

1.5 倍（= 5.4/3.6）。计算比较相对指标可以用总量指标，相对指标或平均指标。

运用比较相对指标对不同国家、不同地区、不同单位的同类指标对比，有助于揭露矛盾、找出差距、挖掘潜力，促进事物进一步发展。

4. 强度相对指标

强度相对指标是两个性质不同而有联系的总量指标对比的结果。其公式为：

强度相对指标 = 某一总量指标数值 / 另一性质不同而有联系的总量指标数值

强度相对指标是以复名数表示的，有些强度相对指标是采用无名数。强度相对指标的特殊使用是按平均每个人摊得到的份额表示。由于强度相对指标的分子和分母可以互换，因此可以形成正指标和逆指标两种计算方法。如：反映卫生事业对居民服务保证程序的指标，每千人口的医院床位数 = 医院床位数（张）/ 人口数（千人），这是正指标。每千人口的医院床位数 = 人口数（千人）/ 医院床位数（张），这是逆指标。

5. 动态相对指标

动态相对指标也称作发展速度，它是某一指标不同时间上的数值对比的结果。动态相对指标一般用百分数表示。其公式为：

动态相对指标 = 报告期指标数值 / 基期指标数值

动态相对指标对于分析研究社会经济现象的发展变化过程具有重要意义。

6. 计划完成程度相对指标

计划完成程度相对指标是某一时期实际完成的指标数值与计划指标数量对比的结果，一般用百分数表示。其公式为：

计划完成程度相对指标 = 实际完成的指标数值 / 计划指标数值 ×100%

例：某企业计划规定产值达 10 万元，实际执行结果产值达 11.5 万元，则计划完成程度 = 实际完成数 / 计划规定数 ×100% = 11.5 / 10 × 100% = 115%

例：某企业劳动生产率计划规定完成 103%，实际却提高了 5%，则计划完成程度 = 实际完成数 / 计划规定数 ×100% = (1+5%) / 103% = 101.94%

还可计算计划时期某一段累计完成数占全计划的百分比，即进行进度分析，其公式为：

计划完成相对数 = 累计至报告期止完成数 / 全部计划数 ×100%

七、统计调查

统计调查就是根据调查的任务和要求，采取科学的调查方法，有目的、有计划、有组织地及时搜集各项反映社会经济活动和科学试验成果的原始资料的过程。

1. 普查

普查是专门组织的一次性的全面调查，用来调查属于一定时点上或一定时期内的社会经济现象总量。它适于搜集某些不能够或不适宜于定期的全面统计报表搜集的统计资料，以摸清重大的国情、国力。例如，我国第四次人口普查，第三产业普查，等等。

普查可以摸清一个国家的国情、国力，特别是可以了解与掌握人力、物力、资源状况及其利用状况，为国家制定长远规划与政策提供可靠的依据。因此，普查具有资料包括的范围全面、详尽、系统的优点，但是普查的工作量大，耗资也多，一般不宜经常使用。

2. 重点调查

重点调查是在调查对象中选择一部分重点单位进行调查的一种非全面调查。重点单位是它们的标志总量在总体总量中占据绝大比量。因此，当调查的任务只要求掌握事物的基本状况与基本的发展趋势，而不要求掌握全面的准确资料，而且在总体中确实存在着重点单位时，进行重点调查是比较适宜的。例如，为了掌握全国钢铁产量，可以选出鞍钢、宝钢、武钢、包钢、首钢、攀钢、马钢等几个大型钢铁企业调查。

重点调查的组织形式有两种：一种是专门组织的一次性调查；另一种是利用定期统计报表经常性地对一些重点单位调查。

3. 典型调查

典型调查是一种非全面调查，它是根据调查的目的与要求，在对被调查对象进行全面了解的基础上，有意识地选择若干具有典型意义的或有代表性的单位进行的调查。

典型调查具有灵活机动、通过少数典型即可取得深入、详实的统计资料的优点。但是，这种调查由于受“有意识地选出若干有代表性”的限制，在很大程度上受人们主观认识的影响。因此，必须同其他调查方法结合起来使用，才能避免出现片面性。

4. 抽样调查

抽样调查是一种非全面调查，它是按照随机原则从总体中抽取一部分单位作为样本进行观察研究，以抽样样本的指标去推算总体指标的一种调查。抽样调查同其他调查比较，既能节省人力、物力、财力，又可以提高资料的时效性，而且能取得比较准确的全面统计资料。因此，这种调查方法在市场经济条件下，使用非常广泛。

八、统计分组

统计分组就是根据统计研究的需要，将统计总体按照一定的标志区分为若干个不同类型或性质的组成部分的一种统计方法。

九、次数分配

在统计分组的基础上，将总体中所有单位按组归类整理，形成总体中各单位数在各组间的分配称为次数分配。

如：某年某地区人口的性别分布如表 8-1 所示。

表 8-1 某年某地区人口的性别分布

性别	人数（万人）	比率（%）
男性	1 198.0	51.34
女性	1 108.6	48.06
合计	2 306.6	100.00

分配在各组的单位数叫次数或频数。

各组次数与总次数的比率叫频率或比率，各比率之和为 100 或 1 即 $\Sigma=1$。

将各组组别与次数依次排列而形成的数列叫次数分配数列，简称分配数列。

这里要指明一下，组距式变量数列。它是指把各变量值按照一定组距进行分组而形成的数列。

在组距数列中，表示各组界限的变量值称为组限，如 50 ～ 60，60 ～ 70 等。其中较小的变量值称为下限，如上例下限分别为 50，60，较大的变量值为上限，如上例上限分别为 60，70 等，各组上限与下限之差即为组距，组距 = 上限 − 下限，60−50，70−60 等，各组上限与下限的中点称为组中值，即组中值 =（上限 +

下限）/ 2，(50 + 60) / 2 = 55，(60 + 70) / 2 = 65，组中值具有一定的假定性，即假定次数在各组内的分布是均匀的，代表了各组内的一般水平。

在编制组距式变量数列时，常常会遇到这样的情况，如：学生成绩的分布

60 分以下

60 ～ 70

70 ～ 80 等

又如：学生人数的分布

30 人以下

30 ～ 60

60 人以上等

这种具有不确定组距的组称为“开口组”，包括上开口和下开口，上下开口的组中值的计算公式为：

下开口的组中值 = 上限 − 1/2 邻组组距

上开口的组中值 = 下限 + 1/2 邻组组距

十、平均指标

平均指标是同质总体各单位某一数量标志值在具体时间、地点、条件下达到的一般水平。例如，对某单位职工的某月工资额进行平均，得到职工的月平均工资。

平均指标通过平均将总体各单位数量标志表现的差异抽象化，用一个数值说明总体的一般水平。

平均指标按计算和确定的方法不同，分为算术平均数、调和平均数、几何平均数、众数和中位数。前三种平均指标是根据总体各单位的标志值计算的，称为数值平均数。众数和中位数是根据标志值在分配数列中位置确定的，称为位置平均数。

（一）算术平均数

算术平均数是一种应用最为广泛的平均数。

算术平均数就是对总体各单位的某一数量标志进行的平均即总体各单位某一标志值的算术和除以总体单位数。其公式为：

算术平均数＝标志总量/总体总量

例如：某生产小组 10 名工人的工资总额是 600 元，则

平均工资额＝标志总量/总体总量＝600/10＝60（元）

1. 简单算术平均数

在掌握了没有分组的总体各单位的标志值或已经有了标志总量和总体总量的资料就可以采用这种方法计算。计算公式如下：

$$\overline{X}=\frac{X_1+X_2+\cdots+X_n}{n}=\frac{\sum X}{n}$$

例如：上例的关于 10 个工人的月工资额的平均数的计算。

其特点为：简单算术平均数的大小只受各变量值本身大小的影响，其平均数的大小不会超过变量值的变动范围。那么平均数的大小除了受变量值本身大小影响以外，还受其他因素的影响，采取什么方法计算其平均数呢？

2. 加权算术平均数

如果平均数的大小既受其变量值本身大小的影响，又受其次数的影响就要采用加权算术平均数的方法计算其平均数了。计算公式如下：

$$\overline{X}=\frac{X_1f_1+X_2f_2+\cdots+X_nf_n}{f_1+f_2+\cdots+f_n}=\frac{\sum Xf}{\sum f}$$

在影响平均数的两个因素中，起决定作用的是变量值本身的水平，也就是 X 的大小。而在其变量值变动的区间内为什么平均数会是某一个数值，而不是另一个数值，则是次数影响的结果。在一般情况下（也就是次数分布接近正态分布的情况下），加权算术平均数会靠近出现次数最多的那个变量值。因此，次数对平均数的大小的作用并不是可有可无，而是起着一种权衡轻重的作用。因此，把次数又叫权数，把每个变量值乘以权数的过程叫加数过程，所得结果就是标志总量。

（二）调和平均数的计算

调和平均数是总体各单位标志值倒数的算术平均数的倒数，也称倒数平均数。调和平均数分为简单调和平均数和加权调和平均数。

简单调和平均法是先计算总体单位标志值倒数的简单算术平均数，然后求其倒数。其公式为：

$$H=\frac{n}{\frac{1}{x_1}+\frac{1}{x_2}+\cdots+\frac{1}{x_n}}=\frac{n}{\sum\frac{1}{x}}$$

H 表示调和平均数。

加权调和平均法是先计算总体单位标志值倒数的加权算术平均数，然后求其到数。即

$$H=\frac{m_1+m_2+\cdots+m_n}{\frac{m_1}{x_1}+\frac{m_2}{x_2}+\cdots+\frac{m_n}{x_n}}=\frac{\sum m}{\sum\frac{m}{x}}$$

m 表示权数。例如，如表 8-2 所示的某车间奖金分配情况。

表 8-2 某车间奖金分配情况

等级	奖金额（元）x	奖金总额（元）m
一等	120	960
二等	100	4 200
三等	90	2 700
合计	—	7 860

（三）几何平均数的计算

几何平均数是 n 个比率乘积的 n 次方根。社会经济统计中，几何平均法适用于计算平均比率和平均速度。简单几何平均数的计算公式为：

$$G=\sqrt{x_1\cdot x_2\cdot\cdots\cdot x_n}$$

G 表示几何平均数；x 表示变量值；n 表示变量值个数。

加权几何平均数的计算公式为

$$G=\sqrt[f_1+f_2+\cdots+f_n]{x_1^{f_1}\cdot x_2^{f_2}\cdot\cdots\cdot x_n^{f_n}}$$

（四）众数

众数是总体中出现次数最多的标志值，用字母 M 表示。根据变量数列的不同种类，确定众数可采用不同的方法。

1. 单项式数列确定众数

例如，如表 8-3 所示的某种商品的价格情况。

表 8-3　某种商品的价格情况

价格（元）	销售数量（公斤）
2.0	20
2.4	60
3.0	140
4.0	80
合计	300

上面数列中价格 3.00 元的商品销售量最多，即出现次数最多，则众数 $M = 3.00$ 元。

2. 组距数列确定众数

下限公式，其公式为：

$$M_o = L + \frac{\Delta_1}{\Delta_1 + \Delta_2} \cdot d$$

上限公式，其公式为：

$$M_o - U - \frac{\Delta_2}{\Delta_1 + \Delta_2} \cdot d$$

M_o 表示次数；L 表示众数所在组的下限；U 表示众数所在组的上限；Δ_1 表示众数所在组次数与前一组次数之差；Δ_2 表示众数所在组次数与后一组次数之差；d 表示众数所在组的组距。

例如，如表 8-4 所示某车间 50 个工人月产量情况。

表 8-4　某车间 50 个工人月产量情况

月产量（公斤）	工人数（人）
200 以下	3
200 ～ 400	7
400 ～ 600	32
600 ～ 800	8
合计	50

（五）中位数

中位数是将总体各单位的标志值按大小顺序排列，处于数列中点位置的标志值为中位数。中位数将数列分为相等的两部分，一部分的标志值小于中位数，另一部分的标志值大于中位数。在许多情况下，不易计算平均值时，可用中位数代表总体的一般水平。例如，人口年龄中位数，可表示人口总体年龄的一般水平。

根据未分组资料确定中位数时，首先将标志值按大小顺序排列，然后根据公式 $(n+1)/2$ 确定中位数的位置，再根据中位数的位置找出对应的标志值。

【例】要测试 7 种新型小轿车的耗油量，每百公里耗油量（公升）分别为：

$$7，8，9，10，11，13，15 \quad n=7$$

$$\text{中位数次数} = (n+1)/2 = (7+1)/2 = 8/2 = 4$$

第四个位次对应的数值 10 为中位数，即 $M_e=10$（公升），M_e 表示中位数。

若数据个数为偶数如 $n=6$，中位数的位次据 $(6+1)/2=3.5$ 所对应的标志值的平均数来确定，即为 $(10+11)/2=10.5$。

十一、测定标志变动度的指标

1. 极差（也称全距）

极差就是总体单位中最大值与最小值之差，它说明标志值的变动范围，是标志变动度中最简单的一种方法。

极差优点（特点）：说明总体中两个极端标志值的变异范围，其计算方法简便、易懂、容易被人掌握。

缺点：受极端值影响很大，不能全面反映各单位标志值的差异程度。所以，在实际应用上有一定的局限性。

2. 平均差

平均差就是总体各单位的标志值与算术平均数的离差绝对值的平均，它能综合反映总体中各单位标志值的差异程度。计算公式为：

$$\text{A.D.} = \frac{\sum |x - \bar{x}|}{n}$$

在分组资料的情况下只须加权就可以了，即

$$\text{A.D.}=\frac{\sum|x-\bar{x}|f}{\sum f}$$

平均差系数就是平均差除以算术平均数，它说明标志值差异的相对程度，还可以用来比较平均数不同的各个标志变动度的大小。计算公式为：

$$V_{\text{A.D.}}=\frac{\text{A.D.}}{\bar{x}}$$

优点：计算简便，意义明确，能反映各标志值的大小和程度。

缺点：采用绝对值，不适于数理统计中的数字处理，使用受限制。

3. 标准差（也叫均方差）

标准差是测定标志变动度最重要的指标，它的意义与平均差的意义基本相同，但在数学性质上比平均差要优越，由于各标志值对算术平均数的离差的平方和为最小，所以，在反映标志变动度大小时，一般采用标准差。标准差是反映标志变动度的最重要的指标，是指总体各单位的标志值与算术平均数离差的平方平均数的均方根。其计算公式为：

$$\sigma=\sqrt{\frac{\sum(x-\bar{x})^2}{n}}$$

分组情况下，需要加权，即

$$\sigma=\sqrt{\frac{\sum(x-\bar{x})^2 f}{\sum f}}$$

标准差系数是标准差除以算术平均数，也叫离散系数，计算公式为：

$$V_\sigma=\frac{\sigma}{\bar{x}}$$

级差、平均差和标准差都是说明总体某一数量标志差异大小和程度的指标，用来说明不同数值平均数的代表性大小。

十二、抽样方法

样本可能数目又称样本个数，是指从全部及总体中可能抽取或可能构成的样本总体。它既和每个样本的容量有关，也和抽样的方法有关。当样本容量给定时，样本的可能数目便由抽样方法决定。

抽样方法按抽取样本的方式不同分为重复抽样和不重复抽样。

1. 重复抽样

重复抽样是从全部及总体中抽取样本时，随机抽取一个样本单位，记录该单位有关标志表现以后，把它放回到全部及总体中去，再从全部及总体中随机抽取第二个单位，记录它有关标志表现以后，也把它放回全部及总体中去，照此下去直到抽选 n 个样本单位。

可见，重复抽样时全部及总体单位数在抽选过程中始终没有减少，而且各单位有被重复抽中的可能。

2. 不重复抽样

不重复抽样是从全部及总体中抽取第一个样本单位，记录该单位有关标志表现后，这个样本单位不再放回全部及总体中参加下一次抽选。然后，从总体 $N-1$ 个单位中随机抽选第二个样本单位，记录了该单位有关标志表现以后，该单位也不再放回全部及总体中去，再从全部及总体 $N-2$ 单位中抽选第三个样本单位，照此下去直到抽选出 n 个样本单位。

可见，不重复抽样时，总体单位数在抽选过程中是逐渐减少的，而且各单位没有重复被抽中可能。

十三、常见的统计指标解释

1. 国民收入（national income）

国民收入（national income）是指物质生产部门劳动者在一定时期所创造的价值，是一国生产要素（包括土地、劳动、资本、企业家才能等）所有者在一定时期内提供生产要素所得的报酬，即工资、利息、租金和利润等的总和。

从社会总产值中扣除物质消耗后的剩余部分就是国民收入，国民收入（价值形态）= 社会总产值 - 已消耗生产资料价值或国民收入（实物形态）= 社会总产品 - 已消耗生产资料。在使用价值上，国民收入是由体现新创造价值的生产资料和消费资料所构成的。创造国民收入的物质生产部门，有农业、工业、建筑业和作为生产过程在流通过程内继续的运输业、邮电业及商业等。反映国民收入的两个主要统计数字是本地生产总值（GDP，即国内生产总值）及本地居民生产总值

(GNP，即国民生产总值)。

不同国家或地区的国民收入会经常被比较，除直接比较外，亦会计算人均的国民收入，以增加其可比性。同一地区不同时期的国民收入亦会经常被比较，通常不会直接比较，而是会扣除价格变动后，计算出固定价格或实际国民收入，才作比较。未扣除价格变动的国民收入则称为当时价格或名义国民收入。

国民收入亦会被用于反映居民的富足情况，但是国民收入并没有包括不在市场进行的生产，如家庭主妇的生产并没有计入。国民收入并没有反映资源的投入，如长工时的投入及大量天然资源的使用并没有计入。国民收入只反映当期的收入，并没有反映累积的收入。国民收入没有反映收入分布。

2. 国民生产总值(GNP)

国民生产总值(Gross National Product，GNP)是最重要的宏观经济指标，指一个国家(地区)所有常驻机构单位在一定时期内(年或季)收入初次分配的最终成果，是一国所拥有的生产要素所生产的最终产品价值，也是一个国民概念。GNP 是三个英文单词首字母的组合：gross，即毛的、总的；national，即国民的；product，即产值，翻译成汉语就是“国民生产总值”。

GNP 是一个国家(或地区)所有国民在一定时期内新生产的产品和服务价值的总和。GNP 是按国民原则核算的，只要是本国(或地区)居民，无论是否在本国境内(或地区内)居住，其生产和经营活动新创造的增加值都应该计算在内。比方说，中国的居民通过劳务输出在境外所获得的收入就应该计算在中国的 GNP 中。

一国常住单位从事生产活动所创造的增加值在初次分配中主要分配给该国的常住单位，但也有一部分以生产税及进口税(扣除生产和进口补贴)、劳动者报酬和财产收入等形式分配给非常住单位；同时，国外生产所创造的增加值也有一部分以生产税及进口税(扣除生产和进口补贴)、劳动者报酬和财产收入等形式分配给该国的常住单位，从而产生了国民生产总值的概念。它等于国内生产总值加上来自国外的净要素收入。与国内生产总值不同，国民生产总值是个收入概念，而国内生产总值是个生产概念。

3. 国内生产总值(GDP)

国内生产总值(GDP)指一个国家(或地区)所有常住单位在一定时期内生产活动的最终成果，是在一定时期内(一个季度或一年)，一个国家或地区的经济中所生产出的全部最终产品和劳务的价值，常被公认为衡量国家经济状况的最佳指标。它不但可反映一个国家的经济表现，还可以反映一国的国力与财富。

第一，国内生产总值是用最终产品来计量的，即最终产品在该时期的最终出售价值。一般根据产品的实际用途，可以把产品分为中间产品和最终产品。

最终产品，是指在一定时期内生产的可供人们直接消费或者使用的物品和服务。这部分产品已经到达生产的最后阶段，不能再作为原料或半成品投入其他产品和劳务的生产过程中去，如消费品、资本品等，一般在最终消费品市场上进行销售。中间产品是指为了再加工或者转卖用于供别种产品生产使用的物品和劳务，如原材料、燃料等。GDP 必须按当期最终产品计算，中间产品不能计入，否则会造成重复计算。

第二，国内生产总值是一个市场价值的概念。各种最终产品的市场价值是在市场上达成交换的价值，都是用货币来加以衡量的，通过市场交换体现出来。一种产品的市场价值就是用这种最终产品的单价乘以其产量获得的。

第三，国内生产总值一般仅指市场活动导致的价值。那些非生产性活动以及地下交易、黑市交易等不计入 GDP 中，如家务劳动、自给自足性生产、赌博和毒品的非法交易等。

第四，GDP 是计算期内生产的最终产品价值，因而是流量而不是存量。

第五，GDP 不是实实在在流通的财富，它只是用标准的货币平均值来表示财富的多少。但是生产出来的东西能不能完全地转化成流通的财富。

国内生产总值有三种表现形态，即价值形态、收入形态和产品形态。从价值形态看，它是所有常住单位在一定时期内生产的全部货物和服务价值超过同期中间投入的全部非固定资产货物和服务价值的差额，即所有常住单位的增加值之和；从收入形态看，它是所有常住单位在一定时期内创造并分配给常住单位和非常住单位的初次收入分配之和；从产品形态看，它是所有常住单位在一定时期内最终使用的货物和服务价值与货物和服务净出口价值之和。在实际核算中，国内生产总值有三种计算方法，即生产法、收入法和支出法。三种方法分别从不同的方面反映国内生产总值及其构成。

在实际核算中，国内生产总值的三种表现形态表现为三种计算方法，即生产法、收入法和支出法，三种方法分别从不同的方面反映国内生产总值及其构成。用生产法、收入法、支出法计算的结果分别称为生产法 GDP、收入法 GDP 或分配法 GDP、支出法 GDP。按三种方法计算的 GDP 反映的是同一经济总体在同一时期的生产活动成果，因此，从理论上讲，三种计算方法所得到的结果应该是一致的。但在实践中，由于受资料来源、口径范围、计算方法等因素的影响，这三种方法的计算结果往往存在差异即存在统计误差。

在实际中，由于生产法和收入法都是对各产业部门的增加值进行核算，为了就每一产业部门取得一致的增加值数据，根据资料来源情况，有的产业部门，如农业、工业部门，增加值主要以生产法计算的结果为准，有的产业部门如一些服务部门，增加值主要以收入法的计算结果为准，因此我国生产法 GDP 等于收入法 GDP，但支出法 GDP 大多数情况下与这两者不同，有时会大一些，有时会小一些。鉴于生产法和收入法的计算基础更好一些，因此，国家规定一般以生产法 GDP 和收入法 GDP 数据为准，并将支出法 GDP 与生产法 GDP 的统计误差控制在一定范围内（一般是 2%）。各种公开发表的 GDP 总量和增长速度数据均是生产法和收入法的计算结果。在经济学中，常用 GDP 和 GNI（国民总收入，gross national Income）共同来衡量该国或地区的经济发展综合水平。这也是各个国家和地区常采用的衡量手段。GDP 是宏观经济中最受关注的经济统计数字，因为它被认为是衡量国民经济发展情况最重要的一个指标。GDP 反映的是国民经济各部门的增加值的总额。

4. 初次分配总收入

初次分配指以劳动者报酬、固定资产折旧、生产税及财产收入等形式对增加值进行的分配。初次分配形成的收入余额为初次分配总收入。

5. 可支配总收入

可支配总收入指各机构部门在初次分配总收入基础上通过经常转移后所获得的收入。这部分收入用于最终消费和储蓄。

6. 三次产业

三次产业是根据社会生产活动历史发展的顺序对产业结构的划分，产品直接取自自然界的部门称为第一产业，对初级产品进行再加工的部门称为第二产业，为生产和消费提供各种服务的部门称为第三产业。它是世界上较为通用的产业结构分类，但各国的划分不尽一致。

我国的三次产业划分如下。

第一产业：农业（包括种植业、林业、牧业和渔业）。

第二产业：工业（包括采掘业，制造业，电力、煤气及水的生产和供应业）和建筑业。

第三产业：除第一、第二产业以外的其他各业。

由于第三产业包括的行业多、范围广，根据我国的实际情况，第三产业可分为两大部分；一是流通部门，二是服务部门，具体又可分为以下四个层次。

第一层次：流通部门，包括交通运输、仓储及邮电通信业，批发和零售贸易、餐饮业。

第二层次：为生产和生活服务的部门，包括金融、保险业，地质勘查业、水利管理业，房地产业，社会服务业，农、林、牧、渔服务业，交通运输辅助业，综合技术服务业等。

第三层次：为提高科学文化水平和居民素质服务的部门，包括教育、文化艺术及广播电影电视业，卫生、体育和社会福利业，科学研究业等。

第四层次：为社会公共需要服务的部门，包括国家机关、政党机关和社会团体以及军队、警察等。

7. 消费者物价指数

消费者物价指数（Consumer Price Index），英文缩写为CPI。消费物价指数主要反映城市消费者支付商品和劳务的价格情况，是广泛用来反映通货膨胀情况的工具。当消费物价指数上升时，显示通货膨胀率上升，国家会实行紧缩货币政策，提升利率从而利好该国货币；而如果通货膨胀受到控制，利率也可能会趋于回落，则利空该国货币。

8. 生产者物价指数

生产者物价指数（Producer Price Index），英文缩写为PPI。生产物价指数主要反映商品的生产成本，即生产资料的价格变化状况，用于衡量各种商品在不同生产阶段的价格变化情形。如果生产物价指数较预期的高，则有通货膨胀的可能，有关部门会实行紧缩的货币政策，这种情况下该国货币的汇率可能会上升；但如果有关部门出于其他原因的考虑，没有紧缩银根，则该国货币的汇率就可能下跌。

9. 零售物价指数

零售物价指数指的是市场零售价格的变化，是一国通货膨胀状况的另一种指示器。当一国社会经济蓬勃发展，个人消费增加，就可能带来零售物价指数的上升，而该指标的持续上升，就带来通货膨胀的压力，使政府收紧货币供应，该国货币汇率上升；反之零售数据下降，表明消费减弱，经济发展出现停滞，利淡该国货币。

10. 批发物价指数

批发物价指数反映的是批发价格的变化，其反映的内容与零售物价指数基本相同，在没有零售物价指数的情况下，可以用批发物价指数来代替分析通货膨胀状况，其对汇率影响基本与零售物价指数相同。

11. 采购经理人指数

采购经理人指数（Purchase Management Index）英文缩写为 PMI，是衡量制造业在生产、新订单、商品价格、存货、雇员、订单交货、新出口订单和进口等八个范围的状况。通常情况若指数高于 50% 时，被解释为经济扩张的讯号，利好该国货币；当指数低于 50%，尤其是非常接近 40% 时，则有经济萧条的忧虑，利空该国货币。根据以往经验市场较为看重美国采购经理人指数，而且往往会就芝加哥采购经理人指数的表现来推测全国采购经理人指数数据，因此芝加哥采购经理人指数常是市场关注的重点。

12. 可比价格

可比价格指计算各种总量指标所采用的扣除了价格变动因素的价格，可进行不同时期总量指标的对比。按可比价格计算总量指标有两种方法：一种是直接用产品产量乘某一年的不变价格计算；另一种是用价格指数进行缩减。

13. 不变价格

不变价格指以同类产品某年的平均价格作为固定价格，用于计算各年的产品价值。按不变价格计算的产品价值消除了价格变动因素，不同时期对比可以反映生产的发展速度。新中国成立后，随着工农业产品价格水平的变化，国家统计局先后五次制定了全国统一的工业产品不变价格和农业产品不变价格。从 1952 年到 1957 年使用 1952 年工（农）业产品不变价格，从 1957 年到 1970 年使用 1957 年不变价格，从 1971 年到 1980 年使用 1970 年不变价格，从 1981 年到 1990 年使用 1980 年不变价格，从 1991 年开始使用 1990 年不变价格。

14. 平均增长速度

我国计算平均增长速度有两种方法：一种是习惯上经常使用的“水平法”，又称几何平均法，是以间隔期最后一年的水平同基期水平对比来计算平均每年增长（或下降）速度；另一种是“累计法”，又称代数平均法或方程法，是以间隔期内各年水平的总和同基期水平对比来计算平均每年增长（或下降）速度。在一般正常情况下，两种方法计算的平均每年增长速度比较接近；但在经济发展不平衡、出现大起大落时，两种方法计算的结果差别较大。

除固定资产投资用“累计法”计算外，其余均用“水平法”计算。从某年到某年平均增长速度的年份，均不包括基期年在内。如建国四十三年的平均增长速度是以 1949 年为基期计算的，则写为 1950—1992 年平均增长速度，其余类推。

15. 最终消费

最终消费是指常住单位在一定时期内对于货物和服务的全部最终消费支出，也就是常住单位为满足物质、文化和精神生活的需要，从本国经济领土和国外购买的货物和服务的支出；不包括非常住单位在本国经济领土内的消费支出。最终消费分为居民消费和政府消费。

16. 财政收入

财政收入是指国家财政参与社会产品分配所取得的收入，是实现国家职能的财力保证。财政收入所包括的内容几经变化，目前主要包括以下几个方面。

（1）各项税收：包括增值税、营业税、消费税、土地增值税、城市维护建设税、资源税、城市土地使用税、印花税、个人所得税、企业所得税、关税、农牧业税和耕地占用税等。

（2）专项收入：包括征收排污费收入、征收城市水资源费收入、教育费附加收入等。

（3）其他收入：包括基本建设贷款归还收入、基本建设收入、捐赠收入等。

（4）国有企业计划亏损补贴：这项为负收入，冲减财政收入。

17. 财政支出

财政支出是指国家财政将筹集起来的资金进行分配使用，以满足经济建设和各项事业的需要，主要包括以下几个方面。

（1）基本建设支出：指按国家有关规定，属于基本建设范围内的基本建设有偿使用、拨款、资本金支出以及经国家批准对专项和政策性基建投资贷款，在部门的基建投资额中统筹支付的贴息支出。

（2）企业挖潜改造资金：指国家预算内拨给的用于企业挖潜、革新和改造方面的资金，包括各部门企业挖潜改造资金和企业挖潜改造贷款资金，为农业服务的县办“五小”企业技术改造补助，挖潜改造贷款利息支出。

（3）地质勘探费用：指国家预算用于地质勘探单位的勘探工作费用，包括地质勘探管理机构及其事业单位经费、地质勘探经费。

（4）科技三项费用：指国家预算用于科技支出的费用，包括新产品试制费、中间试验费、重要科学研究补助费。

（5）支援农村生产支出：指国家财政支援农村集体（户）各项生产的支出，包括对农村举办的小型农田水利和打井、喷灌等的补助费，对农村水土保持措施的补助费，对农村举办的小水电站的补助费，特大抗旱的补助费，农村开荒补助费，扶持乡镇企业资金，农村农技推广和植保补助费，农村草场和畜禽保护补助费，农村造林和林木保护补助费，农村水产补助费，发展粮食生产专项资金。

（6）农林水利气象等部门的事业费用：指国家财政用于农垦、农场、农业、畜牧、农机、林业、森工、水利、水产、气象、乡镇企业的技术推广、良种推广（示范）、动植物（畜禽、森林）保护、水质监测、勘探设计、资源调查、干部训练等项费用，园艺特产场补助费，中等专业学校经费，飞播牧草试验补助费，营林机构、气象机构经费，渔政费以及农业管理事业费等。

（7）工业交通商业等部门的事业费：指国家预算支付给工交商各部门用于事业发展的经费，包括勘探设计费、中等专业学校经费、技术学校经费、干部训练费。

（8）文教科学卫生事业费：指国家预算用于文化、出版、文物、教育、卫生、中医、公费医疗、体育、档案、地震、海洋、通讯、电影电视、计划生育、党政群干部训练、自然科学、社会科学、科协等项事业的经费支出和高技术研究专项经费，主要包括工资、补助工资、福利费、离退休费、助学金、公务费、设备购置费、修缮费、业务费、差额补助费。

（9）抚恤和社会福利救济费：指国家预算用于抚恤和社会福利救济事业的经费，包括由民政部门开支的烈士家属和牺牲病残人员家属的一次性、定期抚恤金，革命伤残人员的抚恤金，各种伤残补助费，烈军属、复员退伍军人生活补助费，退伍军人安置费，优抚事业单位经费，烈士纪念建筑物管理、维修费，自然灾害救济事业费和特大自然灾害灾后重建补助费等。

（10）国防支出：指国家预算用于国防建设和保卫国家安全的支出，包括国防费、国防科研事业费、民兵建设以及专项工程支出等。

（11）行政管理费：包括行政管理支出，党派团体补助支出，外交支出，公安安全支出，司法支出，法院支出，检察院支出和公检法办案费用补助。

（12）价格补贴支出：指经国家批准，由国家财政拨给的政策性补贴支出。主要包括粮食加价款，粮、棉、油差价补贴，棉花收购价外奖励款，副食品风险基金，市镇居民的肉食价格补贴，平抑市价肉食、蔬菜价差补贴等以及经国家批准的教材课本、报刊新闻纸等价格补贴。

18. 预算外资金收支

预算外资金指国家机关、事业单位和社会团体为履行或代行政府职能，依据国家法律、法规和具有法律效力的规章而收取、提取和安排使用的未纳入国家预算管理的各种财政性资金。其范围主要包括：法律、法规规定的行政事业性收费、基金和附加收入等；国务院或省级人民政府及其财政、计划（物价）部门审批的行政事业性收费；国务院及财政部审批建立的基金、附加收入等；主管部门所属单位集中上缴资金；用于乡镇政府开支的乡自筹和乡统筹资金；其他未纳入预算管理的财政性资金。社会保障基金在国家财政尚未建立社会保障预算制度以前，先按预算外资金管理制度进行管理，专款专用。财政部门在银行开设统一的专户，用于预算外资金收入和支出管理。部门和单位的预算外收入必须上缴同级财政专户，支出由同级财政按预算外资金收支计划和单位财务收支计划统筹安排，从财政专户中拨付，实行收支两条线管理。

第九部分　财务管理基础知识

一、财务管理基本概念

财务管理是在一定的整体目标下，关于资产的购置（投资），资本的融通（筹资）和经营中现金流量（营运资金），以及利润分配的管理。财务管理是企业管理的一个组成部分，它是根据财经法规制度，按照财务管理的原则，组织企业财务活动，处理财务关系的一项经济管理工作。简单地说，财务管理是组织企业财务活动，处理财务关系的一项经济管理工作。

（一）财务管理的特点

财务管理是一种价值管理。财务管理的对象是资金（价值），财务管理是资金（价值）的管理。

财务管理具有很强的综合性。如人事管理是管人的；物资管理是管物的；生产管理是管生产运作环节的；财务管理是管资金的，是资金的管理或价值的管理。企业任何工作都离不开资金，资金涉及企业的方方面面，财务管理管资金，其管理的对象决定他是一种综合性的管理工作，而不是一种专项的管理。

财务管理与企业各方面具有广泛联系。

（二）财务管理工作内容

财务管理工作内容包括两大部分：组织企业财务活动，处理企业与各有关方面的财务关系。

1. 财务活动

企业的财务活动包括投资、资金营运、筹资和资金分配等一系列行为。

如办个企业，首先要筹集资金（筹资活动）；然后有效地投放资金（投资活动）；投放各个项目的资金还要管理（资金营运活动）；资金产生增值后要合理的分配（分配活动）。

（1）投资活动。投资是指企业根据项目资金需要投出资金的行为。企业投资可分为广义的投资和狭义的投资两种。广义投资包括对外投资（如投资购买其他公司股票、债券，或与其他企业联营，或投资于外部项目）和内部使用资金（如购置固定资产、无形资产、流动资产等）。狭义的投资仅指对外投资。

（2）资金营运活动，是指企业日常生产经营活动中发生的一系列资金收付行为。

企业需要采购材料或商品，从事生产和销售活动，同时，还要支付工资和其他营业费用；当企业把商品或产品售出去后，可取得收入、收回资金。

（3）筹资活动。筹资是指企业为了满足投资和资金营运的需要，筹集所需资金的行为。

企业通过筹资通常可以形成两种不同性质的资金来源：一是企业权益资金，即股东投入资金；二是企业债务资金，如向银行借款、商业信用等。

（4）分配活动。要注意广义与狭义的区别。

广义的分配是指对企业各种收入进行分割和分派的行为，如销售产品取得销售收入后，要考虑补偿成本、支付债权人利息、给股东分配股利等。

狭义的分配仅指对企业净利润的分配。如分配给投资者、企业留存。财务管理在不特指的情况下指的是狭义分配，即税后利润的分配。

2. 财务关系

财务关系是指企业在生产经营过程中所体现的经济利益关系。这些财务关系主要包括八个方面。

（1）企业与投资者之间的财务关系，主要是企业的投资者向企业投入资金，企业向其投资者支付投资报酬所形成的经济关系。

（2）企业与债权人之间的财务关系，主要是指企业向债权人借入资金，并按合同的规定支付利息和归还本金所形成的经济关系。

（3）企业与受资者之间的财务关系，主要是指企业以购买股票或直接投资的形式向其他企业投资所形成的经济关系。

（4）企业与债务人之间的财务关系，主要是指企业将其资金以购买债券、提供借款或商业信用等形式出借给其他单位所形成的经济关系。

（5）企业与供货商、企业与客户之间的关系，主要是指企业购买供货商的商品或劳务以及向客户销售商品或提供服务过程中形成的经济关系。

（6）企业与政府之间的财务关系，主要是政府作为社会管理者通过收缴各种税款的方式与企业形成的经济关系。

（7）企业内部各单位之间的财务关系，是指企业内部各单位之间在生产经营各环节中，互相提供产品或劳务所形成的经济关系。

（8）企业与职工之间的财务关系，主要是指企业向职工支付劳动报酬过程中所形成的经济利益关系。

（三）财务管理环境

财务管理环境又称理财环境，是指对企业财务活动和财务管理产生影响作用的企业内外各种条件的统称。对企业财务管理影响比较大的有经济环境、法律环境和金融环境。

1. 经济环境

影响财务管理的经济环境因素主要包括经济发展周期、经济发展水平和宏观经济政策。

2. 法律环境

财务管理的法律环境主要包括企业组织形式、公司治理的有关规定以及税收法规。

3. 金融环境

财务管理的金融环境主要包括金融机构、金融工具、金融市场和利率四个方面。

（1）金融机构

金融机构包括银行业金融机构和其他金融机构。

（2）金融工具

金融工具又称交易工具，它是证明债权债务关系并据以进行货币资金交易的合法凭证，是货币资金或金融资产借以转让的工具。

金融工具可以分为基础金融工具和衍生工具。

①基础金融工具。基础金融工具包括企业持有的现金、存放于金融机构的款项、普通股，以及代表在未来期间收取或支付金融资产的合同权利或义务等，如应收账款、应付账款、其他应收款、其他应付款、存出保证金、存入保证金、客户贷款、客户存款、债券投资、应付债券等。

基础金融工具按时间分为：货币市场金融工具、资本市场金融工具。

基础金融工具按其流动性分为：

- 具有完全流动性的金融工具，指现代信用货币——纸币和银行活期存款。
- 具有有限流动性的金融工具。这些金融工具也具备流通、转让、被人接受的特性，但附有一定的条件，包括存款凭证、商业票据、股票、债券等。

②衍生金融工具，又称派生金融工具、金融衍生产品等，是与原生金融工具相对应的一个概念，它是在原生金融工具诸如即期交易的商品和约、债券、股票、外汇等基础上派生出来的。如远期、期货、期权、互换等。

（3）金融市场

金融市场是指资金供应者和资金需求者双方通过金融工具进行交易的场所。

金融市场按组织方式的不同可划分为两部分：一是有组织的、集中的场内交易市场即证券交易所，它是证券市场的主体和核心；二是非组织化的、分散的场外交易市场，它是证券交易所的必要补充。

（4）利率

利率的计算公式为：

利率＝纯利率＋通货膨胀补偿率＋风险收益率

其中：纯利率＋通货膨胀补偿率＝无风险收益率

- 纯利率是指没有风险、没有通货膨胀情况下的社会平均资金利润率。

实务中我们一般认为国债是无风险债券，一般认为国家不会违约，没有风险，但其包含通货膨胀补偿率，所以在实务中我们通常利用短期国债利率剔除通货膨胀补偿率来表示纯利率。

- 通货膨胀补偿率。由于持续的通货膨胀会不断降低货币的实际购买力，为补偿其购买力损失而要求提高的利率。
- 风险收益率。包括违约风险收益率、流动性风险收益率、期限风险收益率。

违约风险收益率是指为了弥补因债务人无法按时归还本付息而带来的风险，由债权人要求提高的利率。

流动性风险收益率是指为了弥补因债务人资产流动性不好而带来的风险，由债权人要求提高的利率。

期限风险收益率是指为了弥补因偿债期长而带来的风险，由债权人要求提高的利率。

二、货币的时间价值

货币的时间价值也称为资金时间价值，是指当前所持有的一定量货币比未来获得的等量货币具有更高的价值。

货币时间价值是货币随着时间的推移而发生的增值，是资金周转使用后的增值额。从经济学的角度而言，现在的一单位货币与未来的一单位货币的购买力之所以不同，是因为要节省现在的一单位货币不消费而改在未来消费，则在未来消费时必须有大于一单位的货币可供消费，作为弥补延迟消费的贴水。

资金时间价值可以用绝对数表示，也可以用相对数表示，即以利息额或利息率来表示。

（一）终值与现值

终值，又称将来值或本利和，是指现在一定量的资金可根据利率计算出在未来某一时点上的价值，这个金额就是终值。通常记为 F。

现值是指未来某一时点上的一定量现金折合到现在的价值，俗称“本金”，通常记为 P。

在时间价值计算中，经常使用以下符号：

P——本金，又称现值；i——利率，通常指每年利息与本金之比；

I——利息；F——本金与利息之和，又称本利和或终值；n——期数。

（二）单利的终值与现值

1. 单利终值

单利终值的计算可依照如下计算公式：

$$F = P + P \cdot i \cdot n = P(1 + i \cdot n)$$

【例】某人现在存入银行 1 000 元，利率为 5%，3 年后取出，问：在单利方式下，3 年后取出多少钱?

$$F = 1\ 000 \times (1 + 3 \times 5\%) = 1\ 150\ (\text{元})$$

在计算利息时，除非特别指明，给出的利率是指年利率。对于不足 1 年的利息，以 1 年等于 360 天来折算。

2. 单利现值

单利现值的计算同单利终值的计算是互逆的，由终值计算现值称为折现。将单利终值计算公式变形，即得单利现值的计算公式为：

$$P = F / (1 + i \cdot n)$$

【例】某人希望在 3 年后取得本利和 1 150 元，用以支付一笔款项，已知银行存款利率为 5%，则在单利方式下，此人现在需存入银行多少钱？

$$P = 1\ 150 / (1 + 3 \times 5\%) = 1\ 000(元)$$

（三）复利的终值与现值

1. 复利终值

复利终值是指一定量的本金按复利计算的若干期后的本利和。

若某人将 P 元存放于银行，年利率为 i，则：

第一年的本利和为：$F = P + P \cdot i = P \cdot (1 + i)$

第二年的本利和为：$F = P \cdot (1 + i) \cdot (1 + i) = P \cdot (1+i)^2$

第三年的本利和为：$F = P \cdot (1+i)^2 \cdot (1 + i) = P \cdot (1+i)^3$

第 n 年的本利和为：$F = P(1+i)^n$ 式中 $(1+i)^n$ 通常称为复利终值系数，用符号（$F/P, i, n$）表示。如（F/P, 7%, 5）表示利率为 7%，5 期复利终值的系数。

实际工作中，复利终值系数可以通过查阅“1 元复利终值系数表”直接获得，或使用财务计算器直接计算。

【例】某人现在存入本金 2 000 元，年利率为 7%，5 年后的复利终值为：

$$F = 2\ 000 \times (1+7\%)^5 = 2\ 000 \times (F/P,7\%,5) = 2\ 000 \times 1.403 = 2\ 806(元)$$

2. 复利现值

复利现值是复利终值的逆运算，它是指今后某一特定时间收到或付出一笔款项，按复利计算的相当于现在的价值。其计算公式为：$P = F \cdot (1+i)^{-n}$

式中 $(1+i)^{-n}$ 通常称为复利现值系数，用符号（$P/F, i, n$）表示。可以直接查阅“1 元复利现值系数表。”

【例】某项投资 4 年后可得收益 40 000 元，按利率 6% 计算，其复利现值应为：

$$\begin{aligned} P &= 40\ 000 \times (1 + 6\%)^{-4} = 40\ 000 \times (P/F,6\%,4) \\ &= 40\ 000 \times 0.792 = 31\ 680(元) \end{aligned}$$

（四）年金的终值与现值

年金是指一定时期内每次等额收付的系列款项，即如果每次收付的金额相等，则这样的系列收付款项便称为年金，通常记为 A。年金的形式多种多样，如保险费、折旧、租金、等额分期收付款以及零存整取或整存零取储蓄等等，都存在年金问题。

年金终值是指一定时期内每期等额发生款项的复利终值的累加和。

年金现值是指一定时期内每期等额发生款项的复利现值的累加和。

年金按其每次收付发生的时点不同，可分为普通年金、先付年金、递延年金和永续年金。

1. 普通年金的终值与现值

普通年金是指一定时期内每期期末等额收付的系列款项，又称后付年金。

（1）普通年金终值

由年金终值的定义可知，普通年金终值的计算公式为：

$F=A\cdot(1+i)^0+A\cdot(1+i)^1+A\cdot(1+i)^2+\cdots\cdots+A\cdot(1+i)^{n-1}$ 整理可得：

$$F=A\cdot\frac{(1+i)^n-1}{i}$$

其中，$\frac{(1+i)^n-1}{i}$通常称为年金终值系数，记为（F/A，i，n），可以直接查阅“1 元年金终值系数表”获得。

【例】某企业准备在今后 6 年内，每年年末从利润留成中提取 50 000 元存入银行，计划 6 年后，将这笔存款用于建造某一福利设施，若年利率为 6%，问 6 年后共可以积累多少资金？

$$F=50\ 000\times(F/A,6\%,6)=50\ 000\times 6.975=348\ 750\text{（元）}$$

【例】某企业准备在 6 年后建造某一福利设施，届时需要资金 348 750 元，若年利率为 6%，则该企业从现在开始每年年末应存入多少钱？

很明显，此例是已知年金终值 F，倒求年金 A，是年金终值的逆运算。

$$348\ 750=A\cdot(F/A,6\%,6)$$

$$A=348\ 750/(F/A,6\%,6)=348\ 750/6.975=50\ 000\text{（元）}$$

（2）普通年金现值

由年金现值的定义可知，普通年金现值的计算公式为：

$P=A\cdot(1+i)^{-1}+A\cdot(1+i)^{-2}+\cdots\cdots+A\cdot(1+i)^{-n}$

整理可得：

$$P=A\cdot\frac{1-(1+i)^{-n}}{i}$$

其中，$\frac{1-(1+i)^{-n}}{i}$ 通常称为年金现值系数，记为（P/A，i，n），可以直接查阅“1 元年金现值系数表”。

【例】某企业准备在今后的 8 年内，每年年末发放奖金 70 000 元，若年利率为 12%，问该企业现在需向银行一次存入多少钱？

$$P = 70\ 000 \times (P/A,12\%,8) = 70\ 000 \times 4.968 = 347\ 760（元）$$

【例】某企业现在存入银行 347 760 元，准备在今后的 8 年内等额取出，用于发放职工奖金，若年利率为 12%，问每年年末可取出多少钱？

很明显，此例是已知年金现值，倒求年金 A，是年金现值的逆运算。

$$347\ 760 = A \cdot (P/A,12\%,8)$$

$$A = 347\ 760 / (P/A,12\%,8) = 347\ 760 / 4.968 = 70\ 000（元）$$

2. 先付年金的终值与现值

先付年金是指一定时期内每期期初等额收付的系列款项，又称即付年金。

（1）先付年金终值

先付年金与普通年金的付款次数相同，但由于其付款时点不同，先付年金终值比普通年金终值多计算一期利息。因此，在普通年金终值的基础上乘上（$1+i$）就是先付年金的终值。即：

$$F = A \cdot \frac{(1+i)^n - 1}{i} \cdot (1+i)$$

【例】某企业准备在今后 6 年内，每年年初从利润留成中提取 50 000 元存入银行，计划 6 年后，将这笔存款用于建造某一福利设施，若年利率为 6%，问 6 年后共可以积累多少资金？

$$F = 50\ 000 \times (F/A,6\%,6) \times (1+6\%) = 50\ 000 \times 6.975 \times 1.06 = 369\ 675（元）$$

（2）先付年金现值

先付年金与普通年金的付款次数相同，但由于其付款时点不同，先付年金现值比普通年金现值多折现一期。因此，在普通年金现值的基础上乘上（$1+i$）就是先付年金的现值。即：

$$P = A \cdot \frac{1-(1+i)^{-n}}{i} \cdot (1+i)$$

【例】某企业准备在今后的 8 年内，每年年初从银行取出 70 000 元，若年利率为 12%，问该企业现在需向银行一次存入多少钱？

$$P = 70\ 000 \times (P/A,12\%,8) \times (1+12\%) = 70\ 000 \times 4.968 \times 1.12$$
$$= 389\ 491.2\text{（元）}$$

3. 递延年金的现值

递延年金是指第一次收付款发生时间不在第一期期末，而是隔若干期后才开始发生的系列等额收付款项。

递延年金是普通年金的特殊形式，凡不是从第一期开始的普通年金都是递延年金。一般用 m 表示递延期数，用 n 表示年金实际发生的期数，则递延年金现值的计算公式为：

$$P = A\cdot\frac{1-(1+i)^{-(m+n)}}{i} - A\cdot\frac{1-(1+i)}{i}$$

$$\text{或} = A\cdot\frac{1-(1+i)^{-n}}{i}\cdot(1+i)^{-m}$$

【例 1】某人拟在年初存入一笔资金，以便能从第六年末起每年取出 1 000 元，至第十年末取完。若银行存款利率为 10%，此人应在现在一次存入银行多少钱？

$$P = 1\ 000 \times (P/A,10\%,10) - 1\ 000 \times (P/A,10\%,5)$$
$$= 1\ 000 \times 6.145 - 1\ 000 \times 3.791 = 2\ 354\text{（元）}$$
$$\text{或 } P = 1\ 000 \times (P/A,10\%,5)\cdot(P/F,10\%,5) = 1\ 000 \times 3.791 \times 0.621$$
$$= 2\ 354\text{（元）}$$

4. 永续年金的现值

永续年金是无限期等额收付的特种年金，可视为普通年金的特殊形式，即期限趋于无穷的普通年金。

由于永续年金持续期无限，没有终止时间，因此没有终值，只有现值。通过普通年金现值计算可推导出永续年金现值的计算公式为：

$$P = A/i$$

【例】某人现在采用存本取息的方式存入银行一笔钱，希望今后无限期地每年年末能从银行取出 1 000 元，若年利率为 10%，则他现在应存入多少钱？

$$P = 1\ 000/10\% = 10\ 000\text{（元）}$$

（五）名义利率与实际利率的换算

上面讨论的有关计算均假定利率为年利率，每年复利一次。但实际上，复利的计息不一定是一年，有可能是季度、月份或日。比如某些债券半年计息一次；有的抵押贷款每月计息一次；银行之间拆借资金均为每天计息一次。当每年复利次数超过一次时，这样的年利率叫做名义利率，而每年只复利一次的利率才是实际利率。

对于一年内多次复利的情况，可采取两种方法计算时间价值。

第一种方法是按如下公式将名义利率调整为实际利率，然后按实际利率计算时间价值。

$$i = (1 + r/m)^m - 1$$

式中，i——实际利率；r——名义利率；m——每年复利次数。

【例】某企业于年初存入 10 万元，年利率为 10%，若每半年复利一次，到第 10 年末，该企业能得本利和为多少？

依题意，$P = 10$，$r = 10\%$，$m = 2$，$n = 10$

则：$i = (1 + r/m)^m - 1 = (1+10\%/2)^2 - 1 = 10.25\%$

$$F = 10 \times (F/P,10.25\%,10) = 26.53（万元）$$

这种方法的缺点是调整后的实际利率往往带有小数点，不利于查表。

第二种方法是不计算实际利率，而是相应调整有关指标，即利率变为 r/m，期数相应变为 $m \cdot n$

【例】利用上例中有关数据，用第二种方法计算本利和。

$$F = p \cdot (1+r/m)^{m \cdot n}$$
$$= 10 \times (F/P,5\%,20) = 26.63（万元）$$

三、财务分析

财务分析又称财务报表分析，就是以财务报表和其他资料为依据和起点，采用专门方法，系统分析和评价企业的财务状况、经营成果和现金流量状况的过程。其目的是评价过去的经营业绩，衡量现在的财务状况，预测未来的发展趋势。

（一）财务报表分析的主体

财务报表的使用人有许多种，包括权益投资人、债权人、经理人员、政府机构和其他与企业有利益关系的人士。他们出于不同目的使用财务报表，需要不同的信息，采用不同的分析程序。

1. 债权人

债权人是指借款给企业并得到企业还款承诺的人。债权人关心企业是否具有偿还债务的能力。债权人可以分为短期债权人和长期债权人。

债权人的主要决策是决定是否给企业提供信用，以及是否需要提前收回债权。他们进行财务报表分析是为了回答以下几方面的问题：

（1）公司为什么需要额外筹集资金。

（2）公司还本付息所需资金的可能来源是什么。

（3）公司对于以前的短期和长期借款是否按期偿还。

（4）公司将来在哪些方面还需要借款。

2. 投资人

投资人是指公司的权益投资人即普通股东。普通股东投资于公司的目的是扩大自己的财富。他们所关心的，包括偿债能力、收益能力以及风险等。

权益投资人进行财务报表分析，是为了回答以下几方面的问题：

（1）公司当前和长期的收益水平高低，以及公司收益是否容易受重大变动的影响。

（2）目前的财务状况如何，公司资本结构决定的风险和报酬如何。

（3）与其他竞争者相比，公司处于何种地位。

3. 经理人员

经理人员是指被所有者聘用的、对公司资产和负债进行管理的个人组成的团体，有时称之为“管理当局”。

经理人员关心公司的财务状况、盈利能力和持续发展的能力。经理人员可以获取外部使用人无法得到的内部信息。他们分析报表的主要目的是改善报表。

4. 政府机构有关人士

政府机构也是公司财务报表的使用人，包括税务部门、国有企业的管理部门、证券管理机构、会计监管机构和社会保障部门等。他们使用财务报表是为了履行自己的监督管理职责。

5. 其他人士

（二）财务报表分析的内容

财务报表分析的内容主要包括：短期偿债能力分析、长期偿债能力分析、资产运用效率分析、获利能力分析、投资报酬分析、现金流动分析。

上述几个方面是相互联系的。一个公司偿债能力很差，收益能力也不会好；收益能力很差，偿债能力也不会好。提高资产运用效率有利于改善偿债能力和收益能力。偿债能力和收益能力下降，必然表现为现金流动状况恶化。

1. 偿债能力分析

偿债能力是指企业如期偿付债务的能力，它包括短期偿债能力和长期偿债能力。由于短期债务是企业日常经营活动中弥补营运资金不足的一个重要来源，通过分析有助于判断企业短期资金的营运能力以及营运资金的周转状况。通过对长期偿债能力的分析，不仅可以判断企业的经营状况，还可以促使企业提高融通资金的能力，因为长期负债是企业资本化资金的重要组成部分，也是企业的重要融资途径。而从债权人的角度看，通过偿债能力分析，有助于了解其贷款的安全性，以保其债务本息能够即时、足额地得以偿还。

2. 营运能力分析

营运能力分析主要是从企业所运用的资产进行全面分析。分析企业各项资产的使用效果、资金周转的快慢以及挖掘资金的潜力，提高资金的使用效果。

3. 盈利能力分析

盈利能力分析主要通过将资产、负债、所有者权益与经营成果相结合来分析企业的各项报酬率指标，从而从不同角度判断企业的获利能力。

4. 现金流量分析

现金流量分析主要通过现金流量的结构分析、流动性分析、获取现金能力分析、财务弹性分析、收益质量分析等五个方面来分析评价企业资金的来龙去脉、融投资能力和财务弹性。

以上四个方面的财务分析指标中，偿债能力是财务目标实现的稳健保证，营运能力与现金流量是财务目标实现的物质基础，盈利能力是三者共同作用的结果，同时也对三者的增强起着推动作用，四者相辅相成，共同构成企业财务分析的基本内容。

（三）财务报表分析的方法

1. 比较分析法

比较分析法，是将指将相关经济指标与选定的比较标准进行对比分析，以确定分析指标与标准之间的差异，明确差异方向、差异性质与差异大小，并进行差异分析与趋势分析的方法。所谓差异分析是指通过差异揭示成绩或差距，作出评价，并找出产生差异的原因及其对差异的影响程度，为今后改进公司的经营管理指引方向的一种分析方法。所谓趋势分析是指将实际达到的结果，同不同时期财务报表中同类指标的历史数据进行比较，从而确定财务状况、经营成果和现金流量的变化趋势和变化规律的一种分析方法。由于差异分析和趋势分析都是建立在比较的基础上，所以统称为比较法。比较分析法是财务报表分析方法中最基本、最主要的方法。

（1）比较数据

①绝对数指标的比较，即利用两个或两个以上的总量指标进行对比，以揭示这些绝对数指标之间的数量差异。如去年公司的净利润为 100 万元，今年实现的净利润为 110 万元，则今年与去年的利润差异是 +10 万元。

②相对数指标的比较，即利用两个或两个以上的相对数指标进行对比，以揭示这些相对数指标之间的数量差异。如去年公司的销售毛利率为 15%，今年的销售毛利率为 14%，则今年与去年的毛利率差异是 −1%。

一般来说，绝对数指标比较只通过差异数说明差异金额，但没有表明变动程度，而相对数指标比较则可以进一步说明变动程度，比如上例中，用该公司的产品销售毛利占产品营业收入净额的比重进行比较，就能求得今年比上年降低了 1% 的变动程度。在实际工作中，绝对数比较和相对数比较可以交互应用，以便通过比较作出更充分的判断和更准确的评价。

将不同时期财务报告中相同的重要指标或比率进行比较，直接观察其增减变动情况幅度及发展趋势。它又分两种比率：

- 定基动态比率。它是将分析期数额与某一固定基期数额对比计算的比率。其计算公式为：

定基动态比率＝分析期指标 / 固定基期指标

- 环比动态比率。它是将每一分析期数额与前一期同一指标进行对比计算得出的动态比率。其计算公式为：

环比动态比率＝分析期指标 / 分析前期指标

（2）会计报表的比较

这种方法是将连续数期的会计报表有关数字并行排列，比较相同指标的增减变动金额及幅度，以此来说明企业财务状况和经营成果的发展变化。一般可以通过编制比较资产负债表，比较损益表及比较现金流量表来进行，计算出各有关项目增减变动的金额及变动百分比。

（3）会计报表项目构成的比较

这种方法是以会计报表中某个总体指标作为 100%，再计算出报表各构成项目占该总体指标的百分比，依次来比较各个项目百分比的增减变动，以及判断有关财务活动的变化趋势。这种方法即可用于同一企业不同时期财务状况的纵向比较，又可用于不同企业间的横向比较，并且还可以消除不同时期（不同企业）间业务规模差异的影响，有助于正确分析企业财务状况及发展趋势。

但采用趋势分析法时，应注意以下几个问题：

①用于对比的各项指标的计算口径要一致。

②剔除偶然性因素的影响，使分析数据能反映正常的经营及财务状况。

③对有显著变动的指标要作重点分析。

2. 比率分析法

比率分析法是利用两个指标的某种关联关系，通过计算比率来考察、计量和评价财务活动状况的分析方法。比率分析法将相关联的不同项目、指标之间的相除比较，以说明项目之间的关系，并解释和评价由此所反映的某方面的情况。

采用比率分析法进行分析时，需要根据分析的内容和要求，计算出有关的比率，然后进行分析。财务比率分析通常需建立在一套比率指标体系基础上。由于各种比率的计算方法各不相同，通过计算出来的各种比率进行分析，其分析的目的以及所起的作用也各不相同。大体上可以将财务比率分为以下几种。

（1）效率比率

效率比率是反映经济活动中投入与产出、所费与所得的比率，以考察经营成果，评价经济效益的指标。如成本利润率、销售利润率及资本利润率等指标。

（2）相关比率

相关比率是以两个具有因果关系或相关关系的财务指标的数额相除后得出的，据以对公司财务状况及其影响原因进行分析的一种方法。如流动资产是偿还流动负债的主要资源，可以通过流动资产除以流动负债，得到的流动比率来反映公司的短期偿债能力。通过相关比率分析，可以使财务报表分析更全面、深刻。将这些相关比率的实际数与目标数、与上期或历史数、与同行业平均数进行对比，能够充分揭示公司财务状况的发展变化情况。

（3）构成比率

构成比率指某项财务分析指标的各构成部分数值占总体数值的百分比。其计算公式是：

构成比率 = 指标某部分的数值（部分）÷ 指标总数值（总体）× 100%

这样计算出来的比率，也就是通常所说的比重。在财务报表分析中常用的构成比率包括：市场占有率，某类商品销售额占公司总销售额等的销售构成比率，流动资产、固定资产、无形资产占总资产的比率形成的公司资产结构比率，长期负债与流动负债分别占全部债务的比率，财务费用、销售费用和管理费用分别占费用总额的比率，营业利润和营业外收支净额占利润总额的比率等。

分别将这些比率与目标数、与上期或历史数、与同行业平均数进行对比，可以充分揭示公司财务状况及变化情况。

（4）动态比率

动态比率分析就是运用动态比率对公司某些同类经济现象各个时期的变化加以对比分析，以掌握其发展规律和发展趋势，也称为趋势分析。公司的经济现象是复杂的，受着多方面因素变化的影响，只从某一时期或某一时点上很难看清它的发展规律和趋势，而必须把若干数据按时期或时点的先后整理为数列，并计算出它的发展速度、增长速度、平均发展速度和平均增长速度等情况，才能探索它的发展潜力和发展趋势。

在财务分析中使用动态比率分析，是将连续数年的财务报表中的某重要项目进行比较，计算该项目前后期的增减方向和幅度，以说明公司财务状况或经营成果的变动趋势。其中，计算定基发展速度或环比发展速度是最为常见的趋势分析。

定基发展速度 = 分析期某指标数据 ÷ 固定基期某指标数据

环比发展速度 = 分析期某指标数据 ÷ 前期某指标数据

在财务报表分析中，通常应对营业收入、总资产进行趋势分析以衡量公司规模发展状态，对净利润进行趋势分析以衡量公司长期盈利能力。进行趋势分析时主要应注意剔除偶发性特殊项目的影响，尤其是定基发展速度的基期选择必须具有代表性，否则将影响分析结果的准确性。

比率分析法的优点是计算简便，计算结果容易判断分析，而且可以使某些指标在不同规模企业间进行比较。但要注意以下几点：

①对比项目的相关性。计算比率的分子和分母必须具有相关性，否则就不具有可比性。构成比率指标必须是部分与总体的关系；效率比率指标要具有某种

投入产出关系；相关比率指标分子、分母也要有某种内在联系，否则比较就毫无意义。

②对比口径的一致性。计算比率的子项和母项在计算时间、范围等方面要保持口径一致。

③衡量标准的科学性。要选择科学合理的参照标准与之对比，以便对财务状况做出恰当评价。

3. 因素分析法

因素分析法是通过分析影响财务指标的各项因素，并计算其对指标的影响程度，用以说明本期实际与计划或基期相比，财务指标发生变动或差异的主要原因的一种分析方法。因素分析法适用于多种因素构成的综合性指标的分析，如成本、利润、资产周转率等方面的指标。

公司的财务活动是十分复杂的，比如公司利润的多少受到商品销售额、费用、税金等因素的影响和制约。也就是说，任何一项综合性财务指标，都是由许多因素组合而成的，在因素之间的组合和排列又有多种形式，这些因素的不同变动方向、不同变动程度对综合指标的变动发生着重要的影响。因此，要想在错综复杂的、相互起作用的诸多因素中，分别测算出各个因素对综合性财务指标变动的影响程度，就必须运用抽象法，即在假定其他因素不变，而只有其中某一因素变动的情况下，来测定这一因素的影响程度。

进行因素分析最常用的方法有两种，即连环替代法和差额计算法。

（1）连环替代法

连环替代法是把经济指标分解为各个可以计量的因素，根据因素之间的相互依存关系，顺次地测定这些因素对财务指标的影响方向和影响程度的方法。

连环替代法的一般计算程序如下：

第一步，确定分析指标与其影响因素之间的关系。根据综合财务指标形成的过程，找出该项财务指标受哪些因素变动的影响，找出财务指标与各影响因素的内在关系，建立分析计算公式，如：

$$Y=a\times b\times c$$

其中，Y 表示综合财务指标；a、b、c 表示构成 Y 综合财务指标的各项具体因素。

第二步，分别列出分析对象的算式。按构成综合财务指标的因素之间的关系列出基准值的算式和比较值的算式：

基准值 $Y_0=a_0 \times b_0 \times c_0$ （Ⅰ）

比较值 $Y_1=a_1 \times b_1 \times c_1$ （Ⅱ）

差异值 $\Delta Y=Y_1-Y_0$，ΔY 为分析对象。

第三步，连环顺序替代，计算替代结果。按构成综合财务指标的各因素的排列顺序，逐一用构成比较值的各因素代替基准值的各因素，并计算出每次替代的结果。

替代排列在第一位置的 a，用 a_1 替换 a_0：

$$Y_2=a_1 \times b_0 \times c_0 \quad （Ⅲ）$$

替换排列在第二位置的 b，用 b_1 替换 b_0：

$$Y_3=a_1 \times b_1 \times c_0 \quad （Ⅳ）$$

替换排列在第三位置的 c，用 c_1 替换 c_0：

即 Y_1 值 $\quad Y_1=a_1 \times b_1 \times c_1$

以上各式中，Y_2、Y_3、Y_1 分别表示 a，b，c 三个因素变动影响形成的结果值。

第四步，比较各因素的替代结果，确定各因素对分析指标的影响程度。比较替代结果是连环进行的，即将每次替代所计算的结果与这一因素被替代前的结果进行对比，计算出各因素变动对综合财务指标的影响程度。

（Ⅲ）－（Ⅰ） $Y_2-Y_0=\Delta a$

（Ⅳ）－（Ⅲ） $Y_3-Y_2=\Delta b$

（Ⅱ）－（Ⅳ） $Y_1-Y_3=\Delta c$

Δa、Δb、Δc 分别反映 a、b、c 三个因素变动对综合指标 Y 的影响程度。

第五步，检验分析结果。将各因素变动影响程度之和相加，检验是否等于总差异。各个因素的影响数额的代数和应等于财务指标的实际数与基数（计划数）之间的总差异值。

即：$\Delta a+\Delta b+\Delta c=\Delta Y$

应用连环替代法测定某一因素变化的影响程度时，是以假定其他因素不变为条件的。

应用因素分析法时，要正确规定各个因素的替换的顺序，以保证分析计算结果的可比性。如果改变替换顺序，在计算每一个因素影响程度时，所依据的其他因素的条件不同，计算结果也会发生变化，分析的结论也会有所不同。根据因素之间的相互依存关系，一般的替换顺序是：基本因素在前，从属因素在后；数量因素在前，质量因素在后；实物量指标在前，货币指标在后。也就是在分析的因素中，如果既有基本的因素，又有从属的因素，一般先替换基本因素，然后再替换从属因素；如果既有数量指标又有质量指标，一般先替换数量指标，再替换质量指标；如果影响因素中既有实物量指标，又有价值量指标，一般先替换实物量指标，再替换价值量指标。连环替代法实际上是比较法的发展和补充，是以指标的对比分析为基础的。

【例】某工业公司甲产品的材料消耗情况如表 9-1 所示。

表 9-1　某工业公司甲产品的材料消耗情况

项　目	上　年	本　年	差　异
产品产量（台）	5 000	5 100	100
单位产品消耗：			
消耗量（公斤）	22	20	-2
材料单价（元）	6	7	1
材料消耗总额（元）	660 000	714 000	+54 000

试用连环替代法分析：

- 分析对象为材料消耗总额，它受产品产量、单位产品材料消耗量和材料单价三个因素的影响。根据这三个因素与材料消耗总额之间的数量关系，可列下式：

材料消耗总额 = 产品产量 × 单位产品材料消耗量 × 材料单价

根据公式计算总差异数为：

材料消耗总差异数 = 5 100 × 22 × 7 − 5 000 × 22 × 6 = 54 000（元）

- 进行连环替代，计算各因素对材料消耗总额变化的影响程度和方向：

上年材料消耗总额：5 000 × 22 × 6 = 660 000（元）　①

第一次替代：5 100 × 22 × 6 = 673 200（元）　②

第二次替代：5 100 × 20 × 6 = 612 000（元）　③

第三次替代：5 100 × 20 × 7 = 714 000（元）　④

第三次替代即为本年材料消耗总额。

利用上述计算结果，测定产品产量、单位产品材料消耗量和材料单价变动对材料消耗总差异的影响。

产量变动对材料消耗额的影响数 = ② - ① = 673 200−660 000 = 13 200（元）

单耗变动对材料消耗额的影响数 = ③ - ② = 612 000−673 200 = −61 200（元）

单价变动对材料消耗额的影响数 = ④ - ③ = 714 000−612 000 = 102 000（元）

材料消耗总差异数 = 产量变动对材料消耗额的影响数 + 单耗变动对材料消耗额的影响数 + 单价变动对材料消耗额的影响数

=13 200 + (−61 200) + 102 000=54 000（元）

（2）差额计算法

差额计算法是上述连环替代法的一种简化形式。它是利用各个因素的比较期与基期数之间的差异，依次按顺序替换直接计算出各个因素变动对综合指标变动的影响程度的一种分析方法。

从连环替代法中已知：$\Delta Y=Y_1-Y_0$

$$Y_2-Y_0=\Delta a$$

$$Y_3-Y_2=\Delta b$$

$$Y_1-Y_3=\Delta c$$

Δa 表示 a 因素变动对综合指标差异影响的程度数值，Δb、Δc 类推，所以，有：

$$\Delta a=a_1\times b_0\times c_0-a_0\times b_0\times c_0$$

$$=(a_1-a_0)\times b_0\times c_0$$

同理：$\Delta b=(b_1-b_0)\times a_1\times c_0$

$$\Delta c=(c_1-c_0)\times a_1\times b_1$$

仍按上例资料，改用差额计算法测算各因素变动对综合财务指标变动的影响。

产量变动对材料消耗额的影响数 = (5 100−5 000) × 22 × 6 = 13 200（元）

单耗变动对材料消耗额的影响数 =(20−22) × 5 100 × 6 = −61 200（元）

单价变动对材料消耗额的影响数 = (7−6) × 5 100 × 20 = 102 000（元）

材料消耗总差异数 = 产量变动对材料消耗额的影响数 + 单耗变动对材料消耗额的影响数 + 单价变动对材料消耗额的影响数

= 13 200 + (−61 200) + 102 000 = 54 000（元）

计算结果表明，两种方法计算结果相同。

（四）财务报表分析使用的资料

财务报表分析使用的主要资料是对外发布的财务报表，但财务报表不是财务分析唯一的信息来源。公司还以各种形式发布补充信息，分析时经常需要查阅这些补充来源的信息。

财务报表是根据统一规范编制的反映企业经营成果、财务状况及现金流量的会计报表。它们包括：资产负债表、利润表、现金流量表、附表和附注、文字说明等。

下面以小企业会计报表为例说明会计报表的初步分析（报表格式见后面的浙江工贸公司报表）。

1. 资产负债表的初步分析

对于初学会计知识的报表使用人来说，阅读并理解资产负债表项目的含义有点困难。主要的问题是掌握阅读的顺序，以及把比较、解释和调整结合起来，获得对企业财务状况的初步印象，为进一步分析建立基础。

资产负债表的左方列示的企业资产，代表了该企业的投资规模。资产越多表明企业可以用来赚取收益的资源越多，可以用来偿还债务的财产越多。但是，这并不意味着资产总是越多越好。资产并不代表收益能力，也不代表偿债能力。资产规模只是代表企业拥有或控制的经济资源的多少。

（1）货币资金

资产负债表中的“货币资金”项目反映企业库存现金、银行存款和其他货币资金的期末余额。企业持有货币资金的目的主要是为了经营的需要、预防的需要和投机的需要。企业持有过多货币资金，会降低企业的获利能力；持有过少的货币资金，不能满足上述需要并且会降低企业的短期偿债能力。货币资金过多和过少，都会对扩大股东财富产生不利的影响。

（2）短期投资

资产负债表上“短期投资”项目反映企业购入的能随时变现且持有时间不准备超过1年（含1年）的投资成本。“短期投资跌价准备”项目反映企业已计提的短期投资跌价准备。“短期投资”项目金额减“短期投资跌价准备”项目金额为短期投资净值。“短期投资净值”项目反映短期投资的市场价值。

（3）应收款项

应收款项包括应收账款和其他应收款。资产负债表的“应收账款”项目，反映企业尚未收回的应收账款净额；“其他应收款”反映尚未收回的其他应收款净额。“坏账准备”项目是“应收账款”项目和“其他应收款”项目的抵减项目，反映企业已提取、尚未抵消的坏账准备。“应收账款”项目和“其他应收款”项目的合计，减“坏账准备”项目后的余额是应收款项净额。

应收款项增长较大，应当分析其原因。一般说来，应收账款增加的原因主要是三个：一是销售增加引起应收账款的自然增加；二是客户故意拖延付款；三是企业为扩大销售适当放宽信用标准，造成应收账款增加。

（4）存货

在资产负债表上，“存货”项目反映企业期末在库、在途和在加工中的各项存货的实际成本，“存货跌价准备”项目反映计提的存货跌价准备，“存货”项目减“存货跌价准备”项目的余额为“存货净额”项目，反映存货资产的可变现净值。

存货资产分为原材料、库存商品、低值易耗品、包装物、在产品和产成品等。存货规模的变动取决于各类存货的规模和变动情况。

（5）其他流动资产

资产负债表中的“其他流动资产”指除流动资产各项目以外的其他流动资产，通常应根据有关科目的期末余额填列。当其他流动资产数额较大时，应在报表附注中披露。

（6）长期投资

在资产负债表中，反映长期投资的项目有以下几个：①“长期股权投资”项目反映企业投出的期限在1年（不含1年）以上的各种股权性投资的价值；②“长期债权投资”项目反映企业购入的在1年内不能变现或不准备变现的债务和其他债权投资的本金利息和尚未摊销的溢折价金额。③“长期投资减值准备”项目反映企业提取的长期股权投资和长期债权投资的减值准备。④“长期投资净值”项目反映长期投资的可收回金额，用“长期股权投资”项目和“长期债权投资”项目的合计数减“长期投资减值准备”项目后的余额填列。

（7）固定资产

在资产负债表上，固定资产价值是通过以下项目反映的：①“固定资产”项目反映报告期末固定资产的原值；②“累计折旧”项目反映企业提取的固定资产折旧累计数；③“固定资产减值准备”项目反映企业已提取的固定资产减值准备；④“固定资产净值”项目反映固定资产原值减累计折旧、固定资产减值准备后的余额；⑤“工程物资”项目反映各种工程物资的实际成本；⑥“在建工程”项目反映企业各项在建工程的实际支出；⑦“固定资产清理”项目反映企业转入清理的资产价值及在清理中发生的清理费用等。将工程物资、在建工程和固定资产清理项目纳入固定资产总额中，是因为它们具有固定资产的特点。

影响固定资产净值升降的直接因素包括固定资产原值的增减、固定资产折旧方法和折旧年限的变动和固定资产减值准备的计提。

（8）无形资产

无形资产按取得时的实际成本作为入账价值，在取得当月起在预计使用年限内分期平均摊销，计入损益。无形资产应按账面价值与可收回金额孰低计量，对可收回金额低于账面价值的差额，应计提无形资产减值准备。在资产负债表中无形资产通过以下 3 个项目反映：①“无形资产”项目，反映无形资产的摊余价值。②“无形资产减值准备”项目，反映无形资产可收回金额低于账面价值的差额。③“无形资产净额”项目，反映无形资产的可收回金额，是“无形资产”项目减“无形资产减值准备”项目的差额。无形资产是以净额计入资产总值的。

2. 负债的初步分析

（1）流动负债

流动负债是指在一年内或超过一年的一个营业周期内偿还的债务。一般包括：短期借款、应付票据、应付账款、预收账款、应付工资及福利费、应付股利、应交税金等项目。

流动负债具有两个特征：一是偿还期在一年内或超过一年的一个营业周期内；二是到期必须用流动资产或新的流动负债偿还。

（2）长期负债

长期负债是指偿还期在一年或超过一年的一个营业周期以上的债务。企业的长期负债一般包括：长期借款、应付债券、长期应付款等项目。

在我国的会计实务中，除长期应付债券按公允价值入账外，其他长期负债一般直接按负债发生时的实际金额记账。

3. 股东权益的初步分析

企业组织形式不同，所有者权益的表现形式也不同。在股份有限公司，所有者权益以股东权益的形式表示。

（1）股本

股本是股份有限公司通过股份筹资形成的资本。股份公司在核定的股本总额和股份总数的范围内发行股票，股票面值与股份总数的乘积为股本。一般情况下，股本相对固定不变，企业股本不得随意变动，如有增减变动，必须符合一定的条件。

（2）资本公积

资本公积指由股东投入，但不构成股本，或从其他来源取得的属于股东的权益，主要包括两项内容：一是股票溢价；二是资本本身的增值。资本公积在资产负债表的“资本公积”项目列示，表示会计期期末资本公积的余额。

（3）盈余公积

盈余公积是指企业按规定从净利润中提取的各种累计留利，主要包括三部分：①法定盈余公积；②任意盈余公积；③法定公益金。盈余公积按实际提取数计价，资产负债表的“盈余公积”项目反映会计期期末盈余公积的余额。

（4）未分配利润

从数量上来说，未分配利润是期初未分配利润，加上本期实现的净利润，减去提取的盈余公积和分出利润后的余额。资产负债表的“未分配利润”项目反映企业尚未分配的利润。

4. 利润表的初步分析

利润表的初步分析可以分为净利润形成的初步分析和利润分配的初步分析两个部分。

（1）净利润形成的初步分析

净利润的形成过程，反映在利润表的上半部分。它包括四个步骤：主营业务利润的形成、营业利润的形成、利润总额的形成和净利润的形成。在进行分析时，一般应与会计核算的综合过程相反，从净利润开始，逐步寻找净利润形成和变动的原因。

（2）利润分配的初步分析

利润分配的过程及结果反映在利润表的下半部分。

该表的“未分配利润”与资产负债表的“未分配利润”衔接，因此可以把利润表看成是资产负债表“未分配利润”的注释。

未分配利润是指公司历年净利润数字，经扣除历年累计分配后的余额。

未分配利润 = 历年累计盈余 − 历年累计分配

= 年初未分配利润 + 本年净利润 − 本年利润分配

历年累计盈余的来源包括经营损益、投资损益、筹资损益、前期损益调整等。历年累计分配包括分给股东的利润、提取盈余公积和转增资本等。未分配利润是两者的差额，代表着可供以后向股东分配红利的盈余。

四、财务指标分析

（一）偿债能力分析

企业偿债能力是反映企业财务状况和经营能力的重要标志。企业偿债能力低不仅说明企业资金紧张，难以支付日常经营支出，而且说明企业资金周转不灵，难以偿还到期债务，甚至面临破产危险。企业偿债能力分析包括短期偿债能力分析和长期偿债能力分析。

企业短期债务一般要用流动资产来偿付，短期偿债能力是指企业流动资产对流动负债及时足额偿还的保证程度，是衡量流动资产变现能力的重要标志。企业短期偿债能力的衡量指标主要有流动比率、速动比率和现金比率。

（1）流动比率

流动比率是企业流动资产与流动负债之比。其计算公式为：

流动比率＝流动资产/流动负债

一般认为，生产企业合理的最低流动比率是2。这是因为流动资产中变现能力最差的存货金额约占流动资产总额的一半，剩下的流动性较大的流动资产至少要等于流动负债，企业短期偿债能力才会有保证。人们长期以来的这种认识因其未能从理论上证明，还不能成为一个统一标准。

流动比率高，一般认为偿债保证程度较强，但并不一定有足够的现金或银行存款偿债，因为流动资产除了货币资金以外，还有存货、应收账款、待摊费用等项目，有可能出现虽说流动比率高，但真正用来偿债的现金和存款却严重短缺的现象，所以分析流动比率时，还需进一步分析流动资产的构成项目。

计算出来的流动比率，只有和同行业平均流动比率、本企业历史流动比率进行比较，才能知道这个比率是高还是低。这种比较通常并不能说明流动比率为什么这么高或低，要找出过高或过低的原因还必须分析流动资产和流动负债所包括的内容以及经营上的因素。一般情况下，营业周期、流动资产中的应收账款和存货的周转速度是影响流动比率的主要因素。

流动比率虽然可以用来评价流动资产总体的变现能力，但流动资产中包含像存货这类变现能力较差的资产，如能将其剔除，其所反映的短期偿债能力更加令人可信，这个指标就是速动比率。

（2）速动比率

速动比率是企业速动资产与流动负债之比，速动资产是指流动资产减去变现能力较差且不稳定的存货、待摊费用等后的余额。由于剔除了存货等变现能力较差的资产，速动比率比流动比率能更准确、可靠地评价企业资产的流动性及偿还短期债务的能力。其计算公式为：

速动比率＝速动资产÷流动负债

一般认为速动比率为1较合适，速动比率过低，企业面临偿债风险；但速动比率过高，会因占用现金及应收账款过多而增加企业的机会成本。

（3）现金比率

现金比率是企业现金类资产与流动负债的比率。现金类资产包括企业所拥有的货币资金和持有的有价证券（即资产负债表中的短期投资）。它是速动资产扣除应收账款后的余额。速动资产扣除应收账款后计算出来的金额，最能反映企业直接偿付流动负债的能力。现金比率一般认为20%以上为好。但这一比率过高，就意味着企业流动负债未能得到合理运用，而现金类资产获利能力低，这类资产金额太高会导致企业机会成本增加。现金比率计算公式为：

现金比率＝（现金＋有价证券）÷流动负债

（4）营运资本

营运资本是指流动资产超过流动负债的部分，表示公司的流动资产在偿还全部流动负债后还有多少剩余，其计算公式如下：

营运资本＝流动资产－流动负债

营运资本是偿还流动负债的“缓冲垫”，营运资本越多则偿债越有保障。营运资本是用于计量公司短期偿债能力的绝对值指标。公司能否偿还短期债务，要看有多少债务，以及有多少可以变现偿债的流动资产。当流动资产大于流动负债时，营运资本为正，说明营运资本出现溢余。此时，与营运资本对应的流动资产是以一定数额的长期负债或所有者权益作为资金来源的。营运资本数额越大，说明不能偿债的风险越小。反之，当流动资产小于流动负债时，营运资本为负，说明营运资本出现短缺。此时，公司部分长期资产以流动负债作为资金来源，公司不能偿债的风险很大。对营运资本指标进行分析，可以从静态上评价企业当期的偿债能力状况，也可以结合企业规模等因素，评价企业不同时期的偿债能力变动情况。

长期偿债能力是指企业偿还长期负债的能力。其分析指标主要有三项：资产负债率、产权比率和利息保障倍数。

（1）资产负债率

资产负债率是企业负债总额与资产总额之比。其计算公式为：

资产负债率 =（负债总额 ÷ 资产总额）×100%

资产负债率反映债权人所提供的资金占全部资金的比重，以及企业资产对债权人权益的保障程度。这一比率越低（50% 以下），表明企业的偿债能力越强。

事实上，对这一比率的分析，还要看站在谁的立场上。从债权人的立场看，债务比率越低越好，企业偿债有保证，贷款不会有太大风险；从股东的立场看，在全部资本利润率高于借款利息率时，负债比率越大越好，因为股东所得到的利润就会加大。从财务管理的角度看，在进行借入资本决策时，企业应当审时度势，全面考虑，充分估计预期的利润和增加的风险，权衡利害得失，作出正确的分析和决策。

并非企业所有的资产都可以作为偿债的物质保证。待摊费用、递延资产等不仅在清算状态下难以作为偿债的保证，即便在持续经营期间，上述资产的摊销价值也需要依靠存货等资产的价值才能得以补偿和收回，其本身并无直接的变现能力，相反，还会削弱其他资产的变现能力，无形资产能否用于偿债，也存在极大的不确定性。有形资产负债率相对于资产负债率而言更稳健。

有形资产负债率 = 负债总额 ÷ 有形资产总额 ×100%

其中，　有形资产总额 = 资产总额 –（无形资产及递延资产 + 待摊费用）

相对于资产负债率来说，有形资产负债率指标将企业偿债安全性的分析建立在更加切实可靠的物质保障基础之上。

（2）产权比率

产权比率又称资本负债率，是负债总额与所有者权益之比，它是企业财务结构稳健与否的重要标志。其计算公式为：

产权比率 = 负债总额 ÷ 所有者权益 ×100%

产权比率不仅反映了由债务人提供的资本与所有者提供的资本的相对关系，

而且反映了企业自有资金偿还全部债务的能力，因此它又是衡量企业负债经营是否安全有利的重要指标。一般来说，这一比率越低，表明企业长期偿债能力越强，债权人权益保障程度越高，承担的风险越小，一般认为这一比率为 1 : 1，即 100% 以下时，应该是有偿债能力的，但还应该结合企业的具体情况加以分析。当企业的资产收益率大于负债成本率时，负债经营有利于提高资金收益率，获得额外的利润，这时的产权比率可适当高些。产权比率高，是高风险、高报酬的财务结构；产权比率低，是低风险、低报酬的财务结构。

产权比率与资产负债率对评价偿债能力的作用基本一致，只是资产负债率侧重于分析债务偿付安全性的物质保障程度，产权比率则侧重于揭示财务结构的稳健程度以及自有资金对偿债风险的承受能力。

与设置有形资产负债率指标的原因相同，对产权比率也可适当调整成为有形净值负债率，其计算公式为：

有形净值负债率 = 负债总额 ÷ 有形净值总额 ×100%

其中，有形净值总额 = 有形资产总额 - 负债总额

有形净值负债率指标实质上是产权比率指标的延伸，能更为谨慎、保守地反映在企业清算时债权人投入的资本对所有者权益的保障程度。

（3）利息保障倍数

利息保障倍数是指企业息税前利润与利息费用之比，又称已获利息倍数，用以衡量偿付借款利息的能力。其计算公式为：

利息保障倍数 = 息税前利润 ÷ 利息费用

公式中的分子“息税前利润”是指利润表中未扣除利息费用和所得税前的利润。公式中的分母“利息费用”是指本期发生的全部应付利息，不仅包括财务费用中的利息费用，还应包括计入固定资产成本的资本化利息。资本化利息虽然不在利润表中扣除，但仍然是要偿还的。利息保障倍数的重点是衡量企业支付利息的能力，没有足够大的息税前利润，利息的支付就会发生困难。

利息保障倍数不仅反映了企业获利能力的大小，而且反映了获利能力对偿还到期债务的保证程度，它既是企业举债经营的前提依据，也是衡量企业长期偿债能力大小的重要标志。要维持正常偿债能力，利息保障倍数至少应大于 1，且比值越高，企业长期偿债能力越强。如果利息保障倍数过低，企业将面临亏损、偿债的安全性与稳定性下降的风险。

（二）营运能力分析

企业的经营活动离不开各项资产的运用，对企业营运能力的分析，实质上就是对各项资产的周转使用情况进行分析。一般而言，资金周转速度越快，说明企业的资金管理水平越高，资金利用效率越高。企业营运能力分析主要包括：流动资产周转情况分析、固定资产周转率和总资产周转率三个方面。

1. 流动资产周转情况分析

反映流动资产周转情况的指标主要有应收账款周转率、存货周转率和流动资产周转率。

（1）应收账款周转率

应收账款在流动资产中有着举足轻重的地位，及时收回应收账款，不仅增强了企业的短期偿债能力，也反映出企业管理应收账款的效率。

应收账款周转率（次数）是指一定时期内应收账款平均收回的次数，是一定时期内商品或产品销售收入净额与应收账款平均余额的比值。其计算公式为：

应收账款周转次数＝销售收入净额 ÷ 应收账款平均余额

其中，销售收入净额＝销售收入－销售折扣与折让

应收账款平均余额＝（期初应收账款＋期末应收账款）÷2

应收账款周转天数＝计算期天数 ÷ 应收账款周转次数

＝计算期天数 × 应收账款平均余额 ÷ 销售收入净额

公式中的应收账款包括会计报表中“应收账款”和“应收票据”等全部赊销账款在内，且其金额应为扣除坏账后的金额。

应收账款周转率反映了企业应收账款周转速度的快慢及企业对应收账款管理效率的高低。在一定时期内周转次数多，周转天数少表明：企业收账迅速，信用销售管理严格；应收账款流动性强，从而增强企业短期偿债能力；可以减少收账费用和坏账损失，相对增加企业流动资产的投资收益；通过比较应收账款周转天数及企业信用期限，可评价客户的信用程度，调整企业信用政策。

在评价应收账款周转率指标时，应将计算出的指标与该企业前期、与行业平均水平或其他类似企业相比较来判断该指标的高低。

（2）存货周转率

在流动资产中，存货所占比重较大，存货的流动性将直接影响企业的流动比率。因此，必须特别重视对存货的分析。存货流动性的分析一般通过存货周转率

来进行。

存货周转率（次数）是指一定时期内企业销售成本与存货平均资金占用额的比率，是衡量和评价企业购入存货、投入生产、销售收回等各环节管理效率的综合性指标。其计算公式为：

存货周转次数 = 销货成本 ÷ 存货平均余额

存货平均余额 =（期初存货 + 期末存货）÷ 2

存货周转天数 = 计算期天数 ÷ 存货周转次数

= 计算期天数 × 存货平均余额 ÷ 销货成本

一般来讲，存货周转速度越快，存货占用水平越低，流动性越强，存货转化为现金或应收账款的速度就越快，这样会增强企业的短期偿债能力及获利能力。通过存货周转速度分析，有利于找出存货管理中存在的问题，尽可能降低资金占用水平。

（3）流动资产周转率

流动资产周转率是反映企业流动资产周转速度的指标。流动资产周转率（次数）是一定时期销售收入净额与企业流动资产平均占用额之间的比率。其计算公式为：

流动资产周转次数 = 销售收入净额 ÷ 流动资产平均余额

流动资产周转天数 = 计算期天数 ÷ 流动资产周转次数

= 计算期天数 × 流动资产平均余额 ÷ 销售收入净额

式中，　流动资产平均余额 =（期初流动资产 + 期末流动资产）÷ 2

在一定时期内，流动资产周转次数越多，表明以相同的流动资产完成的周转额越多，流动资产利用效果越好。流动资产周转天数越少，表明流动资产在经历生产销售各阶段所占用的时间越短，可相对节约流动资产，增强企业盈利能力。

2. 固定资产周转率

固定资产周转率是指企业年销售收入净额与固定资产平均净额的比率。它是反映企业固定资产周转情况，从而衡量固定资产利用效率的一项指标。其计算公式为：

固定资产周转率 = 销售收入净额 ÷ 固定资产平均净值

式中，固定资产平均净值 =（期初固定资产净值 + 期末固定资产净值）÷ 2

固定资产周转率高，说明企业固定资产投资得当，结构合理，利用效率高；反之，如果固定资产周转率不高，则表明固定资产利用效率不高，提供的生产成果不多，企业的营运能力不强。

3. 总资产周转率

总资产周转率是企业销售收入净额与企业资产平均总额的比率。计算公式为：

总资产周转率＝销售收入净额 ÷ 资产平均总额

如果企业各期资产总额比较稳定，波动不大，则：

资产平均总额＝（期初资产总额＋期末资产总额）÷2

如果资金占用的波动性较大，企业应采用更详细的资料进行计算，如按照各月份的资金占用额计算，则：

月平均资产总额＝（月初资产总额＋月末资产总额）÷2

季平均占用额＝（1/2 季初＋第一月末＋第二月末＋1/2 季末）÷3

年平均占用额＝（1/2 年初＋第一季末＋第二季末＋第三季末＋1/2 年末）÷4

计算总资产周转率时分子分母在时间上应保持一致。

这一比率用来衡量企业全部资产的使用效率，如果该比率较低，说明企业全部资产营运效率较低，可采用薄利多销或处理多余资产等方法，加速资产周转，提高运营效率；如果该比率较高，说明资产周转快，销售能力强，资产运营效率高。

（三）盈利能力分析

不论是投资人、债权人还是经理人员，都会非常重视和关心企业的盈利能力。盈利能力就是企业获取利润、资金不断增值的能力。反映企业盈利能力的指标主要有销售毛利率、销售净利率、成本利润率、总资产报酬率、净资产收益率和资本保值增值率。

1. 销售毛利率

销售毛利率是销售毛利与销售收入之比，其计算公式如下：

销售毛利率＝销售毛利 ÷ 销售收入

其中，销售毛利＝主营业务收入（销售收入）－主营业务成本（销售成本）

2. 销售净利率

销售净利率是净利润与销售收入之比，其计算公式为：

销售净利率 = 净利润 ÷ 销售收入

3. 成本利润率

成本利润率是反映盈利能力的另一个重要指标，是利润与成本之比。成本有多种形式，但这里成本主要指经营成本，其计算公式如下：

经营成本利润率 = 主营业务利润 ÷ 经营成本

其中，经营成本 = 主营业务成本 + 主营业务税金及附加

4. 总资产报酬率

总资产报酬率是企业息税前利润与企业资产平均总额的比率。由于资产总额等于债权人权益和所有者权益的总额，所以该比率既可以衡量企业资产综合利用的效果，又可以反映企业利用债权人及所有者提供资本的盈利能力和增值能力。其计算公式为：

$$总资产报酬率 = \frac{息税前利润}{资产平均总额} = \frac{净利润 + 所得税 + 利息费用}{(期初资产 + 期末资产) \div 2}$$

该指标越高，表明资产利用效率越高，说明企业在增加收入、节约资金使用等方面取得了良好的效果；该指标越低，说明企业资产利用效率低，应分析差异原因，提高销售利润率，加速资金周转，提高企业经营管理水平。

5. 净资产收益率

净资产收益率又叫自有资金利润率或权益报酬率，是净利润与平均所有者权益的比值，它反映企业自有资金的投资收益水平。其计算公式为：

净资产收益率 = 净利润 ÷ 平均所有者权益 ×100%

该指标是企业盈利能力指标的核心，也是杜邦财务指标体系的核心，更是投资者关注的重点。

6. 资本保值增值率

资本保值增值率是指所有者权益的期末总额与期初总额之比。其计算公式为：

资本保值增值率 = 期末所有者权益 ÷ 期初所有者权益 ×100%

如果企业盈利能力提高，利润增加，必然会使期末所有者权益大于期初所有者权益，所以该指标也是衡量企业盈利能力的重要指标。当然，这一指标的高

低，除了受企业经营成果的影响外，还受企业利润分配政策的影响。

（四）现金流量分析

现金流量分析一般包括现金流量的结构分析、流动性分析、获取现金能力分析、财务弹性分析及收益质量分析。这里将主要介绍获取现金能力分析及收益质量分析。

获取现金的能力，可通过经营活动现金流量净额与投入资源之比来反映。投入资源可以是销售收入、资产总额、营运资金净额、净资产或普通股股数等。

（1）销售现金比率

销售现金比率是指企业经营活动现金流量净额与企业销售额的比值。其计算公式为：

销售现金比率＝经营活动现金流量净额 ÷ 销售收入

该比率反映每元销售收入得到的现金流量净额，其数值越大越好。

（2）每股营业现金净流量

每股营业现金净流量是通过企业经营活动现金流量净额与普通股股数之比来反映的。其计算公式为：

每股营业现金净流量＝经营活动现金流量净额 ÷ 普通股股数

该指标反映企业最大的分派股利能力，超过此限度，可能就要借款分红。

（3）全部资产现金回收率

全部资产现金回收率是通过企业经营活动现金流量净额与企业资产总额之比来反映的，它说明企业全部资产产生现金的能力。其计算公式为：

全部资产现金回收率＝经营活动现金流量净额 ÷ 企业资产总额 ×100%

（五）上市公司特殊财务分析指标

1. 每股收益

（1）基本每股收益

基本每股收益的计算公式为：

基本每股收益＝归属于普通股股东的净利润 / 发行在外的普通股加权平均数

例如，某上市公司 2015 年度归属于普通股股东的净利润为 25 000 万元。2014 年末的股本为 8 000 万股，2015 年 2 月 8 日，经公司 2014 年度股东大会决议，以截止 2014 年末公司总股本为基础，向全体股东每 10 股送红股 10 股，工商注册登记变更完成后公司总股本变为 16 000 万股。2015 年 11 月 29 日发行新股 6 000 万股。

基本每股收益 = 25 000/（8 000+8 000+6 000*1/12）= 1.52 元 / 股

由于送红股是将以前年度的未分配利润转为普通股，转化与否都一直作为资本使用，因此新增的这 8 000 万股不需要按照实际增加的月份加权计算，直接计入分母。

（2）稀释每股收益

企业存在稀释性潜在普通股的，应当计算稀释每股收益。潜在普通股主要包括：可转换公司债券、认股权证和股份期权等。

可转换公司债券。计算稀释每股收益时，分子的调整项目为可转换公司债券当期已确认为费用的利息等的税后影响额；分母的调整项目为假定可转换公司债券当期期初或发生日转换为普通股的股数加权平均数。

例如，某上市公司 2015 年 7 月 1 日按面值发行年利率 3% 的可转换公司债券，面值 10 000 万元，期限 5 年，利息每年末支付一次，发行结束 1 年后可以转换股票，转换价格为每股 5 元，即每 100 元债券可转换为 1 元面值的普通股 20 股。2008 年该公司归属于普通股股东的净利润为 30 000 万元，2015 年发行在外普通股加权平均数为 40 000 万股，债券利息不符合资本化条件，直接计入当期损益，所得税率为 25%。假设不考虑可转换公司债券在负债成分和权益成分之间的分拆，且债券票面利率等于实际利率。则稀释每股收益计算如下：

基本每股收益 = 30 000/40 000 = 0.75（元）

假设全部转股，所增加的净利润 = 10 000 × 3% × 6/12 ×（1–25%）
= 112.5（万元）

增量股的每股收益 = 112.5/1 000 = 0.112 5（元）

由于增量股的每股收益小于原每股收益，可转换债券具有稀释作用。

稀释每股收益 =（30 000 + 112.5）/（40 000 + 1 000）= 0.73（元）

认股权证、股份期权等的行权价格低于当期普通股平均市场价格时，应当考虑其稀释性。

计算稀释每股收益时，作为分子的净利润金额一般不变；分母的调整项目为增加的普通股股数，同时还应考虑时间权数。

每股收益这一财务指标在不同行业、不同规模的上市公司之间具有相当大的可比性，因而在各上市公司之间的业绩比较中被广泛地加以引用。此指标越大，盈利能力越好，股利分配来源越充足，资产增值能力越强。

2. 每股股利

每股股利是企业股利总额与企业流通股数的比值。

每股股利 = 股利总额 / 流通股数

例如，某上市公司 2015 年发放普现金股利 3 600 万元，年末发行在外的普通股股数为 12 000 万股，则每股股利 = 3 600/12 000 = 0.30 元

每股股利反映的是上市公司每一普通股获取股利的大小。注意，上市公司每股股利发放多少，除了受上市公司获利能力大小影响以外，还取决于企业的股利发放政策。

反映每股股利和每股收益之间关系的一个重要指标是股利支付率（每股股利 / 每股收益），即每股股利分配额与当期的每股收益之比。借助于该指标，投资者可以了解一家上市公司的股利发放政策。

3. 市盈率

市盈率股票是每股市价与每股收益的比率，综合反映企业成长性和投资风险指标。其公式为：

市盈率 = 每股市价 / 每股收益

一方面，市盈率越高，意味着企业未来成长的潜力越大，也即投资者对该股票的评价越高，反之，投资者对该股票评价越低。另一方面，市盈率越高，说明投资于该股票的风险越大，市盈率越低，说明投资于该股票的风险越小。

影响企业股票市盈率的因素有：第一，上市公司盈利能力的成长性。如果上市公司预期盈利能力不断提高，说明公司具有较好的成长性。第二，投资者所获报酬率的稳定性。如果上市公司经营效益良好且相对稳定，则投资者获取的收益也较高且稳定，投资者就愿意持有该企业的股票，则该企业的股票市盈率会由于众多投资者的普遍看好而相应提高。第三，市盈率也受到利率水平变动的影响。

在股票市场的实务操作中，利率与市盈率之间的关系为：

平均市场盈率 = 1/ 市场利率

4. 每股净资产

每股净资产又称每股账面价值、每股权益，是指企业净资产与发行在外的普通股股数之间的比率。其公式为：

每股净资产＝股东权益总额/发行在外的普通股股数

每股净资产显示了发行在外的每一普通股股份所能分配的企业账面净资产的价值。这里所说的账面净资产的是指股东权益总额，每股净资产指标反映了在会计期末每一股份在企业账面上到底值多少钱，它与股票面值、发行价值、市场价值以及清算价值不同。

利用该指标可以衡量上市公司股票的投资价值。如在企业性质相同、股票市价相近的条件下，某一企业股票的每股净资产越高，则企业发展潜力与其股票的投资价值越大，投资者所承担的投资风险越小。不能一概而论，在市场投机气氛较浓的情况下，每股净资产指标往往不太受重视。投资者，特别是短线投资者注重股票市价的变动，有的企业的股票市价低于其账面价值，投资者会认为这个企业没有前景，从而失去对该企业股票的兴趣；如果市价高于其账面价值，而且差距较大，投资者会认为企业前景良好，有潜力，因而甘愿承担较大的风险购进该企业股票。

5. 市净率

市净率是每股市价与每股净资产的比率，是投资者用以衡量、分析个股是否具有投资价值的工具之一。其公式为：

市净率＝每股市价/每股净资产

一般来说市净率较低的股票，投资价值较高；反之，则投资价值较低。但有时较低市净率反映的可能是投资者对公司前景的不良预期，而较高市净率则相反。因此，在判断某只股票的投资价值时，还要综合考虑当时市场环境以及公司经营情况、资产质量和盈利能力等因素。